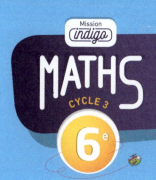

Le manuel numérique enrichi pour l'élève

Pour apprendre, s'entraîner et réviser de façon efficace !

Exercices interactifs
Pour s'entraîner

QCM interactifs
Pour s'auto-évaluer

Fichiers Logiciels
Pour résoudre des exercices

Le manuel en intégralité
Pour consulter son manuel en classe ou à la maison : une réponse au poids des cartables

Vidéos de savoir-faire
Pour acquérir des méthodes

En vente sur
www.kiosque-edu.com

hachette s'engage pour
l'environnement en réduisant
l'empreinte carbone de ses livres.
Celle de cet exemplaire est de :
1200 g éq. CO$_2$
Rendez-vous sur
www.hachette-durable.fr

© Hachette Livre 2017, 58 rue Jean Bleuzen, CS 70007, 92178 Vanves Cedex.
www.hachette-education.com
ISBN 978-2-01-395389-4

Tous droits de traduction, de reproduction et d'adaptation réservés pour tous pays.
L'usage de la photocopie des ouvrages scolaires est encadré par la loi.
Grâce aux différents accords signés entre le CFC (www.cfcopies.com), les établissements et le ministère de l'Éducation nationale, sont autorisées :
• les photocopies d'extraits de manuels (maximum 10 % du livre) ;
• les copies numériques d'extraits de manuels dans le cadre d'une projection en classe (au moyen d'un vidéoprojecteur, d'un TBI-TNI, etc.) ou d'une mise en ligne sur l'intranet de l'établissement, tel que l'ENT (maximum 4 pages consécutives dans la limite de 5 % du livre).
Indiquer alors les références bibliographiques des ouvrages utilisés.

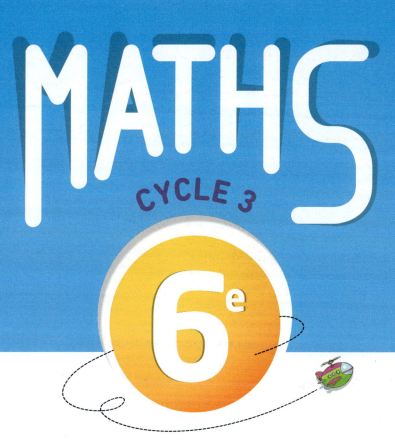

Sous la direction de Christophe BARNET

Nadine BILLA
Patricia DEMOULIN
Amaïa FLOUS
Marie-Christine LAYAN
Aurélie LAULHERE
Marion ROBERTOU
Agnès VILLATTES

Sommaire

Objectifs des activités 4

Initiation aux outils numériques et à l'algorithmique 6
- Activité 1   Jeux vidéo *(tableur)*
- Activité 2   Belle figure *(logiciel de géométrie dynamique)*
- Activité 3   À la découverte de Scratch
- Activité 4   Écran magique
- Activité 5   Argh !
- Activité 6   La chauve-souris

La partie **Grandeurs et mesures** est traitée dans **Nombres et calculs** et **Espace et géométrie**.

Nombres et calculs

1. Nombres entiers 15
1. Lire et écrire des nombres entiers
2. Additionner, soustraire et multiplier avec des nombres entiers
3. Estimer un ordre de grandeur
4. Calculer avec des durées

2. Nombres décimaux 33
1. Comprendre et utiliser les nombres décimaux
2. Repérer un nombre décimal sur une demi-droite graduée
3. Comparer des nombres décimaux

3. Addition, soustraction et multiplication 51
1. Additionner et soustraire avec des nombres décimaux
2. Multiplier avec des nombres décimaux
3. Utiliser les priorités de calculs

4. Division 69
1. Effectuer et utiliser une division euclidienne
2. Déterminer des multiples et des diviseurs
3. Utiliser les critères de divisibilité
4. Effectuer et utiliser une division décimale

5. Fractions 87
1. Connaitre la notion de fraction partage
2. Connaitre la notion de fraction quotient
3. Repérer une fraction sur une demi-droite graduée
4. Encadrer une fraction

6. Représentation et traitement de données 107
1. Lire et exploiter un tableau, un diagramme et un graphique
2. Produire un tableau, un diagramme et un graphique

7. Proportionnalité 125
1. Reconnaitre une situation de proportionnalité
2. Calculer une quatrième proportionnelle
3. Utiliser une échelle
4. Appliquer un taux de pourcentage

Les logos dans Mission Indigo

 CM2 — Activité qui mobilise des notions étudiées en cours moyen

 Vidéo — Vidéo de méthode dans le manuel numérique

 Travail en groupe

 Exercice interactif

 Travail avec un logiciel

Travail avec une calculatrice

Ressource imprimable

Sommaire

Espace et géométrie

8. Distance et cercle 145
1. Tracer et mesurer un segment
2. Construire et utiliser un cercle
3. Construire et utiliser un triangle
4. Construire et utiliser un losange

9. Longueur et périmètre 163
1. Comparer et mesurer des périmètres
2. Calculer le périmètre d'un polygone
3. Calculer la longueur d'un cercle

10. Droites 181
1. Tracer des droites perpendiculaires
2. Tracer des droites parallèles
3. Connaitre et construire un rectangle, un carré, un triangle rectangle

11. Angles 201
1. Connaitre et utiliser la notion d'angle
2. Mesurer un angle
3. Construire un angle
4. Construire un triangle

12. Figures usuelles et aires 221
1. Comparer et déterminer des aires
2. Calculer une aire avec une formule
3. Calculer l'aire d'une figure complexe

13. Symétrie axiale 239
1. Reconnaitre deux figures symétriques par rapport à une droite
2. Construire le symétrique d'un point par rapport à une droite
3. Connaitre et utiliser les propriétés de la symétrie axiale

14. Axes de symétrie d'une figure 257
1. Reconnaitre et construire des axes de symétrie
2. Compléter une figure par symétrie axiale
3. Connaitre les axes de symétrie des triangles particuliers
4. Connaitre les axes de symétrie des quadrilatères particuliers

15. Espace et volume 275
1. Reconnaitre et représenter des solides
2. Connaitre le pavé droit
3. Se repérer dans le plan et dans l'espace
4. Déterminer un volume

Problèmes transversaux 295
Corrigés des exercices 300

Index .... en fin
Calculatrices TI et Casio .... de manuel

Les problèmes dans Mission indigo

- **Utilisable en AP** : Utilisable en accompagnement personnalisé
- **Prise d'initiative** : Problème qui demande de la prise d'initiative
- **Pour aller plus loin** : Problème qui fait découvrir des notions allant au-delà des attendus de fin de cycle

Interdisciplinarité

- (PEAC) Parcours d'éducation artistique et culturelle
- (CIT) Parcours citoyen
- (AV) Parcours avenir
- (EPS) Éducation physique et sportive
- (FR) Français
- (HG) Histoire et géographie
- (LV) Langues vivantes
- (PC) Physique Chimie
- (SVT) Sciences de la vie et de la Terre
- (TECH) Technologie

Objectifs des activités

Nombres et calculs

1. Nombres entiers
- **Activité 1** Réactiver la lecture et l'écriture des nombres entiers
- **Activité 2** Revoir le sens de l'addition, de la soustraction et de la multiplication
- **Activité 3** Estimer et utiliser un ordre de grandeur
- **Activité 4** Calculer avec des durées

2. Nombres décimaux
- **Activité 1** Comprendre les différentes écritures d'un nombre décimal
- **Activité 2** Repérer et placer un nombre décimal sur une demi-droite graduée ; découvrir la notion de valeur approchée
- **Activité 3** Comparer, encadrer des nombres décimaux

3. Addition, soustraction et multiplication
- **Activité 1** Additionner et soustraire des nombres décimaux
- **Activité 2** Découvrir la multiplication de deux nombres décimaux
- **Activité 3** Estimer un ordre de grandeur
- **Activité 4** Découvrir les priorités opératoires

4. Division

- **Activité 1** Utiliser la notion de division euclidienne
- **Activité 2** Utiliser la notion de multiple
- **Activité 3** Découvrir les critères de divisibilité
- **Activité 4** Utiliser la notion de division décimale

5. Fractions

- **Activité 1** Connaitre la notion de fraction partage
- **Activité 2** Connaitre la notion de fraction quotient
- **Activité 3** Repérer une fraction sur une droite graduée ; encadrer une fraction ; trouver des fractions égales
- **Activité 4** Décomposer et encadrer une fraction

6. Représentation et traitement de données

- **Activité 1** Prélever des données numériques à partir de supports variés
- **Activité 2** Produire un tableau, un diagramme en barres
- **Activité 3** Produire un tableau à double entrée et un diagramme circulaire simple

7. Proportionnalité

- **Activité 1** Reconnaitre des situations de proportionnalité
- **Activité 2** Calculer une quatrième proportionnelle en utilisant différentes méthodes
- **Activité 3** Utiliser la notion d'échelle
- **Activité 4** Travailler la notion d'agrandissement de figure
- **Activité 5** Appliquer un taux de pourcentage

Objectifs des activités

Espace et géométrie

8 Distance et cercle
- Activité 1 Réactiver le vocabulaire de géométrie ; placer le milieu d'un segment
- Activité 2 Construire et utiliser un cercle
- Activité 3 Construire un triangle de dimensions données
- Activité 4 Connaitre et construire un losange

9 Longueur et périmètre
- Activité 1 Reporter des longueurs au compas pour les comparer
- Activité 2 Calculer des périmètres de polygones
- Activité 3 Calculer la longueur d'un cercle

10 Droites
- Activité 1 Réinvestir les notions de perpendicularité, de parallélisme et de droite
- Activité 2 Formuler les propriétés des quadrilatères particuliers ; exploiter la notion de distance entre un point et une droite
- Activité 3 Exploiter la distance d'un point à une droite dans une situation réelle
- Activité 4 Utiliser un rectangle et un triangle rectangle ; exploiter la hauteur d'un triangle

11 Angles
- Activité 1 Remobiliser la notion d'angle aigu, droit, obtus ; comparer des angles
- Activité 2 Mesurer un angle à l'aide d'un gabarit
- Activité 3 Utiliser un rapporteur pour mesurer un angle
- Activité 4 Construire un angle avec un rapporteur

12 Figures usuelles et aires
- Activité 1 Distinguer aire et périmètre
- Activité 2 Découvrir la formule de l'aire d'un triangle à partir de celle d'un rectangle
- Activité 3 Découvrir la formule permettant de calculer l'aire d'un disque
- Activité 4 Calculer l'aire de figures complexes
- Activité 5 Élaborer une stratégie pour évaluer une aire

13 Symétrie axiale
- Activité 1 Revoir la notion de figures symétriques par rapport à une droite
- Activité 2 Découvrir la notion de médiatrice et son lien avec la symétrie axiale
- Activité 3 Découvrir les propriétés de la symétrie axiale
- Activité 4 Construire le symétrique d'un point par rapport à une droite et utiliser les propriétés de la symétrie axiale

14 Axes de symétrie d'une figure
- Activité 1 Revoir la notion d'axe de symétrie
- Activité 2 Découvrir l'axe de symétrie d'un angle et les axes de symétrie d'un segment
- Activité 3 Découvrir les axes de symétrie des triangles particuliers et les propriétés qui en découlent
- Activité 4 Découvrir les axes de symétrie des quadrilatères particuliers et les propriétés qui en découlent

15 Espace et volume
- Activité 1 Reconnaitre des solides et connaitre le vocabulaire associé
- Activité 2 Construire le patron d'un pavé droit
- Activité 3 Déterminer le volume d'un cube, convertir des unités de volume
- Activité 4 Établir le lien entre volume et contenance

Jeux vidéo

▶ **Objectif :** Découvrir le tableur.

Le responsable des magasins de jeux vidéo GAMEPASSION gère son stock d'articles, tous les mois, à l'aide d'un logiciel appelé *tableur*.

1 Découvrir le tableur

Ouvrir un nouveau fichier tableur et reproduire le tableau ci-contre en suivant les conseils donnés ci-dessous pour la mise en forme.

	A	B	C	D
1	Jeu vidéo	Stock le 1er janvier	Stock le 31 janvier	Nombre de jeux vendus
2	Lego Marvel's Avengers	358	129	
3	FIFA 2016	890	457	
4	Minecraft	675	412	
5	The Legend of Zelda: Twilight Princess	764	220	
6	Pokemon Soleil	653	315	
7	Total			

Vocabulaire
- Les cases d'un tableau créé avec un tableur s'appellent des **cellules**.
- Chaque cellule est repérée par une lettre et un nombre : la lettre indique la colonne, le nombre indique la ligne.

 La cellule C6 contient le nombre 315.

Vocabulaire
Lorsque l'on clique sur une ou plusieurs cellules, on dit qu'on **sélectionne** une cellule ou une **plage de cellules**.

 En faisant un clic gauche prolongé de la cellule A1 à la cellule D7, on sélectionne la plage de cellules A1:D7, qui correspond à la totalité du tableau.

❗ Conseils pour la mise en forme
- Pour réaliser les **bordures** du tableau, sélectionner la plage de cellules A1:D7 (c'est-à-dire tout le tableau), puis cliquer sur le petit triangle noir du bouton 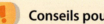 puis sur ⊞ Toutes les bordures.
- On peut **paramétrer** l'affichage du tableau. Pour cela, on sélectionne des cellules, on fait un clic droit sur la sélection et on choisit « Format de cellule ».
- On peut aussi créer des alignements, colorier des cellules, centrer le texte, renvoyer à la ligne automatiquement le texte d'une cellule s'il est trop long, etc.

2 Lire des informations

a. Dans quelle colonne peut-on lire le nombre de jeux vidéo en stock le 31 janvier dans ces magasins ?
b. Sur quelle ligne peut-on lire des informations sur les ventes du jeu *FIFA 2016* ?
c. Combien de jeux *The Legend of Zelda* y avait-il dans ces magasins le 1er janvier ?
d. Dans quelle cellule peut-on lire le nombre de jeux *Pokemon Soleil* en stock le 31 janvier ?
e. Quel calcul faudrait-il faire pour compléter la cellule D2 ? Que représente ce nombre ?

INITIATION AUX OUTILS NUMÉRIQUES ET À L'ALGORITHMIQUE

3 — Faire des calculs

Un tableur peut effectuer des calculs dans une cellule. Pour cela :
On écrit le signe « = » au début du calcul.
Dans le calcul, on utilise les noms des cellules (et non pas les nombres qu'elles contiennent).

 Dans la cellule D2, pour calculer la différence entre les cellules B2 et C2, on entre la formule =B2-C2

a. Entrer cette formule dans la cellule D2 et vérifier qu'elle affiche le bon résultat.
b. Entrer la formule qui convient dans la cellule D3.
c. Les formules à saisir dans les cellules en dessous de la cellule D3 étant similaires, on peut les « recopier » sans avoir à toutes les saisir :
- Sélectionner la cellule D3 avec le bouton gauche de la souris, et mettre le curseur de la souris sur le petit carré noir en bas à droite de la cellule D3 : Une croix noire apparait.
- Faire un clic gauche et, sans relâcher, étirer vers le bas jusqu'à la cellule D6 avec la souris.
Observer les résultats obtenus.

> Au lieu de saisir le nom de la cellule, tu peux cliquer directement sur la cellule et son nom apparait.

> Pour vérifier une formule dans une cellule, clique sur cette cellule. La formule qu'elle contient s'affiche dans la « barre de formule » au-dessus du tableau.

	B	C	D
	Stock le 1er janvier	Stock le 31 janvier	Nombre de jeux vendus
	358	129	229

fx =B2-C2

4 — Utiliser des formules

a. Quelles formules faut-il saisir dans les cellules B7 et C7 ?
b. Écrire trois formules possibles pour la cellule D7.
c. Quel jeu vidéo a été le plus vendu au mois de janvier dans ces magasins ?

> La formule =A1+A2+A3+A4 peut aussi s'écrire =SOMME(A1:A4).

Pour aller plus loin

C'est le début du mois, et le responsable des magasins GAMEPASSION doit passer la commande de nouveaux jeux. Il se sert d'un tableur pour calculer le montant des achats effectués auprès d'un fournisseur.

> ⚠ Pour écrire un nombre décimal avec deux chiffres après la virgule (en conservant même les zéros inutiles), on sélectionne les cellules, puis on fait un clic droit sur la sélection et on choisit « Format de cellule » :

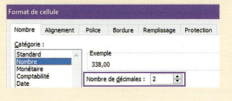

a. Reproduire ce tableau et le compléter à l'aide des formules nécessaires.

	A	B	C	D
1	Jeu vidéo	Prix unitaire (en €)	Quantité	Prix total (en €)
2	Pokemon Soleil	32,70	258	
3	Tomb Raider	29,95	450	
4	Minecraft	35,20	263	
5	Les Sims	27,30	200	
6	The Legend of Zelda: Twilight Princess	47,20	259	
7	Mario Kart	28,75	381	
8	Lego Marvel's Avengers	29,80	300	
9				Total à payer (en €)

b. Quel sera le montant de cette commande ?

Activité 1 Jeux vidéo

Activité 2 : Belle figure

➡ **Objectif :** Découvrir un logiciel de géométrie dynamique.

On veut construire la figure ci-contre.

1 Découvrir *GeoGebra*

Ouvrir le logiciel *GeoGebra* et observer les différentes commandes.
On voit en haut de la fenêtre la barre d'outils suivante, qui est constituée de onze menus.
Pour dérouler un menu, il faut cliquer sur le petit triangle.

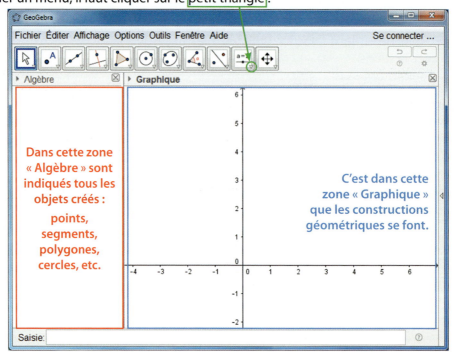

Pour faire disparaitre les axes gradués, faire un clic droit dans la zone « **Graphique** », puis décocher ⬚ Axes .

2 Une rosace bien connue

Construire la rosace suivante en utilisant les outils décrits ci-dessous.

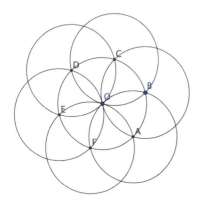

- Pour construire un cercle à partir de son centre et d'un point du cercle :
  ⊙ puis clic sur le centre, puis clic sur un point du cercle

- Pour construire un (ou des) points d'intersection de deux objets :
  ⊠ puis clic sur le 1ᵉʳ objet, puis clic sur le 2ᵉ objet

- Pour renommer un objet, le cacher ou cacher son nom :
  clic droit sur l'objet, puis clic sur ᵃb Renommer ,
  ˙₀ Afficher l'objet **ou** AA Afficher l'étiquette .

3. Un premier hexagone

Construire un hexagone (c'est-à-dire un polygone à six côtés) ABCDEF, puis changer son apparence pour qu'il soit rouge vif.

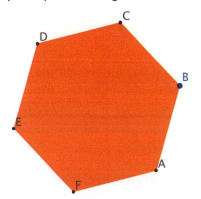

- Pour construire un polygone :
  [icône] puis clic sur chaque sommet successivement

- Pour modifier les paramètres d'un polygone :
  clic droit sur le polygone, puis clic sur [icône] Propriétés...
  On peut alors changer sa couleur et son opacité.

- Pour sélectionner un objet :
  [icône] puis clic sur l'objet (ou clic sur le nom de l'objet dans la zone « **Algèbre** »)
  On peut ensuite déplacer cet objet à l'aide de la souris.

4. Enchainer les hexagones !

a. Construire un hexagone vert dont les sommets sont les milieux des six côtés de l'hexagone rouge.
b. Poursuivre la figure en suivant les mêmes étapes à plusieurs reprises et en changeant la couleur de l'hexagone à chaque fois (on peut choisir les couleurs).

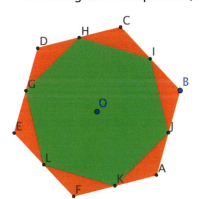

- Pour construire le milieu d'un segment :
  [icône] puis clic sur le segment

- Pour faire un zoom sur la figure ou la déplacer :

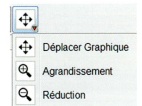

Pour aller plus loin

Construire les figures suivantes.

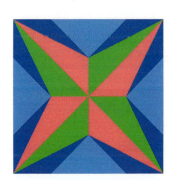

L'outil [icône] permet de construire très rapidement un polygone régulier, c'est-à-dire un polygone dont tous les côtés sont de même longueur et tous les angles de même mesure (un triangle équilatéral, un carré, un pentagone régulier, un hexagone régulier, etc.).

Activité 2 Belle figure

Activité 3 — À la découverte de Scratch

▶ **Objectifs :** Découvrir l'environnement de Scratch.
Écrire un premier script.

Scratch est un logiciel qui permet de faire exécuter des **commandes** à un ou plusieurs **lutins**.
- Une succession de plusieurs commandes qu'on fait exécuter à un lutin est appelée un **script**.
- L'interface de Scratch est partagée en plusieurs zones :

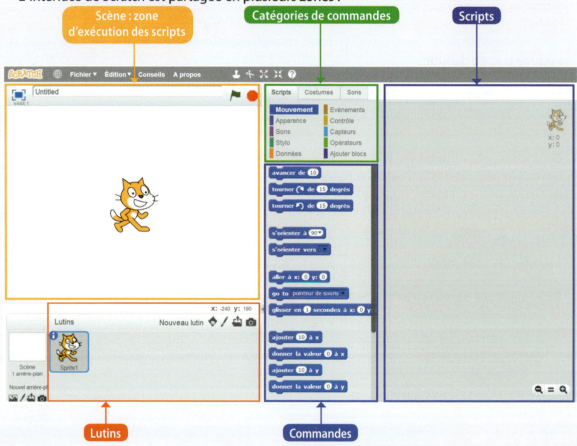

1 Découvrir le fonctionnement de Scratch

a. Se placer dans la catégorie de commandes **Evènements**.

Attention ! Il faut que tu sois dans l'onglet « Scripts ».

b. Déplacer la commande `quand ⚑ cliqué` dans la zone de scripts.

c. Se placer dans la catégorie de commandes **Apparence**.

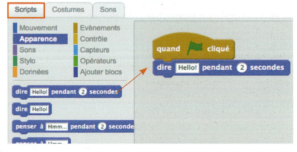

d. Déplacer la commande `dire Hello! pendant 2 secondes` dans la zone de scripts en l'imbriquant sous la première commande.

Maintenant, lorsque l'on clique sur le drapeau ⚑, le lutin dit « Hello ! » pendant 2 secondes.

10 — INITIATION AUX OUTILS NUMÉRIQUES ET À L'ALGORITHMIQUE

2   Dessiner un carré

a. Reproduire le script ci-contre.

> Les commandes pour écrire ou effacer sont dans la catégorie de commandes Stylo.
> Les commandes pour avancer et pour tourner sont dans la catégorie de commandes Mouvement.

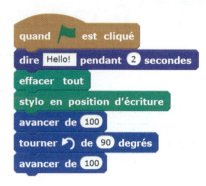

b. Compléter ce script pour que le lutin trace un carré.

> La commande effacer tout en début de script sert à effacer les tracés des essais précédents.

c. Réduire la taille du lutin.

> Tu peux utiliser ✴ qui se trouve au-dessus des catégories de commandes. Tu peux aussi insérer dans le script la commande mettre à 100 % de la taille initiale en changeant 100 % en 30 %, par exemple.

3   Dessiner d'autres formes géométriques

a. Modifier le script précédent afin de tracer un rectangle.

b. Écrire un script permettant d'obtenir la figure suivante.

> Tu peux changer la couleur du stylo avec la commande :
> choisir la couleur ■ pour le stylo

c. Écrire un script permettant d'obtenir la figure suivante.

> Pour déplacer le lutin sans tracer de trait, tu peux utiliser la commande : relever le stylo

Pour aller plus loin

Écrire un script permettant de construire la figure ci-contre, sachant que :

- tous les angles sont droits ;
- la largeur de ce chemin est de 50 pas.

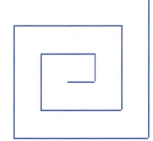

Activité 3   À la découverte de Scratch

Activité 4 : Écran magique

Objectif : Créer un « écran magique ».

L'écran magique est un jouet inventé en 1959 par le français André Cassagnes, ressemblant à un écran de télévision plat. Il comporte deux boutons qu'il faut tourner pour déplacer un curseur sur l'écran, qui trace une ligne horizontale ou verticale selon le bouton que l'on tourne. Pour effacer le dessin, on secoue l'écran.

1 Pour bien commencer

a. Dans la zone des lutins, supprimer le chat et choisir un lutin qui servira de stylo pour le tracé.

Crée un nouveau lutin en cliquant sur Nouveau lutin dans la zone des lutins.

b. Dans l'onglet « Costumes » de ce lutin, réduire sa taille (cliquer sur le lutin, puis déplacer un des coins).
Définir ensuite un endroit précis du lutin qui correspondra à la pointe du stylo grâce à l'outil « Définir le centre du costume » :

c. Écrire un script qui efface tous les anciens tracés, qui place le stylo au centre de la scène, en position d'écriture et d'une couleur choisie.

Pour aller au centre de la scène, tu peux utiliser la commande `aller à x: 0 y: 0`.

2 Déplacer le stylo

a. Créer quatre scripts, chacun permettant au stylo de se déplacer vers la gauche, la droite, le haut ou le bas avec les flèches du clavier correspondantes.

- La commande `quand flèche haut est pressé` permet d'exécuter un script quand l'utilisateur presse une touche du clavier.
- La commande `s'orienter à` permet d'orienter le lutin dans l'une de ces quatre directions : haut, bas, droite ou gauche.

b. Créer deux nouveaux scripts : l'un permettant de relever le stylo quand on appuie sur une touche définie et un autre pour abaisser le stylo quand on appuie sur une autre touche définie.
c. Réaliser un dessin de son choix à l'aide de ces scripts.

Pour aller plus loin

Utiliser ce script pour reproduire les figures ci-contre (en respectant les proportions).

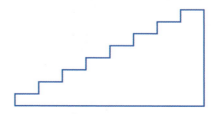

Argh !

▶ **Objectif :** Créer une animation dans laquelle un monstre attrape un personnage.

1 Pour bien commencer

a. Choisir le lutin « Giga walking », qui sera le monstre.

b. Choisir un autre lutin qui sera le personnage et le placer dans un coin de la scène.

c. Réduire la taille des deux lutins.

d. Supprimer le chat.

Giga walking   Abby

2 Action !

Créer un script qui réalise les actions suivantes :

- le monstre se place au centre de la scène, attend une seconde, puis s'oriente et se dirige vers le personnage ;
- quand il arrive au niveau du personnage, il s'arrête et dit « Argh ! ».

Chaque lutin a ses propres scripts. Avant d'écrire un script, clique sur le bon lutin dans la zone des lutins !

Pour aller plus loin

Choisir un arrière-plan, puis faire apparaitre des mouvements de jambes lorsque le monstre marche vers le personnage.

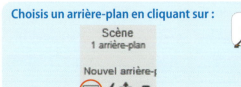

Activité 6 : La chauve-souris

▶ **Objectif :** Créer une animation de chauve-souris volante.

1 Planter le décor

a. Choisir un nouveau lutin : une chauve-souris appelée « Bat2 ».

b. Supprimer le chat.

c. Choisir un nouvel arrière-plan appelé « woods ».

Pour choisir un nouvel arrière-plan dans la bibliothèque.

Pour choisir un nouveau lutin dans la bibliothèque.

2 Action !

a. Dans la zone de script de la chauve-souris, écrire le script ci-contre et le tester.

b. Améliorer le script afin que la chauve-souris vole sur la scène en battant des ailes tout en rebondissant sur les bords de la scène lorsqu'ils sont atteints.

Pour arrêter le script, utilise le bouton 🛑 au-dessus de la scène.

c. Améliorer le mouvement de la chauve-souris en lui donnant une autre orientation initiale.

Pour aller plus loin

Réduire la taille de la chauve-souris à 50 %, puis modifier le script afin que le vol de la chauve-souris soit moins rectiligne.
Pour cela, on pourra utiliser la commande `nombre aléatoire entre 1 et 10` qui permet d'obtenir un nombre entier entre 1 et 10 choisi au hasard par l'ordinateur.

CHAPITRE 1

Ta mission
Écrire et utiliser les nombres entiers.

Nombres entiers

Jeux

À l'aide des cartes suivantes, écrire le plus grand nombre possible. Toutes les cartes doivent être utilisées et chaque carte ne peut être utilisée qu'une fois.

 Million(s)
 Cent(s)
 Quatre
 Vingt(s)
 Trois
 Cinq

Histoire

Voir problème 72 p. 27

L'ÉVOLUTION DES SYMBOLES NUMÉRIQUES OCCIDENTAUX
— système arabe
— système indien
— système italien
— système hispano-arabe

Pour écrire les nombres, nous utilisons dix chiffres différents. La forme actuelle de nos chiffres provient de l'Inde, par l'intermédiaire des Arabes. Au XIIIe siècle, elle est utilisée en Italie par les commerçants de Florence. La forme des chiffres s'établit définitivement au XVe siècle avec l'invention de l'imprimerie.

Activités

Questions flash

1. Poursuivre les listes suivantes.
   5   11   17   …   …   …   …
   100   95   90   …   …   …   …
   3   6   12   …   …   …   …

2. Trouver le nombre entier qui suit et le nombre entier qui précède chacun des nombres suivants.
   998   3 099   100 001   999 999   1 000 000 000

3. Marie a commencé à lire son roman à 19h30. Elle a lu pendant 25 min.
   À quelle heure Marie a-t-elle arrêté de lire ?

4. Un film a commencé à 20h40. Il s'est terminé à 22h15.
   Combien de temps ce film a-t-il duré ?

5. Voici des nombres et des signes opératoires :
   25   4   2   5   3   100   +   −   ×
   Trouver les résultats suivants, sachant que chaque nombre ci-dessus peut être utilisé une fois au maximum pour chaque résultat.
   123   135   532   300 000

Téléthon — CM2 — Activité 1

Le Téléthon est une émission dont le but est de récolter des fonds pour financer des projets de recherche sur les maladies génétiques.

1. Wassim a regardé la fin de l'émission de 2016 (écran ci-contre), au moment où la somme récoltée s'affiche, mais il ne parvient pas à prononcer ce nombre.
   Aider Wassim à lire oralement ce nombre, puis l'écrire en toutes lettres, tel qu'il figurera sur le chèque qui sera donné à l'association.

2. Quel est le rôle des deux points qui figurent dans le nombre affiché ?

3. Le record de l'émission date de 2006 avec 101 472 581 euros de promesses de dons.
   Wassim affirme que ce record a dépassé le milliard d'euros. A-t-il raison ?

Que d'opérations ! — Activité 2 — Prise d'initiative

Louane a résolu un problème grâce à quatre calculs qu'elle a écrits sur son cahier, mais elle a oublié de recopier au préalable l'énoncé du problème et elle ne s'en souvient plus.

- Imaginer un énoncé dont la résolution nécessite l'ensemble des calculs écrits ci-contre par Louane.

$3 \times 11 = 33$
$4 \times 10 = 40$
$33 + 40 = 73$
$100 - 73 = 27$

16   NOMBRES ET CALCULS

Ordre de grandeur

Activité 3

1. Dans chaque cas, trouver l'ordre de grandeur le plus vraisemblable parmi les trois proposés.

	Réponse A	Réponse B	Réponse C
Taille d'une fourmi	30 cm	30 mm	3 mm
Distance Lyon-Marseille	300 000 km	300 km	3 000 000 km
Population française	6 000 habitants	600 000 habitants	60 000 000 habitants
Superficie d'un terrain de football	100 m^2	10 000 m^2	1 000 000 m^2
Découverte de l'Amérique	Il y a 500 ans.	Il y a 5 000 ans.	Il y a 500 000 ans.

2. Samuel est parti faire quelques achats. Il a 25 euros dans son porte-monnaie.
Sans calculer le montant exact de ses achats, dire si Samuel pourra acheter tout ce qu'il a prévu.

Doc. 1 Liste de courses

Doc. 2 Catalogue de promotions

À l'heure !

Activité 4

20h55
Capitaine Marleau
Philippe Muir
1 h 30 min – Téléfilm policier

22h30
Grand Soir 3

34 min – Journal

Ce soir, Aymeric a prévu de regarder un téléfilm puis le journal sur la chaine France 3.

1. Il rentre de son entrainement de handball à 19h35.
De combien de temps dispose-t-il pour diner avant le début du téléfilm ?

2. À quelle heure se terminera le téléfilm ?

3. Combien de temps la publicité va-t-elle durer entre la fin du téléfilm et le début du journal télévisé Grand Soir 3 ?

4. Aymeric souhaite se coucher à 22h50.
Pourra-t-il voir le journal en entier ?

Chapitre 1 Nombres entiers

CM2 — 1 Lire et écrire des nombres entiers

Vocabulaire

- 0, 1, 2, 3, 4, 5, 6, 7, 8, 9 sont les dix **chiffres** qui permettent d'écrire tous les nombres.
- Chaque chiffre a une **valeur** en fonction de sa **position** dans le nombre :
  1 dizaine = 10 unités   1 centaine = 10 dizaines   1 millier = 10 centaines

Le nombre 25 204 879 603 est un nombre à onze chiffres.
Pour en faciliter la lecture, on peut regrouper ses chiffres par classes de trois :

Classe des milliards			Classe des millions			Classe des milliers ou des mille			Classe des unités		
centaines	dizaines	unités	centaines	dizaines	unités	centaines	dizaines	unités	centaines	dizaines	unités
	2	5	2	0	4	8	7	9	6	0	3

On peut ainsi le décomposer :
25 204 879 603 = (25 × 1 000 000 000) + (204 × 1 000 000) + (879 × 1 000) + (603 × 1)
Ce nombre se lit donc « 25 milliards 204 millions 879 mille 603 ».

CM2 — 2 Additionner, soustraire et multiplier avec des nombres entiers

Vocabulaire

- Dans une **addition**, on ajoute des **termes**, et le résultat est une **somme**.
- Dans une **soustraction**, on soustrait des **termes**, et le résultat est une **différence**.
- Dans une **multiplication**, on multiplie des **facteurs**, et le résultat est un **produit**.

67 + 345 = 412   412 est la somme des termes 67 et 345.

Propriétés

- Dans une succession d'additions, on peut regrouper des termes et changer leur ordre.
- Dans une succession de multiplications, on peut regrouper des facteurs et changer leur ordre.

- **35** + 76 + **15** = **35** + **15** + 76 = **50** + 76 = 126
- **5** × 36 × **2** = **5** × **2** × 36 = **10** × 36 = 360

Propriétés

- Quand on multiplie un nombre par 10, le chiffre des unités devient le chiffre des dizaines ;
- quand on multiplie un nombre par 100, le chiffre des unités devient le chiffre des centaines ;
- et ainsi de suite.

35 × 100 = 3 500   Le chiffre 5, qui est le chiffre des unités du nombre 35, devient le chiffre des centaines du nombre 3 500.

Savoir-faire

Entraine-toi avec ces exercices corrigés en page 300 !

1 Lire et écrire des nombres entiers

1 Écrire le nombre 123569547 correctement en chiffres puis en lettres.

Solution

On réécrit le nombre en mettant en évidence les classes des millions, des mille et des unités.
123 569 547
123 millions 569 mille 547
cent-vingt-trois-millions-cinq-cent-soixante-neuf-mille-cinq-cent-quarante-sept

Place un trait d'union entre tous les mots qui composent le nombre. Ces mots sont invariables, sauf :
• « million » et « milliard » ;
• « vingt » et « cent » lorsqu'ils ne sont pas suivis d'un nombre.

2 Écrire les nombres suivants en lettres.
a. 3 580 501
b. 100 450 000 180

3 Écrire les nombres suivants en chiffres.
a. six-cent-quatre-vingt-mille-vingt-trois
b. trois-millions-cent-trente-mille-neuf

2 Additionner, soustraire et multiplier avec des nombres entiers

4 Leïka, la chienne de Patrick, mesure 610 mm de haut. Lili, la chienne de Carole, mesure 143 mm de moins.
• Combien mesure Lili ?

Solution

Pour s'aider, on peut représenter le problème par un schéma.
C'est une situation soustractive. On cherche la différence entre les deux tailles :
610 − 143 = 467
Lili mesure 467 mm de haut.

5 Malaury a acheté huit packs de douze bouteilles d'eau de 50 cL.
• Combien a-t-elle de bouteilles en tout ?

Solution

On peut schématiser pour trouver l'opération à effectuer.
C'est une situation multiplicative. On multiplie le nombre de paquets par le nombre de bouteilles de chaque paquet :
8 × 12 = 96   Elle a acheté 96 bouteilles d'eau.

6 Maria veut acheter six paquets de gâteaux à 2 € le paquet et quatorze paquets de six briques de jus de fruits à 3 € le paquet.
1. Combien Maria doit-elle payer ?
2. Combien va-t-on lui rendre sur son billet de 100 € ?

3 Estimer un ordre de grandeur

Définition

Un **ordre de grandeur** d'un nombre est un nombre proche de celui-ci et facile à utiliser en calcul mental.

Un ordre de grandeur n'est pas unique : on peut donner des ordres de grandeurs différents selon la précision voulue.

 Exemple La population française est de 66 627 602 habitants en 2016. Un ordre de grandeur de cette population est 60 millions (on pourrait aussi choisir 100 millions ou 66 millions).

Méthode

Pour **estimer un ordre de grandeur** du résultat d'une opération, on peut remplacer chaque terme ou facteur par un nombre proche qui permet de calculer mentalement.

 Exemples
- On cherche un ordre de grandeur de la somme 1 253 + 519 + 198.
  On remplace chaque terme par un nombre proche.
  Par exemple : 1 200 + 500 + 200 = 1 900
  1 900 est un ordre de grandeur de cette somme.
- On cherche un ordre de grandeur du produit 318 × 21.
  On remplace chaque facteur par un nombre proche.
  Par exemple : 300 × 20 = 6 000
  6 000 est un ordre de grandeur de ce produit.

4 Calculer avec des durées

Définition

- La mesure du temps entre deux instants s'appelle une **durée**.
- L'unité légale de durée est la seconde.
- Autres unités de durées :

Multiples de l'unité			Unité
jour	heure	minute	seconde
1 j = 24 h	1 h = 60 min	1 min = 60 s	1 s

 Exemples
- 16 h 30 min + 2 h 15 min
  = **18 h 45 min**

- 18 h 20 min − 3 h 25 min
  = **14 h 55 min**

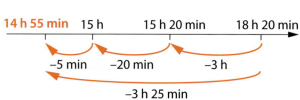

Savoir-faire

Entraîne-toi avec ces exercices corrigés en page 300 !

3 Estimer un ordre de grandeur

7 Donner un ordre de grandeur de la hauteur d'un immeuble de dix étages.

Solution
Un étage est plus grand qu'une personne et mesure environ 3 m.
Donc la hauteur d'un immeuble de dix étages sera d'environ 30 m.

8 Dans un collège, 224 élèves sont inscrits en 6e, 197 en 5e, 198 en 4e et 167 en 3e.
- Donner un ordre de grandeur du nombre d'élèves dans ce collège.

Solution
On cherche un ordre de grandeur de la somme 224 + 197 + 198 + 167.
On remplace chaque terme par un nombre proche. Par exemple :
$$220 + 200 + 200 + 170 = 790$$
Un ordre de grandeur du nombre d'élèves dans ce collège est 790.

9 Le département de la Haute-Corse comprenait 170 974 habitants en 2013.
- Donner un ordre de grandeur du nombre d'habitants en Haute-Corse en 2013.

10 La surface agricole utilisée en France est de 29 272 936 ha.
- Donner un ordre de grandeur de cette superficie.

11 En 2015, 24 600 000 smartphones ont été vendus en France. Le prix moyen d'un smartphone est de 187 €.
- Donner un ordre de grandeur de la somme qu'a représenté la vente de smartphones en France en 2015.

4 Calculer avec des durées

12 Le départ du train de Tamara est prévu à 18h15 et son arrivée, à 21h05.
- Combien de temps son trajet va-t-il durer ?

Solution
On schématise le problème :

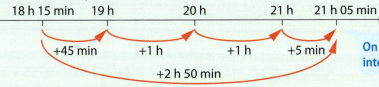

On a calculé la somme des durées intermédiaires.

On a donc :   21 h 05 min − 18 h 15 min = 2 h 50 min
Le trajet va durer 2 h 50 min.

13 Jeanne va voir un film qui commence à 13h55 et qui dure 2 h 15 min.
- À quelle heure sortira-t-elle du cinéma ?

14 Shérazade s'est réveillée à 6h04 après une nuit de 9 h 08 min.
- À quelle heure s'est-elle endormie ?

Chapitre 1 Nombres entiers

Exercices

Diaporamas de calcul mental dans le manuel numérique

Lire et écrire des nombres entiers

➡ Savoir-faire p. 19

Questions flash

15 Lire les nombres suivants.
   a. 567 543
   b. 7 087 560
   c. 120 000 546 870
   d. 80 003 094

16 Compter de cinq en cinq de 170 à 210.

17 Compter de deux en deux de 378 à 412.

18 Vrai ou faux ?
   a. 354 100 est un nombre à six chiffres.
   b. Le chiffre 3 est le chiffre des dizaines de mille dans le nombre 34 654.
   c. Le chiffre 5 est le chiffre des unités de mille dans le nombre 347 005.
   d. Le chiffre 8 est le nombre de centaines dans le nombre 37 897.
   e. 367 est le nombre de dizaines dans le nombre 36 703.

19 Écrire les nombres suivants en lettres.
   a. 1 234
   b. 12 087
   c. 3 870 500

20 Recopier le texte suivant en corrigeant les fautes d'orthographe.

> Quentin a pris sa voiture pour parcourir milles-trois-cent kilomètres. Il a fait des pauses régulièrement. Il s'est arrêté au bout de deux-cents-quatre-vingt kilomètres puis au bout de cinq-cent-trentes-trois kilomètres puis au bout de huit-cents-quarente-six kilomètres et enfin au bout de mille-quatre kilomètres.

21 Recopier et compléter avec les mots :
   unités • dizaines • centaines
   milliers • millions • milliards
   a. 123 806 = 123 … 8 … 6 …
   b. 5 800 504 000 = 5 … 800 … 504 …
   c. 87 890 056 000 = 87 890 … 56 …

22 Écrire en lettres tous les nombres possibles en utilisant à chaque fois tous les mots suivants.
   cent(s) • vingt(s) • quatre • cinq • huit

23 Recopier les nombres suivants en insérant des espaces aux bons endroits.
12323 • 57603457 • 101212112 • 3421560013

24 La distance moyenne entre la Terre et le Soleil est de 149 597 871 km.
Quel est, pour cette distance :
   a. le chiffre des centaines de mille ?
   b. le chiffre des dizaines de millions ?
   c. le chiffre des centaines ?

25 Associer chaque pièce rouge à une ou plusieurs pièces vertes.

4 est le chiffre des dizaines de mille.	45 223
452 est le nombre de centaines.	89 452
4 est le chiffre des centaines.	45 257
45 est le nombre de milliers.	56 452

26 Je suis un nombre pair compris entre 410 et 450.
Mon chiffre des unités est le double de mon chiffre des dizaines.
La somme de mes chiffres est un multiple de 4.
• Qui suis-je ?

27 Recopier et compléter les suites logiques suivantes.
   a. 3 695 • 3 795 • 3 895 • … • …
   b. 45 667 234 • 45 767 235 • 45 867 236 • … • …

28 Décomposer les trois nombres suivants comme dans le modèle ci-dessous.
23 456 = (23 × 1 000) + (45 × 10) + 6
   a. 95 307
   b. 547 076
   c. 3 405 560

29 Ranger les nombres suivants dans l'ordre croissant.
6 547 • 7 654 • 6 574 • 7 645 • 6 745 • 6 754

30 Ranger les nombres suivants dans l'ordre décroissant.
65 782 • 67 852 • 657 902 • 67 888 • 67 582
658 702 • 6 587 002 • 6 857 020 • 6 587 200

31 Pour chacun des nombres suivants, écrire le nombre entier qui le précède et le nombre entier qui le suit.
   a. 5 679
   b. 6 999
   c. 18 990
   d. 129 999

Additionner, soustraire et multiplier avec des nombres entiers

➡ Savoir-faire p. 19

Questions flash

32 Calculer le plus rapidement possible.
 a. 6 × 7   b. 5 × 5   c. 8 × 7
 d. 9 × 8   e. 7 × 8   f. 17 + 5 + 13
 g. 35 + 12 + 15   h. 48 + 10 + 4 + 2

33 Calculer le plus rapidement possible.
 a. 199 + 54   b. 56 – 29   c. 89 + 177
 d. 999 + 93   e. 56 – 18   f. 175 – 39

34 Calculer le plus rapidement possible.
 a. 467 × 10   b. 67 090 × 10
 c. 564 × 100   d. 5 650 × 100
 e. 265 × 1 000   f. 3 650 × 1 000

35 Calculer le plus astucieusement possible.
 a. 125 × 9   b. 57 × 11   c. 68 × 20
 d. 82 × 15   e. 65 × 98   f. 89 × 101

36 1. Karine a ajouté 12 à un nombre, elle obtient 35. Quel nombre avait-elle choisi au départ ?
2. Cynthia a ajouté 654 à un nombre, elle obtient 783. Quel nombre avait-elle choisi au départ ?
3. Pascal a enlevé 12 à un nombre, il obtient 35. Quel nombre avait-il choisi au départ ?

37 **Règle du jeu :** Trouver le nombre cible en utilisant une seule fois les nombres proposés, ainsi que les opérations de son choix. On ne doit pas forcément utiliser tous les nombres.
 a. Nombre cible : 367
   Nombres proposés : 3 7 8 2 12 6
 b. Nombre cible : 644
   Nombres proposés : 2 4 11 8 6 20

38 Poser et effectuer les opérations suivantes.
 a. 745 + 567 + 398   b. 32 587 + 1 789
 c. 52 014 + 125 099   d. 2 504 + 356 + 1 258

39 Poser et effectuer les opérations suivantes.
 a. 895 – 759   b. 25 568 – 19 891
 c. 56 879 – 1 992   d. 17 566 – 9 899

40 Poser et effectuer les opérations suivantes.
 a. 5 689 × 5   b. 12 547 × 9
 c. 568 × 72   d. 239 × 405
 e. 1 278 × 2 002   f. 25 589 × 25

41 Voici un programme de calcul :

> Choisir un nombre.
> Le multiplier par 5.
> Ajouter 12 au résultat.
> Soustraire 7 au résultat.

Appliquer ce programme aux nombres suivants.
 a. 25   b. 17   c. 31

42 Anaïs et Gaël ont effectué les opérations suivantes.

Anaïs				
	1	7	8	9
×			2	5
	8	9	4	5
+	3	5	7	8
1	2	5	2	3

Gaël				
	1	7	8	9
×			2	5
	8	9	4	5
+	3	5	7	8
	3	3	6	2	5

Tiphaine leur dit qu'ils ont tous les deux fait une erreur.
• A-t-elle raison ? Justifier la réponse.

43 Saisir le nombre 1 678 sur la calculatrice.
1. Avec une seule opération, changer le chiffre 6 en 7.
2. Avec une seule opération, ajouter 2 au chiffre des dizaines, 1 au chiffre des centaines et 4 au chiffre des milliers.

44 Le professeur a acheté 24 paquets de douze crayons à papier. Chaque paquet coute 2 €.
1. A-t-il assez de crayons pour tous ses élèves, sachant qu'il a neuf classes de 29 élèves ?
2. Combien va-t-il payer ?

45 Théo mesure 145 cm, soit 32 cm de moins que sa sœur Charlotte et 49 cm de plus que son cousin Mahel.
• Quelles sont les tailles de Mahel et Charlotte ?

Estimer un ordre de grandeur

➡ Savoir-faire p. 21

Questions flash

46 Un ordre de grandeur de la largeur d'une fenêtre est de :
 a. 5 m   b. 10 m   c. 100 cm

47 Un ordre de grandeur de la masse d'un bébé à la naissance est de :
 a. 10 kilogrammes   b. 3 500 grammes

Chapitre 1 Nombres entiers   23

Exercices

Calculer avec des durées
➡ Savoir-faire p. 21

Questions flash

48 Donner un ordre de grandeur en centimètres :
  a. de la longueur d'une abeille.
  b. de la largeur d'un cahier grand format.
  c. de la longueur d'une voiture.

52 Compléter les égalités suivantes.
  a. 2 jours = … heures
  b. 2 heures = … minutes
  c. 20 minutes = … secondes

53 Quelle est la durée la plus longue : 3 heures ou 180 minutes ?

54 Un film dure environ :
  a. 360 secondes.   b. 5 heures.   c. 120 minutes.

49 Parmi ces propositions, laquelle est un ordre de grandeur de l'âge de l'Univers ?
  a. 150 000 années   b. 1 500 000 jours
  c. 15 siècles   d. 15 milliards d'années

Des galaxies très lointaines photographiées par le télescope spatial Hubble.

55 Recopier et compléter les égalités suivantes.
  a. 10 jours = … heures
  b. 6 h = … min
  c. 187 min = … h … min
  d. 3 654 s = … h … min … s
  e. 128 000 ans = … siècles

56 Classer ces durées de la plus courte à la plus longue.
300 min • 4 h 30 min • 18 120 s • 5 h 15 min

57 Convertir en minutes et secondes.
  a. 12 h 51 min 15 s   b. 987 secondes
  c. 5 h 36 s   d. 2 438 s

50 Le tableau ci-dessous donne la superficie des huit départements de la région Ile-de-France.

Département	Superficie (en km^2)
Essonne (91)	1 804
Hauts-de-Seine (92)	176
Paris (75)	105
Seine-et-Marne (77)	5 915
Seine-Saint-Denis (93)	236
Val-de-Marne (94)	245
Val-d'Oise (95)	1 246
Yvelines (78)	2 284

• Donner un ordre de grandeur de la superficie de la région Ile-de-France.

58 Convertir en secondes.
  a. 2 h 24 min   b. 6 h 36 min 6 s
  c. 35 h 45 min 21 s   d. 4 h 51 min

59 Un bus est parti à 10h35 et est arrivé à 16h15.
  • Combien de temps le trajet a-t-il duré ?

60 Julie doit partir à 16h25 et son trajet en voiture dure 2 h 45 min.
  • À quelle heure va-t-elle arriver ?

61 Ophélie est arrivée à destination à 5h12. Son vol a duré 7 h 56 min.
  1. À quelle heure l'avion a-t-il décollé ?
  2. Elle doit prendre ensuite un autre vol à 7h03. Combien de temps Ophélie devra-t-elle attendre ?

51 Donner un ordre de grandeur du résultat des opérations suivantes.
  a. 2 548 + 1 900   b. 36 121 − 4 097
  c. 187 × 18   d. 954 × 39

Corrigés p. 300

QCM Donner **la seule réponse correcte** parmi les trois proposées.

① Lire et écrire des nombres entiers	Réponse A	Réponse B	Réponse C
1. Trois-cent-vingt-cinq-mille-deux s'écrit en chiffres :	325 020	325 002	325 200
2. 478 506 = …	(478 × 1 000) + (506 × 10)	(4 785 × 10) + 6	(478 × 1 000) + 506

② Additionner, soustraire et multiplier avec des nombres entiers			
3. 1 789 + 356 + 1 045 = …	2 870	3 080	3 190
4. 547 × 25 = …	13 675	3 829	12 675

③ Estimer un ordre de grandeur			
5. Un ordre de grandeur de 512 × 89 est :	50 000	500 000	50 000 000

④ Calculer avec des durées			
6. Quelle est la durée écoulée entre 10h45 et 16h35 ?	6 h 50 min	5 h 50 min	5 h 20 min

Pour t'aider à retenir l'essentiel.

Carte mentale

Voici un exemple de carte mentale. Tu peux aussi en créer une à ta façon !

Opérations

Addition	Soustraction	Multiplication
		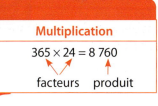
termes somme	termes différence	facteurs produit

NOMBRES ENTIERS

Lecture et écriture des nombres entiers

Tableau de numération

Classe des milliards			Classe des millions			Classe des mille			Classe des unités		
centaines	dizaines	unités	centaines	dizaines	unités	centaines	dizaines	unités	centaines	dizaines	unités
		1	2	0	6	5	6	7	8	0	0

On lit « un-milliard-deux-cent-six-millions-cinq-cent-soixante-sept-mille-huit-cents ».

On peut décomposer 5 678 de plusieurs façons :
5 678 = 5 000 + 600 + 70 + 8
5 678 = (5 × 1 000) + (6 × 100) + (7 × 10) + 8

Chapitre 1 Nombres entiers — 25

Problèmes

→ Corrigés p. 300

Pour mieux cibler les compétences

Chercher	72 74 78 80	Raisonner	70 71 79 80
Modéliser	73 75 76	Calculer	62 64 67
Représenter	63 65 74	Communiquer	65 77 78

62 Nouvelle voiture

M. Lafon a commandé une nouvelle voiture à 18 900 €. Il décide de prendre quelques options supplémentaires : une climatisation à 1 485 €, la peinture métallisée à 890 € et quatre jantes alliage à 115 € la jante.
Le vendeur lui accorde une remise de 1 500 €.

• Quel montant M. Lafon va-t-il devoir payer pour sa nouvelle voiture ?

63 Les continents

(HG)

Voici un tableau indiquant la population des cinq continents en 2002 et 2016.

Continent	Population en 2002 (en millions)	Population en 2016 (en millions)
Océanie	32	38
Afrique	832	1 169
Europe	727	746
Asie	3 776	4 340
Amérique	858	985

1. En 2016, quel était le continent le plus peuplé ? le moins peuplé ?
2. Écrire en chiffres les populations des cinq continents en 2016.
3. En 2016, quels continents dépassaient le milliard d'habitants ?
4. En 2016, quel continent avait une population qui atteignait presque le milliard d'habitants ?
5. De combien d'habitants la population en Asie a-t-elle augmenté entre 2002 et 2016 ?
6. Entre 2002 et 2016, de combien d'habitants la population mondiale a-t-elle augmenté ?

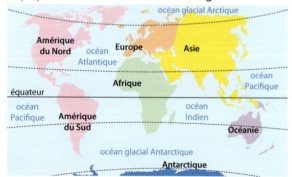

64 Vidange

La voiture d'Océane affiche 96 689 km au compteur. Une vidange doit être faite tous les 30 000 km.

• Combien de kilomètres peut-elle encore parcourir avant de faire la prochaine vidange ?

65 Le Soleil

(PC)

Noléa a une recherche à faire sur le Soleil.

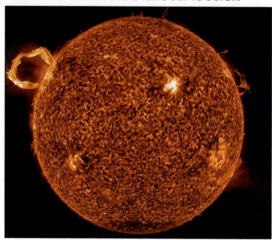

Voici ce qu'elle a trouvé :

> Le Soleil est une étoile d'un million-cent-quatre-vingt-douze-mille kilomètres de diamètre, située à cent-quarante-neuf-millions-six-cent-mille kilomètres de la Terre. Son âge est d'environ cinq-milliards d'années. Sa température en surface est de six-mille degrés Celsius et, en son centre, de quinze-millions de degrés Celsius. La pression en son centre est égale à trois-cent-quarante-milliards de fois la pression terrestre au niveau de la mer.

• Recopier ce texte en écrivant les nombres cités en chiffres.

66 Pétrole

Chaque seconde, en France, on consomme 23 barils de pétrole.
(CIT) Un baril contient 159 litres.

• La consommation française de pétrole dépasse-t-elle le milliard de litres par jour ?

67 Revenu

Un salarié gagne 1 652 € par mois. En plus de son salaire mensuel, son employeur lui verse une prime de 255 € au mois de juin. Au mois de décembre, il reçoit le double de cette prime.

• Calculer le salaire annuel de ce salarié.

68 Grandes villes françaises

Le tableau suivant indique le nombre d'habitants des dix plus grandes villes françaises.

Ville	Nombre d'habitants
Marseille	864 323
Nantes	300 614
Paris	2 254 262
Nice	346 251
Bordeaux	247 688
Lyon	509 233
Rennes	217 309
Strasbourg	280 114
Toulouse	466 219
Montpellier	276 054

Source : Insee (2013).

1. Classer ces villes de la plus peuplée à la moins peuplée.
2. Quelles villes comptent plus de 500 000 habitants ?
3. Quelles villes comptent environ 200 000 habitants ?
4. Donner un ordre de grandeur de la population totale de ces dix villes.

69 Tir à l'arc

Elina a lancé dix fléchettes. Cinq fléchettes ont atteint la zone des unités de millions. Une fléchette a atteint la zone des dizaines de milliards. Une autre fléchette a atteint la zone des centaines d'unités. Les fléchettes restantes ont atteint la zone des dizaines de mille.

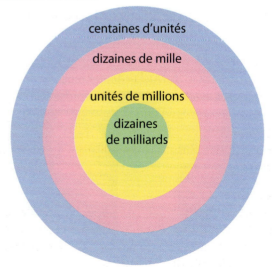

• Calculer le score d'Elina.

70 Tour Eiffel

Le premier étage de la tour Eiffel se situe à 57 m du sol. Le deuxième étage se trouve 58 m plus haut, et le troisième étage est situé à 276 m du sol. La hauteur totale de la tour Eiffel avec l'antenne est de 324 m, sa hauteur sans l'antenne est de 312 m.

1. À quelle hauteur du sol le deuxième étage se situe-t-il ?
2. De combien s'élève-t-on lorsque l'on monte du deuxième étage au troisième étage ?
3. Quelle est la hauteur de l'antenne ?

71 Pièces de collection

Ivana possède 2 843 pièces de monnaie de collection. Son frère Gabriel en possède 541 de plus. Ivana donne 163 pièces de sa collection à son frère. Avec celles que leur père vient de lui donner, Gabriel en a maintenant 3 998.

1. Combien de pièces Gabriel a-t-il reçues de son père ?
2. Combien de pièces Ivana et Gabriel possèdent-ils à eux deux ?

72 Devinette

① Je suis un nombre entier à onze chiffres.
② Mon chiffre des unités est le double de 3.
③ Mon chiffre des centaines de mille est égal à la moitié de mon chiffre des unités.
④ Mon chiffre des dizaines de millions est égal au tiers de mon chiffre des unités.
⑤ La somme de mon chiffre des centaines de mille et de mon chiffre des centaines est égale à 8.
⑥ La différence entre mon chiffre des unités et mon chiffre des dizaines est égale à 5.
⑦ Le produit de mon chiffre des dizaines de millions par mon chiffre des dizaines de milliards est égal à la somme des trois chiffres de la classe des unités.
⑧ La somme de mon chiffre des centaines et de mon chiffre des centaines de mille est égale à la somme de mon chiffre des dizaines et de mon chiffre des centaines de millions.
⑨ Mon chiffre des unités de millions est le quadruple de mon chiffre des dizaines de millions.
⑩ Tous les chiffres sont présents au moins une fois dans mon écriture et mon chiffre des unités de mille est supérieur à mon chiffre des dizaines de mille, lui-même supérieur à mon chiffre des unités de milliards.

• Qui suis-je ?

Découvre l'histoire de la forme des chiffres p. 15 !

Problèmes

73 La piscine
Le fond d'une piscine rectangulaire est carrelé de 12 carreaux en largeur et 26 en longueur. Les carreaux sont des carrés de 20 cm de côté et coutent 5 euros chacun.

- Combien le carrelage du fond de cette piscine a-t-il couté ?

74 Marées
(SVT)

Des professeurs préparent une sortie pédagogique au Mont-Saint-Michel. Ce dernier est entouré par la mer qui est soumise au phénomène des marées. Cela signifie que le niveau de la mer varie au cours d'une journée. Quand la mer s'est complètement retirée, c'est une « basse mer » ou « marée basse ». Quand son niveau est remonté à son maximum, on parle de « pleine mer » ou « marée haute ». Chacun de ces deux évènements a lieu deux fois par jour.
La traversée de la baie ne peut se faire qu'à marée basse. Voici un extrait du calendrier des marées :

Date	Pleines mers Matin h min	Haut. m	Coef.	Soir h min	Haut. m	Coef.	Basses mers Matin h min	Haut. m	Soir h min	Haut. m
Ma 1	3:26	3,65	72	15:48	4,05	77	9:26	1,00	22:01	0,80
Me 2	4:24	4,00	81	16:43	4,25	86	10:22	0,85	22:57	0,60
J 3	5:19	4,15	90	17:35	4,40	93	11:14	0,70	23:50	0,45
V 4	6:10	4,20	95	18:25	4,45	96	- -	- -	12:03	0,65
S 5	6:58	4,15	96	19:13	4,45	95	0:40	0,40	12:51	0,65
D 6	7:43	4,05	93	20:00	4,30	90	1:30	0,45	13:57	0,70
L 7	8:27	3,90	86	20:46	4,15	81	2:16	0,60	14:23	0,85
Ma 8	9:11	3,70	76	21:31	3,90	70	3:01	0,60	15:09	1,05
Me 9	9:57	3,55	85	22:20	3,65	59	3:46	1,05	15:57	1,25
J 10	10:49	3,35	53	23:16	3,40	48	4:35	1,30	16:51	1,45

1. Quel jour la marée est-elle basse à 11h14 ?
2. Le samedi 5, quelle est la durée écoulée entre les deux « pleines mers » ?
3. Les professeurs souhaitent faire la traversée un mardi après-midi.
   Quel mardi doivent-ils choisir ?

D'après brevet centres étrangers, 2012.

75 Direction Lorient !
Ethan, qui habite Paris, doit se rendre à Lorient. Il souhaite prendre le train le plus rapide.

06h59	Paris Montparnasse 1 et 2
10h57	Lorient
10h05	Paris Montparnasse 1 et 2
13h54	Lorient
12h05	Paris Montparnasse 1 et 2
15h57	Lorient
13h41	Paris Montparnasse 1 et 2
17h25	Lorient

- À quelle heure doit-il partir ?

76 Cheveux
(SVT)

Un cheveu pousse en moyenne de 1 cm par mois.
Une personne blonde possède environ 140 000 cheveux.

- Quelle est la longueur totale de cheveu produite par une personne blonde pendant 20 ans ?

77 Très grands nombres
(PC) *Prise d'initiative* — *Pour aller plus loin*

Lors d'un reportage sur les galaxies, Noléa a entendu les informations suivantes :
« La distance qui nous sépare du centre de notre galaxie est de 247 billiards de kilomètres. La galaxie du Chariot se trouve, quant à elle, à environ 5 trilliards de kilomètres de nous. »

1. Après avoir effectué des recherches, écrire ces distances en chiffres.
2. Trouver d'autres mots qui permettent de dénombrer des quantités colossales.

78 Au festival d'Avignon
(PEAC) *Prise d'initiative*

Stella souhaite voir deux spectacles dans le cadre du festival d'Avignon : *Le Médecin malgré lui* et *Le Petit Prince*. Le théâtre Notre-Dame se trouve à 12 minutes à pied de l'Atelier 44, et il faut se présenter 30 minutes avant le début de la représentation.

SAM 9 à 14h25 — Durée : 55 min — À l'Atelier 44
SAM 9 à 16h05 — Durée : 1 h 20 — Au théâtre Notre-Dame

- Stella pourra-t-elle voir les deux spectacles ?

79 Au cinéma

Victor et ses amis se rendent au cinéma à 15h30. Ils souhaitent voir le maximum de films parmi ceux qu'ils ont sélectionnés ci-contre.
Ils doivent tous impérativement être devant le cinéma à 19h30 pour reprendre leur bus et rentrer chez eux.

• Quels films peuvent-ils voir ?

L'Âge de glace 5 : les lois de l'univers (VF)
Tous publics. Film d'animation. 1 h 40 min
15:50   18:05

S.O.S. Fantômes (VF)
Tous publics. Comédie. 1 h 57 min
17:40

Rogue One: A Star Wars Story (VF)
Tous publics. Aventure. 2 h 13 min
13:30   15:50   18:10   20:30

80 Généalogie

En généalogie, on a l'habitude de numéroter les ancêtres pour faciliter les recherches. La numérotation de Sosa-Stradonitz fonctionne ainsi :
- chaque ancêtre a un numéro invariable ;
- la numérotation part de la personne dont on fait l'arbre généalogique : elle porte le numéro 1 ;
- son père porte le numéro 2, sa mère le numéro 3 ;
- le numéro 4 est son grand-père paternel, le 5 sa grand-mère paternelle, le 6 son grand-père maternel, le 7 sa grand-mère maternelle ;
- et ainsi de suite.

—Vocabulaire—
Généalogie : Science qui a pour objet la recherche des ancêtres d'un individu

16	17	18	19	20	21	22	23	24	25	26	27	28	29	30	31	Ancêtres de 4ᵉ génération
8		9		10		11		12		13		14		15		Ancêtres de 3ᵉ génération
4				5				6				7				Ancêtres de 2ᵉ génération
2								3								Ancêtres de 1ʳᵉ génération
1																

1. Quels sont les numéros des parents d'Hubert de Bourgogne, qui porte le numéro 27 013 096 088 ?

2. Marion est rentrée en 6ᵉ cette année. Une de ses ancêtres, Mathilde de Boulogne, porte le numéro 8 589 934 597.

a. Quel est le numéro de son époux Landry IV de Nevers ?

b. En quelle génération se trouve-t-elle ?

Pour cette question, tu peux utiliser une calculatrice ou un tableur.

c. À quelle époque vivait-elle ? (On pourra considérer que la durée moyenne d'une génération est comprise entre 25 et 30 ans.)

Travailler autrement
Utilisable en AP — À chacun son parcours !

81 Analyse de documents

Socle D1 : Je comprends le sens des consignes, je sais combiner les informations explicites et implicites d'une lecture.
Socle D4 : Je sais prélever, organiser et traiter l'information utile.

Doc. 1 — Bus – Ligne 4

TICKET : 1 € (Valable 1 heure)

Coulounieix Bourg → Station Centre-ville → Champcevinel Bourg

COULOUNIEIX BOURG		7.02	7.24	8.16	9.15	10.44	11.47	12.31	13.07	14.20		16.08	17.05
Pagot		7.11	7.33	8.25	9.24	10.53	11.56	12.40	13.16	14.29		16.17	17.14
Hôtel de ville		7.17	7.39	8.31	9.30	10.59	12.02	12.46	13.22	14.35		16.23	17.20
Gare SNCF		7.26	7.48	8.40	9.39	11.08	12.11	12.55	13.31	14.44		16.32	17.29
Station Centre-ville	7.01	7.36	7.58	8.49	9.48	11.17	12.20	13.04	13.39	14.53	16.15	16.44	17.15	17.41	18.15
Centre hospitalier	7.04	7.43	8.05	8.54	9.53	11.22	12.26	13.09		14.58	16.20		17.20	17.46	18.18
Les Mazades	7.08	7.47	8.09	8.58	9.58	11.26	12.30	13.13		15.02	16.24		17.24	17.50	18.22
CHAMPCEVINEL BOURG	7.17	7.56	8.18	9.07	10.07	11.35	12.39	13.22		15.11	16.33		17.33	17.59	18.31

Champcevinel Bourg → Station Centre-ville → Coulounieix Bourg

CHAMPCEVINEL BOURG	7.17	7.56	8.18	9.07	10.07		11.35		12.39	13.22	15.11		16.33	17.33
Les Mazades	7.28	8.07	8.29	9.18	10.18		11.46		12.50	13.33	15.22		16.44	17.44
Centre hospitalier	7.31	8.10	8.32	9.21	10.21		11.49		12.53	13.36	15.25		16.47	17.47
Station Centre-ville	7.36	8.14	8.36	9.25	10.25	11.10	11.53	12.20	12.57	13.40	15.29	16.25	16.52	17.15	17.52
Gare SNCF	7.48		8.48		10.36	11.21	12.04	12.32			15.41	16.38		17.28	18.04
Hôtel de ville	7.56		8.55		10.43	11.28	12.11	12.39			15.48	16.45		17.35	18.12
Pagot	8.02		9.01		10.49	11.34	12.17	12.45			15.54	16.51		17.41	18.18
COULOUNIEIX BOURG	8.11		9.10		10.58	11.43	12.26	12.54			16.03	17.00		17.50	18.27

Doc. 2 — Théâtre Le Palace

Billetterie : Enfant 4 € / Adulte 8 €
1 accompagnateur gratuit pour 10 enfants

Accès : À 5 min à pied de l'arrêt de bus Station Centre-ville.

Vendredi 10/02
10h15 / 14h00
Durée : 1 h 10
À LA RENVERSE

Doc. 3 — École

Horaires d'ouverture : 9h – 16h30

Accès : À 3 min à pied de l'arrêt de bus Coulounieix Bourg.

Questions ceinture jaune

1. Les 24 élèves de la classe de CM1 ont pris le bus de 9h15. À quelle heure, au plus tard, ont-ils dû quitter l'école pour se rendre à l'arrêt de bus ?
2. À quelle heure sont-ils arrivés à l'arrêt Station Centre-ville ?
3. À quelle heure sont-ils arrivés au théâtre ?
4. Combien de temps ont-ils attendu devant le théâtre avant d'assister à la représentation du spectacle *À la renverse* ?

Questions ceinture verte

1. Les 27 élèves de la classe de CE2 ont pris le bus de 10h44 à Coulounieix Bourg avec leur enseignant et trois parents d'élèves pour faire une sortie dans le centre-ville de Périgueux. À quelle heure arriveront-ils dans le centre-ville ?
2. Quelle a été la durée du trajet ?
3. Les élèves se promènent dans le centre-ville pendant 1 h 20 min et doivent avoir fini leur pique-nique à 13h. De combien de temps disposent-ils pour manger ?
4. Ils se rendent ensuite à la séance de 14h pour voir la représentation de *À la renverse* au théâtre. Quel bus devront-ils reprendre pour arriver avant la fermeture de l'école ?
5. Quel sera le montant de la billetterie ?

Questions ceinture noire

1. L'enseignant de la classe de CM2, accompagné de deux parents d'élèves, souhaite emmener au théâtre les 26 élèves de sa classe pour voir la représentation théâtrale *À la renverse*. À quelle(s) séance(s) ces élèves pourront-ils assister ?
2. À quelle(s) heure(s) les élèves seront-ils de retour devant l'école ?
3. Calculer le montant total de cette sortie.

82 Écriture d'énoncé

Socle D1 Je sais m'exprimer en utilisant la langue française à l'écrit.

À deux, rédiger l'énoncé d'un problème mathématique respectant les conditions énoncées ci-dessous, puis proposer cet énoncé à un autre binôme.

Questions ceinture jaune
L'énoncé devra comporter les mots suivants, et sa résolution devra nécessiter au moins une addition :

vingt   millions   mille

Questions ceinture verte
L'énoncé devra comporter les mots suivants, et sa résolution devra nécessiter au moins une addition et une soustraction :

douze   millions   cent   milliards

Questions ceinture noire
L'énoncé devra comporter les mots suivants, et sa résolution devra nécessiter au moins une addition, une soustraction et une multiplication :

quatre   millions   mille   milliards   cent   cinq

83 Analyse de production

Socle D2 Je sais analyser les erreurs.

Un professeur a donné les exercices suivants à ses élèves. Analyser les productions des élèves en expliquant les erreurs éventuellement commises, et les corriger si nécessaire.

Questions ceinture jaune

Izia a reçu pour son anniversaire 150 € de sa grand-mère, 100 € de ses parents et 25 € de son oncle. Avec cet argent, elle a acheté un CD à 15 € et deux livres à 7 € l'un.
• Combien lui reste-t-il d'argent ?

Imène
Elle a dépensé 15 + 7 = 22 €
et a reçu 150 + 100 + 25 = 225 €.
Il lui reste donc 225 − 22 = 203 €.

Erwan
Elle a dépensé environ 30 €
et a reçu environ 300 €.
Il lui reste donc 300 − 30 = 270 €.

Soufiane
Elle a dépensé
(15 + 7) × 2 = 22 × 2 = 44 €.
Elle a reçu 150 + 100 + 25 = 275 €.
Il lui reste donc 275 − 44 = 231 €.

Questions ceinture verte

Tom a rangé tous ses livres dans cinq cartons. Il a rangé 20 livres dans un premier carton et 18 livres dans chacun des quatre autres cartons, à l'exception du dernier qui n'en contient que 15.
• Combien de livres Tom a-t-il rangés au total ?

Éloïs
Il a rangé 20 + 18 = 38 livres dans chaque carton,
soit 38 × 5 = 190 livres, moins les 15 derniers,
soit 190 − 15 = 175 livres.

Iliès
Il a rangé 18 × 4 = 72 livres
dans 4 cartons, soit un total de :
20 + 72 + 15 = 92 + 15 = 107 livres.

Sybille
Il a rangé :
(5 × 15) + 5 + 3
= 75 + 5 + 3
= 83 livres en tout.

Questions ceinture noire

Siwan arrive au cinéma à 18h35. Le film commence 23 minutes plus tard et dure 1 h 47 min.
• À quelle heure le film se termine-t-il ?

Johanie
18,35 + 1,47 = 19,82
Le film se termine à 19h82.

Anaïs
18 h 35 min + 23 min = 18 h 58 min   Le film commence à 18h58.
+ 1 h   + 40 min   + 7 min
18h58 → 19h58 → 20h98 → 21h05   Le film se termine à 21h05.

Chapitre 1 Nombres entiers

Outils numériques et algorithmique

84 Bouteilles
Pour tenir son stock de bouteilles à jour, un gérant de magasin a réalisé la feuille de calcul suivante.

	A	B	C	D
1	Articles	Stock initial	Nombre de ventes	Stock restant
2	Eau	125	68	
3	Limonade	347		189
4	Jus d'orange		45	64
5	Total			

1. Quelles formules faut-il saisir dans chacune des cellules vides ?
2. Proposer une autre formule pour la cellule D5.
3. Une bouteille d'eau est vendue 1 €, une bouteille de limonade 2 €, et une bouteille de jus d'orange 3 €. Compléter la feuille de calcul précédente afin de calculer le montant total des ventes.

85 Programme de calcul
Ernest souhaite réaliser le programme de calcul suivant à l'aide d'un tableur.

> Choisir un nombre entier.
> Le multiplier par 8.
> Ajouter 5 au résultat.
> Multiplier le tout par 4.
> Soustraire 2 au résultat.

	A	B
1	Nombre choisi	
2	Je multiplie par 8	
3	J'ajoute 5	
4	Je multiplie par 4	
5	Je soustrais 2	

1. Quelles formules Ernest devra-t-il saisir dans les cellules B2, B3, B4 et B5 ?
2. Quel nombre obtient-on si le nombre choisi au départ est 5 ? Même question avec le nombre 13.
3. Quel nombre faut-il choisir pour obtenir 1 618 comme résultat final ?

86 Rang des chiffres

	A	B	C	D	E	F	G	H	I
1	centaines de millions	dizaines de millions	unités de millions	centaines de mille	dizaines de mille	unités de mille	centaines	dizaines	unités
2	6	7	4	0	0	4	0	1	0
3									
4	Nombre :								

- Quelle formule faut-il saisir dans la cellule B4 permettant d'afficher le nombre dont le rang de chacun des chiffres est précisé ci-dessus ?

87 En avant !
1. Écrire un script plus court permettant de réaliser la même chose que le script ci-dessous.

2. Poursuivre le script obtenu de façon à construire un rectangle.
3. Modifier le script de façon à construire un carré.

Boîte à outils

Avec un tableur

- Pour calculer une somme :
- Pour calculer une différence :
- Pour calculer un produit :

Ta mission
Connaître et utiliser les nombres décimaux.

CHAPITRE 2

Nombres décimaux

Jeux

En plein vol, le trésor dérobé par le dragon s'est éparpillé dans ce labyrinthe. Le chevalier s'élance pour récupérer un maximum de pièces. S'il revient sur ses pas, il perd tout l'argent récolté.

• Quelle somme, en euros, le chevalier possède-t-il à la sortie ?

= 100
= 10
= 1 centime d'euro

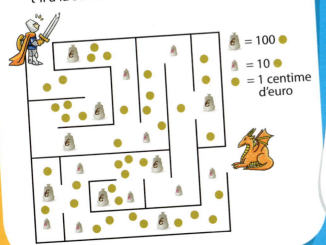

Histoire

Voir problème 78 p. 47

Vingt-deux siècles se sont écoulés entre l'apparition des premiers chiffres en Inde et celle de la virgule au XVIIe siècle en Occident. Simon Stevin (1548-1620), ingénieur flamand, est l'un des précurseurs de l'écriture décimale. À son époque, les calculs sur les nombres, qui s'écrivaient à l'aide de fractions, pouvaient être très lourds. Mais dans son ouvrage *La Disme* (1585), il propose une technique de calcul bien plus simple : il applique à la partie valant moins que l'unité, les règles opératoires utilisées sur les nombres entiers.

Activités

Questions flash

1. Donner le rang de chaque chiffre selon sa position dans les nombres suivants :
   4 562   15 789
2. **a.** Combien y a-t-il de dizaines dans 506 ?
   b. Combien y a-t-il de centaines dans 135 624 ?
3. Paul a ramassé toutes les pièces de 1 centime qui trainaient dans sa maison. Il en a trouvé 528. Combien d'euros et de centimes cela fait-il ?
4. Ranger ces nombres du plus petit au plus grand :
   56   4 523   209   19   109
5. **a.** Sur la frise chronologique ci-dessous, où doit-on placer le couronnement de Charlemagne en l'an 800 ?
   b. Lire sur cette frise l'année de la fin de son règne, repérée par la graduation rouge.

Le jeu vidéo — CM2 — Activité 1

Un dragon lance des boules de feu sur une tour. L'objectif du jeu est d'intercepter les boules de feu en moins de trois secondes, avant qu'elles n'atteignent la tour.
Quand un joueur intercepte une boule de feu, son temps est marqué sur la ligne de tir.

1. Quatre amis commencent une partie :
   • Nina intercepte la boule en 1 seconde et 7 dixièmes ;
   • Lily, en 9 dixièmes de seconde ;
   • Cali, en 2 secondes et 3 dixièmes ;
   • Eneko, en 2 secondes et 4 dixièmes.
   Reproduire la ligne de tir et y indiquer le temps de chaque joueur (N pour Nina, L pour Lily, etc.).

2. On peut lire sur l'écran ci-dessous les scores de plusieurs joueurs avec trois écritures différentes. Recopier et compléter ce tableau.

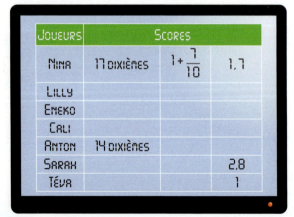

3. Jules et Zoé ont tous les deux intercepté la boule de feu entre 2,3 et 2,4 secondes. Pour se départager, ils utilisent la loupe du jeu, qui grossit dix fois la ligne de tir. Voici ce qu'ils observent :

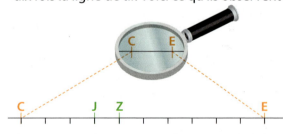

Donner trois écritures pour les scores de Jules et Zoé.

4. Ils utilisent à nouveau la loupe pour grossir le segment [JZ]. Ils voient alors apparaitre la marque de Gilles. Donner trois écritures pour son score.

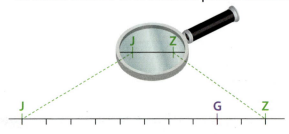

Activité 2

Quelle constellation ?

Nolan s'intéresse à une constellation de sept étoiles. Pour cela, il a tracé sept demi-droites graduées et a placé deux points A et E qui représentent les positions, dans le ciel, de deux étoiles de cette constellation.

Vocabulaire

Constellation : Groupement d'étoiles qui, reliées par des lignes imaginaires, forment une figure à laquelle on a donné un nom

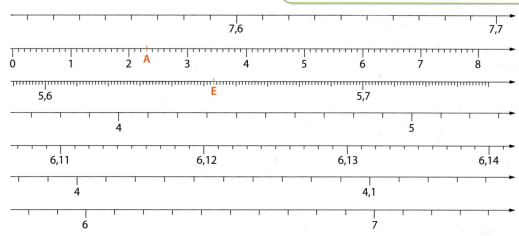

1. **a.** Par quel nombre décimal peut-on repérer le point A sur cette demi-droite graduée ?
   b. Par quel nombre peut-on repérer le point E ?

   Ces nombres sont appelés les abscisses des points A et E.

2. Nolan a noté dans un tableau les cinq autres points de cette constellation et leurs abscisses.

Point	C	D	L	M	R
Abscisse	6,125	4,09	4,4	6,8	4,06

   a. Placer chacun des points C, D, L, M et R sur la demi-droite qui convient.
   b. Tracer le quadrilatère CDMR, puis les segments [AE], [EL] et [LC]. Quelle constellation connue obtient-on ?

3. Placer le point P d'abscisse 7,683 2 représentant l'étoile polaire, le plus précisément possible sur la demi-droite qui convient.

   Les nombres associés aux deux graduations les plus proches du point P sont des valeurs approchées au centième près de 7,683 2.

Activité 3

Sur le chemin du collège

1. Imany a noté, sur une demi-droite graduée d'origine C (indiquant son collège), la position de ses amis dans l'ordre dans lequel elle les ramène chez eux en rentrant du collège. Elle n'a pas noté les noms des points mais elle sait que Lola habite à 5,7 km du collège, Nathan à 2,81 km, Enzo à 7,12 km, Manon à 3,4 km, Karim à 600 m. Elle-même habite à 7,8 km du collège.
   Nommer les points sur la demi-droite graduée : L pour Lola, N pour Nathan, etc.

2. Sur le trajet, ils comparent les distances qu'ils parcourent chaque soir. Voici ce qu'ils affirment :

Dire pour chacun d'eux s'il a raison ou tort, en justifiant la réponse.

1 Comprendre et utiliser les nombres décimaux

Définitions

- Lorsque l'on partage l'unité en dix parties égales, on obtient dix **dixièmes**.
- Lorsque l'on partage chaque dixième de l'unité en dix parties égales, l'unité est partagée en cent parties égales, et on obtient cent **centièmes**.
- En poursuivant ainsi les partages en dix, on obtient des **millièmes**, des **dix-millièmes**, …

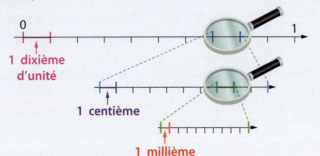

Un dixième se note $\dfrac{1}{10}$.

Un centième se note $\dfrac{1}{100}$.

Un millième se note $\dfrac{1}{1\,000}$.

On a : $1 = \dfrac{10}{10} = \dfrac{100}{100} = \dfrac{1\,000}{1\,000}$

Définitions

- Une fraction dont le dénominateur est 10, 100, 1 000… est appelée une **fraction décimale**.
- Un **nombre décimal** est un nombre qui peut s'écrire sous la forme d'une fraction décimale.

Exemples

- $\dfrac{13}{100}$ est une fraction décimale.

- $\dfrac{1}{2}$ peut aussi s'écrire $\dfrac{5}{10}$.
  C'est donc un nombre décimal.

Propriété et définitions

- Tout nombre décimal peut s'écrire comme la somme d'un nombre entier (sa **partie entière**) et d'une fraction décimale inférieure à 1 (sa **partie décimale**).
- On peut aussi utiliser une virgule pour donner son **écriture décimale**.

Exemples

- $\dfrac{37}{10} = \dfrac{30}{10} + \dfrac{7}{10} = 3 + \dfrac{7}{10} = 3{,}7$

- $\dfrac{25\,381}{1\,000} = \dfrac{25\,000}{1\,000} + \dfrac{381}{1\,000}$
  $= 25 + \dfrac{381}{1\,000} = 25{,}381$

! Dans une écriture décimale, la valeur d'un chiffre dépend de sa position dans le nombre.

Exemple

$25{,}381 = 25 + \dfrac{381}{1\,000} = 25 + \dfrac{300}{1\,000} + \dfrac{80}{1\,000} + \dfrac{1}{1\,000} = 25 + \dfrac{3}{10} + \dfrac{8}{100} + \dfrac{1}{1\,000}$

…	dizaines	unités	dixièmes	centièmes	millièmes	…
	2	5,	3	8	1	

Un nombre entier est un nombre décimal ! Sa partie décimale est égale à zéro.

Savoir-faire

Entraîne-toi avec ces exercices corrigés en page 300 !

1 Comprendre et utiliser les nombres décimaux

1 Combien y a-t-il de centièmes dans 7 unités, 3 dixièmes et 5 centièmes ?

Solution
- Dans une unité, il y a 100 centièmes donc dans 7 unités, il y a 700 centièmes.
- Dans un dixième, il y a 10 centièmes donc dans 3 dixièmes, il y a 30 centièmes.

Donc dans 7 unités, 3 dixièmes et 5 centièmes, il y a 735 centièmes.

2 1. Décomposer le nombre $\frac{3\ 718}{1\ 000}$ en unités, dixièmes, centièmes et millièmes.
2. Donner son écriture décimale.

Solution

1. $\frac{3\ 718}{1\ 000} = \frac{3\ 000}{1\ 000} + \frac{718}{1\ 000}$

$= 3 + \frac{718}{1\ 000}$

$= 3 + \frac{700}{1\ 000} + \frac{10}{1\ 000} + \frac{8}{1\ 000}$

$= 3 + \frac{7}{10} + \frac{1}{100} + \frac{8}{1\ 000}$

2. $\frac{3\ 718}{1\ 000} = 3{,}718$

On peut aussi utiliser un tableau.

unités	dixièmes	centièmes	millièmes
3 ,	7	1	8

3 1. Donner la partie entière et la partie décimale de $\frac{4\ 056}{1\ 000}$.
2. Donner son écriture décimale.

Solution

1. $\frac{4\ 056}{1\ 000} = \frac{4\ 000}{1\ 000} + \frac{56}{1\ 000} = 4 + \frac{56}{1\ 000}$

La partie entière de $\frac{4\ 056}{1\ 000}$ est 4.

La partie décimale de $\frac{4\ 056}{1\ 000}$ est $\frac{56}{1\ 000}$ ou 0,056.

2. $\frac{4\ 056}{1\ 000} = 4{,}056$

On peut aussi utiliser un tableau.

unités	dixièmes	centièmes	millièmes
4 ,	0	5	6

4 Donner le rang de chaque chiffre du nombre 12,358.

Solution
On peut utiliser un tableau.

dizaines	unités	dixièmes	centièmes	millièmes
1	2 ,	3	5	8

1 est le chiffre des dizaines.
2 est le chiffre des unités.
3 est le chiffre des dixièmes.
5 est le chiffre des centièmes.
8 est le chiffre des millièmes.

5 Combien y a-t-il de dixièmes dans 425,48 ?

6 Donner le rang de chaque chiffre du nombre 714,256 9.

7 Donner l'écriture décimale des nombres suivants :

$\frac{2\ 605}{100}$ $\frac{698}{1\ 000}$

8 Donner les parties entières et décimales des nombres suivants :

$\frac{507}{100}$ $\frac{32\ 506}{1\ 000}$ $\frac{427}{10}$

Chapitre 2 Nombres décimaux

2 Repérer un nombre décimal sur une demi-droite graduée

Définitions et propriété

- Une **demi-droite graduée** est une demi-droite sur laquelle on a choisi une unité de longueur, que l'on reporte régulièrement à partir de l'origine.
- Sur une demi-droite graduée, chaque nombre décimal correspond à un point. Ce nombre est appelé **l'abscisse** du point.

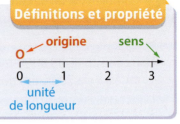

Exemple : Le point A a pour abscisse $3 + \dfrac{4}{10}$ ou 3,4.

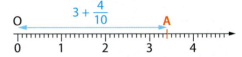

Méthode

Une demi-droite graduée permet de déterminer une **valeur approchée** d'un nombre.

Exemple : Une valeur approchée de 2,472 93 au centième près est 2,47.
Une valeur approchée de 2,472 93 au dixième près est 2,5.
On note   2,472 93 ≈ 2,47   ou   2,472 93 ≈ 2,5.

On choisit une valeur approchée la plus proche possible du nombre.

3 Comparer des nombres décimaux

Définition et propriété

- **Comparer** deux nombres, c'est trouver le plus grand (ou le plus petit) ou dire s'ils sont égaux.
- Lorsque l'on parcourt une demi-droite graduée dans le sens de la flèche, le plus petit de deux nombres est celui que l'on rencontre en premier.

Exemple : On souhaite comparer 2,46 et 2,7.
On place ces deux nombres sur une demi-droite graduée.

On dit que 2,46 est inférieur à 2,7 et on note 2,46 < 2,7.
On dit également que 2,7 est supérieur à 2,46 et on note 2,7 > 2,46.

Attention ! 7 est plus petit que 46 mais 2,7 est plus grand que 2,46.

Définitions

- **Encadrer** un nombre, c'est trouver un nombre plus petit et un nombre plus grand.
- Ranger des nombres décimaux dans **l'ordre croissant** (ou **décroissant**), c'est les ranger du plus petit au plus grand (ou du plus grand au plus petit).

- Encadrement de 3,18 à l'unité :
  3 < 3,18 < 4

- Encadrement de 3,18 au dixième :
  3,1 < 3,18 < 3,2

Savoir-faire

> Entraîne-toi avec ces exercices corrigés en page 300 !

2 Repérer un nombre décimal sur une demi-droite graduée

9 Lire les abscisses des points M, A, R, S.

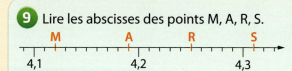

Solution

On commence par observer les graduations. On constate que les dixièmes sont partagés en 10. On obtient donc des centièmes.
L'abscisse du point M est 4,12.
L'abscisse du point A est 4,19.
L'abscisse du point R est 4,25.
L'abscisse du point S est 4,31.

10 Donner une valeur approchée au dixième de 8,678.

Solution

Le point d'abscisse 8,678 est placé entre les points d'abscisses 8,6 et 8,7.

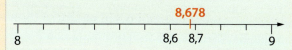

Il est plus proche de 8,7.
8,7 est une valeur approchée au dixième près.

11 1. Quelles sont les abscisses des points L, U, T et O ?
2. Reproduire cette demi-droite graduée et y placer les points P et N d'abscisses respectives 2,02 et 2,11.
3. Donner une valeur approchée au dixième près de ces deux nombres.

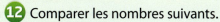

3 Comparer des nombres décimaux

12 Comparer les nombres suivants.
   a. 12,4 et 12,40   **b.** 31,6 et 35,28
   c. 13,32 et 13,27

Solution

a. $12,4 = 12 + \dfrac{4}{10} = 12 + \dfrac{40}{100}$ donc $12,4 = 12,40$.
b. La partie entière de 31,6 est inférieure à celle de 35,28 donc $31,6 < 35,28$.
c. $13,32 = 13 + \dfrac{32}{100}$ et $13,27 = 13 + \dfrac{27}{100}$
Les parties entières sont égales donc on compare les parties décimales.
$\dfrac{32}{100} > \dfrac{27}{100}$ donc $13,32 > 13,27$.

> On compare d'abord les parties entières puis, si elles sont égales, les parties décimales.

13 Ranger les nombres suivants dans l'ordre décroissant.
$$2,12 \bullet \dfrac{17}{10} \bullet 2,9 \bullet 3,04 \bullet 1,5$$

Solution

On commence par comparer les nombres qui ont la même partie entière.
$\dfrac{17}{10} = 1,7$ donc $1,5 < \dfrac{17}{10}$.
$2,12 = 2 + \dfrac{12}{100}$ et $2,9 = 2 + \dfrac{90}{100}$
donc $2,12 < 2,9$.

On obtient : $1,5 < \dfrac{17}{10} < 2,12 < 2,9 < 3,04$

14 Comparer les nombres suivants.
   a. 5,32 et 5,320   **b.** 26,2 et 24,8
   c. 14,035 et 14,35   **d.** 15,1 et 15,09

15 Ranger les nombres suivants dans l'ordre décroissant.
$$28,7 \bullet 18,36 \bullet 183,6 \bullet 18,7 \bullet 18,07$$

Chapitre 2 Nombres décimaux — 39

Exercices

Diaporamas de calcul mental dans le manuel numérique

Comprendre et utiliser les nombres décimaux

➡ Savoir-faire p. 37

Questions flash

16 Lire à haute voix les nombres décimaux suivants sans utiliser le mot « virgule ».
$\dfrac{8}{10}$ • $\dfrac{45}{100}$ • $\dfrac{126}{1\,000}$ • $\dfrac{58}{10\,000}$ • $\dfrac{29}{1\,000\,000}$

17 a. Quel est le chiffre des dizaines de 125,86 ?
b. Quel est le chiffre des centièmes de 325,568 ?
c. Quel est le chiffre des dixièmes de 334,12 ?
d. Quel est le chiffre des millièmes de 1 356,026 ?
e. Quel est le chiffre des dixièmes de 137 ?

18 Compléter les égalités suivantes.
$5 = \dfrac{\ldots}{10} = \dfrac{\ldots}{100} = \dfrac{\ldots}{1\,000} = \dfrac{\ldots}{10\,000}$

19 Quel nombre est égal à $\dfrac{7}{10}$?
7,10 • 0,7 • 0,07 • 70,00 • 7,0 • 7,00

20 Quelle est la fraction égale à 6,07 ?
$\dfrac{67}{10}$ • $\dfrac{67}{100}$ • $\dfrac{670}{10}$ • $\dfrac{607}{100}$

21 Recopier et compléter les égalités suivantes.
a. $\dfrac{1}{10} = \dfrac{\ldots}{100}$ b. $\dfrac{7}{10} = \dfrac{\ldots}{100}$ c. $\dfrac{23}{10} = \dfrac{\ldots}{100}$
d. $1 = \dfrac{\ldots}{100}$ e. $8 = \dfrac{\ldots}{100}$

22 1. Combien y a-t-il d'unités dans 80 dixièmes ?
2. Quel est le nombre d'unités dans 6 dizaines et 60 dixièmes ?
3. Combien y a-t-il de dixièmes dans 4 unités et 7 dixièmes ?

23 Écrire les nombres suivants sous la forme d'une somme d'un nombre entier et d'une fraction décimale inférieure à 1.
$A = \dfrac{39}{10}$ $B = \dfrac{7\,589}{1\,000}$ $C = \dfrac{2\,356}{100}$

24 Quelle est la fraction décimale égale à 8,03 ?
$\dfrac{83}{10}$ • $\dfrac{83}{100}$ • $\dfrac{830}{10}$ • $\dfrac{803}{100}$

25 Donner l'écriture décimale des nombres suivants.
$A = \dfrac{12}{100}$ $B = \dfrac{489}{100}$ $C = \dfrac{51}{10}$
$D = \dfrac{54}{1\,000}$ $E = \dfrac{327}{10}$ $F = \dfrac{1\,325}{10\,000}$

26 Donner l'écriture décimale des nombres suivants.
$A = 5 + \dfrac{3}{10} + \dfrac{8}{100}$ $B = 26 + \dfrac{9}{10} + \dfrac{6}{1\,000}$
$C = 12 + \dfrac{4}{100} + \dfrac{7}{10} + \dfrac{6}{1\,000}$ $D = 7 + \dfrac{36}{10}$

27 Écrire les nombres suivants sous la forme d'une fraction décimale.
A = 126,3   B = 143,06   C = 2,125 63

28 Le professeur a noté au tableau 26,78.
Imany et Enzo lisent :

Imany : 26 unités et soixante-dix-huit centièmes.

Enzo : 26 unités 7 dixièmes 8 centièmes.

• Lire et écrire les nombres suivants à la manière d'Imany puis à la manière d'Enzo.
A = 56,286   B = 123,05   C = 45,128 9

29 Donner l'écriture décimale des nombres suivants.
a. 10 unités, 9 dixièmes et 6 centièmes.
b. 7 unités, 3 dixièmes et 5 millièmes.
c. 26 unités et 7 dix-millièmes.

30 Le professeur demande de donner l'écriture décimale de 24 centaines, 3 dixièmes et 8 dix-millièmes.

Nathan : 24,38   *Manon :* 24,300 8
Karim : 2 400,300 8   *Lola :* 240,308

• Qui a raison ?

31 Écrire chacun des nombres suivants de trois façons différentes.
a. 76 millièmes   b. 78 dixièmes
c. 19 dix-millièmes   d. 156 centièmes

32 Relier les écritures qui représentent un même nombre.

$42 + \dfrac{536}{1\,000}$ •   • $425 + \dfrac{3}{100} + \dfrac{6}{1\,000}$

$420,356$ •   • $42 + \dfrac{3}{100} + \dfrac{6}{1\,000} + \dfrac{5}{10}$

$425,036$ •   • $42 + \dfrac{6}{10} + \dfrac{3}{100} + \dfrac{5}{1\,000}$

• $\dfrac{420\,356}{1\,000}$

Repérer un nombre décimal sur une demi-droite graduée

➡ Savoir-faire p. 39

Questions flash

33 Lire les abscisses des points R, U et N.

34 Lire les abscisses des points E, A et T.
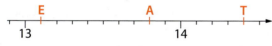

35 Lire les abscisses des points F, L et Y.
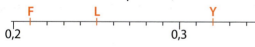

36 Lire les abscisses des points G et O.
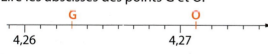

37 Reproduire la demi-droite graduée ci-dessous et y placer chacun des points suivants.
I d'abscisse 3,4   N d'abscisse 3,9
F d'abscisse 2,8   D d'abscisse 4,3
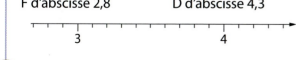

38 Construire une demi-droite judicieusement graduée et y placer les points suivants.
D d'abscisse 2,1   L d'abscisse 1,8
G d'abscisse 0,7   O d'abscisse 1,1

39 Dans chaque cas, construire une demi-droite judicieusement graduée pour y placer les points suivants.
a. A, S et K d'abscisses respectives $\dfrac{78}{10}$, $\dfrac{84}{10}$ et $\dfrac{96}{10}$.
b. I, E, V et G d'abscisses respectives 5,123 ; 5,134 ; 5,126 et 5,118.

40 Donner une valeur approchée au dixième près de chacun des nombres suivants.
0,726 • 5,28 • 13,853 • 6,019

41 Donner une valeur approchée au centième près, puis au millième près de chacun des nombres suivants.
14,786 3 • 6,006 8 • 78,469 42 • 9,666 66

42 Reproduire la demi-droite graduée ci-dessous.
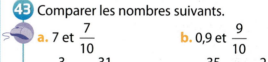
Placer approximativement les points E, S et Y d'abscisses respectives 25,326 ; 25,87 et 24,98.

Comparer des nombres décimaux

➡ Savoir-faire p. 39

Questions flash

43 Comparer les nombres suivants.
a. 7 et $\dfrac{7}{10}$ b. 0,9 et $\dfrac{9}{10}$
c. $\dfrac{3}{10}$ et $\dfrac{31}{100}$ d. $\dfrac{35}{1\,000}$ et $\dfrac{2}{100}$

44 Ranger ces nombres dans l'ordre croissant.
$6 + \dfrac{4}{10}$ • $6 + \dfrac{4}{100}$ • $6 + \dfrac{8}{100}$
$6 + \dfrac{9}{1\,000}$ • $6 - \dfrac{1}{10}$

45 Compléter avec le plus petit nombre entier qui convient.
a. 14,6 < …   b. 23,01 < …   c. 12 < …

46 Compléter avec le plus grand nombre entier qui convient.
a. … < 8,6   b. … < 20,01   c. … < 0,99

47 Recopier et compléter par <, > ou =.
a. $\dfrac{15}{100}$ … $\dfrac{38}{100}$ b. $\dfrac{30}{100}$ … $\dfrac{3}{10}$
c. $\dfrac{9}{100}$ … $\dfrac{4}{10}$ d. $\dfrac{25}{1\,000}$ … $\dfrac{3}{100}$

Exercices

48 Recopier et compléter par <, > ou =.

a. $4 + \dfrac{6}{10}$ ... $4 + \dfrac{9}{100}$ b. $25 + \dfrac{8}{10}$ ... $25 + \dfrac{86}{100}$

c. $9 - \dfrac{3}{10}$ ... $9 + \dfrac{2}{100}$ d. $7 + \dfrac{23}{100}$ ... $7 + \dfrac{3}{10}$

49 Recopier et compléter par <, > ou =.

a. $2{,}38$ ... $\dfrac{3}{10}$ b. $5{,}6$ ... $\dfrac{5}{10}$

c. $2 + \dfrac{39}{100}$ ... $2{,}039$ d. $7 + \dfrac{23}{100}$ ... $\dfrac{73}{10}$

50 1. Reproduire la demi-droite graduée ci-dessous.

2. Placer les points A, B, C, D, E et F d'abscisses respectives 3,72 ; 3,6 ; 3,66 ; 3,59 ; 3,65 et 3,7.
3. Recopier et compléter par < ou >.
   a. 3,7 ... 3,66   b. 3,59 ... 3,72
   c. 3,6 ... 3,59   d. 3,65 ... 3,6

51 En s'aidant d'une demi-droite judicieusement graduée, comparer $7 + \dfrac{3}{10}$ et $8 - \dfrac{4}{10}$.

52 Comparer les nombres suivants.
a. 17,1 et 17,09   b. 143,28 et 132,48
c. 9,101 et 9,010 1   d. 16,28 et 26,28
e. 4,236 et 4,236 8   f. 5,046 et 5,16
g. 12,78 et 12,8   h. 0,004 et 0,003 5

53 1. Reproduire la demi-droite graduée ci-dessous.

2. Placer les points T, U, V et W d'abscisses respectives 13,25 ; $13 + \dfrac{17}{100}$; $\dfrac{13\,245}{1\,000}$ et $13 + \dfrac{3}{10}$.
3. Ranger dans l'ordre croissant les abscisses des points R, S, T, U, V et W.

54 Ranger les nombres suivants dans l'ordre décroissant.

26,739 • 31,546 • 29,03 • 53,33 • 31,2
31,9 • 29,012 • 31,6 • 53,736 • 53,8

55 Ranger les nombres suivants dans la colonne appropriée du tableau ci-dessous.

8,052 • 8,92 • 8 • 8,56 • 15,2 • 8,502
8,601 • 8,72 • 8,43 • 8,599 • 8,56 • 9

Nombres inférieurs à 8,5	Nombres compris entre 8,5 et 8,6	Nombres supérieurs à 8,6

56 Recopier et compléter avec deux entiers consécutifs.

> Deux entiers sont consécutifs lorsque leur différence est égale à 1.

a. ... < 7,2 < ...   b. ... < 39,04 < ...
c. ... < 199,001 < ...   d. ... < 0,56 < ...

57 Gabrielle a encadré au dixième le nombre 18,46. Elle a ensuite entouré le plus proche de 18,46.

$$18{,}4 < 18{,}46 < \boxed{18{,}5}$$

• Pour chaque nombre suivant, donner un encadrement au dixième puis une valeur approchée au dixième près.

A = 0,876   B = 84,79   C = 4,06

D = 17,199   E = $\dfrac{5\,692}{1\,000}$

F = $5 + \dfrac{3}{10} + \dfrac{8}{1\,000}$ G = $12 + \dfrac{86}{100}$

58 Répondre aux questions d'Enzo en justifiant.

a. Existe-t-il un nombre entier compris entre $\dfrac{528}{100}$ et 63 dixièmes ?

b. Existe-t-il un nombre entier compris entre $\dfrac{822}{100}$ et 87 dixièmes ?

c. Existe-t-il un nombre décimal compris entre $\dfrac{528}{100}$ et 63 dixièmes ?

d. Existe-t-il un nombre décimal compris entre $\dfrac{822}{100}$ et 87 dixièmes ?

59 Dans chaque cas, intercaler un nombre décimal entre les deux nombres donnés.
a. 51 < ... < 52   b. 8,4 < ... < 8,5
c. 5,12 < ... < 5,13   d. 0,1 < ... < 0,11
e. 945,78 < ... < 945,781   f. 7,999 9 < ... < 8

42 NOMBRES ET CALCULS

➡ Corrigés p. 300

QCM Donner **la seule réponse correcte** parmi les trois proposées.

1 Comprendre et utiliser les nombres décimaux

	Réponse A	Réponse B	Réponse C
1. Le nombre $\frac{504}{10}$ peut s'écrire :	504,10	$5 + \frac{4}{10}$	$50 + \frac{4}{10}$
2. La partie décimale du nombre 14,632 est :	632	0,632	$\frac{632}{100}$
3. Le nombre $8 + \frac{7}{10} + \frac{5}{1\,000}$ peut s'écrire :	$\frac{875}{1\,000}$	8,75	8,705

2 Repérer un nombre décimal sur une demi-droite graduée

[Droite graduée avec D et E entre 5,6 et 5,7]

	Réponse A	Réponse B	Réponse C
4. Les abscisses des points D et E sont :	5,62 et 5,654	5,62 et 5,64	5,602 et 5,605
5. Une valeur approchée au millième près de 5,636 84 est :	5,64	5,637	5,636 8

3 Comparer des nombres décimaux

	Réponse A	Réponse B	Réponse C
6. Le nombre 12,43 est supérieur à :	12,5	$\frac{12\,435}{1\,000}$	12,231
7. Un encadrement au dixième de 13,524 est :	13,5 < 13,524 < 13,6	13 < 13,524 < 14	13,4 < 13,524 < 13,5

Carte mentale

Voici un exemple de carte mentale. Tu peux aussi en créer une à ta façon !

Écritures
Fractionnaire : $\frac{54\,068}{1000}$
Décimale : 54,068

54 UNITÉS   68 MILLIÈMES

Décomposition
partie entière + partie décimale
$54 + \frac{68}{1000} = 54 + 0{,}068$

Repérage
[droite graduée avec 54,06 — 54,068 — 54,07]
54,07 est une valeur approchée au centième près de 54,068.

Comparaison
54,06 < 54,068 < 54,07

Chapitre 2 Nombres décimaux

Problèmes

→ Corrigés p. 300

Pour mieux cibler les compétences			
Chercher	73 75 80	Raisonner	72 75 77
Modéliser	64 65 67 71 73	Calculer	67 72
Représenter	60 68 78	Communiquer	65 69 79

60 Quel désordre chez les Dalton !

William   Averell   Joe   Jack

Voici les tailles des Dalton dans le désordre :
1,52 m • 1,8 m • 1,93 m • 1,68 m

• Retrouver la taille de chacun des Dalton.

61 Le zoom

Juliette étant absente, elle récupère un exercice sur le cahier de textes numérique :

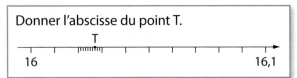

Donner l'abscisse du point T.

Pour faciliter sa lecture, elle utilise le zoom de son ordinateur :

• Aider Juliette à retrouver l'abscisse du point T.

62 Wanted

Rechercher deux nombres décimaux n'ayant pas la même partie entière et distants de 7 millièmes.

63 Les rideaux

Pour faire ses rideaux, Julia a besoin de 3,83 m de tissu. Elle veut acheter le tissu sur Internet. Elle hésite entre les deux tissus ci-dessous.

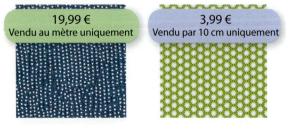

19,99 €
Vendu au mètre uniquement

3,99 €
Vendu par 10 cm uniquement

• Préciser pour chaque tissu la longueur minimale qu'elle doit commander.

64 Fichiers informatiques

TECH L'unité de mesure de la taille d'un document informatique est l'octet. Un mégaoctet (Mo) vaut 1 million d'octets.

1. Un professeur de français reçoit le travail de six de ses élèves. Voici ce qui s'affiche sur sa messagerie :
W Conte Nina (17,8 Mo) ;   W Conte Anna (18,1 Mo)
W Conte Aurèle (17,26 Mo) ; W Conte Angèle (17,32 Mo)
W Conte Éloïse (17,1 Mo) ;   W Conte Louise (18 Mo)
Classer les tailles de ces documents dans l'ordre croissant.

2. La taille du conte de Marylou est supérieure à celle du conte de Sylvain. Elles sont toutes les deux comprises entre celles des contes de Louise et d'Anna.
Quelles peuvent être les tailles des contes de Marylou et de Sylvain ?

65 Langage courant

1. Chez le primeur, Caroline achète 1 kg de courgettes. Le vendeur lui dit : « **Vous me devez trois euros cinq** ». Ensuite le boucher lui dit que son poulet pèse « **un kilo cinq** ».
Qu'ont voulu dire exactement le primeur et le boucher ?

2. Caroline s'installe ensuite pour prendre un café et lit dans le journal : « **Le chiffre du chômage, qui s'élève à 3,781 millions, est en augmentation pour le deuxième mois consécutif.** »
Quel mot de cette phrase n'est pas correct en langage mathématique ?

66 Shopping

À Los Angeles, Jules achète un tee-shirt à 25 dollars et un pull à 42 dollars. Il lit sur son convertisseur 23,018 5 € et 38,673 2 €.

• Donner une valeur approchée au centime d'euro près de chacun de ses achats.

67 Saut en longueur

On a relevé les performances de chacune des médaillées d'or sur l'épreuve du saut en longueur féminin au cours des Jeux olympiques, dans cinq villes différentes.

Rio 2016 : 7,17 m   Londres 2012 : 7,12 m
Beijing 2008 : 7,04 m Athènes 2004 : 7,07 m
Séoul 1988 : 7,4 m   Sydney 2000 : 6,99 m

1. Tracer une demi-droite judicieusement graduée et y placer chacune de ces performances en notant R pour la performance de Rio, ..., S_1 pour celle de Séoul et S_2 pour celle de Sydney.
2. a. En quelle année a eu lieu la meilleure performance ?
   b. Dans quelle ville a eu lieu la moins bonne performance ?
   c. Combien y a-t-il d'écart entre ces deux performances ?
3. En 1992, à Barcelone, la médaillée d'or a dépassé la performance de 2008 de $\frac{1}{10}$ de mètre.
   Placer cette performance sur la demi-droite graduée.
4. Le record du monde féminin a été réalisé la même année que les JO de Séoul et dépasse la meilleure performance de ces Jeux olympiques de 12 centièmes de mètre.
   Placer ce record sur la demi-droite graduée.

Tianna Bartoletta (USA), médaille d'or aux JO de Rio 2016.

68 Les cinq familles

Règle du jeu : À tour de rôle, déposer, les unes sur les autres, les cartes qui désignent le même nombre.

But du jeu : Le gagnant est celui à qui il reste le moins de cartes en main.

Telma commence la partie en posant la carte suivante :

0,456

Voici les huit cartes restantes de Telma et les neuf cartes de Jasmine.

Telma

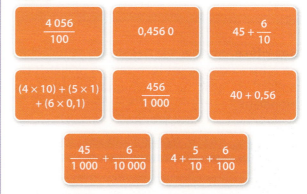

Jasmine

- Y aura-t-il une gagnante ? Si oui, donner son nom et préciser toutes les cartes restantes.

69 Les sous-unités

Le microgramme (μg) est l'unité de mesure qui est 1 million de fois plus petite que le gramme.
1 microgramme vaut donc 1 millionième de gramme.

- Faire des phrases semblables pour la milliseconde, le centimètre et le décilitre.

70 La boite de céréales

Voici le tableau que Yacine lit sur sa boite de céréales au petit-déjeuner :

Valeur nutritionnelle pour 100 g	
Fibres	5,1 g
Protéines	5,5 g
Sel	0,7 g
Vitamine B2	1,2 mg
Vitamine B3	13,3 mg
Vitamine B9	166 μg
Vitamine B12	2,1 mg
Vitamine E	10 mg
Fer	7 mg

1 μg vaut 1 millionième de gramme.

- Convertir en grammes la quantité de fer et celle de chacune des vitamines présentes dans ces céréales.

Problèmes

71 Box-office

Ce tableau donne les recettes, en milliards de dollars, de gros succès cinématographiques mondiaux.

> **Vocabulaire**
> *Recette* : Montant total des sommes d'argent reçues

Films	Recette (en milliards de dollars)
Jurassic World	1,67
Harry Potter et les reliques de la mort	1,405
Moi, moche et méchant 2	0,97
Star Wars – Le réveil de la force	2,06
Le Monde de Nemo	0,952 8
Avatar	2,8
Titanic	2,18
Hunger Games	0,865
Harry Potter à l'école des sorciers	0,975

1. Donner les écritures décimales des recettes en dollars des films *Jurassic World* et *Le Monde de Nemo*.
2. Quels sont les films qui ont fait moins d'un milliard de dollars de recette ? plus de 1,5 milliard de dollars ?
3. Classer ces films dans l'ordre croissant de leur recette.
4. Après avoir déterminé les valeurs approchées au centième de milliard près, placer ces recettes sur une demi-droite judicieusement graduée.

72 La cible

Louise, Jeanne et Jules lancent des fléchettes sur cette cible.
Louise a obtenu 12,01 points et Jeanne, 12 points.
Avec sept fléchettes plantées sur la cible, Jules a obtenu plus de points que Jeanne mais moins de points que Louise.

- Où Jules a-t-il planté ses fléchettes ? Donner toutes les possibilités.

73 Patinage de vitesse

Doc. 1 JO de Sotchi (Russie, 2014)
- Classement par pays lors de la finale hommes pour l'épreuve de patinage de vitesse sur 500 m :

1. Chine 2. États-Unis 3. Grande-Bretagne 4. Pays-Bas

- Performances, en secondes, dans l'ordre de passage :
41,87 • 42,608 • 41,786 • 41,534

Doc. 2 JO de Squaw Valley (États-Unis, 1960)
Performances, en secondes, de 11 athlètes masculins pour l'épreuve de patinage de vitesse sur 500 m :
40,2 • 40,3 • 40,4 • 40,5 • 40,7 • 40,8
40,9 • 40,9 • 41,1 • 41,2 • 41,2

1. Donner la performance par nation aux JO de Sotchi de 2014.
2. Avec quelle précision les mesures étaient-elles prises en 1960 ? et en 2014 ?
3. Donner les temps relevés à Sotchi avec la même précision qu'en 1960.

74 La Poste

Voici un document affiché au guichet du bureau de poste de Villeneuve-lès-Avignon, qui donne les tarifs en euros par type d'envoi en fonction du poids :

Poids jusqu'à	Lettre prioritaire France	Lettre verte France	Écopli France	Union européenne	International
20 g	0,8	0,7	0,68	1	1,25
100 g	1,6	1,4	1,36	2	2,5
250 g	3,2	2,8	2,72	5	6,25
500 g	4,8	4,2		8	10
2 kg				14	17,5
3 kg	6,4	5,6			30

1. Classer le type d'envoi par ordre croissant de prix.
2. Candice doit envoyer une lettre de 85 g à Paris. Il ne lui reste en monnaie que 1,50 €. Pourra-t-elle faire un envoi prioritaire ? Quel tarif plus avantageux peut-elle prendre ?
3. Amadou doit envoyer une lettre de 145 g à Paris. Il hésite entre l'Écopli et la Lettre verte. Quelle est la différence de prix entre ces deux envois ?
4. Emma doit envoyer une lettre de 0,680 kg à New York. Combien devra-t-elle payer ?

75 Prise de sang

Voici les analyses de Marius :

> **BIOLAB** Laboratoire d'analyses médicales
>
> M. Marius Kergomard, 14 juin 2017
>
> **BIOCHIMIE**
> **Hémoglobine (g/cL) :** **1,91**
> Interprétation des valeurs :
> < 1,2   bas
> 1,2–1,6 normal
> > 1,6   haut
>
> **Hématocrite :** **0,418**
> Interprétation des valeurs :
> < 0,37   bas
> 0,37–0,42 normal
> > 0,42   haut

• Quel bilan son médecin va-t-il lui faire ?

76 Diagonale d'un carré

On choisit comme unité de longueur la longueur du segment ci-dessous.

← 10 cm →

On a partagé cette unité en 10 parts égales puis en 100.

1. Construire un carré de côté 1 unité.
2. Tracer une des deux diagonales de ce carré.
3. Construire en vraie grandeur les bandes unités ci-dessus.
4. a. Donner un encadrement à l'unité de cette diagonale.
   b. Donner un encadrement au dixième de cette diagonale. En préciser une valeur approchée au dixième près.
   c. Donner un encadrement au centième de cette diagonale. En préciser une valeur approchée au centième près.

77 Devinette

Je suis un nombre décimal.
Mon dernier chiffre non nul après la virgule est celui des dix-millièmes.
Je suis compris entre 37,2 et 37,3.
Mon chiffre des millièmes est le triple de celui des dixièmes.
Mon chiffre des dix-millièmes est la moitié de celui des centièmes.
Je contiens 3 728 centièmes.

• Qui suis-je ?

78 La Disme

Voici des extraits de *La Disme*, ouvrage écrit par l'ingénieur flamand Simon Stevin (1548-1620).

Découvre les origines de l'écriture décimale p. 33 !

> **Doc. 1** Extraits de *La Disme* (1585), Simon Stevin
>
> Tout nombre entier proposé se dict COMMENCEMENT, son signe est tel ⓪. […]
> Et chasque dixiesme partie de l'unité de commencement nous la nommons PRIME, son signe est ① ; & chasque dixiesme partie de l'unité de prime nous la nommons SECONDE, son signe est tel ②. […]
> 8 ⓪ 9 ① 3 ② 7 ③, vallent 8 9/10 3/100 7/1 000, ensemble 8 937/1 000. […]
> Il faut aussi sçavoir […] que le nombre de multitude des signes, excepté ⓪, n'excede jamais le 9. Par exemple nous n'escrivons pas 7 ① 12 ②, mais en leur lieu 8 ① 2 ②, car ils vallent autant.

1. Voici quatre nombres extraits de *La Disme* :
   27 ⓪ 8 ① 4 ② 7 ③   37 ⓪ 6 ① 7 ② 5 ③
   875 ⓪ 7 ① 8 ② 2 ③   941 ⓪ 3 ① 0 ② 4 ③
   En étudiant l'extrait de *La Disme*, donner l'écriture décimale moderne de chacun de ces nombres.

2. Écrire à la manière de Simon Stevin les nombres :
   $29 + \dfrac{8}{10} + \dfrac{6}{100}$ • 46,709 • $\dfrac{159}{10\,000}$

3. Proposer trois nombres décimaux à son voisin et lui demander de les écrire à la manière décrite par Simon Stevin.

79 Le jeu de Lola

Lola propose un jeu à ses deux amis, Juliette et Aurèle.

> *Je vais choisir deux nombres. Aurèle devra trouver un nombre entier compris entre ces deux nombres. Juliette devra trouver un nombre décimal, différent de celui d'Aurèle, compris lui aussi entre ces deux nombres.*

Lola

1. Lola a choisi 322,1 et 325,4.
   Donner toutes les réponses possibles pour Aurèle et dix réponses possibles pour Juliette.
2. Lola choisit à présent 12,3 et 12,4.
   Donner toutes les réponses possibles pour Aurèle et vingt réponses possibles pour Juliette. Peut-on donner toutes les réponses possibles ?
3. Aurèle n'est pas content et dit à Lola que ses règles du jeu sont injustes. Expliquer pourquoi.

Chapitre 2 Nombres décimaux — 47

Travailler autrement
Utilisable en AP

À chacun son parcours !

80 Analyse de documents

Socle **D1** *Je comprends le sens des consignes, je sais combiner les informations explicites et implicites d'une lecture.*
Socle **D4** *Je sais prélever, organiser et traiter l'information utile.*

Doc. 1 JO de Rio (Brésil, août 2016)
Performances, en secondes, lors de la finale du 100 mètres hommes :
10,04 • 9,94 • 10,06 • 9,89
9,81 • 9,91 • 9,96 • 9,93

Doc. 2 Extrait d'un article du journal *Le Monde* (15/08/2016)
Le Jamaïcain Usain Bolt a remporté dimanche 14 août aux Jeux olympiques de Rio un troisième titre de suite sur la distance reine du 100 m. Il s'est imposé […] devançant l'Américain Justin Gatlin […] et le Canadien Andre de Grasse […]. Le Français Jimmy Vicaut a pris la septième place […].

Doc. 3 Extraits d'articles parus le 16/08/2016
Arrivé 6ᵉ dans la finale du 100 m Hommes, le sprinteur ivoirien Ben Youssef Méité n'est cependant pas déçu de son parcours […]. (abidjan.net)

Trayvon Bromell, dernier de la finale dimanche mais médaillé de bronze aux Mondiaux 2015, aura 25 ans à Tokyo [JO 2020]. (*L'Équipe*)

Doc. 4 Commentaire d'un journaliste sportif en direct de la finale
« Akani Simbine suit Yohan Blake d'à peine un centième de seconde ! »

Questions ceinture jaune

1. Classer dans l'ordre décroissant les temps relevés au 100 m lors des JO de Rio.
2. En utilisant le **doc. 2**, donner les performances d'Usain Bolt, Justin Gatlin, Andre de Grasse et Jimmy Vicaut.
3. Donner les performances de Ben Youssef Méité, Yohan Blake et Trayvon Bromell.
4. Donner le classement des athlètes lors de cette finale.
5. Quelle durée sépare les athlètes Jimmy Vicaut et Usain Bolt ?

Questions ceinture verte

1. **a.** Quelle durée sépare les deux premiers sprinters ? Donner deux écritures différentes de ce nombre.
   b. Quelle durée sépare le premier et le dernier ? Donner deux écritures différentes de ce nombre.
2. Recopier et compléter le tableau suivant.

Athlète	Performance (en secondes)
	10,04
	9,94
	10,06
	9,89
	9,81
	9,91
	9,96
	9,93

3. Quelle durée sépare les athlètes Akani Simbine et Justin Gatlin ?
   Donner deux écritures différentes de ce nombre.

Questions ceinture noire

1. Quelle durée sépare l'athlète français et le médaillé d'or ?
   Donner deux écritures différentes de ce nombre.
2. Quel est l'athlète qui a devancé le Français d'un dixième de seconde ?
3. Quel athlète se trouve « au pied du podium » ?

81 Écriture d'énoncé

> *Socle* D1 *Je sais m'exprimer en utilisant la langue française à l'écrit.*
> *Socle* D1 *Je sais m'exprimer en utilisant le langage mathématique adapté.*

Voici la copie d'Anaïs. Proposer un énoncé d'exercice en tenant compte des annotations du professeur.

Questions ceinture jaune

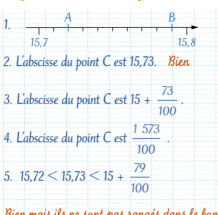

1. [droite graduée avec A en 15,7 et B en 15,8]
2. L'abscisse du point C est 15,73. *Bien*
3. L'abscisse du point C est $15 + \frac{73}{100}$.
4. L'abscisse du point C est $\frac{1\,573}{100}$.
5. $15,72 < 15,73 < 15 + \frac{79}{100}$

Bien mais ils ne sont pas rangés dans le bon ordre.

Questions ceinture verte

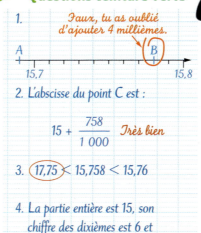

1. [droite graduée avec A en 15,7 et B entouré]
   Faux, tu as oublié d'ajouter 4 millièmes.
2. L'abscisse du point C est :
   $15 + \frac{758}{1\,000}$ *Très bien*
3. $\boxed{17,75} < 15,758 < 15,76$
4. La partie entière est 15, son chiffre des dixièmes est 6 et celui des centièmes est 9.

Questions ceinture noire

L'énoncé de l'exercice ne doit pas utiliser les mots « partie entière », « unité », « dizaine » et les chiffres 3 ; 8 ; 6.

1. Le nombre cherché est 9 042,438 6.
2. *Ce nombre est trop grand.*
   7,121   7,120 1   7,131
   7,120 5   7,123   7,119
   Celui-ci est trop petit.

82 Analyse de production

> *Socle* D1 *Je comprends le sens des consignes, je sais combiner les informations explicites et implicites d'une lecture.*
> *Socle* D2 *Je sais analyser les erreurs.*

Un professeur a demandé à ses élèves d'écrire les mesures citées dans le texte dans une unité plus adaptée. Analyser la production d'April et corriger les erreurs si nécessaire.

Questions ceinture jaune
Suivant l'espèce à laquelle elle appartient, la fourmi a une taille qui peut aller de 0,001 à 0,003 mètre pour les plus petites, comme les fourmis d'Argentine, et jusqu'à 0,03 mètre pour l'espèce la plus grande, qu'on peut trouver au Brésil.

> 0,001 m = 1 mm
> 0,003 m = 3 mm
> 0,03 m = 300 m

Questions ceinture verte
Les micro-organismes sont des êtres vivants si petits qu'ils ne sont observables qu'au microscope. Les bactéries, qui ont une taille comprise entre 0,000 000 2 m et 0,000 05 m, en font partie, ainsi que les algues dont la taille est comprise entre 0,000 002 m et 0,000 2 m.

> Je sais que 1 micromètre (µm) est égal à 1 millionième de mètre.
> On a donc :
> 0,000 002 m = 2 µm   0,000 05 m = 5 µm
> 0,000 000 2 m = 20 µm   0,000 2 m = 2 mm

Questions ceinture noire
Le nanomètre (nm) est souvent utilisé pour exprimer des dimensions à l'échelle de l'atome. Cette unité est un milliard de fois plus petite que le mètre.
Le diamètre de la molécule d'ADN est de 0,000 002 mm. La taille d'un atome est de l'ordre de 0,000 000 000 1 m.

> 1 nm = 0,000 000 001 m
> Dans 0,000 000 000 1, le chiffre 1 est à la dixième place après la virgule donc 0,000 000 000 1 m est 10 fois plus grand que 1 nm et 0,000 000 000 1 m = 10 nm.
> 0,000 002 mm = 200 nm

Outils numériques et algorithmique

83 Course de kilomètre lancé

Les skieurs de « kilomètre lancé » s'élancent dans une forte pente dans le but d'atteindre la vitesse la plus élevée possible.

Voici un relevé des 25 vitesses en km/h par ordre de passage lors de la finale de la coupe du monde en Andorre, en 2016.

163,92 • 169,77 • 173,53 • 173,55 • 166,24
171,57 • 165,25 • 168,66 • 175 • 169,93
172,38 • 166,86 • 172,79 • 171,65 • 163,78
165,94 • 165,87 • 162,41 • 162 • 166,4
166,62 • 161,3 • 65,56 • 169,05 • 163,51

1. Dans un tableur, saisir, dans la colonne A, les vitesses dans l'ordre de passage.
2. Trier ces vitesses de façon à obtenir le classement des skieurs à cette finale.
3. Quelle a été la vitesse maximale atteinte sur cette course ? la vitesse minimale ?
4. Combien de skieurs ont atteint une vitesse supérieure à 165 km/h ?
5. Donner la vitesse du 10e skieur.
6. Quel est l'écart de vitesse entre le 2e et le 3e skieur ?
   Même question pour les deux derniers skieurs.

84 Les carrés

On cherche le côté d'un carré d'aire 15 cm^2.

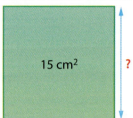

1. **a.** Quelle est l'aire d'un carré de côté 3,8 m ?
      Quelle est l'aire d'un carré de côté 3,9 cm ?
   b. En déduire un encadrement au millimètre du côté d'un carré d'aire 15 cm^2.
2. On va utiliser un tableur pour donner un encadrement plus précis du côté d'un carré d'aire 15 cm^2.
   a. Reproduire et compléter la feuille de calcul ci-dessous en affichant dans la colonne A les longueurs entre 3,8 cm et 3,9 cm avec un « pas » de $\frac{1}{100}$.

	A	B
1	côté (en cm)	aire (en cm^2)
2	3,8	
3	3,81	
4	3,82	

   Pense à utiliser la poignée de recopie pour la colonne A.

   b. Quelle formule doit-on saisir dans la cellule B2 pour calculer l'aire du carré ?
   c. Recopier cette formule vers le bas à l'aide de la poignée de recopie et donner un encadrement au dixième de millimètre du côté d'un carré d'aire 15 cm^2.
   d. Peut-on obtenir un encadrement plus précis ? Si oui, donner cet encadrement.

Boîte à outils

Avec un tableur

- **Trier des nombres dans l'ordre croissant :**
  Sélectionner les nombres puis, dans « Données » :

- **Trier des nombres dans l'ordre décroissant :**
  Sélectionner les nombres puis, dans « Données » :

- **Créer une suite de nombres avec un « pas » constant :**

  Sélectionner les deux premiers nombres et utiliser la **poignée de recopie** pour continuer la suite de nombres vers le bas.

CHAPITRE 3

Ta mission
Additionner, soustraire et multiplier des nombres décimaux.

Addition, soustraction et multiplication

Jeux

Au départ du labyrinthe, Harpagon possède une cagnotte de 2,80 €. Lorsque Harpagon prend une pièce, le nombre qui y est inscrit est ajouté à sa cagnotte si la pièce est verte, soustrait si la pièce est rouge, multiplié par sa cagnotte si la pièce est violette. Harpagon ne peut pas revenir sur ses pas.

- Quelle somme Harpagon rangera-t-il dans son coffre ?

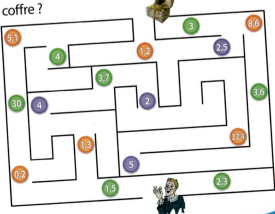

Voir problème 72 p. 68

Histoire

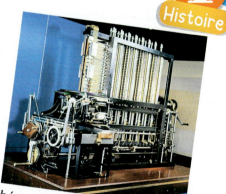

Le mathématicien britannique Charles Babbage (1791-1871) créa en 1834 l'ancêtre des ordinateurs : la « machine analytique ». Utilisant des bandes perforées, cette machine permettait d'effectuer des calculs avec des nombres à 40 décimales. En 1991, le musée des Sciences de Londres en a construit une copie. Ses dimensions sont impressionnantes : 3 m sur 2 m sur 0,45 m et une masse de cinq tonnes !

1. Calculer :
   A = 25 + 19   B = 35 + 49   C = 99 + 28
   D = 55 − 39   E = 76 − 49   F = 78 − 29

2. Calculer :
   A = 7,8 + 2   B = 15,8 + 36   C = 5,4 − 2
   D = 18 − 1,9   E = 15,7 − 6   F = 57,8 − 18

3. Trouver le nombre manquant.
   2,8 + … = 7,8   5,4 + … = 9,8   2,1 + … = 10
   4,4 + … = 10   9,3 + … = 10   5,8 + … = 10

4. Calculer :
   A = 2,1 + 1,7   B = 5,6 + 4,9   C = 9,2 + 1,9
   D = 8,4 − 2,3   E = 9,4 − 2,6   F = 7,3 − 3,7

5. Calculer :
   A = 3 × 7   B = 9 × 8   C = 5 × 6
   D = 80 × 4   E = 60 × 30   F = 500 × 90

6. Calculer :
   A = 9,5 × 2   B = 8,4 × 3   C = 4,1 × 5
   D = 4,3 × 10   E = 5,73 × 10   F = 0,05 × 100

7. Capucine a acheté trois cahiers à 1,05 € l'unité et quatre stylos à 1,20 € l'unité.
   Elle paie avec un billet de 10 €.
   a. Combien coutent les trois cahiers ?
   b. Combien coutent les quatre stylos ?
   c. Combien coute l'ensemble des achats de Capucine ?
   d. Combien la caissière lui rend-elle ?

Région Nouvelle-Aquitaine — CM2 Activité 1

Le 29 septembre 2016, les anciennes régions Aquitaine, Limousin et Poitou-Charentes ont fusionné pour constituer la Nouvelle-Aquitaine, nouvelle grande région du Sud-Ouest de la France.
Elle regroupe les douze départements de ces trois anciennes régions.

Doc. 1 Population en Aquitaine en 2015

Départements de l'ancienne région Aquitaine	Population (en milliers d'habitants)
Gironde	1 505,5
Dordogne	416,9
Landes	397,2
Lot-et-Garonne	333,2
Pyrénées-Atlantiques	664,1

Doc. 2 Population en Nouvelle-Aquitaine en 2015

Nom des anciennes régions	Population (en milliers d'habitants)
Aquitaine	?
Limousin	470,9
Poitou-Charentes	1 792

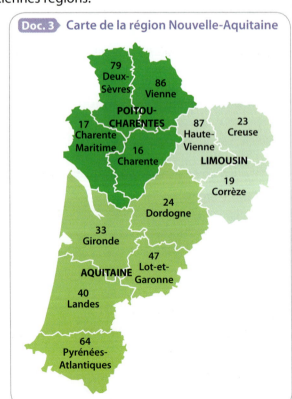

Doc. 3 Carte de la région Nouvelle-Aquitaine

1. Quel était le nombre d'habitants de l'ancienne région Aquitaine en 2015 ?
2. Quel était le nombre d'habitants de la future région Nouvelle-Aquitaine en 2015 ?
3. Quelle est la différence de population entre l'ancienne région Aquitaine et la région Nouvelle-Aquitaine ?

Que de virgules ! — Activité 2

Louan et Gaston veulent acheter du tissu pour confectionner des costumes pour l'atelier théâtre de leur collège. Ils ont choisi le tissu bleu ci-contre.
Calculer le prix qu'ils vont devoir payer s'ils achètent :
a. 2 mètres de tissu ;
b. 2,5 mètres de tissu ;
c. 2,65 mètres de tissu.

8,20 € le mètre

Crêpes en fête — Activité 3 — Prise d'initiative

Louis doit faire des crêpes pour la fête de l'école.
Il compte en faire 150 et dispose d'un budget de 20 €.
Il a besoin de 3 kg de farine, trente œufs, 200 g de sucre en poudre, 300 g de beurre, sept litres de lait et trois sachets de sucre vanillé.

- Farine Fluide : 0,91 € le paquet de 500 g
- Lait demi-écrémé : 0,61 € le litre
- Sucre en poudre : 0,93 € la boite de 500 g
- Œufs : 2,46 € les 10 œufs
- Beurre doux : 1,53 € les 250 g
- Sucre vanillé : 1,94 € les 12 sachets

• Sans effectuer le calcul exact du montant de ses achats, indiquer si Louis pourra acheter l'ensemble des produits dont il a besoin.

De l'ordre ! — Activité 4

Nathan doit découper dans un rouleau de ficelle un morceau de 0,75 m et trois morceaux de 1,25 m.
1. Quelle longueur totale de ficelle va-t-il obtenir ?
2. Lola et Nathan ont tous les deux effectué le calcul 0,75 + 1,25 × 3 mais ont trouvé des résultats différents :

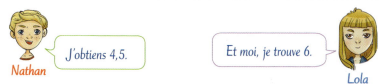

Nathan : J'obtiens 4,5.
Lola : Et moi, je trouve 6.

Comment ont-ils fait leur calcul ?
3. Effectuer ce calcul avec la calculatrice. Que peut-on constater ?
4.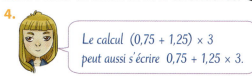
Le calcul (0,75 + 1,25) × 3 peut aussi s'écrire 0,75 + 1,25 × 3.

Lola a-t-elle raison ?

Chapitre 3 Addition, soustraction et multiplication

CM2 — 1 Additionner et soustraire avec des nombres décimaux

Propriété

Pour **calculer une somme**, on peut :
- modifier l'ordre des termes ;
- regrouper les termes différemment.

- 3,2 + 5,4 = 8,6
  5,4 + 3,2 = 8,6

- A = **2,3** + 4,9 + **1,7**
  A = **2,3** + **1,7** + 4,9
  A =   **4**   + 4,9
  A =   8,9

⚠ On ne peut pas modifier l'ordre des termes d'une soustraction.

Méthode

Pour **poser une addition ou une soustraction** de nombres décimaux :
- on aligne les unités sous les unités, les dixièmes sous les dixièmes, etc. ;
- on commence l'opération par la droite ;
- on utilise des retenues si nécessaire.

- On veut calculer 478,3 + 124,07 + 49,15.

  ```
      4₊₁  7₊₂  8 , 3₊₁  0
    +  1   2   4 , 0   7
    +       4   9 , 1   5
    ─────────────────────
       6   5   1 , 5   2
  ```
  478,3 + 124,07 + 49,15 = 651,52

- On veut calculer 674,51 − 78,1.

  ```
       6   ₁7   ₁4 , 5   1
    −  0₊₁ 7₊₁  8 , 1   0
    ─────────────────────
           5   9   6 , 4   1
  ```
  674,51 − 78,1 = 596,41

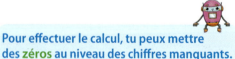

Pour effectuer le calcul, tu peux mettre des **zéros** au niveau des chiffres manquants.

Méthode

Pour **estimer un ordre de grandeur** du résultat d'une addition ou d'une soustraction, on peut remplacer chaque terme par un nombre proche qui permet d'effectuer le calcul mentalement.

On cherche un ordre de grandeur de la somme 3,219 + 5,68.
On remplace chaque terme par un nombre proche : 3,2 + 5,7 = 8,9
8,9 est un ordre de grandeur de cette somme.

Savoir-faire

1 Additionner et soustraire avec des nombres décimaux

Entraine-toi avec ces exercices corrigés en page 300 !

1 Angelo a acheté un ordinateur à 674,52 €, une clé USB à 36,40 € et un jeu à 145,50 €.
- Combien a-t-il payé en tout ?

Solution

- On doit ajouter les prix des trois articles. Cette situation se traduit par une **addition**.
  Prix total = 674,52 + 36,4 + 145,5

- On cherche un ordre de grandeur du résultat :
  670 + 40 + 150 = 860

- On pose l'opération :

	Centaines	Dizaines	Unités	,	Dixièmes	Centièmes
	6₊₁	7₊₁	4₊₁	,	5	2
+		3	6	,	4	
+	1	4	5	,	5	
	8	5	6	,	4	2

Les virgules sont bien alignées.

674,52 + 36,4 + 145,5 = 856,42

- On vérifie que ce résultat est proche de l'ordre de grandeur trouvé :
  856,42 est proche de 860.

- On conlut : Angelo a dépensé 856,42 €.

2 Sylvie mesure 172 cm. Elle dépasse sa copine Karine de 17,8 cm.
- Combien Karine mesure-t-elle ?

Solution

- Karine mesure 17,8 cm de moins que Sylvie. Cette situation se traduit par une **soustraction**.
  Taille de Karine = 172 − 17,8

- On cherche un ordre de grandeur du résultat :
  170 − 20 = 150

- On pose l'opération :

	Centaines	Dizaines	Unités	,	Dixièmes
	1	7	₁2	,	₁0
−	0	1₊₁	7₊₁	,	8
	1	5	4	,	2

Tu peux ajouter des zéros pour effectuer les calculs.

172 − 17,8 = 154,2

- On vérifie que ce résultat est proche de l'ordre de grandeur trouvé :
  154,2 est proche de 150.

- On conclut : Karine mesure 154,2 cm.

3 Kévin a mesuré ses trois sauts en longueur et doit faire le total pour sa fiche de score. Le premier mesurait 2,56 m, le deuxième 3,07 m et le dernier 3,78 m.
- Calculer ce total.

4 Amelle a préparé 3,1 L de cocktail avec 2,2 L de jus d'orange, 0,75 L de sucre de canne et de la grenadine.
- Quel volume de grenadine a-t-elle utilisé ?

Chapitre 3 Addition, soustraction et multiplication

2 Multiplier avec des nombres décimaux

Propriété

Pour **calculer un produit**, on peut :
- modifier l'ordre des facteurs ;
- regrouper les facteurs différemment.

- 3,2 × 4 = 12,8
  4 × 3,2 = 12,8

- A = 1,5 × 5,1 × 2
  A = 1,5 × 2 × 5,1
  A =   3   × 5,1
  A =   15,3

Propriété

Quand on multiplie un nombre par 10, le chiffre des unités devient le chiffre des dizaines, le chiffre des dixièmes devient le chiffre des unités, le chiffre des centièmes devient le chiffre des dixièmes…

centaines	dizaines	unités	dixièmes	centièmes	millièmes
		2	, 7	8	3
2	1	7 ,	8	3	

× 10

Méthode

Pour **poser une multiplication** de deux nombres décimaux, on commence la multiplication sans tenir compte des virgules, puis on place la virgule dans le résultat.

On souhaite calculer 3,47 × 3,2. On calcule d'abord 347 × 32.

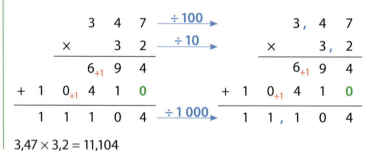

3,47 × 3,2 = 11,104

Pour placer la virgule dans le résultat, additionne le nombre de chiffres après la virgule dans chaque facteur : le résultat a le même nombre de chiffres après la virgule.

3 Utiliser les priorités de calcul

Propriétés

- Dans un calcul sans parenthèse, on effectue les multiplications avant les additions et les soustractions.
- Dans un calcul avec parenthèses, on effectue d'abord les calculs entre parenthèses.

- A = 2,1 + 3,5 × 2
  A = 2,1 +   7
  A =   9,1

- B = 2 × (3,5 − 2,4)
  B = 2 ×   1,1
  B =   2,2

56 NOMBRES ET CALCULS

Savoir-faire

Entraine-toi avec ces exercices corrigés en page 300 !

2 Multiplier avec des nombres décimaux

5 Léo a acheté un rôti de bœuf de 1,7 kg à 13,90 € le kilogramme.
- Combien a-t-il payé ?

Solution

- Il faut multiplier le prix au kilogramme par le nombre de kilogrammes achetés :
  Prix = 1,7 × 13,9
- On cherche un ordre de grandeur du résultat :
  2 × 14 = 28
- On pose l'opération sans tenir compte des virgules dans un premier temps.

```
        1  3  9
     ×     1  7
        9₊₁ 7  3
   + 1₊₁ 3  9  0
     2  3  6  3
```

- On cherche où placer la virgule au résultat.
  En remplaçant 13,9 par 139, on a multiplié par 10.
  En remplaçant 1,7 par 17, on a multiplié par 10. Pour obtenir le bon résultat, il faut donc diviser 2 363 par 100 : on obtient 23,63.

On a au total **2 chiffres après la virgule** dans les deux facteurs.

Il faut donc **2 chiffres après la virgule** dans le résultat.

- On conclut : Léo a payé 23,63 €.

6 Pour s'entrainer, Pauline part courir autour du lac. Elle a décidé de faire 12 tours de 2,75 km chacun.
- Quelle distance va-t-elle parcourir ?

3 Utiliser les priorités de calcul

7 Effectuer le calcul suivant.
D = 35,2 + 3 × 5,7 + 5,7

Solution

Il n'y a pas de parenthèse : on effectue d'abord la multiplication.
D = 35,2 + 3 × 5,7 + 5,7
D = 35,2 + 17,1 + 5,7
D =   52,3   + 5,7
D =   58

8 Effectuer le calcul suivant.
E = 5 × (8,3 + 4,9 × 2)

Solution

On effectue d'abord les calculs entre parenthèses. À l'intérieur des parenthèses, on effectue d'abord la multiplication.
E = 5 × (8,3 + 4,9 × 2)
E = 5 × (8,3 + 9,8)
E = 5 ×   18,1
E =   90,5

9 Effectuer les calculs suivants.
   a. A = 52,4 + 3,7 × 4 + 2,7 × 2
   b. B = (5,1 − 3,7) × 3 + 4,7

Chapitre 3 Addition, soustraction et multiplication

Exercices

Diaporamas de calcul mental dans le manuel numérique

Additionner et soustraire avec des nombres décimaux

➡ Savoir-faire p. 55

Questions flash

10 Calculer mentalement.
a. 25,7 + 5   b. 147,6 + 13   c. 280,54 + 20
d. 17,5 + 2,5   e. 36,25 + 4,25   f. 12,75 + 2,25
g. 120,5 + 80,5   h. 300,5 + 0,5   i. 0,75 + 0,25

11 1. Donner le double de 15,5.
2. Donner le double de 25,25.
3. Donner la moitié de 24,24.
4. Donner la moitié de 642,18.

12 1. Que doit-on ajouter à 5,6 pour obtenir 10 ?
2. Que doit-on ajouter à 2,9 pour obtenir 10 ?
3. Que doit-on ajouter à 52,8 pour obtenir 60 ?

13 Calculer mentalement.
a. 7,8 − 5,7   b. 8 − 7,2   c. 6,4 − 0,3
d. 9,7 − 9,1   e. 59 − 8,2   f. 55,55 − 50,55

14 Donner le résultat des opérations suivantes.
a. J'ajoute 3 dixièmes à 25,4.
b. J'ajoute 1 centième à 2,51.
c. J'ajoute 4 millièmes à 51,134.
d. J'ajoute 1 dizaine et 1 dixième à 212,5
e. J'ajoute 4 centaines et 6 centièmes à 26,014.

15 1. Calculer la somme de 21,4 et de 7,5.
2. Calculer la somme de 5,7, de 12,56 et de 34,89.
3. Calculer la différence entre 36,7 et 6,1.

16 Le professeur a donné à ses élèves l'opération suivante, à effectuer mentalement :
6,5 + 14,7 + 3,5

Enzo : J'ai fait d'abord 6,5 + 14,7 = 21,2 puis 21,2 + 3,5 = 24,7.

Manon : J'ai fait d'abord 6,5 + 3,5 parce que je sais que 0,5 + 0,5 = 1 donc 6,5 + 3,5 = 10 et ensuite 10 + 14,7 = 24,7.

• Qui a trouvé le calcul le plus astucieux ?

17 Calculer astucieusement.
a. 7,3 + 14,8 + 2,7
b. 35,77 + 14,2 + 0,33
c. 24,9 + 1,7 + 5,1 + 0,3
d. 8,01 + 41,9 + 5,1 + 4,99

18 Après avoir donné un ordre de grandeur du résultat, poser et effectuer les opérations suivantes.
a. 36,5 + 12,7   b. 25,17 + 459
c. 145,651 + 167,472   d. 754,367 + 54,547
e. 25,45 + 78,4   f. 10,24 + 781,2
g. 7,12 + 369   h. 0,005 + 2,07

19 Après avoir donné un ordre de grandeur du résultat, poser et effectuer les opérations suivantes.
a. 56,7 − 45,6   b. 48 − 27,9
c. 124,8 − 56   d. 159,14 − 121,7
e. 0,89 − 0,78   f. 25,7 − 0,29
g. 378,15 − 45,789   h. 1 872,5 − 87,07

20 Recopier et compléter les additions suivantes.

a.
```
   7 ●, 9
+  4 5, ●
───────────
 1 ● 4, 5
```

b.
```
   3, 7 ●
+  5, ● 9
────────
   ●, 8 1
```

c.
```
   ● 5 4, 3
+      1 2, ●
+    3 4 ●, 9
──────────────
 1 1 ● 2, 9
```

d.
```
    ●, 3 7 5
+   3, 5 ● 1
+ 1 2, ● 2 3
─────────────
  ● 6, 0 3 9
```

21 Recopier et compléter les soustractions suivantes.

a.
```
   2 ●, 3
−  1 9, ●
─────────
     7, 9
```

b.
```
  2 ● 5, ● 9
−   1 ●, 8 4
────────────
  ● 1 7, 9 ●
```

22 Recopier et compléter ce carré magique, dans lequel la somme de chaque colonne, ligne et diagonale est toujours égale à 19,2.

4		7,2
	4,8	

23 Julie a acheté un jean à 29,99 € et un pull à 35,99 €.
• Combien a-t-elle dépensé ?

24 La vendeuse a rendu 17,30 € à Sam qui lui avait donné un billet de 50 €.
• Combien a-t-il dépensé ?

25 Pierre veut préparer un cocktail de jus de fruits avec 17,5 dL de jus d'orange, 7,25 dL de sirop de grenadine et 0,65 dL de jus de citron.
• Quel volume de cocktail aura-t-il ?

26 Un cycliste parcourt 6,5 km en 15 min. Combien aura-t-il parcouru :
a. en 30 min ?　　b. en 1 h ?

27 Pour son travail, Éric doit partir de Nantes pour aller d'abord à Berlin puis à Munich. Il a cherché les distances sur Internet.

Nantes/Berlin : 1 419,55 km
Berlin/Munich : 585,95 km

• Quelle distance va-t-il parcourir en tout ?

28 1. Quel est le périmètre d'un carré de côté 5,6 cm ?
2. Quel est le périmètre d'un rectangle de longueur 27,45 dm et de largeur 12,85 dm ?
3. Quel est le périmètre de ce triangle ?

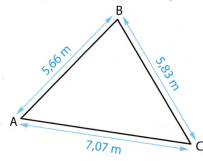

Multiplier avec des nombres décimaux

➤ Savoir-faire p. 57

Questions flash

29 Calculer mentalement.
a. 22,2 × 4　　b. 62,1 × 3　　c. 12,1 × 5

30 Donner un ordre de grandeur du résultat des opérations suivantes.
a. 34,2 × 2　　b. 498,5 × 4　　c. 28,7 × 49,2

31 Lucie a effectué le calcul : 235 × 27 = 6 345
Donner le résultat des produits suivants.
a. 23,5 × 27　　b. 23,5 × 2,7　　c. 2,35 × 0,27

32 Calculer chaque produit.
a. 35,67 × 10　　b. 354,4 × 100
c. 0,57 × 10　　d. 0,67 × 1 000
e. 3,458 × 10 × 100　　f. 57,789 1 × 100 × 100

33 Calculer le produit de 35,2 par 2,7.

34 Calculer astucieusement.
a. 6,7 × 5 × 2　　b. 4 × 25 × 7,89
c. 2 × 15,87 × 50　　d. 5,4 × 8 × 125

35 Donner le résultat correct de chaque opération, dans lequel la virgule a été oubliée.

a. 78,9 × 5 = 3945	b. 5,71 × 7 = 3997
c. 124,5 × 2,4 = 2988	d. 5,531 × 8,1 = 448011

36 Recopier et compléter les multiplications suivantes.

a.　　　6●,3
　　×　　　●
　　─────
　　　4 5 0, 1

b.　　　●7,●6
　　×　　　●,7
　　─────
　　　1 2●9●
　+ 5●6 8 0
　　─────
　　●4,9●2

37 Poser et effectuer les opérations suivantes.
a. 58,7 × 6　　b. 124,78 × 56
c. 54,2 × 24,3　　d. 75,8 × 36,8
e. 171,12 × 2,8　　f. 78,57 × 14,12

38 Poser et effectuer les opérations suivantes.
a. 104,6 × 2,02　　b. 60,5 × 0,14
c. 5 004,2 × 1,7　　d. 57,8 × 20
e. 7 140 000 × 2,01　　f. 304,01 × 4,007

Exercices

39 Associer l'énoncé de problème avec le bon calcul.

Combien coutent 2,4 kg de rôti à 17,80 € le kilogramme ?	—	17,8 − 2,4
Hugo a couru 17,8 km puis 2,4 km. Quelle distance a-t-il parcourue ?	—	2,4 × 17,8
Émilie a couru 17,8 s à sa première course et 2,4 s de moins à la deuxième. Combien de temps a duré sa deuxième course ?	—	17,8 + 2,4

40 Pour faire de la confiture, Béatrice a acheté 6,5 kg de fraises à 2,15 € le kilogramme.
- Combien a-t-elle dépensé ?

41 1. Quelle est l'aire d'un carré de côté 18,65 m ?
2. Quelle est l'aire d'un rectangle de longueur 16,65 dm et de largeur 7,25 dm ?
3. Quelle est l'aire de ce triangle rectangle ?

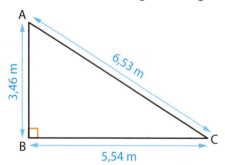

Utiliser les priorités de calcul

▶ Savoir-faire p. 57

Questions flash

42 Donner pour chaque calcul l'opération à effectuer en premier.
a. 54 + 6 × 18
b. 78 × 3 + 145
c. 17,5 × 4 − 12

43 Donner pour chaque calcul l'opération à effectuer en premier.
a. (67 + 4) × 5
b. 78 × (57 − 6)
c. (79 − 54) × 8

44 Calculer en respectant les priorités de calcul.
a. 57,1 + 5,2 × 3
b. 47,4 × 4 + 75,9
c. 147,8 × 2 + 45,7 + 78,2 × 3
d. 856,2 − 25,1 × 3

45 Calculer en respectant les priorités de calcul.
a. 56,2 − (18,4 − 5,4)
b. (78,4 − 21,15) − 3,14
c. (56,2 − 18,4) − 5,4
d. 78,4 − (21,15 − 3,14)

46 Calculer en respectant les priorités de calcul. On pourra s'aider de la calculatrice pour les calculs intermédiaires.
a. 75,1 × (14,7 + 24,87)
b. (1 254,2 − 254,7) × 3,8
c. (156,8 − 54,8) × 4,25
d. 3,7 × (4,5 + 6,78) × 147,2
e. (154,59 − 12,87) × (14,7 + 45,8)
f. (145,78 + 25,8) × (456,58 + 540,1)
g. (548,04 − 78,78) × (400,5 − 56,7)

47 Louisa a acheté un sandwich à 5,75 € et une bouteille d'eau à 1,05 €.
À la caisse, elle a donné un billet de 10 €.
- Quel est le calcul qui permet de calculer combien elle a dépensé ?
a. (5,75 + 1,05) − 10
b. 10 − (5,75 + 1,05)
c. (10 − 5,75) + 1,05
d. (5,75 − 1,05) + 10

48 Un professeur a donné ce problème à ses élèves :

> Léo a acheté trois croissants à 1,25 €, une baguette de pain à 0,85 € et deux pains de campagne à 2,75 €.
> - Combien doit-il payer ?

 Imany : 3 × (1,25 + 0,85) + 2 × 2,75

 Karim : 3 × 1,25 + 0,85 + 2 × 2,75

 Enzo : 3 × 1,25 + (0,85 + 2) × 2,75

- Qui a raison ? Justifier.

49 Recopier les calculs suivants en supprimant les parenthèses inutiles.
M = (2,5 + 3,78) × 5,7 + (76,8 + 5,8)
N = 7,56 + (4,5 × 72,3) + (3,4 × 0,5)
R = 3,98 × (5,7 − 2,56) + (6,4 × 8,2)

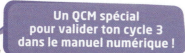

Un QCM spécial pour valider ton cycle 3 dans le manuel numérique !

➡ Corrigés p. 300

QCM — Donner **la seule réponse correcte** parmi les trois proposées.

1 Additionner et soustraire avec des nombres décimaux

	Réponse A	Réponse B	Réponse C
1. 142,57 + 25,7 + 145 = …	169,72	290,14	313,27
2. 278,5 − 24,36 = …	34,9	254,14	254,26

2 Multiplier avec des nombres décimaux

	Réponse A	Réponse B	Réponse C
3. 25,42 × 40 = …	10 168	1 016,8	101,68
4. 128,25 × 7,7 = …	987,525	179,550	9 542,25

3 Utiliser les priorités de calcul

	Réponse A	Réponse B	Réponse C
5. Dans le calcul suivant, quelle opération doit-on faire en premier ? A = 77,8 + 25,4 × 10 + 257,78	77,8 + 25,4	25,4 × 10	10 + 257,78
6. Dans le calcul suivant, quelle opération doit-on faire en premier ? B = 45,8 + 87,9 × (57,6 − 18,9)	45,8 + 87,9	87,9 × 57,6	57,6 − 18,9

Pour t'aider à retenir l'essentiel.

Carte mentale

Voici un exemple de carte mentale. Tu peux aussi en créer une à ta façon !

Addition et soustraction
- Aligner les dizaines entre elles, les unités entre elles, les dixièmes entre eux…
- Aligner les virgules.
- Commencer par la droite.
- Ne pas oublier les retenues.

Multiplication

Au total, 3 chiffres après la virgule

3,47 × 3,2 = 11,104

3 chiffres après la virgule au résultat

ADDITION, SOUSTRACTION ET MULTIPLICATION DE NOMBRES DÉCIMAUX

Priorités de calcul

Sans parenthèse
A = 5,6 + 3 × 2,1
A = 5,6 + 6,3
A = 11,9

On commence par les multiplications.

Avec des parenthèses
B = 2 × (5,4 + 8,9)
B = 2 × 14,3
B = 28,6

On commence par les calculs entre parenthèses.

Chapitre 3 Addition, soustraction et multiplication

Problèmes

➡ Corrigés p. 300

Pour mieux cibler les compétences

Chercher	60 63 64 65 67	Raisonner	59 62 66
Modéliser	63 64 67	Calculer	54 55 56 61
Représenter	54 56 61 62	Communiquer	63 64 65

50 Clé USB
TECH
Emmeline possède une clé USB de capacité 8 Go. Sur cette clé, elle a déjà transféré des chansons pour une capacité de 1,8 Go.
- Aura-t-elle assez de place pour y mettre ses vidéos d'une capacité de 4,13 Go et ses photos d'une capacité de 2,98 Go ?

51 Quel saut !
SVT
Une puce mesure en moyenne 0,5 mm et peut sauter jusqu'à environ 340 fois sa taille.
- À quelle hauteur une puce peut-elle sauter ?

52 Téléviseur
Loïc a acheté un téléviseur qu'il paie en 24 mensualités de 39,90 € chacune.
- Quel est le prix de ce téléviseur ?

> **Vocabulaire**
> *Mensualité :* Somme d'argent que l'on paie chaque mois

53 Anniversaire
Pour l'anniversaire de Tom, ses deux frères et sa sœur veulent lui offrir un jeu vidéo à 69,50 €. Ses deux frères ont déjà donné 22 € chacun.
- Quelle somme sa sœur devra-t-elle donner ?

54 Nombre d'élèves
CIT
Le tableau ci-dessous donne le nombre d'élèves présents en France dans le premier degré (écoles) et le second degré (collèges et lycées) en 2012.

	Effectifs (en milliers)
Premier degré	6 718,9
Second degré	
Collégiens (1er cycle et Segpa)	3 312,3
Lycéens (2d cycle général et technologique)	1 452,2
Lycéens professionnels (2d cycle professionnel)	657,5
Nombre d'élèves des premier et second degrés	12 140,9

- Retrouver de deux façons différentes le nombre total d'élèves présents dans le second degré cette année-là.

55 Surpris
Malik est parti faire des achats. Voici ce qu'il a dans son panier :
- Tomates : 2,25 €
- Rôti de veau : 18,90 €
- Pommes de terre : 2,78 €
- Oignons : 2,45 €
- Sel : 0,98 €
- Courgettes : 3,68 €

À la caisse, la caissière lui annonce un montant de 45,84 €. Malik est surpris car, de tête, il n'avait pas calculé qu'il devait payer autant.
- Sans effectuer le calcul exact des achats de Malik, dire s'il a raison ou non d'être surpris.

56 Loto
Voici les résultats du tirage du Loto du mercredi 9 novembre 2016 :

3   8   14   22   47   N° chance   5

Répartition des gains pour ce tirage

	Nombre de grilles gagnantes	Gains par grille gagnante
5 bons numéros + le N° chance		*Pas de gagnant*
5 bons numéros	4	54 179,40 €
4 bons numéros	658	708,80 €
3 bons numéros	24 389	8,20 €
2 bons numéros	310 970	4,60 €
Numéro chance gagnant	455 645	2 €

1. Calculer le nombre total de grilles gagnantes ce jour-là.
2. Calculer la somme totale distribuée.

57 À la boulangerie
Léa et Aya ont payé 6,90 € pour quatre pains au chocolat, un croissant et deux baguettes. Le pain au chocolat coute 1,05 € et la baguette 0,95 €.
- Quel est le prix d'un croissant ?

58 Pamplemousses
Un pamplemousse pèse environ 0,250 kg. Dans un magasin, les pamplemousses sont rangés par 15 dans des cagettes. Une cagette vide pèse 0,450 kg.
- Combien pèsent douze caisses pleines de pamplemousse ?

62 NOMBRES ET CALCULS

59 Pointure

Doc. 1 Méthode de calcul

Pour calculer sa pointure de chaussures, il faut mesurer en centimètres la longueur de son pied, de l'orteil le plus long au talon. On ajoute 1 cm à cette longueur et on multiplie le résultat par 1,5.
La pointure est le nombre entier le plus proche du résultat obtenu.

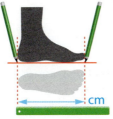

Marie a mesuré son pied et a trouvé 23,4 cm.
Voici le calcul qu'elle a effectué :
$$23,4 + 1 \times 1,5 = 24,9$$
Elle ne comprend pas car elle trouve ainsi une pointure de 25, ce qui correspond à la pointure de sa petite sœur de 3 ans.

1. Quelle est l'erreur de Marie ?
2. Calculer sa pointure.

60 Baux-de-Provence

Louis, ses deux frères et ses deux cousins veulent aller visiter les carrières de Lumières, le château des Baux-de-Provence et le musée Brayer pendant leurs vacances d'été.

Louis a 16 ans, ses deux frères ont 6 et 11 ans, et ses cousins sont des jumeaux de 14 ans.
Ils se sont renseignés sur Internet et ont trouvé les informations suivantes.

Pass Provence

Accès aux carrières de Lumières, au château des Baux-de-Provence et au musée Brayer

- Avec animations au château (d'avril à septembre)
  Plein tarif : 18 € / Tarif réduit* : 14,50 €
- Sans animation au château (d'octobre à mars)
  Plein tarif : 16 € / Tarif réduit* : 12,50 €

* Tarif réduit pour les enfants de 7 à 17 ans
Gratuit pour les enfants de moins de 7 ans

- Combien cette sortie va-t-elle couter pour l'ensemble du groupe ?

61 Relevé bancaire

M. Parrondo vient de recevoir son relevé de compte bancaire.

Doc. 1 Crédit/Débit

- Sont inscrites au crédit du compte toutes les sommes déposées sur le compte (salaires, remises de chèques…).
- Sont inscrites au débit du compte toutes les sommes qui sont retirées du compte (retrait à un distributeur, paiement par carte bancaire, prélèvements…).

Doc. 2 Relevé de compte

Ancien solde au 15/08/2016		1 125,83 €	
Date	Opérations	Débit	Crédit
15/08/2016	Chèque n° 041732	21,63	
17/08/2016	Prélèvement – Assurance voiture	123,50	
18/08/2016	Remboursement – Sécurité sociale		15,65
20/08/2016	Prélèvement – EDF	191,97	
20/08/2016	Paiement par carte – Station service	30,96	
24/08/2016	Virement salaire		1 274,83
Nouveau solde au 26/08/2016		€	

- Aider M. Parrondo à retrouver son nouveau solde.

Vocabulaire
Solde d'un compte : Quantité d'argent disponible sur ce compte

62 Facture d'électricité

Compléter la facture d'électricité ci-dessous.

 Votre contrat électricité "Tarif Bleu"

Horaires heures creuses : 22H30-6H30

Consommation sur la base d'un relevé

	Index début de période	Index fin de période	Consommation (kWh)	Prix unitaire HT (€/kWh)	Montant HT (€)
Du 22/08/2012 au 22/11/2012					
	Relevé	Relevé			
Heures creuses	80 798	81 526	◯	0,0578	42,08
Heures pleines	9 522	9 911	389	0,0935	◯
Du 23/11/2012 au 21/05/2013					
	Relevé	Relevé			
Heures creuses	81 526	83 621	◯	0,0578	◯
Heures pleines	9 911	12 915	◯	0,0935	◯
Total de votre consommation d'électricité					◯

kWh signifie kilowatt-heure.

Chapitre 3 Addition, soustraction et multiplication

Problèmes

63 Mur à repeindre

Dans son salon, Cloé veut repeindre un mur qui mesure 3,24 m sur 8,75 m avec la peinture ci-dessous.

Doc. 1 Pot de peinture de 2,5 L

Temps de séchage : 24 h
Rendement par pot : 25 m²
2ᵉ couche fortement recommandée
Application au rouleau

28,90 €

1. Combien de pots devra-t-elle acheter ?
2. Quel montant devra-t-elle dépenser pour l'achat de cette peinture ?

64 Fruits et légumes

Hyppolite souhaite préparer pour le déjeuner une purée de carottes aux aubergines et des fraises pour le dessert. Ils seront huit pour ce repas, et il compte acheter 200 g de fraises par personne.

Doc. 1 Prix au kilogramme

Carottes	1,61 €	Pommes de terre	1,30 €
Cerises	6,16 €	Fraises	5,65 €
Abricots	3,62 €	Haricots verts	3,67 €
Pêches	2,89 €	Aubergines	2,24 €
Salade	0,98 €	Poires	2,49 €
Nectarines	2,95 €	Tomates	2,03 €

Purée de carottes aux aubergines

Ingrédients — 4 personnes
• 400 g d'aubergines
• 300 g de carottes
• 1 portion de fromage fondu

Préparation ⏱ 15 min 🍲 20 min

Étape 1 : Pelez, lavez et coupez les aubergines et les carottes en rondelles.
Étape 2 : Faites-les cuire dans un grand volume d'eau bouillante salée pendant 20 min.
Étape 3 : Une fois les légumes cuits, mettez-les dans le bol d'un mixeur. Ajoutez la portion de fromage et mixez finement jusqu'à l'obtention d'une purée homogène.

• Hyppolite aura-t-il assez de 10 € pour faire ses achats chez le marchand de fruits et légumes ?

65 Vitamine C

Doc. 1 La vitamine C : le bon dosage

La vitamine C est la plus connue des vitamines. On la consomme car elle apporte du tonus en cas de fatigue. Elle permet aussi de renforcer les défenses immunitaires. Pour bénéficier de ses atouts, on doit en consommer 110 mg (pour un adulte) par jour sans dépasser les 2 000 mg (risque de maux de têtes, de nausées, d'éruptions cutanées, etc.).

Doc. 2 Les aliments riches en vitamine C

Aliment	Teneur en vitamine C (en mg/100 g)
Goyave	228,3
Poivron jaune	183,5
Cassis	181
Persil frais	133
Chou vert frisé cru	120
Kiwi	92,7

1. Marin pense qu'en mangeant deux kiwis par jour, cela lui apporte suffisamment de vitamine C. A-t-il raison, sachant qu'un kiwi pèse environ 100 g ?

2. Louna affirme, quant à elle, que si elle mange une salade de fruits avec 10 g de goyave et 50 g de cassis, elle obtient quasiment la dose de vitamine C recommandée pour un adulte. A-t-elle raison ?

3. Louisa adore la goyave mais craint un apport excessif en vitamine C.
Sachant qu'une goyave pèse environ 100 g, combien peut-elle en manger sans risquer de dépasser la dose maximale ?

66 Sudoku

1. Dans cette grille de sudoku, trouver le chiffre caché derrière chaque lettre à l'aide des informations ci-dessous (un même chiffre peut être désigné par des lettres différentes).

5			6	C				
A		8	B	7		5	6	
	2	9		5		4		
8		D		6				1
3		1		E				4
1		7			8		F	
	9	2		1	6			
7	8	6	4	3			5	
		G	8					7

A : chiffre des dizaines de $57,8 \times 3,4$
B : chiffre des centaines de $364 - 189,5$
C : chiffre des dixièmes de $4\,756,31 + 5\,758,9$
D : chiffre des dixièmes de $9,1 + 4,2 \times 3$
E : chiffre des centièmes de $(168,5 + 5,6) \times 9,8$
F : chiffre des unités de $215,6 \times 0,01$
G : chiffre des unités de mille de $257,9 \times 100$

2. Dans une grille de sudoku, il faut remplir toutes les cases avec des chiffres allant de 1 à 9 en veillant toujours à ce qu'un même chiffre ne figure qu'une seule fois par colonne, une seule fois par ligne et une seule fois par carré de neuf cases.
Recopier, puis compléter cette grille.

67 Emploi saisonnier

Jade a 17 ans et demi et n'a jamais travaillé. Elle a trouvé un emploi pendant les grandes vacances scolaires dont les conditions sont les suivantes :
« Emploi du lundi 20 juillet au vendredi 14 août, du lundi au vendredi de 9h30 à 13h et de 14h à 17h30 avec un salaire brut mensuel de 1 260,60 euros ».

Doc. 1 Salaire (Décret du 22 décembre 2016)
Pour les salariés de moins de 18 ans avec moins de six mois de pratique professionnelle dans la branche d'activité, le salaire brut horaire minimum légal, au 1er janvier 2017, est fixé à :
• 7,81 euros pour les jeunes de moins de 17 ans ;
• 8,78 euros pour les jeunes de 17 à 18 ans.

Doc. 2 Le temps de travail des jeunes de moins de 18 ans (Code du travail)
La durée du travail des jeunes de moins de 18 ans est soumise aux limites suivantes :
• Le temps de travail total dans une journée ne peut pas dépasser 8 heures ;
• une période de travail sans interruption ne peut pas dépasser 4 h 30 min ;
• le repos quotidien est de 12 heures consécutives ;
• la durée hebdomadaire du travail ne peut dépasser 35 heures ;
• le repos hebdomadaire est fixé à deux jours consécutifs ;
• le travail de nuit entre 22h et 6h est interdit.

• Cet employeur respecte-t-il la législation en vigueur ?

68 Location de voiture

Bastien souhaite louer une voiture pour un déplacement professionnel. Il doit partir le lundi de Boulogne-sur-Mer pour se rendre à Orléans et rentrer le vendredi à Boulogne-sur-Mer.

Doc. 1 Grille de tarifs

Forfaits		
Voiture	1 jour / 100 km	34 €
	Week-end / 600 km	98 €
	5 jours / 750 km	205 €
	Prix du km supplémentaire	0,19 €

Doc. 2 Distances

394 km

• Calculer la somme que devra payer Bastien pour cette location, en choisissant la formule la plus économique pour lui.

Chapitre 3 Addition, soustraction et multiplication

Travailler autrement
Utilisable en AP

À chacun son parcours !

69 Analyse de documents

Socle D1 Je comprends le sens des consignes, je sais combiner les informations explicites et implicites d'une lecture.
Socle D4 Je sais prélever, organiser et traiter l'information utile.

Doc. 1 La monarchie française de 1610 à 1792

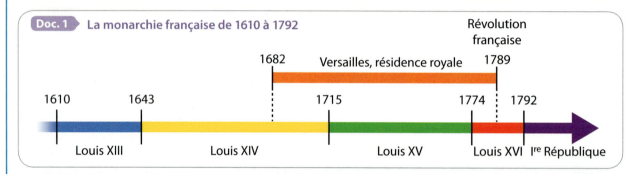

Doc. 2 La galerie des Glaces en quelques chiffres

La galerie des Glaces du château de Versailles a été conçue par l'architecte Jules Hardouin-Mansart et construite entre 1678 et 1684. Elle mesure 73 mètres de long, 10,50 mètres de large et 12,30 mètres de hauteur. Elle comporte 17 fenêtres cintrées faisant face à 17 arcades, chacune ornée de 21 miroirs identiques. Chaque miroir occupe une surface de 0,65 m^2. Depuis sa création, 48 miroirs ont été changés, les autres sont d'origine.

Chaque année, elle accueille 3,5 millions de visiteurs.

Doc. 3 Billetterie

Plein tarif
15 € adulte   13 € pour les moins de 18 ans

Tarif réduit *(comité d'entreprise)*
13,50 € adulte   11,50 € pour les moins de 18 ans

Visite guidée : supplément de 7 € par personne
               gratuit pour les moins de 10 ans

Questions ceinture jaune

1. Pendant combien d'années le château de Versailles a-t-il été une résidence royale ?
2. Sous quel règne la galerie des Glaces a-t-elle été construite ?
3. Combien d'années se sont écoulées depuis la fin de la construction de la galerie des Glaces ?
4. Quelle est la surface des miroirs situés autour d'une arcade de la galerie des Glaces ?
5. Quel prix paierait une famille de deux adultes et trois enfants de 5, 8 et 12 ans, en prenant des billets à l'unité au tarif réduit et sans visite guidée ?

Questions ceinture verte

1. Pendant combien d'années Louis XIV a-t-il régné ?
2. Quelle est la superficie du plancher de la galerie des Glaces ?
3. En dix ans, combien de visiteurs ont pu admirer la galerie des Glaces ?
4. Combien y a-t-il de miroirs dans la galerie des Glaces ?
5. Quel prix paierait un groupe de trois adultes et quatre enfants de 5, 8, 11 et 12 ans, en prenant des billets à l'unité au tarif réduit, avec visite guidée pour chacun ?

Questions ceinture noire
1. Combien d'années la construction de la galerie des Glaces a-t-elle duré ?
2. De combien d'années le règne de Louis XV a-t-il été plus long que le règne de Louis XVI ?
3. Aujourd'hui, combien reste-t-il de miroirs d'origine dans la galerie des Glaces ?
4. Quelle est la surface totale des miroirs dans la galerie des Glaces ?
5. Une famille de deux adultes et deux enfants de 8 et 13 ans souhaite se rendre à la galerie des Glaces. Quelle somme économise-t-elle en achetant des billets au tarif réduit avec visite guidée, par rapport au tarif plein ?

70 Écriture d'énoncé

Socle D1 Je sais m'exprimer en utilisant la langue française à l'écrit.

À deux, rédiger l'énoncé d'un problème mathématique respectant les conditions énoncées ci-dessous, puis proposer cet énoncé à un autre binôme.

Questions ceinture jaune
La résolution du problème nécessitera de faire intervenir le calcul suivant :
$4,80 + 6,20 \times 0,23$

Questions ceinture verte
La résolution du problème nécessitera de faire intervenir le calcul suivant :
$7,8 \times 2,5 + 8,9 \times 12,1$

Questions ceinture noire
La résolution du problème nécessitera de faire intervenir le calcul suivant :
$50 - (6,45 + 2,3 \times 13,9)$

71 Analyse de production

Socle D2 Je sais analyser les erreurs.

Un professeur a donné les trois exercices suivants à ses élèves. Analyser les productions des élèves en expliquant les erreurs éventuellement commises et les corriger si nécessaire.

Questions ceinture jaune
Poser et effectuer $6,95 \times 8,7$.

Questions ceinture verte
Poser et effectuer $81,36 \times 60,02$.

Questions ceinture noire
Poser et effectuer $960\,000 \times 9,008$.

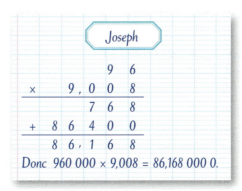

Chapitre 3 Addition, soustraction et multiplication

Outils numériques et algorithmique

72 Étrange

1. Maïwenn a écrit le script ci-dessous. Voici, à droite, ce qu'elle obtient.

Soufian, quant à lui, a écrit le script ci-dessous. Voici, à droite, ce qu'il obtient.

Expliquer ces résultats.

2. Écrire un script permettant d'afficher le résultat de chacun des calculs suivants.

a. $(2,31 + 5,97) \times 11,4$
b. $57,8 - 2,3 \times 4,5$
c. $2,33 + 1,32 \times 15,7$

Découvre l'ancêtre des ordinateurs p. 51 !

73 Chez le boucher

Daphné se rend chez son boucher pour récupérer la commande qu'elle a passée la veille : un poulet, des saucisses et un rôti de bœuf.

14,80€ le kg — 11,25€ le kg — 25,90€ le kg

- Compléter la facture commencée par le boucher.

	A	B	C	D
1	Article	Prix au kg (en €)	Masse achetée (en kg)	Prix à payer (en €)
2	Poulet		2,100	
3	Saucisse		0,920	
4	Rôti de bœuf		1,900	
5			Prix total à payer (en €)	

74 Programme de calcul

Voici un programme de calcul :

- Choisir un nombre.
- Ajouter 4,8 à ce nombre.
- Multiplier le résultat par 3,7.

1. Compléter ce tableau commencé par Marine :

	A	B
1	Nombre choisi au départ	
2	Ajouter 4,8	
3	Multiplier par 3,7	

2. Hakim affirme qu'il peut aller plus vite que Marine et trouver directement le résultat à l'aide du tableau suivant.

	A	B
1	Nombre choisi au départ	
2	Résultat	

Quelle formule Hakim a-t-il saisie dans la cellule B2 ?

3. Appliquer le programme de calcul en choisissant 12,5 au départ et vérifier que les deux tableaux précédents donnent bien le même résultat.

4. Marine affirme qu'avec la calculatrice, elle obtient le résultat en tapant la séquence ci-dessous. A-t-elle raison ?

5. Hakim souhaite écrire un script permettant d'afficher le résultat, une fois le nombre de départ choisi. Remettre les blocs dans l'ordre et compléter le script d'Hakim.

Boîte à outils

Avec Scratch

Pour poser une question sur l'écran, on utilise le bloc `demander Quel nombre ? et attendre`. Le programme attendra jusqu'à ce que l'utilisateur tape une réponse au clavier et presse la touche ENTRÉE. La réponse est stockée dans `réponse` et peut être utilisée dans la suite du programme.

CHAPITRE 4

Ta mission
Utiliser la division euclidienne et la division décimale.

Division

Jeux

Maëlys, Jade et Emma ont chacune une carte à jouer dans les mains, et une carte est posée, face visible, sur la table. Sur chaque carte, trois calculs sont écrits. Un joueur peut abattre sa carte si l'un de ses calculs est égal à l'un des calculs de la carte posée au centre.
• Qui peut poser sa carte à ce moment du jeu ?

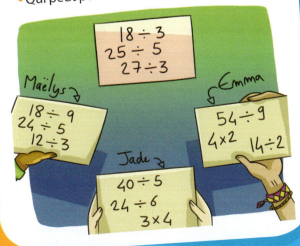

Histoire

Voir problème 73 p. 82

La **pascaline** est l'ancêtre de la calculatrice. Inventée par Blaise Pascal en 1645, cette machine se présente sous la forme d'un coffret en laiton et en platine. Elle permettait d'additionner et de soustraire deux nombres d'une façon directe et de faire des multiplications et des divisions par répétitions.

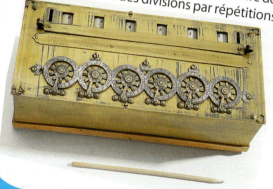

Questions flash

1. Effectuer mentalement les divisions suivantes.
  a. 24 ÷ 8   **b.** 72 ÷ 9
  c. 55 ÷ 5   **d.** 124 ÷ 4

2. 14 • 65 • 21 • 20 • 500 • 64 • 75 • 78 • 8
  Parmi les nombres ci-dessus :
  a. lesquels sont dans la table de 10 ?
  b. lesquels sont dans la table de 5 ?
  c. lesquels sont dans la table de 2 ?

3. Dix stylos coutent 15 €. Un stylo coute donc :
  a. 5 €   **b.** 1,50 €   **c.** 0,15 €

4. Pour la division ci-dessous, quelle affirmation est juste ?

```
  4 5 7 | 1 4
− 4 2   | 3 2
    3 7
  − 2 8
      9
```

a. 457 est le diviseur.
b. 9 est le reste.
c. 32 est le dividende.

Le photographe — CM2 — Activité 1 — Prise d'initiative

Le jour de la photo de classe, dans un collège, le photographe veut placer les élèves d'une classe de 6ᵉ sur plusieurs rangées. Par souci d'esthétique, il tient à ce que toutes les rangées comportent le même nombre de personnes.
Il demande aux élèves de constituer des rangées de sept, mais le dernier rang est incomplet : il ne compte que six personnes.
Il demande donc de constituer des rangées de huit. Il y a alors le même nombre de rangées mais le dernier rang est encore incomplet : il ne compte que trois élèves.

1. Combien y a-t-il d'élèves dans cette classe de 6ᵉ ?
2. Comment ce photographe pourrait-il procéder pour organiser le placement des élèves ?

Code secret — Activité 2

Pour coder un message, on utilise la grille ci-contre :
chaque lettre du message est remplacée par le produit des nombres situés au début de la ligne et de la colonne de cette lettre.

Par exemple, la lettre N est remplacée par 4 × 7 = 28.

1. Décoder le message suivant :
  63-27   32-72   27-28   30-64-42-54-48-24-40-28

2. Coder une phrase de son choix et la faire décoder par un camarade.

×	3	6	7	8	9
2	Q	B	W	X	F
3	Y	F	Z	I/J	U
4	B	I/J	N	E	G
5	K	C	R	O	V
6	F	G	A	P	M
8	I/J	P	L	H	S
9	U	M	T	S	D

70   NOMBRES ET CALCULS

Ça grimpe ! — Activité 3

Tom et Cléo s'apprêtent à monter au sommet de la Tour Eiffel. Pour cela, ils doivent monter 1 665 marches.

1. Tom affirme : « Je peux monter toutes les marches 2 par 2. » Cléo lui répond : « Je ne crois pas. Arrivé en haut, il t'en restera une. Mais tu pourrais les monter 5 par 5 ! ».
Comment Cléo a-t-elle fait, sachant qu'elle ne possède ni papier, ni stylo, ni calculatrice ?

2. Le père de Tom ajoute : « Tu pourrais les monter 3 par 3, ce serait plus facile. » Tom n'est pas d'accord : « Mais 1 665 ne se termine ni par 3, ni par 6, ni par 9. Il n'est donc pas divisible par 3 ! »
Tom a-t-il raison ?

3. Cléo ajoute : « Et si tu avais des jambes de géant, tu pourrais même monter les marches 9 par 9 ! »
Expliquer la phrase de Cléo.

4. Tom réplique : « Alors, si j'ai bien compris, je pourrais grimper les 360 marches du premier étage 2 par 2, 3 par 3, 5 par 5, 9 par 9 ou même 10 par 10 ! »
Tom a-t-il raison ?

5. Tom ajoute : « Je pourrais même les monter 4 par 4 car 360 = 300 + 60. 300 est forcément dans la table de multiplication de 4 car 100 l'est : c'est 25 × 4. Quant à 60, c'est 4 × 15. »
Trouver une méthode pour déterminer facilement si un nombre entier est divisible par 4.

La parcelle — Activité 4

Alexia souhaite acheter une parcelle de terrain pour y placer une partie de son troupeau de vaches. Elle se connecte au site Internet Geoportail pour recueillir des renseignements sur la parcelle 734 qu'elle envisage d'acheter.

Vocabulaire
Parcelle : Partie d'un terrain

Vocabulaire
Consécutifs : Qui se suivent

1. Sachant qu'une vache laitière a besoin d'une surface de 2 500 m^2 d'herbage pour se nourrir, combien pourra-t-on mettre de vaches dans ce champ ?

2. Alexia veut placer un grillage le long de la route qui la sépare de la parcelle 733. Elle souhaite le fixer avec 50 piquets régulièrement espacés et voudrait connaître la distance séparant deux piquets consécutifs.

a. Elle effectue d'abord la division euclidienne de 159 par 49.
Expliquer pourquoi elle divise par 49 et non par 50, puis effectuer cette division.

b. Pourquoi cette opération n'est-elle pas satisfaisante ?

c. Calculer la distance approximative qui sépare deux piquets.

Chapitre 4 Division

CM2 — 1 Effectuer et utiliser une division euclidienne

Définition

Effectuer la **division euclidienne** d'un nombre entier (le **dividende**) par un nombre entier différent de 0 (le **diviseur**), c'est trouver deux nombres entiers, le **quotient** et le **reste**, tels que :

dividende = diviseur × quotient + reste   avec reste < diviseur

Effectuer la division euclidienne de 529 par 12, c'est chercher le plus grand nombre de fois que 12 est contenu dans 529 et combien il reste.

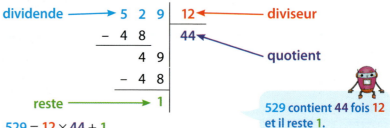

On écrit alors :   529 = 12 × 44 + 1

Certaines calculatrices disposent d'une fonction « division euclidienne ».

Casio fx-92 :   TI-Collège : 2nde ÷

2 Déterminer des multiples et des diviseurs

Si on effectue la division euclidienne de 105 par 7, on trouve un reste nul :

```
  1 0 5 | 7
-   7   | 15
  -----
    3 5
  - 3 5
  -----
      0
```

105 = 7 × 15 + 0   donc   105 = 7 × 15   et   105 ÷ 7 = 15

Vocabulaire

Comme la division euclidienne de 105 par 7 donne un reste nul, on peut dire que :
- 105 est **divisible** par 7 ;
- 7 est un **diviseur** de 105 ;
- 105 est un **multiple** de 7.

 On ne peut jamais diviser par zéro.

72 NOMBRES ET CALCULS

Savoir-faire

Entraine-toi avec ces exercices corrigés en page 300 !

1 Effectuer et utiliser une division euclidienne

1 On veut partager équitablement 38 bonbons entre cinq enfants.
- Combien chaque enfant aura-t-il de bonbons ? Combien reste-t-il de bonbons ?

Solution

C'est une situation de **partage équitable**, de **distribution** en paquets : on connait le nombre de parts et on cherche **la valeur d'une part**.

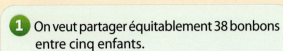

On utilise la division euclidienne :

Le reste doit être inférieur à 5, sinon on pourrait encore donner au moins un bonbon de plus à chacun.

Chaque enfant aura sept bonbons et il restera trois bonbons.

2 Avec 38 bonbons, on souhaite faire des paquets de cinq bonbons.
- Combien peut-on fabriquer de paquets identiques ? Combien reste-t-il de bonbons ?

Solution

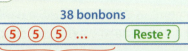

C'est une situation de **regroupement** : on connait la valeur d'une part et on cherche **le nombre de parts**.
On utilise la division euclidienne :

```
  3 8 | 5
- 3 5 | 7
    3
```

Le reste doit être inférieur à 5, sinon on pourrait encore faire au moins un paquet de plus.

Il y aura sept paquets et il restera trois bonbons.

3 Marie est fleuriste. Ce soir, il lui reste 53 roses qu'elle n'a pas vendues. Elle décide de confectionner six bouquets contenant chacun le même nombre de fleurs et de les offrir à sa famille.
- Combien de roses devra-t-elle mettre dans chaque bouquet ? Lui restera-t-il des roses ?

4 Les 86 élèves de 6e d'un collège partent en voyage scolaire. Ils seront hébergés dans des chambres de cinq personnes.
- Quel est le plus petit nombre de chambres nécessaires pour héberger tous ces élèves ?

2 Déterminer des multiples et des diviseurs

5 345 est-il un multiple de 13 ?

Solution

On pose la division euclidienne de 345 par 13 et on regarde si le reste est nul.
Le reste est 7 donc 345 n'est pas un multiple de 13.

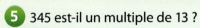

6 281 est-il divisible par 11 ?

7 564 est-il un multiple de 12 ?

8 87 est-il un diviseur de 13 578 ?

9 7 et 3 sont-ils des diviseurs de 1 026 ?

3 Utiliser les critères de divisibilité

Propriétés

Critères de divisibilité
- Un nombre entier est divisible par 2 si son chiffre des unités est 0, 2, 4, 6 ou 8.
- Un nombre entier est divisible par 3 si la somme de ses chiffres est divisible par 3.
- Un nombre entier est divisible par 4 si ses deux derniers chiffres forment un nombre divisible par 4.
- Un nombre entier est divisible par 5 si son chiffre des unités est 0 ou 5.
- Un nombre entier est divisible par 9 si la somme de ses chiffres est divisible par 9.
- Un nombre entier est divisible par 10 si son chiffre des unités est 0.

- 57 est divisible par 3 car 5 + 7 = 12 et 12 est divisible par 3.
- 3 512 est divisible par 4 car 12 est divisible par 4.

4 Effectuer et utiliser une division décimale

Définition

Effectuer la **division décimale** d'un nombre décimal (le **dividende**) par un nombre entier différent de zéro (le **diviseur**), c'est chercher le nombre appelé **quotient** tel que : dividende = diviseur × quotient

On écrit : dividende ÷ diviseur = quotient ou dividende : diviseur = quotient

Dès que l'on abaisse le premier chiffre après la virgule au dividende, on place la virgule au quotient.

```
  5 , 1 6 | 4
-  4 ↓    | 1,29
   1 1
 -   8
     3 6
   - 3 6
       0
```

On écrit : 5,16 = 4 × 1,29
ou 5,16 ÷ 4 = 1,29 ou 5,16 : 4 = 1,29

```
  5 , 0 0 | 3
-  3      | 1,66
   2 0
 - 1 8
     2 0
   - 1 8
       2
```

On écrit : 5 ÷ 3 ≈ 1,66

Cette division ne se termine jamais. Le quotient de 5 par 3 n'est pas un nombre décimal.

Méthode

Pour diviser un nombre décimal par 10, 100 ou 1 000, on décale sa virgule respectivement de 1, 2 ou 3 rangs vers la gauche, en ajoutant des zéros si nécessaire.

- 748,1 ÷ 10 = 74,81   Le chiffre des unités devient le chiffre des dixièmes.
- 62 ÷ 100 = 0,62   Le chiffre des unités devient le chiffre des centièmes.

Savoir-faire

Entraine-toi avec ces exercices corrigés en page 300 !

3 Utiliser les critères de divisibilité

10 On donne les nombres suivants :
58   45   87   12 570

1. Parmi ces nombres, lesquels sont des multiples de 5 ?
2. Lesquels sont des multiples de 3 ?

Solution

1. Pour savoir si un nombre est un multiple de 5, on regarde si son chiffre des unités est 0 ou 5.
Donc les multiples de 5 sont 45 et 12 570.

2. Pour savoir si un nombre est un multiple de 3, on additionne ses chiffres et on regarde si le nombre obtenu est un multiple de 3 :
5 + 8 = 13 ; 13 n'est pas un multiple de 3.
4 + 5 = 9 ; 9 est un multiple de 3.
8 + 7 = 15 ; 15 est un multiple de 3.
1 + 2 + 5 + 7 + 0 = 15 ; 15 est un multiple de 3.
Donc les multiples de 3 de cette liste sont :
45   87   12 570

11 325 754 est-il divisible par 4 ?

Solution

On regarde si le nombre formé par les deux derniers chiffres de 325 7**54** est divisible par 4. **54** est-il divisible par 4 ?

```
  5 4 | 4
 - 4  |13
  1 4
 -1 2
    2
```

Le reste n'est pas nul.
Donc 54 n'est pas divisible par 4.
Donc 325 754 n'est pas divisible par 4.

12 1. 7 812 est-il divisible par 4 ?
2. 7 812 est-il divisible par 9 ?

13 Recopier la liste ci-dessous, puis entourer en rouge les multiples de 10, en vert les multiples de 3, en bleu les multiples de 5 et en noir les multiples de 2.
783   310   1 465   3 471   1 452 790

▶ Vidéo 4 Effectuer et utiliser une division décimale

14 Fatima achète un téléviseur à 349,80 € en six fois sans frais.
• À combien s'élèvera chacune des six mensualités ?

Solution

Il faut diviser en **six parts égales** les 349,80 €. On effectue donc la division décimale de 349,8 par 6.

```
  3 4 9,8 | 6
 - 3 0    |58,3
    4 9
  - 4 8
      1 8
    - 1 8
        0
```

Chacune des six mensualités sera de 58,30 €.

15 Diego veut partager équitablement 125,34 € entre ses trois enfants.
• Combien d'argent auront-ils chacun ?

16 Avec une baguette de bois de 1,5 mètre, on veut fabriquer un cadre carré.
• Quelle sera la longueur du côté de ce carré ?

17 Axel a parcouru huit tours de stade, soit 2 500 mètres au total.
• Quelle est la longueur d'un tour de stade ?

Chapitre 4 Division

Exercices

Diaporamas de calcul mental dans le manuel numérique

Effectuer et utiliser une division euclidienne

➡ Savoir-faire p. 73

Questions flash

18 On considère la division euclidienne ci-dessous.

```
  8 4 3 | 3 7
− 7 4   | 2 2
  1 0 3
−   7 4
      2 9
```

1. Compléter la phrase suivante.
   Le quotient est …, le reste est …, le dividende est … et le diviseur est … .
2. Compléter l'égalité suivante :
   843 = … × … + …

19 Vrai ou faux ?
Quand on pose la division euclidienne d'un nombre entier par 26 :
a. le reste peut être égal à 28.
b. le quotient peut être supérieur à 26.
c. le quotient doit être un nombre entier.

20 Donner le quotient et le reste de la division euclidienne de :
a. 38 par 7.
b. 72 par 9.
c. 103 par 25.
d. 50 par 12.

21 Effectuer à la main la division euclidienne de :
a. 98 par 17.
b. 239 par 16.
c. 4 789 par 21.
d. 1 523 par 132.

22 Recopier et compléter les divisions euclidiennes ci-dessous à l'aide des nombres suivants.

2   3   6   11   31   149

a. 564 | 18
b. 278 | 25
c. 657 | 254

23 Dans une division euclidienne, 567 est le diviseur, 53 est le quotient et 21 est le reste.
• Quel est le dividende ?

24 À la fin de l'année, les professeurs d'EPS décident d'organiser un tournoi de football avec les 134 élèves de 6e.
• Combien d'équipes de 11 joueurs peuvent-ils constituer au maximum ?

25 Un club de rugby veut organiser un déplacement pour ses 879 supporters avec le moins de bus possible.
• Sachant que chaque bus contient 55 places assises, combien de bus le club devra-t-il prévoir pour transporter tous les supporters ?

26 Un professeur a demandé à ses élèves de poser la division euclidienne de 560 par 15.
Voici les réponses de trois élèves :

J'ai trouvé un quotient égal à 3 et un reste égal à 110.
Imany

J'ai trouvé que 15 × 36 = 540 et que 540 + 20 = 560 donc le quotient est 36, et le reste est 20.

Enzo

J'ai trouvé un quotient égal à 38 et un reste égal à 5.
Lola

• Que peut-on dire de chacune de ces réponses ?

27 Clémence veut réaliser un maximum de bracelets avec des perles. Elle dispose de 317 perles et souhaite que chaque bracelet soit constitué de 34 perles.
• Combien de perles lui restera-t-il ?

28 Une entreprise produit 5 184 bouteilles d'eau par jour. Ces bouteilles sont ensuite regroupées pour constituer des packs de six.
• Combien de packs d'eau cette entreprise produit-elle par jour ?

29 Sur son balcon, Madame Broux dispose de dix jardinières de 175 litres.
• Combien de sacs de terreau de 40 litres Madame Broux devra-t-elle acheter pour remplir toutes ses jardinières ?

Déterminer des multiples et des diviseurs

➡ Savoir-faire p. 73

Questions flash

30 Compléter chacune des phrases suivantes avec le mot « multiple » ou « diviseur ».
   a. 18 est un … de 3.
   b. 4 est un … de 24.
   c. 25 est un … de 100.
   d. 54 est un … de 9.

31 1. Donner cinq multiples de 6.
   2. Donner quatre diviseurs de 32.

32 Donner un nombre entier à deux chiffres qui est un multiple de 5, de 4 et de 3. Est-ce le seul ?

33 1. Écrire la liste des six premiers multiples de 8.
   2. Écrire trois multiples de 36.
   3. Écrire cinq multiples de 7 compris entre 50 et 100.

34 1. Écrire quatre diviseurs de 48.
   2. Écrire tous les diviseurs de 30.

35 1. Recopier la liste ci-dessous, puis entourer en bleu les multiples de 5 et en rouge les multiples de 2.
   18   10   55   23   42
   120   25   44   28   30
   2. Que peut-on dire des nombres qui ont été entourés en rouge et en bleu ?

36 Trouver tous les diviseurs de :
   a. 16   b. 25   c. 26   d. 72   e. 145

37 Vrai ou faux ?
Dire si les affirmations suivantes sont vraies ou fausses.
   a. 20 est un diviseur de 5.
   b. 15 est un multiple de 3.
   c. 13 est un diviseur de 3.
   d. 33 est un multiple de 3.
   e. 0 est un multiple de 7.
   f. 1 est un diviseur de 9.
   g. 1 287 est un multiple de 9.

38 Quels sont les deux intrus dans cette liste de multiples d'un même nombre, autre que 1 ?
   45   12   60   27   20   10   50   35

Utiliser les critères de divisibilité

➡ Savoir-faire p. 75

Questions flash

39 Pour chacun des nombres suivants, dire s'il est divisible par 2, par 3, par 4, par 5 ou par 9.
   145   124   225   744   639

40 Vrai ou faux ?
   a. Un nombre divisible par 9 est aussi divisible par 3.
   b. Un nombre divisible par 2 est aussi divisible par 4.
   c. Si un nombre est divisible par 10, alors il est divisible par 5.
   d. Si un nombre se termine par 4, alors il est divisible par 4.

41 Recopier et compléter le tableau suivant par OUI ou NON.

est divisible par	2	5	10
96			
148			
565			
1 230			

42 Recopier et compléter le tableau suivant par OUI ou NON.

est divisible par	3	4	9
536			
822			
1 944			

43 Je suis un nombre compris entre 20 et 35. Je suis divisible par 3, par 2 mais pas par 4.
   • Qui suis-je ?

44 Une entreprise produit 15 456 verres par jour.

   1. Peut-elle les répartir dans des boites pouvant contenir trois verres, sans qu'il en reste ?
   2. Peut-elle les répartir dans des boites pouvant contenir quatre verres, sans qu'il en reste ?
   3. Combien de verres supplémentaires devrait-elle produire par jour pour pouvoir les répartir dans des boites de dix ?

Exercices

45 1. Trouver tous les nombres compris entre 10 et 50 divisibles à la fois par 2 et par 3.

2. Certains d'entre eux sont-ils divisibles par 5 ?

46 Martin a rangé sa chambre.
Il en a profité pour compter ses cartes de joueurs de football.
Il les a comptées deux par deux, et il lui en restait 1.
Puis il les a comptées cinq par cinq, et il lui en restait 3.
Enfin, il les a comptées trois par trois, et il lui en restait 1.

• Sachant qu'il a entre 100 et 120 cartes, quel est le nombre exact de cartes de Martin ?

47 Que peut-on dire des affirmations suivantes ?

130 est divisible par 5 car son chiffre des unités est zéro.
Imany

23 est divisible par 3 car il se termine par 3.
Enzo

23 n'est pas divisible par 2 car il n'est pas pair.
Manon

23 ne peut pas être divisible par 4 car il n'est pas pair.
Nathan

Effectuer et utiliser une division décimale

▶ Savoir-faire p. 75

Questions flash

48 Dans chacun des cas suivants, calculer mentalement le prix d'une sucette.
a. Deux sucettes coutent 0,30 €.
b. Cinq sucettes coutent 2 €.
c. Six sucettes coutent 1,50 €.

49 Calculer mentalement :
a. 56 ÷ 100   b. 4,5 ÷ 10
c. 0,45 ÷ 10   d. 14,2 ÷ 1 000

Questions flash

50 Les polygones ci-dessous sont réguliers : leurs côtés sont de même longueur.

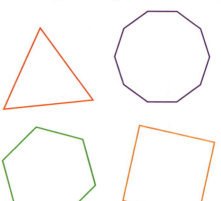

• Quelle doit être la longueur des côtés de chaque polygone pour qu'ils aient tous comme périmètre 21 cm ?

51 Calculer mentalement :
a. 13,06 ÷ 1 000   b. 100,18 ÷ 10
c. 7,415 ÷ 100   d. 1 754,21 ÷ 1 000

52 Effectuer les divisions décimales suivantes.
a. 456 ÷ 5   b. 84,6 ÷ 24
c. 15,64 ÷ 32   d. 0,15 ÷ 8

53 Une pompe à essence affiche ces indications :

• Combien coute le litre d'essence dans cette station-service ?

54 Lilou vient d'acheter cinq croissants et a payé 4,25 €.

• Quel est le prix d'un croissant ?

55 Le terrain d'un futur lotissement a une aire de 12 230 m². Sur ce terrain seront réalisées 25 parcelles de même aire.

• Quelle sera l'aire de chaque parcelle ?

56 Deux vendeurs de T-shirts sont face à face dans un marché.
Le vendeur A vend dix T-shirts pour 54,50 €.
Le vendeur B vend trois T-shirts pour 16,70 €.

• Quel vendeur est le moins cher ?

78 NOMBRES ET CALCULS

➡ Corrigés p. 300

QCM Donner **la seule réponse correcte** parmi les trois proposées.

1 Effectuer et utiliser une division euclidienne

	Réponse A	Réponse B	Réponse C
1. Dans la division euclidienne 879 = 37 × 23 + 28, le quotient est :	37	23	28
2. Le reste de la division de 223 par 5 est :	5	0	3

2 Déterminer des multiples et des diviseurs

	Réponse A	Réponse B	Réponse C
3. On sait que 3 055 = 47 × 65. On peut donc affirmer que :	47 est un multiple de 3 055.	3 055 est un diviseur de 47.	65 est un diviseur de 3 055.
4. 35 est un multiple de :	7	3	0

3 Utiliser les critères de divisibilité

	Réponse A	Réponse B	Réponse C
5. Le nombre 4 776 est divisible par :	2 ; 3 ; 4	2 ; 3 ; 5	1 ; 2 ; 9
6. 13 362 est divisible par :	9	3	4

4 Effectuer et utiliser une division décimale

	Réponse A	Réponse B	Réponse C
7. On pose la division décimale de 224 par 35. Le quotient est :	6	6,4	12
8. Le quotient de 320,4 par 5 est égal à :	6 408	6,408	64,08

Pour t'aider à retenir l'essentiel.

Carte mentale

Voici un exemple de carte mentale. Tu peux aussi en créer une à ta façon !

Division euclidienne

dividende → 29 | 6 ← diviseur
reste → 5 | 4 ← quotient

29 = 6 × 4 + 5
avec 5 < 6

DIVISION

Division décimale

30,6 ÷ 5 = 6,12

dividende diviseur quotient

6,12 × 5 = 30,6

virgule au quotient quand on abaisse le 1er chiffre après la virgule du dividende

Cas où **reste = 0**
30 = 6 × 5
30 est divisible par **6**.
6 est un diviseur de **30**.
30 est un multiple de **6**.

Critères de divisibilité
● Par 2, 5 ou 10 : on regarde le dernier chiffre.
● Par 3 et 9 : on regarde la somme des chiffres.
● Par 4 : on regarde le nombre formé par les deux derniers chiffres.

Pour diviser par 10, 100 ou 1 000, on décale la virgule de 1, 2 ou 3 rangs vers la gauche.

Chapitre 4 Division

Problèmes

➡ Corrigés p. 300

Pour mieux cibler les compétences

Chercher	64 69 78	Raisonner	63 64 68
Modéliser	71 76 77	Calculer	59 62 70 74
Représenter	61 69 72 78	Communiquer	64 75 77 78

57 Boites de CD

Juliette souhaite ranger l'ensemble de ses 126 CD dans des boites pouvant en contenir chacune 22.

1. Combien de boites, au minimum, Juliette devra-t-elle acheter ?
2. Juliette envisage de s'acheter prochainement cinq nouveaux CD.
Aura-t-elle suffisamment de place pour ranger ces nouveaux CD dans les boites qu'elle aura achetées ?

58 *Richard III*
(PEAC)

Célia a reçu une invitation pour voir la représentation de la pièce de théâtre *Richard III* de Thomas Jolly qui débute à 20h30.
Sur l'invitation, il est écrit que le spectacle dure 270 min et qu'il y aura un entracte de 15 minutes.

• À quelle heure la représentation finira-t-elle ?

59 Vitamine C

Recopier et compléter ce ticket de caisse :

60 Cinq fois sans frais

Maxime souhaite acheter une tablette à 129 € et un écran plat à 350 €.
Le vendeur lui propose un paiement en cinq fois sans frais, réparti sur cinq mois.

• Si chaque montant versé est identique, quel sera le montant d'une mensualité ?

61 Diptyque
(PEAC)

Ce diptyque (œuvre en deux parties), réalisé par Andy Warhol en 1962, contient des images, toutes de mêmes dimensions, de l'actrice américaine Marilyn Monroe. Cette sérigraphie, *Diptyque Marilyn*, mesure 205,4 cm sur 144,8 cm.

• Quelles sont les dimensions d'un seul portrait ?

62 Ongles
(SVT)

Nos ongles poussent, en moyenne, de 3,65 mm par mois (on considère qu'un mois est constitué de 30 jours et une année de 365 jours).

• Calculer, en moyenne, de combien pousse un ongle par jour, puis par an.

63 Que de chiffres !

Antoine vient d'obtenir l'affichage suivant sur sa calculatrice.

```
11:27                    DEG
         0,407407407
```

• Aider Antoine à trouver le 1 003ᵉ chiffre après la virgule de ce quotient.

64 Devinette

Maëlys possède un cadenas à code.
Elle a choisi un code à quatre chiffres qui vérifie les propriétés suivantes :
• il est constitué de quatre chiffres tous différents ;
• il est divisible par 5, mais pas par 10 ;
• il est divisible par 3, mais pas par 9 ;
• la somme du chiffre des centaines et du chiffre des unités est égale à 7 ;
• le chiffre des dizaines est inférieur au chiffre des centaines ;
• le chiffre des unités de mille est impair.

• Retrouver le code de Maëlys.

65 QCM

Donner **la (ou les) réponse(s) correcte(s)** parmi les trois proposées. Justifier.

1. 48 admet pour diviseur :
   a. 6 b. 8 c. 48

2. Hugo veut ranger sa collection de 378 cartes dans des pochettes contenant chacune le même nombre de cartes. Toutes ses cartes doivent être rangées. Il peut utiliser :
   a. 63 pochettes.
   b. 31 pochettes.
   c. 42 pochettes.

3. Ilona a posé une division euclidienne. Le dividende était 478, le quotient 8 et le reste 30. Quel était le diviseur ?
   a. 56 b. 59 c. 238

4. Par quels chiffres peut-on compléter le nombre 8●9■ pour qu'il soit divisible par 3 et par 5 ?
   a. 1 et 5 b. 4 et 0 c. 3 et 5

5. 2 000 secondes, c'est :
   a. 33 min 20 s.
   b. moins d'un quart d'heure.
   c. 33 min 33 s.

66 Crible d'Érathostène — Pour aller plus loin

1	2	3	4	5	6	7	8	9	10
11	12	13	14	15	16	17	18	19	20
21	22	23	24	25	26	27	28	29	30
31	32	33	34	35	36	37	38	39	40
41	42	43	44	45	46	47	48	49	50
51	52	53	54	55	56	57	58	59	60
61	62	63	64	65	66	67	68	69	70
71	72	73	74	75	76	77	78	79	80
81	82	83	84	85	86	87	88	89	90
91	92	93	94	95	96	97	98	99	100

1. Reproduire le tableau ci-dessus, puis barrer le nombre 1.
2. Entourer le 2, premier nombre non barré, puis barrer tous les multiples de 2, autres que 2.
3. Entourer le premier nombre ni entouré ni barré, puis barrer tous ses multiples, autres que lui-même.
4. Répéter la consigne de la question précédente jusqu'à avoir barré ou entouré tous les nombres.
5. Quelle particularité les vingt-cinq nombres entourés possèdent-ils ?

De tels nombres s'appellent des nombres premiers.

67 Temps écoulé

Nicolas s'est amusé à chronométrer le temps qu'il a passé devant son ordinateur ce week-end : il a comptabilisé 5 678 s. Ses parents trouvent que c'est beaucoup trop !

1. Convertir ce temps en heures, minutes et secondes.
2. Les parents de Nicolas ont-ils raison ?

68 Boisson gazeuse

Bastien se rend au supermarché pour acheter une boisson gazeuse et hésite entre deux conditionnements.

	Les six canettes de 33 cL sont à 2,88 €.
	Les dix canettes de 33 cL sont à 4,86 €.

• Quel format est le plus économique ?

69 Division euclidienne et calculatrice

Emma veut effectuer la division euclidienne de 257 par 19 mais ne dispose que de la calculatrice de son téléphone portable. Elle obtient l'affichage ci-contre : 13,5263158

• Aider Emma à trouver le quotient et le reste de cette division euclidienne avec cette seule calculatrice.

70 Année bissextile

On dit qu'une année est bissextile si elle est divisible par 4 mais pas par 100. Il existe une exception à cette règle : les années divisibles par 400 sont bissextiles.

1. Les années suivantes étaient-elles bissextiles ?
   2016 1998 1964 2000 1900 1936
2. Quelle sera la prochaine année bissextile ?
3. Rechercher les raisons qui ont conduit à l'introduction des années bissextiles dans notre calendrier. Quand ont-elles été introduites ?

Problèmes

71 Collier de perles

Elsa veut réaliser un collier de perles. Elle enfile des perles de 3 mm de diamètre de la façon suivante : une perle rouge, puis quatre perles bleues et enfin trois perles vertes, puis elle recommence : une perle rouge, puis quatre perles bleues…

Elle souhaite que son collier mesure 48 cm de long.
1. De combien de perles aura-t-elle besoin ?
2. Quelle sera la couleur de la dernière perle qu'Elsa enfilera ?

72 Géométrie

Reproduire cette figure sachant que son périmètre est égal à 18 cm.

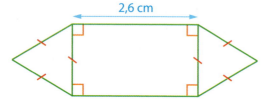

73 Diviser avec une pascaline

Pour effectuer une division euclidienne avec la pascaline, l'ancêtre de la calculatrice, il fallait procéder par soustractions successives.

Découvre la pascaline p. 69 !

Pour effectuer la division euclidienne de 428 par 85, on cherchait combien de fois on pouvait mettre 85 dans 428, en faisant des soustractions successives : 428 – 85 – 85 – 85 … jusqu'à arriver à un nombre inférieur à 85.

1. Effectuer la division euclidienne de 428 par 85 avec la méthode décrite précédemment. Donner le quotient et le reste de cette division euclidienne.
2. Pascal avait pensé à des rondelles de mémoire équipant certaines pascalines. À quoi pouvaient servir ces rondelles ?

74 Billets de banque

Tous les billets de banque en euros imprimés avant 2013 comportent un numéro de série constitué d'une lettre et de 11 chiffres. La lettre indique le pays dans lequel le billet a été imprimé.

L : Finlande	M : Portugal	N : Autriche
P : Pays-Bas	R : Luxembourg	S : Italie
T : Irlande	U : France	V : Espagne
X : Allemagne	Y : Grèce	Z : Belgique

Par exemple, le billet portant le numéro U33839921705 a été imprimé en France.
On peut vérifier si le numéro de série d'un billet est valable. Pour cela, il faut :
- remplacer la lettre par son rang dans l'alphabet (on remplace A par 1, B par 2, …) ;
- écrire le nouveau nombre ainsi formé ;
- calculer la somme de tous les chiffres de ce nombre ;
- calculer le reste de la division euclidienne de cette somme par 9 ;
- vérifier que ce reste est égal à 8.

Voici les numéros de série de trois billets :
U33839921705   V99986122319   L45819873419

• Ces numéros de série sont-ils valables ? Pourquoi ?

75 Divisibilité par 11   (Pour aller plus loin)

1. Enzo explique à Lola une méthode pour savoir si un nombre est divisible par 11 :

Je l'écris sans son chiffre des unités. Je soustrais à ce nouveau nombre le chiffre des unités qui a été enlevé. Puis je recommence jusqu'à obtenir un nombre à deux chiffres : lorsque celui-ci est divisible par 11, le nombre de départ est aussi divisible par 11.
Enzo

a. Appliquer cette méthode pour vérifier que 957 est divisible par 11.
b. Les nombres 8 546 ; 49 731 et 119 416 sont-ils divisibles par 11 ?

2. Lola montre à Enzo une autre méthode :

Je colorie les chiffres du nombre alternativement en rouge et en vert (par exemple 8 546). Je calcule la somme des chiffres rouges et la somme des chiffres verts. Je calcule la différence entre ces deux sommes : lorsque celle-ci est divisible par 11, le nombre de départ est aussi divisible par 11.
Lola

Retrouver les réponses des questions précédentes avec la méthode de Lola.

76 Au théâtre

Lors d'une séance de répétition de théâtre, le metteur en scène demande à une comédienne de dire « Pourquoi ? » toutes les six secondes et à un autre comédien de dire « Parce que ! » toutes les dix secondes. Les deux comédiens commencent en même temps.

- Au bout de combien de temps les deux comédiens diront-ils leur réplique en même temps ?

77 Le jeu de Kubb

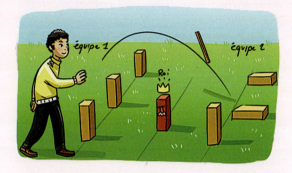

Le jeu de Kubb est un jeu de quilles parallélépipédiques qui se joue sur un terrain rectangulaire de 5 mètres de large sur 8 mètres de long, délimité par quatre piquets plantés à chaque coin.

Au préalable, chacune des deux équipes doit positionner cinq quilles sur la largeur du terrain, de façon à ce qu'elles soient toutes alignées avec les deux piquets qui délimitent le fond du terrain.

Sur cette rangée, la première quille et la dernière quille sont positionnées à un mètre du piquet, et la distance entre deux quilles consécutives est toujours la même.

- Calculer la longueur exacte de l'espace entre deux quilles consécutives sur la ligne de fond du terrain.

78 Poster

Tim veut coller un maximum de vignettes de joueurs de football sur le poster représenté ci-après (doc. 1).

Il veut les disposer en format « portrait » (doc. 2). Pour des raisons esthétiques, il souhaiterait que l'espace entre deux vignettes, et entre une vignette et le bord de la feuille, soit toujours le même dans le sens de la largeur.

Il veut également que ce soit le cas dans le sens de la hauteur.

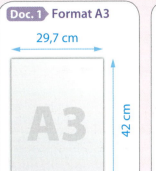
Doc. 1 — Format A3 — 29,7 cm — 42 cm

Doc. 2 — Format d'une vignette — 65 mm — 51 mm

- Préciser comment Tim doit placer ses vignettes sur son poster.

79 La preuve par 9

Pour aller plus loin

1. La preuve par 9 est une technique pour vérifier mentalement un calcul. Elle consiste à remplacer chaque nombre d'une multiplication par son reste dans la division euclidienne par 9.

   a. Vérifier à l'aide de la calculatrice que l'égalité 2 485 × 19 = 47 215 est correcte.

   b. Remplacer chaque nombre de cette égalité par son reste dans la division euclidienne par 9 et vérifier que la nouvelle égalité obtenue est également correcte.

2. Pour calculer mentalement le reste de la division euclidienne d'un nombre par 9, il suffit de calculer la somme de ses chiffres, et de recommencer jusqu'à ce que cette somme soit inférieure à 10 (si on trouve 9, on le remplace par 0).

   Utiliser cette méthode pour vérifier que l'égalité 2 485 × 19 = 47 215 est correcte.

3. On peut également vérifier une division euclidienne avec cette méthode.

   a. Poser la division euclidienne de 2 485 par 19. En déduire l'égalité : 2 485 = 19 × … + …

   b. Utiliser la preuve par 9 pour vérifier que cette égalité est correcte.

4. Mais cette méthode de vérification ne détecte pas les erreurs à tous les coups !

   Chercher une égalité fausse pour laquelle la preuve par 9 est correcte. On pourra partir de l'égalité 2 485 × 19 = 47 215 et utiliser le fait que la preuve par 9 ne se sert que de la somme des chiffres de chaque nombre.

Utilisable en AP

À chacun son parcours !

80 Analyse de document

Socle D1 Je comprends le sens des consignes, je sais combiner les informations explicites et implicites d'une lecture.
Socle D4 Je sais prélever, organiser et traiter l'information utile.

Doc. 1 La statue de la Liberté

Le **28** octobre **1886**, la statue de la Liberté, est inaugurée à New York. Le monument de **225** tonnes a été transporté d'une rive de l'Atlantique à l'autre en pièces détachées réparties dans **deux-cent-dix** caisses. Cette opération d'assemblage a duré **quinze** années. La structure interne de la statue a été réalisée par Gustave Eiffel. Un escalier de **354** marches emmène les visiteurs jusqu'à la célèbre couronne. La hauteur totale de la statue n'est que de **46** m sans son socle (et **93** m avec son socle), alors que quelques années plus tard, la tour Eiffel atteindra **324** mètres.
Seize villes françaises ont érigé des répliques miniatures de ce monument très célèbre, inscrit au patrimoine mondial de l'Unesco en **1984**. À Paris, une réplique se trouve sur l'île aux Cygnes, dans le **15**e arrondissement. Elle est **quatre** fois plus petite que la statue de la Liberté située à New York.

Questions ceinture jaune
1. En quelle année la statue de la Liberté a-t-elle été inaugurée ?
2. Combien la statue de la Liberté mesure-t-elle ?
3. Combien d'années après son inauguration la statue de la Liberté a-t-elle été inscrite au patrimoine mondial de l'Unesco ?
4. Quelle est la hauteur de la statue de l'île aux Cygnes à Paris ?

Questions ceinture verte
1. Combien d'années ont été nécessaires à la construction de la statue de la Liberté ?
2. Quelle est la hauteur du socle de la statue de la Liberté située à New York ?
3. De combien de fois la tour Eiffel est-elle plus grande que la statue de la Liberté (hors socle) ?

Questions ceinture noire
1. En quelle année la construction de la statue de la Liberté a-t-elle débuté ?
2. Quelle était la masse approximative, en kg, de chaque caisse contenant les pièces détachées de la statue de la Liberté, en considérant que chaque caisse contenait la même masse ?
3. Joseph affirme que s'il montait les marches de la statue de la Liberté de New York quatre par quatre, il arriverait exactement sur la dernière marche. Apolline lui rétorque qu'il a tort, mais qu'il arriverait bien sur la dernière marche s'il les montait trois par trois. Qui a raison ?

81 Écriture d'énoncé

Socle D1 Je sais m'exprimer en utilisant la langue française à l'écrit.

À deux, rédiger l'énoncé d'un problème mathématique respectant les conditions données ci-dessous, puis proposer cet énoncé à un autre binôme.

Questions ceinture jaune
La résolution du problème nécessitera d'effectuer une division euclidienne.

Questions ceinture verte
La résolution du problème nécessitera d'effectuer une division euclidienne et une autre opération au choix, en utilisant au moins trois des éléments suivants :
vacances • jus de fruits • Tom • 4 • partage(r)

Questions ceinture noire
La résolution du problème nécessitera d'effectuer une division euclidienne, une division décimale et une autre opération au choix, en utilisant tous les éléments suivants :
train • vingt • 8h15 • attente
voyage • trois • 48 €

84 NOMBRES ET CALCULS

82 Analyse de production

Socle D2 Je sais analyser les erreurs.

Un professeur a donné l'exercice ci-contre à ses élèves.

Analyser les productions des élèves en expliquant les erreurs éventuellement commises et les corriger si nécessaire.

> Tiphaine a invité cinq amis chez elle et aimerait qu'ils repartent tous avec un bouquet composé des 28 tulipes qu'elle a cueillies dans le jardin.
> • Combien de tulipes doit-elle mettre dans chaque bouquet pour qu'ils soient identiques ?

Questions ceinture jaune

Clémentine

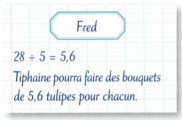

Tiphaine pourra faire six bouquets de cinq tulipes et un bouquet de deux tulipes.

Questions ceinture noire

Yannick

$28 - 5 = 23$
$23 - 5 = 18$
$18 - 5 = 13$
$13 - 5 = 8$
$8 - 5 = 3$

Tiphaine pourra faire trois bouquets.

Questions ceinture verte

Fred

$28 \div 5 = 5,6$
Tiphaine pourra faire des bouquets de 5,6 tulipes pour chacun.

83 Résolution de problème

Socle D2 Je m'engage dans une démarche de résolution et mobilise les connaissances nécessaires.
Socle D4 Je résous un problème impliquant des grandeurs variées.
Socle D4 Je sais rendre compte de ma démarche.

M. Casenave veut réaliser des boites de chocolat pour Noël. Il dispose de 245 chocolats.

Questions ceinture verte

M. Casenave veut disposer 25 chocolats par boite.
1. Combien de boites peut-il confectionner ?
2. Pour utiliser tous les chocolats restants, il décide de réaliser cinq petits sachets de quatre chocolats chacun.
Quelle sera sa recette totale s'il vend chaque boite 14,75 € et chaque petit sachet 3,50 € ?

Questions ceinture jaune

M. Casenave veut disposer 16 chocolats par boite.
1. Combien de boites peut-il confectionner ? Lui restera-t-il des chocolats ?
2. Quelle sera sa recette totale s'il vend chaque boite 13,50 € ?

Questions ceinture noire

M. Casenave hésite entre trois conditionnements à proposer à ses clients : des boites de 16 chocolats (au prix de 12 €), de 18 chocolats (au prix de 15 €), ou de 25 chocolats (au prix de 18,50 €).
• Quel conditionnement doit-il choisir pour que sa recette soit maximale ?

Outils numériques et algorithmique

84 Facture

Hector a commencé à réaliser une facture avec un tableur.

	A	B	C	D
		Prix unitaire (en €)	Quantité	Montant (en €)
1				
2	Romans		11	169,40
3	BD	16,75	13	
4	Dictionnaires	28,30	8	
5			Total (en €)	

1. Quelle formule Hector doit-il écrire :
   a. dans la cellule B2 ?
   b. dans la cellule D3 ?
   c. dans la cellule D4 ?
   d. dans la cellule D5 ?

2. Quel sera le montant total de la facture d'Hector ?

85 Diviseurs

Maël a réalisé la feuille de calcul suivante pour effectuer la division euclidienne de 153 par 22.

	A	B	C	D
1	Dividende	Diviseur	Quotient	Reste
2	153	22		

1. Sachant que les formules =QUOTIENT(*a*;*b*) et =MOD(*a*;*b*) permettent de calculer respectivement le quotient et le reste de la division euclidienne du nombre *a* par le nombre *b*, quelles formules Maël doit-il saisir dans les cellules C2 et D2 ?

2. Quel est le quotient et le reste de la division euclidienne de 153 par 22 ?

3. Pour trouver tous les diviseurs de 126, Maël a réalisé la feuille de calcul suivante.

	A	B	C
1	Dividende	Diviseur	Reste
2	126	1	
3	126	2	
4	126	3	
5	126	4	
6	126	5	
7	126	6	
8	126	7	
9	126	8	

a. Quelle formule doit-il saisir dans la cellule C2 ?
b. Proposer une méthode pour trouver tous les diviseurs de 126.
c. Reproduire cette feuille de calcul et dresser la liste de tous les diviseurs de 126.

86 Modulo

Sasha a écrit le script suivant.

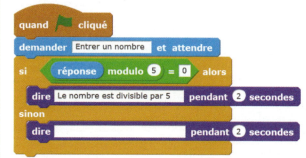

1. À quoi le script de Sasha peut-il servir ?
2. Compléter la dernière ligne de ce script.
3. Que calcule-t-on grâce à la commande `réponse modulo 5` ?
4. Modifier ce script pour qu'il affiche si le nombre entré par l'utilisateur est pair ou impair.

Boite à outils

Avec un tableur

• Pour effectuer une division euclidienne :

C2 : =QUOTIENT(A2;B2)

	A	B	C	D
1	Dividende	Diviseur	Quotient	Reste
2	29	6	4	

D2 : =MOD(A2;B2)

	A	B	C	D
1	Dividende	Diviseur	Quotient	Reste
2	29	6	4	5

• Pour effectuer une division décimale :

C2 : =A2/B2

	A	B	C	D
1	Dividende	Diviseur	Quotient	
2	29	6	4,83333333	

CHAPITRE 5

Ta mission
Connaître et utiliser les fractions.

Fractions

Jeux

Le capitaine Barbe Noire a été capturé par sept pirates. Pour échapper à la mort, il doit partager équitablement son gros lingot d'or avec eux. Mais le pouvoir magique de son sabre ne lui permet que de donner trois coups pour fendre l'or.

• Comment va-t-il procéder ?

Histoire

Voir problème 67 p. 102

La première monnaie de bronze frappée par la République romaine au IIIe siècle avant J.-C. s'appelle l'*aes grave* : elle pèse une livre romaine (324 g) et vaut un *as*.

Elle se divise en :

semis ($\frac{1}{2}$ aes grave), *triens* ($\frac{1}{3}$), *quadrans* ($\frac{1}{4}$), *sextans* ($\frac{1}{6}$), *once* ($\frac{1}{12}$) ou *demi-once* ($\frac{1}{24}$).

Le *dupondius* est une monnaie qui vaut 2 *as* ; le *sesterce* vaut 4 *as*.

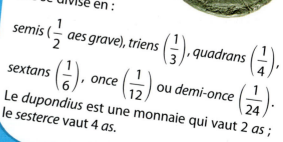

Activités

Questions flash

1. Dans quel(s) cas a-t-on colorié les trois cinquièmes de la figure ?

2. La fraction « trois quarts » s'écrit :

a. $\dfrac{3}{4}$ b. 3,4 c. $\dfrac{4}{3}$

3. La fraction $\dfrac{7}{11}$ se lit :

a. sept sur onze
b. onze septièmes
c. sept onzièmes

La pétanque — CM2 — Activité 1

Arno joue à la pétanque avec sa famille. N'ayant pas de mètre, il décide d'utiliser la canne de son grand-père et de la prendre comme unité pour déterminer la distance entre chaque boule et le cochonnet.
La canne est décorée d'anneaux de couleur régulièrement espacés.

1. Exprimer la distance entre chaque boule et le cochonnet à l'aide d'une fraction d'unité.

2. C'est au tour de Sonia de lancer sa boule : elle se retrouve à $\dfrac{1}{3}$ d'unité du cochonnet.
Représenter un segment [AB] ayant cette longueur.

Avec précision — Activité 2

Dans une usine, les ouvriers doivent découper très précisément des pièces métalliques. Pour cela, ils doivent programmer une machine-outil fonctionnant au laser.

1. Les ouvriers doivent d'abord découper quatre pièces identiques dans une bande de cuivre de 6 mm de longueur. Quelle est la longueur exacte de découpe, en millimètres, à programmer pour la bande de cuivre ?

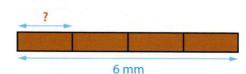

2. Les ouvriers doivent ensuite découper trois pièces identiques dans une bande d'acier de 10 mm de longueur.

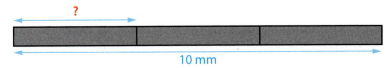

a. Quelle est la longueur exacte de découpe, en millimètres, à programmer pour la bande d'acier ?
b. Peut-on écrire cette valeur exacte sous forme décimale ?

Des éprouvettes — Activité 3

Lors du cours de sciences, chaque élève dispose d'une éprouvette graduée qu'il doit remplir d'huile jusqu'au niveau indiqué par le professeur.

Zoé : $\dfrac{7}{2}$ Arthur : $2 + \dfrac{1}{3}$

Martin : $3 + \dfrac{1}{4}$ Emma : $2 + \dfrac{2}{6}$

Alban : $\dfrac{17}{5}$ Louise : $3 + \dfrac{1}{2}$

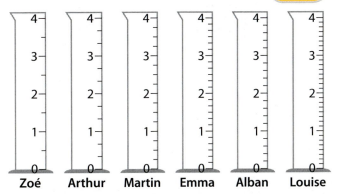

1. Placer sur une même demi-droite graduée le niveau d'huile pour chaque élève.
2. Donner un encadrement entre deux nombres entiers consécutifs du niveau d'huile pour chaque élève.
3. Quels élèves ont le même niveau d'huile ? Écrire les égalités correspondantes.

Vocabulaire
Consécutifs : Qui se suivent immédiatement, sans interruption

4. Le professeur demande à Samir de remplir une éprouvette jusqu'à $\dfrac{21}{8}$.
À quel camarade doit-il emprunter une éprouvette pour visualiser facilement ce niveau ?

Les magnets — Activité 4

Tom, employé dans un magasin, doit disposer des rangées de magnets sur un présentoir. Les magnets sont de forme identique et chacun occupe un septième de rangée. Le patron de Tom lui signale que les trois septièmes de la dernière rangée seront occupés par l'affichage du prix.

Tom calcule et conclut qu'il ne lui reste plus que soixante septièmes de rangée à sa disposition.

1. Sur combien de rangées complètes Tom pourra-t-il disposer des magnets ?
2. Quelle fraction de la dernière rangée les magnets occuperont-ils ?
3. Recopier et compléter : $\dfrac{60}{7} = \boxed{} + \dfrac{\cdots}{\cdots}$
                            nombre entier
4. Quelle opération peut-on effectuer pour répondre directement à la question **3.** ?
5. Encadrer la fraction $\dfrac{60}{7}$ par deux nombres entiers consécutifs.

Deux nombres entiers sont consécutifs lorsque leur différence est égale à 1.

1 Connaitre la notion de fraction partage (CM2)

> **Vocabulaire**
> Lorsque l'on partage une unité en parts égales, chaque part est une fraction de l'unité.

Exemples

La bande rouge ci-dessous représente l'unité.
- Elle est partagée en cinq parts de mêmes dimensions.

Chaque part représente un cinquième de la bande. On le note $\dfrac{1}{5}$.

- Si l'on colorie trois parts, on colorie trois fois un cinquième, c'est-à-dire trois cinquièmes que l'on note $\dfrac{3}{5}$.

Nombre de parts coloriées → 3
Nombre de parts dans l'unité → 5 $\dfrac{3}{5}$ est une fraction.

> **Vocabulaire**
> Une fraction s'écrit sous la forme suivante :
>
> $\dfrac{a}{b}$ ← numérateur (nombre de parts dans la fraction)
> ← dénominateur (nombre de parts dans l'unité)
>
> où **a** et **b** désignent deux nombres entiers, **b** est différent de zéro.

Exemples
- $\dfrac{2}{3}$ se lit « deux tiers » : on a partagé une unité en 3 parts égales et on a pris 2 parts.
- $\dfrac{5}{2}$ se lit « cinq demis » : on a partagé une unité en 2 parts égales et on a pris 5 parts.
- $\dfrac{9}{4}$ se lit « neuf quarts ».   • $\dfrac{9}{20}$ se lit « neuf vingtièmes ».

> **Méthode**
> Pour calculer la fraction $\dfrac{a}{b}$ d'une grandeur, on divise cette grandeur par *b*, puis on multiplie le résultat par *a*.

Exemples

On veut calculer ce que représentent les $\dfrac{3}{5}$ d'une bouteille de 75 cL.

$\dfrac{1}{5}$ de 75 cL représente 75 ÷ 5 = 15 cL.

$\dfrac{3}{5}$ de 75 cL représentent 15 × 3 = 45 cL.

Savoir-faire

Entraine-toi avec ces exercices corrigés en page 300 !

1 Connaitre la notion de fraction partage

1 Le rectangle ABCD ci-contre représente l'unité.
- Exprimer la surface coloriée à l'aide d'une fraction.

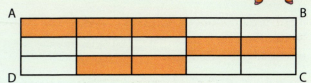

Solution

L'unité est partagée en 15 parts égales.

Chaque petit rectangle représente donc $\frac{1}{15}$ du rectangle ABCD.

On a colorié sept fois un quinzième c'est-à-dire $\frac{7}{15}$.

2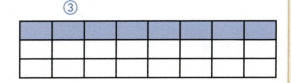

1. Quelle est la figure dont on a colorié les $\frac{3}{8}$?

2. Exprimer la surface coloriée de chacune des deux autres figures à l'aide d'une fraction.

3 Lou est partie faire une randonnée de 16 km. À midi, elle a parcouru les trois quarts de son trajet.
- Quelle distance cela représente-t-il ?

Solution

On doit calculer les $\frac{3}{4}$ de 16 km.

$\frac{1}{4}$ de 16 km représente $16 \div 4 = 4$ km.

$\frac{3}{4}$ de 16 km représentent $4 \times 3 = 12$ km.

Lou a donc parcouru 12 km à midi.

4 Sofiane a un revenu mensuel net de 1 448,40 € par mois. Il a calculé qu'il en dépense les $\frac{3}{68}$ pour payer sa facture d'électricité.
- Quel est le montant de sa facture d'électricité ?

Solution

On veut calculer les $\frac{3}{68}$ de 1 448,40 €.

$\frac{1}{68}$ de 1 448,4 représente $1\,448,4 \div 68 = 21,3$.

$\frac{3}{68}$ de 1 448,4 représentent $21,3 \times 3 = 63,9$.

Sa facture d'électricité s'élève donc à 63,90 €.

5 Sarah a 120 € dans son porte-monnaie. Elle en a dépensé les $\frac{2}{5}$ pour acheter un pantalon.
- Quel est le prix du pantalon ?

6 Le petit frère de Teiva pesait 3,5 kg à la naissance. Il a maintenant six mois et a grossi de $\frac{9}{10}$ de son poids de naissance.
- Combien de kilogrammes a-t-il pris en six mois ?

Cours

2 Connaitre la notion de fraction quotient

Définition

a et b désignent deux nombres ($b \neq 0$).
Le **quotient** de a par b est le nombre qui, multiplié par b, donne a.
On le note $a : b$ ou $a \div b$ ou $\dfrac{a}{b}$.

$\dfrac{a}{b}$ est appelé une écriture fractionnaire.

Exemple

Le quotient de 12 par 5 est $\dfrac{12}{5}$.

C'est le nombre qui, multiplié par 5, donne 12 : $\dfrac{12}{5} \times 5 = 12$

On ne peut jamais diviser par 0 !

Définition

Si a et b sont des nombres entiers ($b \neq 0$), on dit que le nombre $\dfrac{a}{b}$ est une **fraction**.

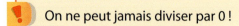

dividende, numérateur, diviseur, dénominateur : $a \div b = \dfrac{a}{b}$

Un quotient n'est pas toujours un nombre décimal.

Exemples

- $\dfrac{12}{5} = 12 \div 5 = 2,4$ donc $\dfrac{12}{5}$ est un nombre décimal.
- $\dfrac{2}{3} = 2 \div 3$

  La division décimale de 2 par 3 ne se termine jamais.

  $\dfrac{2}{3}$ n'est pas un nombre décimal, mais on peut en donner une valeur approchée : $\dfrac{2}{3} \approx 0,667$

```
2,0 0 0 0 | 3
  2 0     | 0,666…
    2 0
      2 0
       …
```

TI	Casio	
		permet de travailler avec des écritures fractionnaires.
		permet de passer de l'écriture fractionnaire à une valeur approchée.

Savoir-faire

Entraine-toi avec ces exercices corrigés en page 300 !

2 Connaitre la notion de fraction quotient

7 1. Quel est le nombre qui, multiplié par 5, donne 22 ?
2. Quel est le nombre qui, multiplié par 11, donne 2 ?

Solution

1. C'est le quotient de 22 par 5 qui s'écrit $\frac{22}{5}$ et qui est égal à 4,4.
2. C'est le quotient de 2 par 11 qui s'écrit $\frac{2}{11}$.

8 Recopier et compléter les calculs suivants.
a. … × 8 = 10
b. … × 40 = 3
c. 6 × … = 5

Solution

a. $\frac{10}{8} \times 8 = 10$ ou $1,25 \times 8 = 10$.
b. $\frac{3}{40} \times 40 = 3$ ou $0,075 \times 40 = 3$.
c. $6 \times \frac{5}{6} = 5$

9 1. Quel est le nombre qui, multiplié par 15, donne 24 ?
2. Quel est le nombre qui, multiplié par 13, donne 8 ?

10 Recopier et compléter les calculs suivants.
a. … × 6 = 21
b. … × 7 = 23
c. 11 × … = 7

11 Voici une liste de quotients :

$$\frac{9}{10} \quad \bullet \quad \frac{8}{3,5} \quad \bullet \quad \frac{7}{6} \quad \bullet \quad \frac{2,5}{2}$$

1. Lesquels sont des nombres décimaux ?
2. Donner une valeur approchée au centième près des quotients qui ne sont pas des nombres décimaux.

Solution

1. $\frac{9}{10} = 0,9$ et $\frac{2,5}{2} = 1,25$ (les divisions se terminent).

Donc $\frac{9}{10}$ et $\frac{2,5}{2}$ sont des nombres décimaux.

Les divisions 7 ÷ 6 et 8 ÷ 3,5 ne se terminent pas donc ces quotients ne sont pas des nombres décimaux.

2. $\frac{7}{6} \approx 1,17$ et $\frac{8}{3,5} \approx 2,29$

12 Voici une liste de quotients :

$$\frac{7,5}{3} \quad \bullet \quad \frac{4}{3} \quad \bullet \quad \frac{13}{6} \quad \bullet \quad \frac{7}{4}$$

• Lesquels ne sont pas des nombres décimaux ?
En donner une valeur approchée au dixième près.

Cours

3 Repérer une fraction sur une demi-droite graduée

Méthode

Pour repérer la fraction $\frac{a}{b}$ sur une demi-droite graduée, on partage **l'unité** en **b** segments de même longueur, puis on reporte **a** fois cette longueur à partir de zéro.

Exemple

On veut repérer la fraction $\frac{8}{5}$. On partage donc l'**unité** en **5** segments de même longueur et on reporte **8** fois cette longueur à partir de zéro.

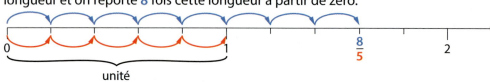

On peut utiliser une demi-droite graduée pour établir une égalité entre deux fractions.

Exemple

Si on partage l'unité en **10** segments de même longueur et qu'on reporte **16** fois cette longueur à partir de zéro, on constate que la fraction $\frac{16}{10}$ est repérée au même endroit que la fraction $\frac{8}{5}$. Ces deux fractions sont égales : $\frac{8}{5} = \frac{16}{10}$

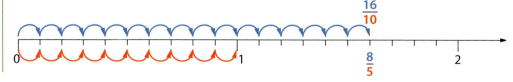

4 Encadrer une fraction

Propriété

Toute fraction peut être encadrée par deux nombres entiers consécutifs.
Si *a* et *b* sont deux nombres entiers ($b \neq 0$), on a : $q \leq \frac{a}{b} < q+1$
où *q* est le **quotient** de la division euclidienne de *a* par *b*.

Le symbole $\leq$ signifie « inférieur ou égal ».

Exemple

On veut encadrer la fraction $\frac{123}{17}$ par deux nombres entiers consécutifs.
La division euclidienne de 123 par 17 s'écrit $123 = 17 \times 7 + 4$ donc $7 < \frac{123}{17} < 8$.

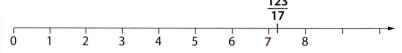

$\frac{123}{17} \approx 7{,}2$

Propriété

Si le numérateur d'une fraction est inférieur à son dénominateur, alors cette fraction est comprise entre 0 et 1.

Exemples

• $0 < \frac{15}{19} < 1$
• $0 < \frac{28}{75} < 1$

Savoir-faire

Entraine-toi avec ces exercices corrigés en page 300 !

3 Repérer une fraction sur une demi-droite graduée

13 Repérer le point A sur la demi-droite graduée ci-dessous.

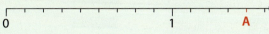

Solution

L'unité est partagée en **9** segments de même longueur et on en compte **13** entre l'origine de la demi-droite graduée et le point A.
Le point A est donc repéré par la fraction $\frac{13}{9}$.

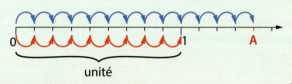

14 Placer les fractions $\frac{5}{3}$, $\frac{11}{3}$ et $\frac{10}{6}$ sur une demi-droite graduée. Que remarque-t-on ?

Solution

Pour placer les fractions $\frac{5}{3}$ et $\frac{11}{3}$, on partage l'unité en **3** segments de même longueur et on reporte respectivement **5** fois, puis **11** fois cette longueur à partir de 0. On procède de la même façon pour la fraction $\frac{10}{6}$ en partageant l'unité en **6** segments de même longueur.

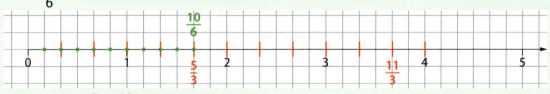

On remarque que $\frac{5}{3} = \frac{10}{6}$.

15 Placer les fractions suivantes sur une demi-droite graduée : $\frac{20}{9}$ • $\frac{4}{3}$ • $\frac{6}{6}$ • $\frac{12}{9}$
Y a-t-il des fractions égales ?

4 Encadrer une fraction

16 Encadrer ces fractions par deux nombres entiers consécutifs : a. $\frac{102}{11}$ b. $\frac{23}{31}$

Solution

a. `102÷11  Q=9 R=3` $102 = 11 \times 9 + 3$

Donc **9** est le quotient de la division euclidienne de 102 par 11. Donc $9 < \frac{102}{11} < 10$.

b. Le numérateur 23 est inférieur au dénominateur 31 donc $0 < \frac{23}{31} < 1$.

17 Voici une liste de fractions : $\frac{53}{9}$ • $\frac{36}{47}$ • $\frac{98}{11}$ • $\frac{22}{25}$ • $\frac{30}{7}$

1. Lesquelles sont comprises entre 0 et 1 ?
2. Encadrer les autres par deux nombres entiers consécutifs.

Chapitre 5 Fractions

Diaporamas de calcul mental dans le manuel numérique

Connaitre la notion de fraction partage

➤ Savoir-faire p. 91

Questions flash

18 Sur quelle(s) figure(s) a-t-on colorié les trois quarts de la surface ?

  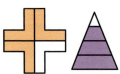

19 a. Dans la fraction $\dfrac{15}{22}$, le dénominateur est …, et le numérateur est … .
b. Quelle est la fraction qui a pour dénominateur 25 et pour numérateur 37 ?

20 Donner la valeur de :
a. la moitié de 40 ;
b. un quart de 28 ;
c. un tiers de 33 ;
d. un dixième de 48 ;
e. un centième de 489.

21 Dans chacun des cas suivants, quelle fraction de la surface a été coloriée ?

22 Écrire sous la forme d'une fraction :
a. vingt-trois dixièmes
b. treize quarts
c. quinze demis
d. onze vingt-cinquièmes
e. sept cinquantièmes

23 Recopier et compléter les phrases ci-dessous avec les étiquettes suivantes.

la moitié   le double   le quart
le quadruple   le tiers   le triple

a. 50 est … de 100.
b. 48 est … de 12.
c. 3 est … de 9.
d. 24 est … de 8.
e. 12 est … de 6.
f. 5 est … de 20.

24 Dans chaque cas, exprimer la fraction de la surface du drapeau coloriée en vert.

Gabon   Madagascar   Maurice

Nigeria   Niger

25 1. Construire trois rectangles de 6 carreaux sur 4 carreaux.
2. Colorier :
a. en bleu, un sixième du premier ;
b. en vert, trois huitièmes du deuxième ;
c. en rouge, cinq vingt-quatrièmes du dernier.

26 1. Écrire une fraction dont le numérateur est supérieur au dénominateur.
2. Écrire une fraction dont le dénominateur est le triple du numérateur.
3. Écrire une fraction dont le numérateur est un multiple de 5 et dont le dénominateur est un multiple de 9.

27 Recopier et compléter les phrases ci-dessous avec les étiquettes suivantes.

un quart   un demi
trois quarts   un dixième

a. 75 cL représentent … de litre.
b. 15 minutes représentent … d'heure.
c. 10 centimes représentent … d'euro.
d. 500 m représentent … kilomètre.

28 Quelle fraction de l'année représente :
a. un mois ?
b. un trimestre ?
c. un jour ?

29 Quelle fraction d'un mètre représente :
a. un décimètre ?   b. 500 cm ?   c. 40 mm ?

30 Mélanie a acheté une tablette de chocolat de 150 g. Elle en mange les quatre quinzièmes.
• Quelle masse de chocolat a-t-elle mangée ?

96 NOMBRES ET CALCULS

31 Pour le gouter, Aurore a bu les deux tiers d'une canette de 33 cL de soda, et Améline, les trois cinquièmes d'une petite bouteille de 25 cL d'eau gazeuse.

• Calculer le nombre de centilitres que chacune a bus.

32 Lors de son séjour à Venise, Nino a parcouru un total de 13,5 km dont les deux neuvièmes en étant installé confortablement dans une gondole.

• Quelle distance a-t-il parcourue en gondole ?

Connaitre la notion de fraction quotient

➡ Savoir-faire p. 93

Questions flash

33 Quel est l'intrus ?

la moitié • $\dfrac{1}{2}$ • un demi • cinq dixièmes

50 % • $\dfrac{6}{12}$ • 0,2 • cinquante centièmes

34 Parmi les fractions suivantes, lesquelles sont égales à 2,5 ?

$\dfrac{25}{10}$ • $\dfrac{5}{2}$ • $\dfrac{240}{100}$ • $\dfrac{10}{4}$ • $\dfrac{100}{4}$ • $\dfrac{30}{12}$

35 Compléter.

a. $4 \times \dfrac{7}{4} = \ldots$ b. $5 \times \dfrac{11}{5} = \ldots$

c. $\dfrac{3}{16} \times 16 = \ldots$ d. $\dfrac{1}{7} \times 7 = \ldots$

36 Recopier et compléter.

a. $4 \times \dfrac{\ldots}{\ldots} = 7$ b. $9 \times \dfrac{\ldots}{\ldots} = 11$

c. $\dfrac{\ldots}{\ldots} \times 15 = 8$ d. $\dfrac{\ldots}{\ldots} \times 3 = 4$

37 Recopier et compléter avec le signe ≈ ou = .

a. $\dfrac{16}{3}$ ... 5,333   b. $\dfrac{29}{14}$ ... 2,071

c. $\dfrac{45}{25}$ ... 1,8   d. $\dfrac{17}{20}$ ... 0,85

e. $\dfrac{36}{98}$ ... 0,367   f. $\dfrac{54}{36}$ ... 1,5

38 Reproduire et compléter le tableau suivant.

Numérateur	14	37	154	133
Dénominateur	36	4	28	42
Écriture fractionnaire				
Écriture décimale (exacte ou approchée au dixième près)				

39 Associer chaque fraction à son écriture décimale.

$\dfrac{15}{4}$ •   • 3,75

$\dfrac{20}{64}$ •   • 0,4

$\dfrac{72}{9}$ •   • 0,312 5

$\dfrac{2}{5}$ •   • 8

40 Dans sa chambre, Quentin a collé cinq cartes sur un panneau en liège. Les trois cartes du haut ont la même largeur, les cartes du bas également. Toutes ont la même hauteur.

• Quelles sont les dimensions de chaque carte ?

Repérer une fraction sur une demi-droite graduée

➡ Savoir-faire p. 95

Questions flash

41 Donner une fraction permettant de repérer chaque point.

42 Quelle est la fraction que l'on ne peut pas écrire dans la case rouge ci-dessous ?

$\dfrac{20}{100}$ • $\dfrac{1}{5}$ • $\dfrac{20}{10}$ • $\dfrac{2}{10}$

Exercices

43 1. Sur la demi-droite graduée ci-dessous, repérer chaque point A, B, C et D à l'aide d'une fraction.

```
    C       B     A        D
 ├──┼──┼──┼──┼──┼──┼──┼──┼──┼──→
 0           1           2           3
```

2. Citer deux autres fractions qui permettent de repérer le point A.

44 1. À l'aide des trois demi-droites graduées ci-dessous, donner trois fractions égales à 1.

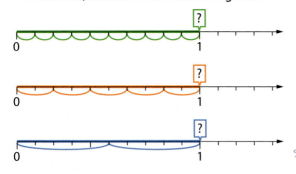

2. En déduire trois fractions égales à 4.

45 On considère les fractions suivantes.

$$\frac{7}{6} \bullet \frac{2}{3} \bullet \frac{3}{2} \bullet \frac{17}{6} \bullet \frac{7}{3} \bullet \frac{9}{6}$$

1. Reproduire la demi-droite graduée ci-dessous et y placer ces six fractions.

```
 ├──────┼──────┼──────┼──→
 0      1      2      3
```

2. Quelles fractions sont égales entre elles ?
3. Ranger ces fractions dans l'ordre décroissant.

46 Pour le petit déjeuner, deux amies, Zoé et Mélanie, disposent chacune d'un pack de yaourt liquide. Les deux packs sont identiques. Zoé en a bu les deux tiers et Mélanie les trois quarts.

1. Reproduire le schéma ci-dessous et indiquer le niveau de yaourt bu par chacune.

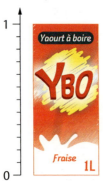

2. Laquelle des deux amies a bu le plus de yaourt ?

47 1. Reproduire les quatre demi-droites ci-dessous.

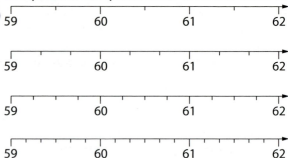

2. Placer chacune des sommes ou différences ci-dessous sur la demi-droite la plus adaptée.

$$59 + \frac{2}{3} \bullet 61 + \frac{5}{6} \bullet 62 - \frac{3}{4} \bullet 60 + \frac{1}{2}$$

Encadrer une fraction

▶ Savoir-faire p. 95

Questions flash

48 Quelles fractions sont inférieures à 1 ?

$$\frac{2}{1} \bullet \frac{13}{15} \bullet \frac{44}{10} \bullet \frac{31}{32} \bullet \frac{11}{9} \bullet \frac{9}{11}$$

49 Encadrer chacune des fractions suivantes par deux nombres entiers consécutifs.

$$\frac{25}{4} \bullet \frac{15}{7} \bullet \frac{85}{11} \bullet \frac{11}{16}$$

50 Quelles fractions sont comprises entre 3 et 4 ?

$$\frac{19}{6} \bullet \frac{54}{10} \bullet \frac{36}{8} \bullet \frac{28}{9} \bullet \frac{75}{15}$$

51 Recopier et compléter chaque inégalité ci-dessous avec l'une des fractions suivantes.

$$\frac{45}{8} \bullet \frac{64}{9} \bullet \frac{36}{11} \bullet \frac{124}{13} \bullet \frac{76}{9} \bullet \frac{56}{13} \bullet \frac{158}{75} \bullet \frac{358}{72}$$

$3 < \ldots < 4$ $7 < \ldots < 8$

$2 < \ldots < 3$ $5 < \ldots < 6$

52 Pour chaque fraction, donner une valeur approchée au dixième près et en déduire un encadrement par deux nombres entiers consécutifs.

$$\frac{1\,284}{148} \bullet \frac{3\,778}{75} \bullet \frac{2\,587}{28} \bullet \frac{13\,154}{16}$$

53 Recopier les fractions suivantes et entourer :
• en vert, les fractions supérieures à 3 ;
• en rouge, les fractions comprises entre 2 et 3 ;
• en noir, les fractions inférieures à 1.

$$\frac{45}{8} \bullet \frac{34}{12} \bullet \frac{2}{5} \bullet \frac{15}{10} \bullet \frac{6}{5} \bullet \frac{11}{3} \bullet \frac{25}{2} \bullet \frac{35}{11} \bullet \frac{7}{8}$$

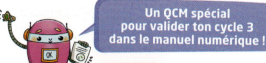

→ Corrigés p. 300

QCM Donner **la seule réponse correcte** parmi les trois proposées.

	Réponse A	Réponse B	Réponse C
1 Connaitre la notion de fraction partage			
1. Quelle fraction de la surface du rectangle est coloriée en violet ?	$\dfrac{5}{9}$	$\dfrac{5}{12}$	$\dfrac{7}{12}$
2. Thibaut a parcouru les deux septièmes d'un parcours de 42 km. Cela représente :	12 km	6 km	21 km
2 Connaitre la notion de fraction quotient			
3. Le nombre manquant dans l'égalité $11 \times \ldots = 5$ est :	$\dfrac{11}{5}$	$\dfrac{5}{11}$	55
4. $\dfrac{4}{3}$ est-il un nombre décimal ?	Oui	Non	On ne peut pas savoir.
3 Repérer une fraction sur une demi-droite graduée			
5. Pour repérer la fraction $\dfrac{7}{6}$ sur une demi-droite graduée, on partage l'unité :	en six parts et on reporte chaque part sept fois	en sept parts égales et on reporte chaque part six fois	en six parts égales et on reporte chaque part sept fois
6. Le point A est repéré par le nombre :	$\dfrac{2}{7}$	$3 + \dfrac{2}{7}$	$4 - \dfrac{2}{7}$
4 Encadrer une fraction			
7. Par quelle fraction peut-on remplacer les pointillés ? $\quad 4 < \ldots < 5$	$\dfrac{4}{5}$	4,5	$\dfrac{19}{4}$

Pour t'aider à retenir l'essentiel.

Carte mentale

Voici un exemple de carte mentale. Tu peux aussi en créer une à ta façon !

Partage

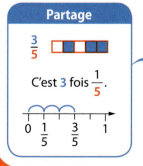

C'est 3 fois $\dfrac{1}{5}$.

FRACTIONS

$\dfrac{a}{b}$ ← numérateur
← dénominateur

Quotient

$\dfrac{a}{b} \times b = a$

$\begin{array}{c|c} a & b \\ \hline r & q \text{ (entier)} \end{array}$ alors $q \leqslant \dfrac{a}{b} < q + 1$

Exemple :

$\dfrac{3}{5} = 0{,}6 \qquad 5 \times \dfrac{3}{5} = 3 \qquad 0 < \dfrac{3}{5} < 1$

Chapitre 5 Fractions

Problèmes

➡ Corrigés p. 300

Pour mieux cibler les compétences

Chercher	54 68	Raisonner	67 70 74
Modéliser	63 64	Calculer	65 69
Représenter	66 72	Communiquer	69 71 73

54 Journée de Diego
Le diagramme ci-contre représente la répartition des activités de Diego au cours d'une journée.

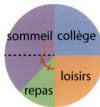

- Déterminer le nombre d'heures consacrées à chaque activité.

55 La tête et le corps (SVT)
Chez les êtres humains, la proportion entre la tête et le corps varie en fonction de l'âge.

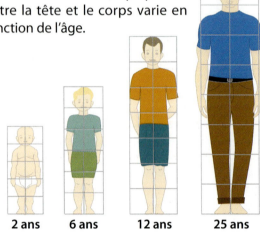

2 ans — 6 ans — 12 ans — 25 ans

- Quelle fraction représente la hauteur de la tête par rapport à celle du corps aux différents âges donnés ci-dessus ?

56 Chocolat
Axel a mangé un sixième de la plaque de chocolat ci-dessous. Son frère mange ensuite les deux cinquièmes du reste.

- Représenter cette situation par un schéma et déterminer le nombre de carrés restants pour leur petite sœur.

57 Disque dur (TECH)
Le disque dur de l'ordinateur de Maxime a une capacité de 500 Go (gigaoctets). Il reste $\frac{3}{4}$ d'espace libre dans son disque dur.

- Combien de gigaoctets de données Maxime peut-il encore enregistrer sur son disque dur ?

58 Avec la calculatrice scientifique

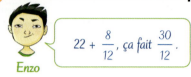

Enzo : $22 + \frac{8}{12}$, ça fait $\frac{30}{12}$.

Manon : Non, moi, je trouve exactement $\frac{68}{3}$.

- À l'aide d'une calculatrice scientifique, donner la valeur exacte puis une valeur approchée de cette somme et déterminer si les affirmations d'Enzo et de Manon sont vraies ou fausses.

59 Tangram
Le jeu du Tangram consiste à découper un carré (Figure 1) pour ensuite réaliser différentes figures (Figure 2, par exemple).

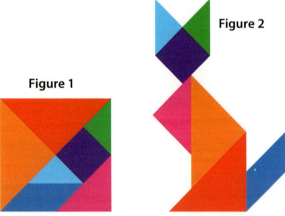

Figure 1 — Figure 2

- Quelle fraction de la surface du carré de départ représente la queue du chat ?

60 Purée en poudre
Fabien a un verre doseur sur lequel certaines fractions de liquide sont indiquées. Sur la boite de purée en poudre, il est écrit qu'il faut mélanger 500 mL de lait à 300 mL d'eau et ajouter ensuite la purée en poudre.

- Comment Fabien doit-il s'y prendre pour mesurer ces quantités avec son verre doseur ?

100 NOMBRES ET CALCULS

61 Sirop

Imany prépare de la grenadine. Pour cela, elle dilue un volume de sirop dans cinq volumes d'eau.

1. Représenter cette situation par un schéma.
2. Quelle fraction du volume d'eau représente le volume de sirop ?
3. Quelle fraction du volume de la boisson représente le volume d'eau ?
4. Quelle fraction du volume de la boisson représente le volume de sirop ?

62 Collier de perles

Léo souhaite réaliser un collier de perles composé d'un quart de perles bleues et de deux tiers de perles rouges.

1. Dans un magazine, trois modèles sont présentés. Lequel correspond à ses critères ?

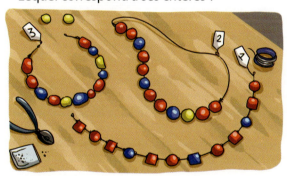

2. Composer un autre collier, en respectant les mêmes proportions que celui de Léo.

63 Compost

Un tiers de nos déchets organiques peut être recyclé pour fabriquer du compost (épluchures, coquilles d'œufs, feuilles, herbe…), ce qui représente 40 kg par habitant et par an.

D'après l'Insee, il y avait 66 627 602 habitants en France au 1er janvier 2016.

• Estimer la quantité totale de déchets organiques produits en France en 2016.

64 Médicaments

Le bébé de Marlène est malade. Le médecin lui a prescrit 4,40 mL d'un sirop antibiotique à chaque prise. Marlène dispose de la seringue de dosage graduée en millilitres représentée ci-contre.

1. Reproduire schématiquement la seringue graduée, puis indiquer le niveau de médicament qui correspond au dosage indiqué par le médecin.
2. Écrire la quantité de sirop prescrite par prise sous la forme de la somme d'un nombre entier et d'une fraction.

65 Au Canada

Un dollar canadien vaut environ $\frac{2}{3}$ d'euro. Camille, jeune Française qui vient d'arriver à Montréal,  convertit en euros quelques prix affichés chez un dépanneur. Elle obtient les écritures fractionnaires suivantes.

$\frac{22}{3}$ € • $\frac{1{,}40}{3}$ € • $\frac{24{,}6}{3}$ € • $\frac{110}{3}$ € • $\frac{2{,}80}{3}$ €

Vocabulaire

Dépanneur : au Québec, petite épicerie de quartier

Sans utiliser la calculatrice :

1. Quels sont les prix inférieurs à 1 € ?
2. Encadrer les autres prix entre deux nombres entiers consécutifs d'euros.

66 Verre doseur

Yacine possède un vieux verre doseur de cuisine cylindrique dont les graduations en fractions de litre ne sont plus lisibles. Il mesure 10 cm de hauteur et, lorsqu'il est rempli à ras bord, il contient exactement un litre.

1. Faire un schéma de ce verre doseur et placer les graduations manquantes :

$\frac{1}{10}$ • $\frac{3}{10}$ • $\frac{1}{5}$ • $\frac{1}{4}$ • $\frac{3}{4}$ • $\frac{1}{2}$

2. Pour chacune de ces graduations, calculer la contenance de liquide correspondant en millilitres.

67 Monnaie romaine

Un collectionneur possède plusieurs pièces de monnaie datant de la fin de la République romaine : 35 *onces*, 20 *sextans* et 5 *quadrans*.

Cette somme équivaut à une valeur de $\frac{90}{12}$ d'*as*.

> Découvre les premières pièces de monnaie romaines p. 87 !

1. Encadrer cette valeur entre deux nombres entiers consécutifs d'*as*.
2. Sachant qu'un *dupondius* vaut 2 *as*, combien pourrait-il obtenir de *dupondius* avec la somme qu'il possède ?

68 Musique

On peut construire un instrument de musique à huit cordes, chacune produisant une note de la gamme de Do, en respectant les longueurs de corde indiquées ci-dessous.

Note	Do	Ré	Mi	Fa
Longueur de la corde	180 mm	$\frac{8}{9}$ de 180 mm	$\frac{4}{5}$ de 180 mm	$\frac{3}{4}$ de 180 mm

Note	Sol	La	Si	Do
Longueur de la corde	$\frac{2}{3}$ de 180 mm	$\frac{3}{5}$ de 180 mm	$\frac{8}{15}$ de 180 mm	$\frac{1}{2}$ de 180 mm

1. Construire un segment vertical de 180 mm représentant la première corde de Do.
2. Calculer les longueurs des autres cordes et les schématiser à la suite les unes des autres.

69 Pâte à tartiner

À 20 ans, Rémi aime toujours autant la pâte à tartiner. Pendant qu'il en mange une portion de 20 g, il lit ce tableau sur son pot de pâte à tartiner :

Valeurs énergétiques et nutritionnelles	RNJ pour 100 g de pâte à tartiner	RNJ (adulte)
Énergie	546 kcal	2 000 kcal
Protéines	6 g	47,5 g
Glucides dont sucres	57,6 g 56,8 g	291,6 g 92,1 g
Lipides dont acides gras saturés	31,6 g 11 g	66,7 g 20 g
Fibres	4 g	25 g
Sel	0,114 g	2,5 g

Vocabulaire

RNJ : Repères nutritionnels journaliers (valeurs recommandées par jour pour une personne)

Après un rapide calcul, il affirme que ce qu'il vient de manger représente environ un huitième des RNJ en sucres pour un adulte par jour, et environ un dixième pour les lipides.

- Rémi a-t-il raison ?

70 Drapeaux

Voici les quatre drapeaux représentant les pays de chacun des amis ci-dessous :

Allemagne   Bulgarie   Autriche   Colombie

« Le tiers de mon drapeau est rouge. »

« Le tiers du mien est vert. »

« Le quart du mien est rouge. »

« Le tiers du mien est blanc. »

- Associer chaque personnage à son drapeau.

71 Surface

Quelle fraction du carré ci-contre est grisée ? Expliquer la démarche.

D'après concours Kangourou, 2010.

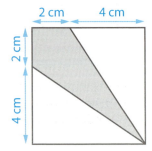

72 Affichage

Un écran d'ordinateur rectangulaire a une hauteur de 20 cm et une surface de 8 dm². Il permet d'afficher, sur la totalité de sa surface, trois pages identiques au format portrait, collées les unes aux autres.

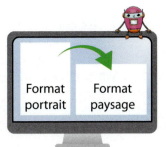

1. Quelle est, en centimètres, la largeur exacte de chacune des pages ?
2. Représenter schématiquement l'écran et les trois pages identiques à l'échelle indiquée.

|⊢————⊣ 10 cm en réalité

73 Recette américaine — *Prise d'initiative*

Guillaume est rentré de son voyage aux États-Unis avec la recette du Cajun Cake, qu'il souhaite faire gouter à sa famille. Malheureusement, la recette est écrite avec des mesures américaines.

Cajun Cake

Cake (gâteau) :
- 2 sticks butter
- 4 eggs
- $1\frac{1}{2}$ cups flour
- 2 cups sugar
- 1 cup coconut milk
- 1 cup walnuts, finely chopped
- $6\frac{1}{2}$ ounce marshmallow cream
- $\frac{1}{2}$ cup cocoa

Icing (glaçage) :
- 1 stick butter
- 1 tablespoon vanilla
- 16 ounce sugar
- $\frac{1}{2}$ cup cocoa
- $\frac{1}{2}$ cup milk

Il fait donc des recherches sur les équivalences entre les mesures américaines et celles utilisées en France.

Doc. 1 Masses
- 1 ounce (oz) correspond à 28 grammes.
- 1 pound (lbs) correspond à 453 grammes.
- 1 stick de beurre pèse 113 grammes.

Aux États-Unis, on peut acheter du beurre en bâtonnets, alors qu'il est surtout vendu en plaquettes, en France.

Doc. 2 Cups (tasses), spoons (cuillères)
- 1 cup de farine = 128 g
- 1 cup de sucre = 201 g
- 1 cup de cacao en poudre = 152 g
- 1 cup de noix hachées = 122 g
- 1 cup de liquide = 250 mL

- 1 teaspoon = 5 mL ou 1 cuillère à café
- 1 tablespoon = 15 mL ou 1 cuillère à soupe

Doc. 3 Fractions anglo-saxonnes

Dans les pays anglo-saxons, quand une fraction est supérieure à 1, elle est décomposée en une somme d'un nombre entier et d'une fraction inférieure à 1. Le signe d'addition n'est pas toujours écrit.

Exemple : $\frac{7}{2} = 3 + \frac{1}{2}$ est notée $3\frac{1}{2}$

- Traduire la liste des ingrédients en français avec les quantités correspondantes, exprimées en grammes ou en millilitres.

74 Les ricochets — *Prise d'initiative*

Nina s'amuse à faire des ricochets au bord de l'eau. Elle lance un caillou qui effleure l'eau à 3 m d'elle. Cette pierre effectue alors trois rebonds :
– la longueur du deuxième rebond est égale aux trois quarts de la longueur du premier ;
– la longueur du dernier rebond mesure le tiers du deuxième rebond.

- Sachant que le caillou coule à 7 m de Nina, déterminer la longueur de chaque rebond.

Chapitre 5 Fractions — 103

Travailler autrement

Utilisable en AP — À chacun son parcours !

75 Analyse de document

Socle D1 Je comprends le sens des consignes, je sais combiner les informations explicites et implicites d'une lecture.
Socle D4 Je sais prélever, organiser et traiter l'information utile.

Doc. 1 Les Jeux olympiques

Les Jeux olympiques modernes se déroulent tous les **quatre** ans depuis **1896**. **Trois** éditions ont été supprimées : celles qui devaient se dérouler pendant les **deux** guerres mondiales. Ceux de Rio en **2016**, étaient les premiers à se tenir en Amérique du Sud.

Leur budget a été estimé à **dix** milliards d'euros, il représente **un tiers** de celui de Pékin en 2008 et **cinq sixièmes** de celui de Londres ; les **deux cinquièmes** du budget total ont été financés par de l'argent public. **Cinq-mille-cent-trente** médailles ont été frappées par l'artiste Nelson Carneiro ; les **six dix-neuvièmes** sont des médailles d'or qui pèsent chacune **500 g**. Elles doivent être composées au moins de **98 %** d'argent, et le Comité international olympique impose **douze millièmes** d'or par médaille. Une médaille d'or coute **cinq-cent-trente-sept** euros.

Chaque pays récompense ses athlètes médaillés. Par exemple, l'Azerbaïdjan peut verser **450 000 €** à ses représentants s'ils remportent une médaille d'or ! La prime d'un athlète français représente **un neuvième** de ce montant.

Questions ceinture jaune

1. En quelle année s'est déroulée la première édition des Jeux olympiques modernes ?
2. Quelle fraction d'une médaille d'or doit être constituée de ce métal ?
3. Quel est le montant de la prime remportée par Teddy Riner, judoka français médaillé d'or aux Jeux olympiques de Rio ?

Questions ceinture verte

1. Depuis combien d'années les Jeux olympiques existent-ils ?
2. Combien les Jeux olympiques de Pékin ont-ils couté ?
3. Quelle est la masse d'or contenue dans une médaille d'or ?

Questions ceinture noire

1. Combien de Jeux olympiques se sont déroulés depuis la première édition ?
2. Quel est le montant d'argent public consacré aux Jeux olympiques de Rio ?
3. Combien les Jeux olympiques de Londres ont-ils couté ?

76 Représentation d'une situation

Socle D1 Je sais produire et utiliser des représentations d'objets tels que schémas, croquis, maquettes.

Le professeur documentaliste du collège voudrait réaménager le CDI en créant différents espaces : un espace de travail avec des tables et des chaises, un espace informatique et un espace de lecture. Pour étudier les différentes solutions, il schématise le CDI par un rectangle de 15 cm sur 10 cm.

Questions ceinture verte

Représenter le CDI avec ses différents espaces sachant que l'espace de travail représente la moitié de la surface totale, l'espace informatique un quart, et l'espace de lecture un sixième.

Questions ceinture jaune

Représenter le CDI avec ses différents espaces sachant que l'espace de travail représente la moitié de la surface totale, l'espace informatique un quart, et l'espace de lecture un huitième.

Questions ceinture noire

Représenter le CDI avec ses différents espaces sachant que l'espace de travail représente le quart de la surface totale, l'espace informatique un sixième, et l'espace de lecture deux cinquièmes.

77 Analyse de production

Socle D2 Je sais analyser les erreurs.

Ophélie a reçu 50 € pour son anniversaire. Elle décide de consacrer les deux cinquièmes de cette somme à l'achat d'un skateboard et les cinq sixièmes de la somme restante à l'achat d'un ensemble de protections.

À partir de ces informations, un professeur a posé les questions suivantes à ses élèves.
Analyser leurs productions en expliquant les erreurs éventuellement commises et en les corrigeant si nécessaire.

Questions ceinture jaune

• Combien coute le skateboard ?

Barnabé
$50 \div 2 = 25$
$25 \times 5 = 125$
Le skateboard coute 125 €.

Elsa
$50 - 5 = 45$
$45 - 5 = 40$
Le skateboard coute 40 €.

Questions ceinture verte

• Combien lui reste-t-il d'argent après avoir acheté son skateboard ?

Hugo
$50 \div 5 = 10$
$10 \times 3 = 30$
Il lui reste 30 €.

Emma
$50 \div 5 = 10$
$10 \times 2 = 20$
Il lui reste 20 €.

Questions ceinture noire

• Combien lui reste-t-il d'argent après avoir acheté son skateboard et ses protections ?

Joris
$50 \div 5 = 10$; $10 \times 2 = 20$
$50 \div 6 \approx 8{,}35$; $8{,}35 \times 5 = 41{,}75$
$50 - 41{,}75 = 8{,}25$
Il lui reste 8,25 €.

Achille
$50 \div 5 = 10$; $10 \times 2 = 20$
Il lui reste 30 €.
$30 \div 6 = 5$; $5 \times 5 = 25$
$50 - (20 + 25) = 5$ Il lui reste 5 €.

78 Écriture d'énoncé

Socle D1 Je sais m'exprimer en utilisant la langue française à l'écrit.

À deux, rédiger l'énoncé d'un problème mathématique respectant les conditions données ci-dessous, puis proposer cet énoncé à un autre binôme.

Questions ceinture jaune

L'énoncé du problème devra contenir ces éléments :

$\frac{3}{4}$ • trajet • kilomètres

Questions ceinture verte

L'énoncé du problème devra contenir ces éléments :

$\frac{5}{12}$ du temps • mer • amis • heure

Questions ceinture noire

L'énoncé du problème devra contenir ces éléments :

$\frac{1}{3}$ de ce qu'il reste • chat • $\frac{2}{5}$

boire • lait • Juliette • matin

Chapitre 5 Fractions

Outils numériques et algorithmique

79 **Des scores**

Après cinq parties de jeux, Amir a obtenu ces scores :

$$\frac{15}{19} \quad \bullet \quad \frac{35}{57} \quad \bullet \quad \frac{23}{32} \quad \bullet \quad \frac{105}{111} \quad \bullet \quad \frac{78}{83}$$

Pour comparer ses résultats, il veut exprimer chaque score à l'aide d'un pourcentage (arrondi à l'unité près). Pour cela, il utilise un tableur.

	A	B	C	D
1	Numérateur		15	35
2	Dénominateur		19	57
3	Quotient sous forme de pourcentage		79%	61%

1. Reproduire la feuille de calcul ci-dessus dans un tableur.
2. Quelle formule faut-il entrer dans la cellule B3 et recopier sur toute la ligne pour obtenir les pourcentages ? Quel format faut-il choisir pour ces cellules ?
3. Quel est le meilleur score d'Amir ?

80 **Petit déjeuner**

En 2015, un sondage a été réalisé auprès d'un échantillon de Français pour connaitre leur boisson chaude préférée au petit déjeuner.

> **Vocabulaire**
> *Échantillon* : Partie d'une population sélectionnée pour une enquête

Voici les résultats obtenus :

	A	B	C	D	E
1	Café	Thé	Chocolat	Chicorée	Ne sait pas
2	13/25	1/4	7/50	1/20	1/25

1. À l'aide d'un tableur, réaliser un diagramme circulaire montrant les résultats de ce sondage.
2. Quelle formule doit-on entrer dans la cellule F2 pour vérifier si toutes les personnes interrogées ont apporté une réponse ?

81 **Dessiner**

1. Programmer et exécuter le script suivant.

2. Quelle figure géométrique obtient-on ?
3. Avec un autre lutin, réaliser un script qui permet de dessiner, avec une seconde de décalage et une autre couleur, la même figure géométrique mais dont les longueurs mesurent $\frac{2}{5}$ des longueurs de la première figure.

Boite à outils

Avec Scratch

- Pour effacer entièrement la scène :

- Pour faire écrire le lutin lors de ses déplacements :

- Pour faire attendre le lutin pendant le temps indiqué :

Avec un tableur

- **Format**
Le format d'un nombre (arrondi au dixième ou au centième, pourcentage…) peut être choisi par un clic droit sur la cellule contenant ce nombre puis sur « Format de cellule ».

- **Graphique**
Pour réaliser un diagramme circulaire : sélectionner les données à représenter, puis cliquer sur « Insertion » et « Secteur ».

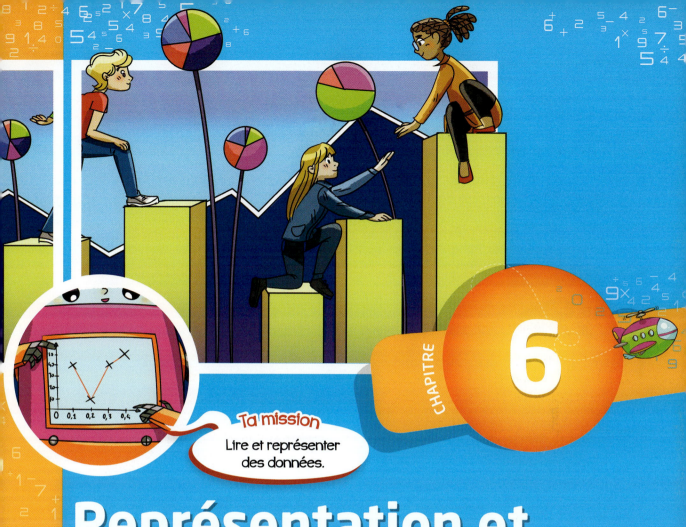

CHAPITRE 6

Ta mission
Lire et représenter des données.

Représentation et traitement de données

Jeux

• Deviner les cartes retournées.

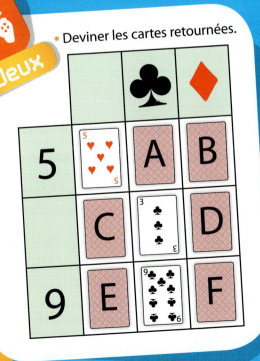

Voir problème 27 p. 119

Culture

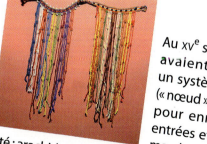

Au XVe siècle, les Incas avaient développé un système, le **quipu** (« nœud » en quechua), pour enregistrer les entrées et sorties des marchandises dans la cité : arachides, piments, haricots, maïs, etc. Un quipu se présentait sous la forme d'un collier constitué d'un cordon principal, auquel étaient attachées de nombreuses cordelettes comportant des nœuds.

Vocabulaire
Quechua : Langue des Incas, et une des langues officielles au Pérou depuis 1975

Le professeur de SVT de la classe de 6ᵉ D a demandé à ses élèves combien d'animaux domestiques ils avaient à la maison.
Il a noté les réponses dans le tableau ci-dessous.

Nombre d'animaux	0	1	2	3
Nombre d'élèves	16	7	4	1

1. Que représente le nombre 7 dans ce tableau ?
2. Combien d'élèves n'ont pas d'animal domestique ?
3. Quelle information donne le nombre 4 ?
4. Traduire les informations de la dernière colonne par une phrase en français.

Une histoire des transports en France — CM2 — Activité 1

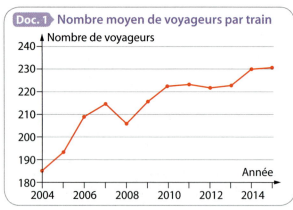

Doc. 1 ▸ Nombre moyen de voyageurs par train

Doc. 2 ▸ Nombre d'accidents

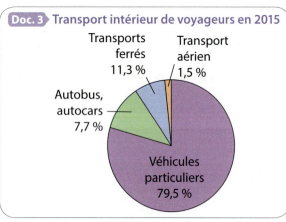

Doc. 3 ▸ Transport intérieur de voyageurs en 2015

Transports ferrés 11,3 %
Transport aérien 1,5 %
Autobus, autocars 7,7 %
Véhicules particuliers 79,5 %

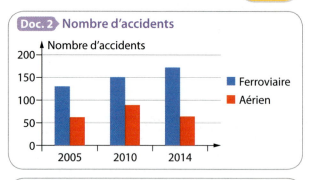

Doc. 4 ▸ Réseaux de transport collectif urbain

	Nombre de lignes	Longueur des lignes (en km)
Ile-de-France	**2013**	
Train	8	850
RER	5	600
Métro	16	218
Tramway	7	83
Bus	1 505	33 047
Province	**2012**	
Métro	11	133
Tramway	54	589
Bus	3 691	50 695

À partir de ces documents, peut-on répondre aux questions suivantes ?
Si oui, donner la réponse en précisant le type de document qui permet de répondre et son numéro.

1. Combien de lignes de bus existaient en 2013 en Ile-de-France ?
2. En quelle année le nombre moyen de voyageurs par train a-t-il nettement diminué ?
3. Combien d'accidents de voiture ont eu lieu en 2010 ?
4. Quel pourcentage représentait le transport ferroviaire par rapport à l'ensemble des transports en 2015 ?
5. Quelle était la longueur totale des lignes de bus en province en 2013 ?
6. Est-il vrai que le nombre d'accidents aériens est toujours inférieur au nombre d'accidents ferroviaires ?

Activité 2 — Qui est le plus rapide ?

https://www.lepoint.fr

Au royaume des animaux, Usain Bolt à peine plus rapide qu'un dromadaire (Publié le 30/07/12)

Si des olympiades réunissaient toutes les espèces animales, l'homme serait battu à plate couture : largement distancé par le guépard, la star du 100 mètres Usain Bolt serait même à la peine face au dromadaire, selon une étude britannique.

« Dans des compétitions purement physiques, comme courir, sauter ou nager... nous ne pourrions rien gagner », explique à l'AFP le professeur Craig Sharp auteur de l'étude publiée samedi dans la revue britannique *Veterinary Record*.

Le champion olympique Usain Bolt détient le record du monde du 100 mètres avec un temps de 9,58 secondes, soit une vitesse de 37,6 km/heure, bien loin de la vitesse de l'animal le plus rapide sur terre, le guépard qui avec ses 104 km/h, avale la distance en 5,8 secondes.

Le multimédaillé jamaïcain serait au coude à coude avec le dromadaire capable de courir le 100 mètres en 9,8 secondes (36,7 km/h), mais clairement distancé par l'antilope pronghorn (89 km/h) et l'autruche d'Afrique du Nord (64 km/h).

1. Reproduire le tableau ci-dessous et le compléter avec les données prélevées dans cet article.

Animaux	Vitesse (en km/h)
Guépard	
Dromadaire	
Antilope pronghorn	
Autruche d'Afrique du Nord	

2. Reproduire et compléter ce diagramme en barres en arrondissant les vitesses à l'unité près.
Le professeur Craig Sharp a-t-il raison ?

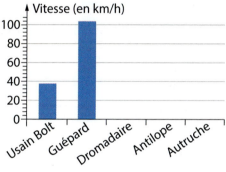

Activité 3 — Images du monde

Taj Mahal (Inde)

Parthénon (Grèce)

Sagrada Familia (Espagne)

Albert Einstein (Allemagne)

Pablo Picasso (Espagne)

Tour Eiffel (France)

Alhambra (Espagne)

Opéra de Sydney (Australie)

Confucius (Chine)

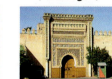
Palais Dar El Makhzen (Maroc)

Sphinx (Égypte)

Nelson Mandela (Afrique du Sud)

1. À l'aide des documents photographiques ci-dessus, recopier et compléter le tableau suivant.

	Afrique	Europe	Asie	Océanie
Nombre de personnages célèbres				
Nombre de monuments célèbres				

2. Recopier et compléter le tableau de proportionnalité ci-dessous, puis le diagramme circulaire ci-contre, pour représenter la répartition géographique des documents photographiques.

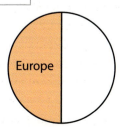

	Asie	Afrique	Océanie	Europe	TOTAL
Nombre de documents				6	12
Mesure de l'angle				180°	360°

Chapitre 6 Représentation et traitement de données

CM2 — 1 Lire et exploiter un tableau, un diagramme et un graphique

Vocabulaire

Les **tableaux** permettent d'organiser et de regrouper des données pour les lire plus facilement.

Exemples

• **Tableau à une seule entrée**
Voici les résultats des élections des délégués de classe :

Nombre de voix de Zoé	8
Nombre de voix d'Axel	13
Nombre de voix d'Inès	7

La ligne jaune indique qu'Axel a obtenu 13 voix.

Ici, la colonne de droite indique le nombre de voix pour chaque candidat.

• **Tableau à double entrée**
Voici le nombre de médailles obtenues selon **la nation** et le **type de médailles** aux JO 2016 :

	Or	Argent	Bronze
États-Unis	46	37	38
Grande-Bretagne	27	23	17
Chine	26	18	26

Sur chaque ligne, on lit le type de médailles obtenues par une nation ; sur chaque colonne, on lit la répartition de chaque métal selon les pays. Chaque case donne une information.

La case jaune indique que la Chine a obtenu 18 médailles d'argent.

Vocabulaire

Représentations graphiques
On peut représenter des données par différents types de diagrammes ou de graphiques.
• Un **diagramme en bâtons** ou **en barres** permet de **comparer** visuellement des données.
• Un **diagramme circulaire** permet de visualiser **une répartition**.
• Un **graphique cartésien** permet d'observer une **évolution**.

Exemple

Voici différentes représentations graphiques illustrant des données concernant les cousins et cousines de Léa :

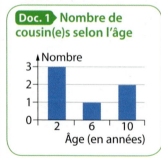

Doc. 1 Nombre de cousin(e)s selon l'âge

Doc. 2 Répartition du nombre de garçons et de filles

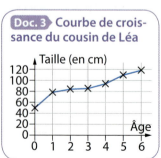

Doc. 3 Courbe de croissance du cousin de Léa

Le **diagramme en bâtons (doc. 1)** permet de **visualiser et de comparer** le nombre de cousin(e)s selon leur âge **(3 cousin(e)s sont âgé(e)s de 2 ans)**.
Le **diagramme circulaire (doc. 2)** permet de visualiser la **répartition** de garçons et de filles ($\frac{5}{6}$ **des cousins de Léa sont des filles**).
Le **graphique cartésien (doc. 3)** permet d'observer l'**évolution** de la taille du cousin de Léa **en fonction** de son âge **(80 cm à 1 an, 110 cm à 5 ans, etc.)**.

Savoir-faire

Entraine-toi avec ces exercices corrigés en page 300 !

1 Lire et exploiter un tableau, un diagramme et un graphique

1 Un sondage a été réalisé auprès des élèves de deux classes de 6e pour connaitre leur jeu vidéo préféré. Voici leurs réponses :

	6e A	6e B	Total
Gipsy	5	7	12
King Arthur	8	11	19
Balloons	13	10	23
Total	26	28	54

1. Que représentent les nombres 8 et 10 ?
2. Combien d'élèves préfèrent le jeu Gipsy ?

Solution

1. **8** est le nombre d'élèves de 6e A qui préfèrent le jeu King Arthur.
   10 est le nombre d'élèves de 6e B qui préfèrent le jeu Balloons.
2. **12** élèves préfèrent le jeu Gipsy.

2 Répondre aux questions suivantes à partir du tableau de l'exercice **1**.
1. Que représente le nombre 28 ?
2. Combien d'élèves de la 6e B préfèrent le jeu King Arthur ?
3. Combien d'élèves ont répondu au sondage ?

3 Un producteur trie sa récolte de pommes selon leur diamètre. Voici ce qu'il a obtenu :

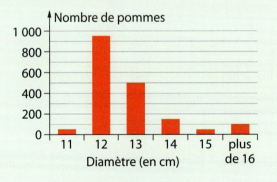

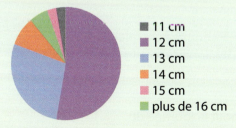

Répartition de la récolte de pommes
- 11 cm
- 12 cm
- 13 cm
- 14 cm
- 15 cm
- plus de 16 cm

1. Dans quelle catégorie trouve-t-on le plus grand nombre de pommes ? Quel est ce nombre ?
2. Combien de pommes ont un diamètre inférieur à 13,5 cm ?
3. Les pommes de 12 cm de diamètre représentent-elles plus de la moitié de la récolte totale ?

Solution

1. D'après le diagramme circulaire, les pommes de 12 cm de diamètre sont les plus nombreuses. Il y en a 950, d'après le diagramme en bâtons.
2. D'après le diagramme en bâtons :
   500 + 950 + 50 = 1 500
   Donc 1 500 pommes ont un diamètre inférieur à 13,5 cm.
3. La portion violette du diagramme circulaire représente plus de la moitié du disque. On en déduit que les pommes d'un diamètre de 12 cm représentent plus de la moitié de la récolte totale.

4 Répondre aux questions suivantes à partir des représentations graphiques de l'exercice **3**.
1. Combien de pommes de 14 cm de diamètre le producteur a-t-il récoltées ?
2. Combien de pommes ont un diamètre inférieur ou égal à 12 cm ?
3. Les pommes de 13 cm de diamètre représentent-elles plus du quart de la récolte totale ?

Chapitre 6 Représentation et traitement de données **111**

2 Produire un tableau, un diagramme et un graphique

Méthode

Tableaux
- On utilise un tableau à **une seule entrée** (en lignes ou en colonnes) pour organiser des données selon **un seul critère**.
- On utilise un tableau à **double entrée** pour organiser des données selon **deux critères**, l'un qui sera lu en lignes, et l'autre, en colonnes.

Propriétés

Représentations graphiques
- Dans un **diagramme en bâtons**, les hauteurs des bâtons sont **proportionnelles** aux nombres qu'elles représentent.
- Dans un **diagramme circulaire**, les mesures des angles sont **proportionnelles** aux nombres qu'elles représentent.

 Le professeur d'arts plastiques a recensé la couleur préférée de chacun de ses 24 élèves. Il a organisé ses résultats dans le tableau de proportionnalité suivant et a ajouté une ligne pour préparer la réalisation d'un diagramme circulaire.

Couleur préférée	vert	rose	bleu	Total
Nombre d'élèves	8	4	12	**24**
Mesure de l'angle	**120°**	**60°**	**180°**	360°

×2   ÷3   ÷2

Il a représenté ses résultats graphiquement, de deux manières différentes.

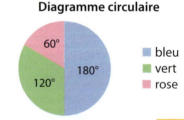

Méthode

Graphique cartésien
Pour représenter une **grandeur B** en fonction d'une **grandeur A**, on place :
- sur l'axe horizontal, appelé « axe des abscisses », les valeurs de la grandeur A ;
- sur l'axe vertical, appelé « axe des ordonnées », les valeurs de la grandeur B.

Exemple Voici l'évolution de la **température** pour la journée du 6 décembre 2016 à Toulouse, en fonction **du temps**.

Temps (en heures)	0	4	8	12	16	20	24
Température (en °C)	8	7	6	13	15	8	6

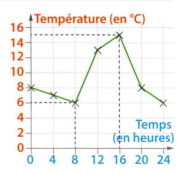

112   NOMBRES ET CALCULS

Savoir-faire

Entraîne-toi avec ces exercices corrigés en page 300 !

2 Produire un tableau, un diagramme et un graphique

5 On a posé à 100 personnes la question : « Combien de fois êtes-vous allé(e) au cinéma durant le dernier mois ? »

Nombre de sorties au cinéma	0	2	4	5
Nombre de personnes	25	50	5	20

Les résultats ont été rassemblés dans le tableau ci-contre.
1. Construire un diagramme circulaire représentant la répartition de ces 100 personnes selon leur nombre de sorties au cinéma.
2. Construire un diagramme en bâtons illustrant ces données.

Solution

1. Les mesures des angles sont proportionnelles aux nombres de personnes correspondants.

Nombre de sorties au cinéma	0	2	4	5	Total
Nombre de personnes	25	50	5	20	100
Mesure de l'angle (en °)	90	180	18	72	360

÷2   ×10   ÷4   ÷5

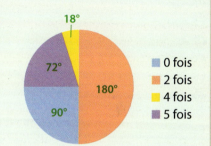

2. Les catégories du **critère étudié** sont placées sur **l'axe horizontal** et **le nombre de personnes, sur l'axe vertical**.
Les hauteurs des bâtons sont proportionnelles aux nombres de personnes.

6 Voici l'évolution de l'aire d'un carré (en cm²) en fonction de la longueur de son côté (en cm) :

Longueur du côté (en cm)	1	2	3	4	5
Aire (en cm²)	1	4	9	16	25

- Représenter graphiquement l'évolution de l'aire d'un carré en fonction de la longueur du côté de celui-ci.

Solution
On place les **longueurs du côté** du carré sur **l'axe horizontal** et les **aires** sur **l'axe vertical**.

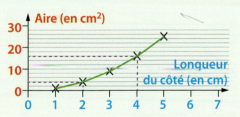

7 Alix vend des CD sur Internet. Chaque trimestre, il a augmenté les prix. Pour étudier l'évolution de ses ventes sur quatre trimestres (T1, T2…), il a construit ce tableau :

	T1	T2	T3	T4
Prix d'un CD (en €)	5	6	8	10
Nombre de CD vendus	100	50	20	10

1. Représenter à l'aide d'un diagramme en barres, puis d'un diagramme circulaire, le nombre de CD vendus en fonction du trimestre.
2. Représenter graphiquement le nombre de CD vendus en fonction du prix à l'unité.

Chapitre 6 Représentation et traitement de données

Diaporamas de calcul mental dans le manuel numérique

Lire et exploiter un tableau, un diagramme et un graphique

→ Savoir-faire p. 111

Questions flash diapo

8 Voici les espérances de vie moyennes (en années) de quelques mammifères :

	6	15	20	25
Cerf			●	
Cheval				●
Chèvre		●		
Chien		●		
Cochon		●		
Lapin	●			
Macaque				●
Ouistiti		●		
Poney				●
Renne		●		

1. Quelle est l'espérance de vie moyenne d'un macaque ? d'un cochon ? d'un cheval ?
2. Hugo affirme que l'espérance de vie moyenne d'un renne est inférieure à celle d'un cerf. A-t-il raison ?

9 Le graphique ci-dessous donne l'évolution de la masse d'un bébé en fonction de son âge, de la naissance jusqu'à l'âge de 6 mois.

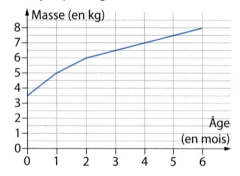

1. Que représentent les nombres marqués sur l'axe horizontal ?
2. Que représentent les nombres marqués sur l'axe vertical ?
3. Quelle était la masse de ce bébé :
   a. à la naissance ?
   b. à l'âge de 2 mois ?
   c. à l'âge de 5 mois ?
4. À quel âge ce bébé avait-il une masse de 5 kg ?

10 Recopier et compléter le tableau ci-dessous en utilisant le diagramme circulaire.

Régions du monde					
Population (en millions d'habitants)	4 436	1 216	1 081	739	40

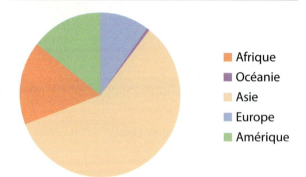

- Afrique
- Océanie
- Asie
- Europe
- Amérique

11 Voici un extrait des horaires de train au départ de Bordeaux et à destination de Bayonne :

Numéro de train	67223	65023	4730	40603	8505
Type de train	ter	ter	TGV	ter	TGV
BORDEAUX-ST-JEAN	06.27	07.27	08.25		10.30
Ychoux	07.07	|	|		|
Labouheyre	07.15	|	|		|
Morcenx	07.27	8.23	|		|
DAX (Arrivée)	07.47	08.42	09.39		11.37
DAX (Départ)	07.52	08.47	09.42	10.55	11.40
St-Vincent-de-Tyrosse	08.08	09.02	|	11.14	|
Ondres	|	|	|	11.31	|
BAYONNE	08.33	09.25	10.20	11.44	12.17

1. À quelle heure le train TER 65023 en provenance de Bordeaux arrive-t-il à Bayonne ?
2. Quel est le numéro du train arrivant à Bayonne à 10h20 ?
3. À quelle heure le train passant à Morcenx à 7h27 arrive-t-il à Dax ?
4. À quelle heure le TGV 8505 arrive-t-il à Dax ?
5. Quelle est la particularité du TER 40603 ?

12 Le diagramme en barres ci-dessous présente, pour plusieurs journaux français, le nombre d'exemplaires vendus par jour, en 2015.

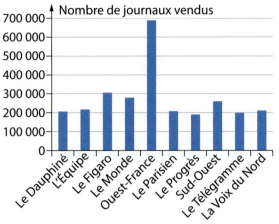

1. Parmi ces journaux, lequel a été le plus vendu en 2015 ? le moins vendu ?
2. Un journaliste a commenté ces résultats :
   « Le leader vend deux fois plus de journaux que le deuxième. »
   Est-ce vrai ?

13 Le tableau ci-dessous donne les distances kilométriques entre différentes villes de Cuba.

	Pinar del Rio	La Havane	Matanzas	Santa Clara	Cienfuegos	Sancti Spiritus	Ciego de Avila	Camagüey	Las Tunas	Holguin	Bayamo	Santiago de Cuba
Pinar del Rio		176	267	441	419	527	603	711	835	913	984	1109
La Havane	176		102	276	243	362	438	546	670	748	819	944
Matanzas	267	102		197	193	283	359	467	591	669	740	865
Santa Clara	441	276	197		74	86	162	270	394	472	543	668
Cienfuegos	419	243	193	74		153	229	337	461	539	610	735
Sancti Spiritus	527	362	283	86	153		78	184	308	388	457	582
Ciego de Avila	603	438	359	162	229	78		108	232	310	381	506
Camagüey	711	546	467	270	337	184	108		124	202	273	388
Las Tunas	835	670	591	394	461	308	232	124		78	149	274
Holguin	913	748	669	472	539	388	310	202	78		71	196
Bayamo	984	819	740	543	610	457	381	273	149	71		125
Santiago de Cuba	1109	944	865	668	735	582	506	388	274	196	125	

1. Pourquoi certaines cases de ce tableau sont-elles coloriées en bleu ?
2. Quelle est la distance entre Sancti Spiritus et Santiago de Cuba ?
3. Quelles sont les deux villes du tableau les plus éloignées l'une de l'autre ? Préciser la distance qui les sépare.
4. Quelles villes sont distantes de 337 km ?
5. Quelle est la distance entre la capitale de Cuba, La Havane, et Holguin ?

14 Une enquête a été réalisée en 2015 auprès de 2 600 adolescents américains de 13 à 18 ans pour connaître le temps passé devant différents écrans (ordinateur, smartphone, tablette, télévision…).

442 d'entre eux passent 2 heures ou moins devant un écran, 520 entre 2 et 4 heures, 806 entre 4 et 8 heures et 676 plus de 8 heures. Les autres déclarent ne pas passer de temps devant un écran.

• Retrouver la légende de ce diagramme circulaire représentant les résultats de ce sondage.

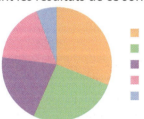

Produire un tableau, un diagramme et un graphique

➡ Savoir-faire p. 113

Questions flash

15 En 5ᵉ 2, il y a 30 élèves : 10 font de l'allemand, 5 de l'italien, et 15 de l'espagnol.

1. On souhaite représenter cette répartition par un diagramme circulaire. Associer chaque langue à la mesure de l'angle correspondant.

   🇩🇪 allemand — 60° — 90° — 180° — 45°
   🇮🇹 italien — 36° — 30° — 20°
   🇪🇸 espagnol — 120° — 10° — 15°

2. Si on veut construire un diagramme en barres en choisissant de représenter le nombre d'élèves germanistes par une barre d'une hauteur de 4 cm, quelles seront les hauteurs des barres représentant les élèves pratiquant l'italien et l'espagnol ?

Chapitre 6 Représentation et traitement de données

Exercices

16 À la rentrée, le professeur principal a demandé aux élèves de la classe de 6e B d'écrire sur leur fiche leurs activités sportives en dehors du collège. Voici toutes les réponses :
• danse • foot • judo • judo • danse • rugby • basket • natation • foot • judo • badminton • rugby • rugby • tennis • danse • judo • danse • foot • judo • rugby • tennis • foot • natation

• Recopier et compléter le tableau ci-dessous.

Sport pratiqué				
Nombre d'élèves				

17 Les jardiniers de la ville doivent répartir 300 bulbes de fleurs dans les parterres de la ville. Ils disposent de 120 jacinthes dont la moitié sont blanches, de 80 tulipes roses et de 40 tulipes blanches.
En tout, ils ont 90 fleurs jaunes.

• Recopier et compléter le tableau ci-dessous.

Couleur \ Fleurs	Jacinthes	Tulipes	**Total**
Blanche			
Rose			
Jaune			
Total			

18 Le graphique ci-dessous indique l'évolution (en pourcentage) du taux d'équipement des Français de plus de 18 ans, en téléphonie, ordinateur et Internet à domicile.

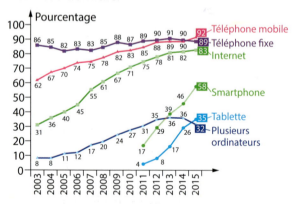

• Reproduire et compléter le tableau ci-dessous.

	Internet	Smartphone	Téléphone mobile
2005			
2010			
2015			

19 Un groupe d'amis veut créer des bijoux. Chacun donne son type de perle préféré. Voici leurs réponses :

• Construire un tableau indiquant le nombre de perles selon leur forme et leur couleur.

20 Dans 100 grammes d'or 18 carats, il y a 75 g d'or pur et 25 g d'autres métaux.

• Construire un diagramme circulaire représentant la répartition des composants de l'or 18 carats.

21 À Dakar, au Sénégal, la saison humide s'étale sur quatre mois, de juillet à octobre ; les huit autres mois de l'année constituent la saison sèche.

• Recopier et compléter le tableau suivant, puis représenter à l'aide d'un diagramme circulaire la répartition de la saison sèche et de la saison humide sur une année.

	Saison sèche	Saison humide	**Total**
Durée (en mois)			12
Mesure de l'angle (en degrés)			360

22 Le chien de Sami est un beau et jeune berger des Pyrénées. Sami a complété un tableau indiquant la masse de son chien en fonction de son âge.

Âge (en mois)	2	3	4	5	6	7
Masse (en kg)	10	13	17	19	21	24

• Recopier et compléter le graphique ci-dessous pour obtenir une courbe de croissance de la masse du chien de Sami.

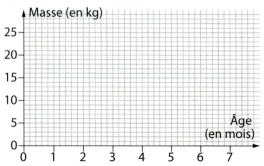

Un QCM spécial pour valider ton cycle 3 dans le manuel numérique !

Faire le point

→ Corrigés p. 300

 Donner **la seule réponse correcte** parmi les trois proposées.

1 Lire et exploiter un tableau, un diagramme et un graphique

| | Réponse A | Réponse B | Réponse C |

1. Voici le nombre de bébés singes nés dans un zoo suivant les années :

Année	2013	2014	2015	2016
Nombre	2	1	3	4

Quelle est la représentation correcte de ces données ?

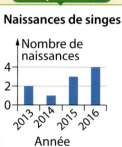 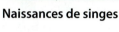 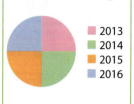 

2 Produire un tableau, un diagramme et un graphique

Voici les prénoms et dates de naissance de huit élèves :
- Mohamed 22/06/2006 • Lucie 11/05/2006 • Sarah 22/08/2006 • Fatima 29/05/2006
- Myriam 10/02/2006 • Jérôme 14/05/2006 • Samia 11/06/2006 • Marie 05/02/2006

2. Quel est le tableau qui résume correctement les données ci-dessus ?

Nés en	Fév	Mai	Juin	Aout
Fille	2	2	1	1
Garçon	1	1	1	0

Nés en	Fév	Mai	Juin	Aout
Fille	2	2	2	1
Garçon	0	1	0	0

Nés en	Fév	Mai	Juin	Aout
Fille	2	2	1	1
Garçon	0	1	1	0

3. Quel diagramme illustre correctement les données ?

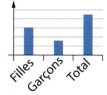  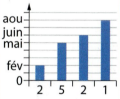

Pour t'aider à retenir l'essentiel.

Carte mentale

Voici un exemple de carte mentale. Tu peux aussi en créer une à ta façon !

Représentation
- Diagramme en bâtons (comparer des données)
- Diagramme circulaire (étudier la répartition)
- Graphique cartésien (étudier l'évolution)

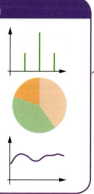

DONNÉES

Organisation
- Tableau à une seule entrée
- Tableau à double entrée

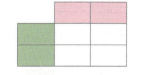

Chapitre 6 Représentation et traitement de données — 117

Problèmes

→ Corrigés p. 300

Pour mieux cibler les compétences

Chercher	26 31	Raisonner	29 32 33
Modéliser	23 24 25	Calculer	26 30
Représenter	28 30 34	Communiquer	28 33

23 Rangement

Enzo veut trier ses vêtements.
Voici le stock dont il dispose :

- Construire un tableau pour aider Enzo à trier et compter ses vêtements selon le type et la couleur.

24 École maternelle

Dans les salles de classe de l'école maternelle, on trouve beaucoup d'objets destinés aux activités des élèves.
En petite section, on trouve dix livres, cinquante-cinq cubes, cent-quarante-sept gommettes et dix ballons.
En moyenne section, on trouve cinquante-cinq gommettes, trente-deux livres et quinze ballons.
En grande section, on trouve soixante-douze livres, huit ballons, quarante cubes et trente-sept gommettes.
En fin d'année, la directrice Mme Martin construit un tableau pour recenser tout le matériel et voir ce qu'elle doit commander pour la rentrée suivante.

1. Aider Mme Martin à réaliser ce tableau.
2. Calculer la quantité totale de chaque type d'objets présents dans l'école.

25 Activités sportives

C'est la rentrée ! Marie souhaite s'inscrire avec ses deux enfants dans un club de sport.
Voici les différentes activités :

Judo :	lundi – mardi – vendredi (adultes)
	mardi – mercredi – jeudi – vendredi (enfants)
Escrime :	mardi – samedi (adultes)
	lundi – mercredi (enfants)
Gymnastique :	lundi – mardi – jeudi (adultes)
	lundi (enfants)
Aïkido :	vendredi (adultes) – samedi (enfants)
Danse :	mardi – vendredi (adultes)
	mercredi (enfants)

Elle construit un tableau pour mieux s'y retrouver.

	Lun	Mar	Mer	Jeu	Ven	Sam
Adulte						
Enfant						

1. Recopier et compléter ce tableau.
2. Marie souhaite qu'elle et ses enfants pratiquent tous une activité différente, le même jour. Quelles sont ses possibilités ?

26 Jeux olympiques

Lors des JO de Rio en 2016, la France a terminé au 7e rang avec 42 médailles, dont 10 en or.
Le Japon, avec une médaille de moins, a fini juste devant la France car ils ont gagné deux médailles

Le judoka français, Teddy Riner, médaillé d'or aux JO 2016.

d'or de plus. Les États-Unis, grand vainqueur avec leurs 121 médailles, dont 46 en or et 37 en argent, ont devancé la Grande-Bretagne avec une différence de 54 médailles ! La Chine et la Russie ont obtenu autant de médailles d'or que de bronze.

- Recopier et compléter le tableau suivant.

Rang	Pays	Or	Argent	Bronze	Total
1			37		
2		27		17	
	Chine	26			70
	Russie		18	19	
	Allemagne	17	10	15	
				21	
				18	

27 Quipu

Découvre le quipu p. 107 !

Sur le quipu de gauche, on peut lire le nombre 632 (15 + 327 + 259 + 31 = 632).
1. Quel nombre peut-on lire sur le quipu de droite ?
2. Représenter sa partie supérieure.

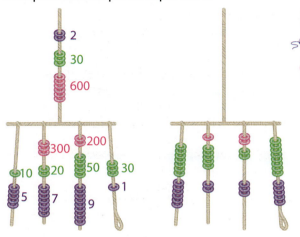

28 Jusqu'au bout de la nuit

Au cap Brewster au Groenland, il fait jour 24 heures sur 24 en juillet et en aout, et il fait nuit en permanence en janvier et février.

Durant les autres mois de l'année, chaque journée est partagée en une période de clarté et une période d'obscurité plus ou moins importante.

1. À l'aide d'un diagramme circulaire, représenter la répartition, sur une année, des durées des périodes de nuit ininterrompue, de jour permanent et d'alternance.
2. Comment peut-on expliquer ce phénomène ?

29 Répartition des richesses dans le monde

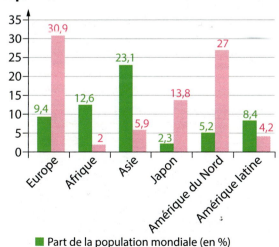

1. Donner un exemple d'une région du monde qui représente une faible part de la population mondiale et une forte part de la richesse mondiale. Citer les pourcentages.
2. Donner un exemple de la situation inverse.
3. Que peut-on en conclure concernant la répartition des richesses ?

30 L'Occitanie

Doc. 1 Les départements de l'Occitanie

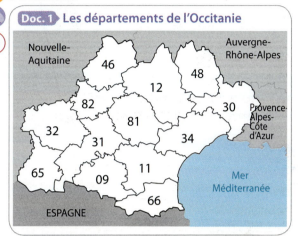

Doc. 2 Population de l'Occitanie en nombre d'habitants en 2013, arrondis au millier près

Départements d'Occitanie	Population
Ariège	153 000
Aude	365 000
Aveyron	278 000
Gard	733 000
Haute-Garonne	1 299 000
Gers	190 000
Hérault	1 092 000
Lot	174 000
Lozère	77 000
Hautes-Pyrénées	229 000
Pyrénées-Orientales	463 000
Tarn	382 000
Tarn-et-Garonne	250 000

Source : Insee (2013).

1. Associer les numéros des départements (doc. 1) à leur nom (doc. 2).
2. Construire un diagramme en barres illustrant la répartition de cette population.
3. Quel est le département qui a la population la plus importante ? la moins importante ?
4. La plus grande ville d'Occitanie, Toulouse, compte 458 000 habitants.
   En utilisant le diagramme réalisé à la question 2., donner la liste des départements qui ont moins d'habitants que la ville de Toulouse.

Chapitre 6 Représentation et traitement de données

Problèmes

31 Population mondiale par continent

En 2016, nous étions sept-milliards-quatre-cent-trente-millions d'êtres humains dans le monde.

Voici un diagramme en barres représentant la population de chacun des six continents, sur lequel certaines données ont été effacées :

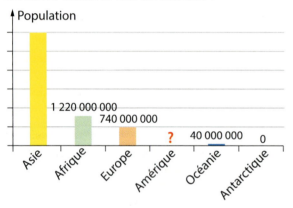

- Déterminer la population de l'Asie et celle de l'Amérique en 2016.

32 Consommation d'énergie

Doc. 1 Répartition par secteur d'activité de la consommation d'énergie en France en 1970

Habitat et services	Industrie	Transport	Agriculture
35 %	44 %	18 %	3 %

Doc. 2 Répartition par secteur d'activité de la consommation d'énergie en France en 2014

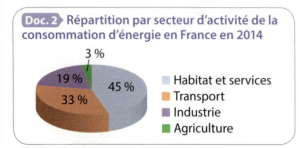

1. Réaliser sur un même graphique, à l'aide de deux couleurs différentes, les diagrammes en barres montrant ces répartitions en 1970 et en 2014.
2. Comment la consommation d'énergie a-t-elle évolué entre 1970 et 2014 ? Proposer des explications.

33 Croissance des escargots

Des chercheurs en biologie s'intéressent à la masse des escargots en fonction de leur alimentation.

Pendant 24 semaines, ils soumettent deux groupes semblables d'escargots gros-gris à des régimes alimentaires différents.
- **Groupe 1** : aliments enrichis en calcium
- **Groupe 2** : végétaux verts (régime normal)

Les chercheurs pèsent les escargots régulièrement, calculent la masse moyenne pour chaque groupe et comparent les résultats.
Les résultats sont résumés dans ce tableau :

Temps (en semaines)	3	6	9	12	15	18	21	24
Masse moyenne (en g) des escargots du groupe 1	1	2	4	8	12	14	16	17
Masse moyenne (en g) des escargots du groupe 2	1	1,5	3	4,5	5,5	7	9	11

1. Construire, sur le même graphique, avec deux couleurs différentes, les courbes représentant les masses moyennes, en grammes, des escargots du groupe 1 et du groupe 2 en fonction du temps écoulé, en semaines.
2. Que peut-on en conclure ?

34 Le calendrier du riz au Vietnam

Doc. 1 — La culture du riz

Au Vietnam, la culture du riz est une activité essentielle. Dans la région d'Hanoï, la capitale située dans le nord du pays, il y a deux récoltes de riz par an.

L'activité de préparation des rizières se fait en janvier et en juin. Chaque récolte a lieu trois mois plus tard. D'octobre à décembre, les terres sont utilisées à la culture des légumes.

Doc. 2 — Le temps

☀️	🌧️	⛅🌧️
janvier novembre décembre	de mai à septembre	février – mars – avril – octobre

Doc. 3 — Les températures

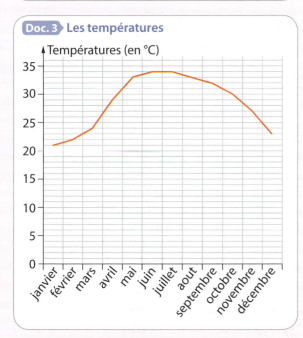

- Regrouper l'ensemble des informations de ces documents sous la forme d'un tableau intitulé « Le calendrier du riz ».

35 Art et géométrie

Dans l'art abstrait, les figures géométriques sont souvent présentes. Elles sont la base de nombreuses créations du peintre français Auguste Herbin (1882-1960).

Matin II (1952), Auguste Herbin.

- Réaliser un dessin ou une peinture en utilisant uniquement des formes géométriques et en respectant les données représentées ci-dessous.

Répartition du nombre de formes géométriques selon la couleur

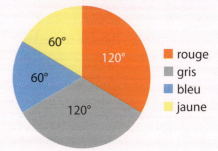

- rouge : 120°
- gris : 120°
- bleu : 60°
- jaune : 60°

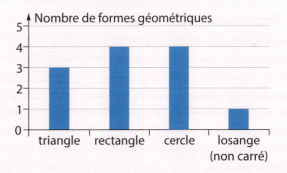

Nombre de formes géométriques : triangle 3, rectangle 4, cercle 4, losange (non carré) 1.

À chacun son parcours !

36 Analyse de documents

Socle D4 Je sais prélever, organiser et traiter l'information utile.
Socle D4 Je sais interpréter des résultats statistiques et les représenter graphiquement.

Au Canada, une association pour la protection de la biodiversité a recueilli des récits de voyageurs pour mieux suivre l'évolution des espèces, certaines étant en voie de disparition.

Jérémy : Après avoir aperçu un gros castor au bord de la rivière, j'entrevois, en contre-jour, une petite troupe de sangliers. Il y a une laie suivie de ses cinq marcassins qui semblent n'avoir que quelques semaines. Tout ce beau monde se suit à la queue leu leu, tranquillement.

Samia : Après m'être installée au camping du parc national, je descends sans bruit au bord du lac pour faire des photos. Ne dit-on pas « la chance sourit aux audacieux… » ? Trois belles femelles élans (appelés « orignaux »), avec chacune un petit, se tiennent là, près de l'eau. À mon retour, deux gros sangliers et un raton laveur adulte s'enfuient, effrayés par les crissements de mes pas.

Sean et ses amis : Installés dans la planque, il ne nous reste plus qu'à attendre très patiemment qu'un ours noir pointe le bout de son nez. Soudain, nous retenons notre respiration : trois ratons laveurs mâles apparaissent. Très agiles, ils grimpent et descendent rapidement le long des troncs d'arbres. Ils sont suivis de près par une maman ourse et ses trois petits. Instant inoubliable !

Famille Desautels : Dans la baie Sainte-Marguerite, c'est bien entendu la baleine blanche (béluga) qui est la vedette. Nous en avons aperçu douze, dont quatre baleineaux bien différenciables par leur couleur gris argenté. Chemin faisant, en bordure de la rivière, nous avons entrevu deux grands orignaux avec de larges bois et un couple de castors.

Famille Martin : La baie de Tadoussac est un lieu très apprécié pour l'observation des mammifères marins. Confortablement installés sur les rives rocheuses, il ne nous reste plus qu'à scruter l'eau et à tendre l'oreille. Et voici les dos d'une blancheur éclatante de deux baleines puis, un peu plus loin, le « pssshh ! » du souffle d'une grande baleine bleue !

Questions ceinture jaune

Recopier et compléter le tableau suivant à l'aide des observations des voyageurs ci-dessus.

Espèces	Baleines blanches	Baleines bleues	Castors	Sangliers	Orignaux	Ratons laveurs	Ours noirs
Nombre d'animaux observés							

Questions ceinture verte

À partir des récits de voyageurs ci-dessus, représenter à l'aide d'un diagramme en barres, le nombre d'animaux observés selon leur espèce.

Questions ceinture noire

Pour approfondir leurs études, les scientifiques de l'association souhaitent connaître le nombre observé dans chaque espèce mais en séparant les adultes et les jeunes.

- Pour les aider, construire un tableau à double entrée récapitulant les données communiquées par les voyageurs.

37 Lecture de document

> Socle D1 *Je comprends le sens des consignes, je sais combiner les informations explicites et implicites d'une lecture.*
> Socle D4 *Je sais prélever, organiser et traiter l'information utile.*

Le tableau ci-dessous indique les horaires des marées dans le bassin d'Arcachon.

Découvre le phénomène des marées dans le problème 74 p. 28 !

Octobre 2016	Haute mer				Basse mer	
Date	Matin	Coef.	Soir	Coef.	Matin	Soir
sam 01	06:29	90	18:44	90	00:23	12:36
dim 02	07:00	90	19:15	89	00:55	13:07
lun 03	07:30	87	19:45	85	01:24	13:35
mar 04	08:01	82	20:15	78	01:52	14:04
mer 05	08:30	75	20:44	70	02:19	14:31
jeu 06	09:00	65	21:16	60	02:45	14:59
ven 07	09:36	55	21:56	49	03:13	15:31
sam 08	10:21	44	22:51	39	03:48	16:12

Questions ceinture jaune

1. À quelle date le coefficient de la marée était-il de 65 ?
2. Le jeudi 6 octobre 2016, à quelle heure la marée était-elle basse le soir ?
3. À quelle date la marée était-elle haute à 20h44 ?

Questions ceinture verte

1. À quelle date le coefficient de la marée était-il de 60 ?
2. À quelle(s) heure(s) la marée était-elle haute le mardi 4 octobre 2016 ?
3. Le jour où la marée était basse à 14h31, quels étaient les coefficients des marées ?

Questions ceinture noire

1. À quelle(s) date(s) le coefficient de la marée était-il de 90 ?
2. Anouk affirme qu'entre le 1er et le 8 octobre 2016, les coefficients de marée ont baissé.
A-t-elle raison ?
3. Le dimanche 2 octobre, Coline est allée faire de la pêche à pied dès que la marée était basse.
Au bout de combien de temps la marée sera-t-elle à nouveau basse ?

38 Écriture d'énoncé

> Socle D1 *Je sais m'exprimer en utilisant la langue française à l'écrit.*
> Socle D1 *Je sais interpréter des diagrammes organisant des données de natures diverses.*

Doc. 1

Questions ceinture verte
Rédiger un énoncé de problème utilisant le **doc. 1**, avec une légende à inventer, et faisant intervenir les mots :
collège   moitié   chocolat

Questions ceinture noire
Rédiger un énoncé de problème utilisant le **doc. 1**, sa légende (à inventer), un autre document au choix (tableau, diagramme, image...) et faisant intervenir le nom d'un pays.

Questions ceinture jaune
Rédiger un énoncé de problème utilisant le **doc. 1**, avec une légende à inventer.

Outils numériques et algorithmique

39 Réseaux sociaux

Le tableau ci-dessous indique le nombre d'utilisateurs (en millions) de trois réseaux sociaux (Twitter, Facebook, Instagram) dans le monde entre 2010 et 2015.

	2010	2011	2012	2013	2014	2015
Twitter	54	117	185	241	300	316
Facebook	608	845	1 100	1 200	1 400	1 500
Instagram		15	100	150	300	400

1. À l'aide d'un tableur, réaliser sur le même graphique les trois courbes représentant ces données.
2. Commenter en quelques phrases les évolutions que l'on peut observer sur ce graphique.

40 Les initiales

Lucas Illies a découpé ses initiales et la ponctuation correspondante dans une fine lame d'aluminium. Il envisage maintenant de vernir l'ensemble à l'aide de trois couleurs, comme le montre le schéma ci-dessous.

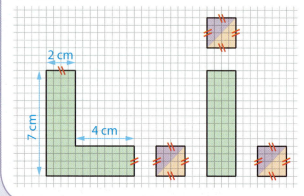

Auparavant, il souhaite visualiser la part de la surface totale recouverte par chaque couleur de vernis. Il utilise un tableur pour construire un diagramme circulaire.

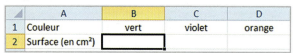

1. Compléter ce tableau à l'aide des dimensions mentionnées sur le dessin.
2. À l'aide de l'assistant graphique, réaliser un diagramme circulaire illustrant ces données.
3. Quelle est la part de vert ? de violet ? d'orange ?

41 Décès de baleines en Alaska

Doc. 1 Décès de baleines en Alaska

Selon l'Agence américaine d'observation océanique et atmosphérique (NOAA), trente baleines ont été retrouvées mortes en 2015 dans les eaux glacées du golfe d'Alaska, soit six fois plus que l'année précédente et deux fois plus qu'en 2010. En 2011, on comptabilisait quatre carcasses de baleines retrouvées dans cette même région et le double en 2013. Au total, entre 2010 et 2015, soixante-et-onze baleines mortes ont été recensées sur les côtes de l'Alaska.

- À l'aide de l'assistant graphique du tableur, réaliser un diagramme en bâtons illustrant les données de l'agence américaine pour la période de 2010 à 2015.

Boite à outils

Avec un tableur : Représentations graphiques

- **Diagramme en bâtons**
Sélectionner la 2ᵉ ligne d'un tableau puis cliquer sur « Insertion », « Colonne ».
Un clic droit sur le diagramme permet d'accéder à « Sélectionner des données » pour modifier les étiquettes de l'axe horizontal et y inscrire les données de la 1ʳᵉ ligne du tableau.

- **Diagramme circulaire**
Sélectionner le tableau contenant les données à représenter, puis cliquer sur « Insertion », « Secteurs ».

- **Graphique cartésien**
Sélectionner le tableau contenant les données à représenter, puis cliquer sur « Insertion », « Nuage ».

Ta mission
Reconnaître et traiter des situations de proportionnalité.

CHAPITRE 7

Proportionnalité

Jeux

Xavier a effectué trois retouches de l'œuvre originale de Léonard de Vinci, *La Joconde*.
• Une seule de ces retouches est une réduction de l'œuvre originale. Laquelle ?

Œuvre originale

Retouche 1

Retouche 2

Retouche 3

Culture

Voir problème 57 p. 139

La mise en abyme est un procédé consistant à représenter une œuvre dans une œuvre similaire. Par exemple, dans *L'Illusion comique* de Pierre Corneille, les spectateurs assistent à une pièce dans laquelle les personnages eux-mêmes jouent une pièce de théâtre : c'est le théâtre dans le théâtre. En photographie, ce procédé consiste à incruster, dans une image, cette image elle-même réduite.

Sarah, de Pauline Greefhorst (2009).

Activités

Questions flash

1. Donner le prix de chacun des lots de casquettes suivants.

2. À la station-service, 20 L d'essence coutent 24 €, et 30 L coutent 36 €.
   a. Combien coutent 50 L d'essence ?
   b. Combien coutent 10 L d'essence ?
   c. Combien coute 1 L d'essence ?

3. Sarah possède 50 billes identiques. 10 billes pèsent 35 g.
   a. Combien pèsent 20 billes ?
   b. Combien pèsent 50 billes ?
   c. Combien pèse 1 bille ?

4. Les tarifs du parking souterrain du centre-ville sont donnés ci-contre. Yann a garé sa voiture dans ce parking mardi durant 1 h 20 min et mercredi durant 2 h 10 min. Julie a garé sa voiture jeudi durant 3 h 30 min. Ont-ils payé la même somme d'argent ?

Durée	Prix
10 min à 1 h	6 €
1 h à 2 h	11 €
2 h à 3 h	16 €
3 h à 4 h	21 €
4 h à 5 h	26 €
5 h à 6 h	31 €
6 h à 24 h	36 €

5. Choisir la (ou les) bonne(s) réponse(s).
« 50 % des élèves pratiquent un sport » signifie que :
   a. 100 élèves pratiquent un sport.
   b. 50 élèves pratiquent un sport.
   c. 50 élèves sur 100 pratiquent un sport.
   d. la moitié des élèves pratiquent un sport.

6. Le prix d'un abonnement dans un club de gym est de 40 € par mois. Son prix augmente de 25 %. Combien coute-t-il après cette hausse ?

Vrai ou faux ? — CM2 — Activité 1

Voici une liste d'affirmations. Pour chacune d'elles, dire si elle est vraie ou fausse et expliquer pourquoi.

1. Marie pèse 7 kg à 6 mois, donc elle pèsera 14 kg à 1 an et 28 kg à 2 ans.

2. Boris achète 3 kg de pommes à 2,40 € le kilogramme. Il doit payer 7,20 €.

3. D'après les informations ci-contre, on peut supposer qu'à 100 km/h, une voiture aura besoin de 52 m pour s'arrêter.

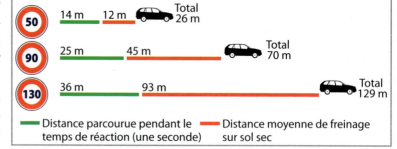

4. Chez le maraicher, on peut lire :

1,20 € la botte de radis
2 bottes achetées, la 3ᵉ offerte

1 salade 0,70 €
2 € les 3 salades

2,50 € les 250 g de champignons de Paris

Les affirmations suivantes sont-elles vraies ou fausses ?
   a. Nadia paiera 3,60 € pour trois bottes de radis.
   b. Hector paiera 2,80 € pour quatre salades.
   c. Ethan paiera 10 € pour 1 kg de champignons de Paris.

Vocabulaire

Maraicher : Personne qui cultive des fruits et des légumes

Activité 2 — Emploi saisonnier

Naïm a trouvé un emploi pour les vacances. Il est payé à l'heure.
Lundi, il a travaillé 5 heures et a été payé 41 €.
Mardi, il a travaillé 3 heures et a été payé 24,60 €.

1. Mercredi, il va travailler 8 heures. Combien sera-t-il payé ce jour-là ?
2. Jeudi, il va travailler 4 heures. Combien sera-t-il payé ce jour-là ?
3. Le salaire minimum horaire est d'environ 7,60 €. Naïm gagne-t-il plus que le salaire minimum ?
4. Combien gagnera-t-il pour une semaine de 35 heures de travail ?

Activité 3 — Promenade à vélo
Prise d'initiative

Un journal propose à ses lecteurs la promenade à vélo ci-contre.

1. Estimer le plus précisément possible la longueur totale en mètres de cette promenade.
2. À vélo, Lucie roule généralement à 300 mètres par minute. Combien de temps doit-elle prévoir pour cette promenade à vélo ?

Activité 4 — Puzzle de Brousseau
Prise d'initiative

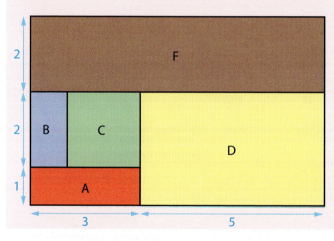

Ce puzzle rectangulaire est constitué d'un carré vert et de quatre rectangles bleu, rouge, jaune et marron.
Les dimensions indiquées sont en centimètres.

• Tracer sur une feuille un agrandissement de ce puzzle de façon à ce que le carré vert ait pour côté 3 cm.

Activité 5 — Matières grasses

Léopold vient d'acheter son camembert préféré.
Son fils affirme : « Ton camembert contient moins de 50 g de matières grasses ! »
Léopold lui répond : « Impossible, il en contient bien plus que cela ! Un camembert identique de 100 g en contiendrait déjà 45 g. »

• Qui a raison ? Calculer la masse de matières grasses contenue dans ce camembert.

Chapitre 7 Proportionnalité

CM2 — 1 Reconnaitre une situation de proportionnalité

Définition

Deux grandeurs sont **proportionnelles** si les valeurs de l'une s'obtiennent en multipliant les valeurs de l'autre par un même nombre, appelé **coefficient de proportionnalité**.

1. Une situation de proportionnalité

Des t-shirts sont vendus à l'unité. Un t-shirt coute 11 €.

Le **prix à payer** en euros s'obtient en multipliant le **nombre de t-shirts achetés** par **11**.

Le **nombre de t-shirts achetés** et le **prix à payer** sont deux grandeurs proportionnelles.

11 est le **coefficient de proportionnalité**.

Luc a acheté **6** t-shirts. Il a payé **6 × 11 = 66** euros.

Hatim a acheté des t-shirts et a payé **132** euros.
Il a acheté **132 ÷ 11 = 12** t-shirts.

 On peut représenter la situation dans un tableau en y rassemblant les grandeurs étudiées.

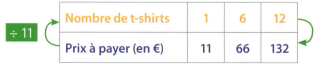

C'est un tableau de proportionnalité.

2. Une situation qui ne relève pas de la proportionnalité

Des stylos sont vendus 2,10 € l'un et 20 € le paquet de dix.

On ne peut pas obtenir le **prix à payer** en multipliant le **nombre de stylos achetés** par un même nombre : le **prix à payer** et le **nombre de stylos achetés** ne sont pas des grandeurs proportionnelles.

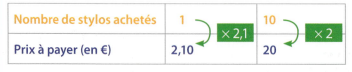

Ce n'est pas un tableau de proportionnalité.

Savoir-faire

Entraine-toi avec ces exercices corrigés en page 300 !

1 Reconnaitre une situation de proportionnalité

1 Pendant les deux semaines des vacances d'hiver, Mathilde a lu au total 210 pages. Pendant les neuf semaines des vacances d'été, elle a lu au total 945 pages.
- Le nombre de pages lues par Mathilde est-il proportionnel au nombre de semaines de vacances ?

Solution

On peut représenter la situation par un tableau :

Nombre de semaines de vacances	2	9
Nombre de pages lues	210	945

Pour déterminer si l'on peut passer de la 1re à la 2e ligne en multipliant par un même nombre, on calcule les quotients :

$$\frac{210}{2} = 105 \quad \text{et} \quad \frac{945}{9} = 105$$

Le **nombre de pages lues** s'obtient en multipliant le **nombre de semaines de vacances** par 105. Ces deux grandeurs sont donc proportionnelles, et le coefficient de proportionnalité est 105.

2 Un magasin vend deux types de boites de gazon à semer.

boite de 3 kg
surface couverte : 105 m^2

sac de 5 kg
surface couverte : 200 m^2

- La surface couverte et la masse de gazon sont-elles proportionnelles ?

Solution

On peut représenter la situation par un tableau.

Masse de gazon (en kg)	3	5
Surface couverte (en m^2)	105	200

On calcule les quotients :

$$\frac{105}{3} = 35 \quad \text{et} \quad \frac{200}{5} = 40$$

Les quotients ne sont pas égaux, on ne peut pas obtenir la **surface couverte** en multipliant la **masse de gazon** par un même nombre.

Ces deux grandeurs ne sont donc pas proportionnelles.

3 Dans un supermarché, le jambon blanc est vendu par paquets de 2 ou 6 tranches.
- Le prix affiché est-il proportionnel au nombre de tranches ?

4 Maïa a mis 10 minutes pour faire ses deux exercices de français et 25 minutes pour faire ses quatre exercices d'anglais.
- Le nombre d'exercices et la durée pour les faire sont-ils proportionnels ?

5 Younes a téléchargé un film de 4 Go (gigaoctets) en 5 minutes et une série entière de 10 Go en 12 min 30 s.
- Y a-t-il proportionnalité entre la taille du fichier vidéo et la durée de téléchargement ?

Chapitre 7 Proportionnalité — 129

2 Calculer une quatrième proportionnelle

Propriété

Dans un tableau de proportionnalité à quatre cases, lorsque l'on connait trois valeurs, on peut calculer la quatrième valeur, appelée **quatrième proportionnelle**.

Méthode 1

Lien entre les colonnes : addition
Pour obtenir les nombres d'une colonne dans un tableau de proportionnalité, on peut ajouter les nombres de deux autres colonnes.

Au restaurant scolaire, si **3** repas coutent **12,90 €** et **2** repas coutent **8,60 €**, alors **5** repas coutent :   12,90 € + 8,60 € = 21,50 €

Nombre de repas	3	+	2	5
Prix (en €)	12,90	+	8,60	21,50

Méthode 2

Lien entre les colonnes : multiplication et division
Pour obtenir les nombres d'une colonne dans un tableau de proportionnalité, on peut multiplier (ou diviser) les nombres d'une autre colonne par un même nombre.

Pour fabriquer **50 sacs**, une usine a besoin de **40 m²** de tissu.
Pour fabriquer trois fois plus de sacs (soit **150 sacs**), elle aura besoin de trois fois plus de tissu (soit **120 m²**).

Nombre de sacs fabriqués	50	150
Surface de tissu (en m²)	40	120

× 3

Méthode 3

Passage par l'unité
Pour traiter une situation de proportionnalité, il est parfois plus judicieux de revenir à l'unité.

En randonnée, Marianne marche toujours à la même vitesse.
En **3 heures**, elle parcourt **12 km**. Combien parcourt-elle en **5 heures** ?
En **1 heure**, elle parcourt 3 fois moins de distance qu'en 3 heures, soit **4 km**.
En **5 heures**, elle parcourt 5 fois plus de distance qu'en 1 heure, soit **20 km**.

÷ 3   × 5

Temps de marche (en h)	3	1	5
Distance parcourue (en km)	12	4	20

÷ 3   × 5

Savoir-faire

2 Calculer une quatrième proportionnelle

Entraine-toi avec ces exercices corrigés en page 300 !

6 Mathis possède une collection de livres tous de la même taille. Une pile de cinq livres a une hauteur de 12,5 cm.
- Quelle est la hauteur d'une pile de quinze livres ?

Solution

Tous les livres étant de la même taille, le nombre de livres et la hauteur de la pile sont proportionnels.

Ici, il est plus simple d'utiliser la multiplication par un même nombre.

Nombre de livres	5	15
Hauteur de la pile (en cm)	12,5	?

×3

12,5 × 3 = 37,5
Une pile de 15 livres a une hauteur de 37,5 cm.

7 Marc pèse ses billes de verre, toutes identiques, avec la balance de la cuisine : 36 billes pèsent 86,4 g, et 24 billes pèsent 57,6 g.
- Combien pèsent 60 billes ?

Solution

Les billes en verre sont identiques donc la masse est proportionnelle au nombre de billes.

Ici, il est plus simple d'utiliser l'addition de deux colonnes.

Nombre de billes	36 +	24	60
Masse (en g)	86,4 +	57,6	?

86,4 + 57,6 = 144
60 billes pèsent 144 g.

8 Avec quatre litres d'une peinture, on peut recouvrir 25 m².
- Quelle surface peut-on peindre avec onze litres de cette même peinture ?

Solution

Il y a proportionnalité entre la surface peinte et le volume de peinture.

Ici, on peut passer par l'unité.

÷4 ×11

Volume de peinture (en L)	4	1	11
Surface peinte (en m²)	25	?	?

÷4 ×11

Avec 1 litre, on peut peindre 25 ÷ 4 = 6,25 m².
Avec 11 litres : 6,25 × 11 = 68,75 m²

9 Sur une clé USB de 4 Go (gigaoctets), Maria peut enregistrer 5 heures de vidéo.
- Quelle durée de vidéo peut-elle enregistrer sur une clé de 32 Go ?

10 Un robinet a un débit d'eau régulier de trois litres par minute.
- Combien de litres d'eau s'écoulent en 2 minutes ? en 1 heure ? en 1 h 30 min ?

11 Le raisin blanc est vendu 4,30 €/kg.
- Quel est le prix de 2,4 kg de raisin blanc ?

12 En pédalant à vitesse constante, Nadia parcourt 10 km en 15 min.
- Combien de temps mettra-t-elle pour parcourir 20 km ? 2 km ? 18 km ?

13 Chez le primeur, les avocats sont vendus à l'unité. Cinq avocats coutent 11,50 €.

Vocabulaire
Primeur : Personne qui vend des fruits et des légumes en début de saison

- Quel est le prix de sept avocats ?

Chapitre 7 Proportionnalité 131

3 Utiliser une échelle

Définition

Dans une représentation **à l'échelle**, les longueurs représentées et les longueurs réelles sont proportionnelles.
L'échelle est le coefficient de proportionnalité. Elle est égale au rapport $\dfrac{\text{longueur représentée}}{\text{longueur réelle}}$ où les longueurs sont exprimées dans la même unité.
- Si l'échelle est inférieure à 1, la représentation est une **réduction**.
- Si l'échelle est supérieure à 1, la représentation est un **agrandissement**.

- Sur le plan ci-contre à l'échelle $\dfrac{1}{200\,000}$, le chemin de randonnée entre les Granges d'Astau et le lac d'Oô mesure environ 3,4 cm. Quelle est sa longueur réelle ?

÷ 200 000

Longueur sur le plan (en cm)	1	3,4
Longueur réelle (en cm)	200 000	?

× 200 000

Une longueur de 3,4 cm sur le plan correspond à une longueur réelle de : $3,4 \times 200\,000 = 680\,000$ cm
soit 6 800 m ou encore 6,8 km.

- La photographie ci-contre est un agrandissement d'un acarien à l'échelle 80. Quelle est sa longueur réelle ?
Sur la photographie, l'acarien mesure 24 mm.

÷ 80

Longueur sur la photo (en mm)	80	24
Longueur réelle (en mm)	1	?

× 80

La longueur réelle de cet acarien est : $24 \div 80 = 0,3$ mm

4 Appliquer un taux de pourcentage

Propriété

Un **pourcentage** exprime une proportion par rapport à 100 et traduit une situation de proportionnalité.

L'eau de la mer Méditerranée contient environ 4 % de sel. Cela signifie que 100 g d'eau contiennent environ 4 g de sel. La **masse de sel** et la **masse d'eau** sont proportionnelles, et le coefficient de proportionnalité est égal à $\dfrac{4}{100} = 0,04$.
Quelle est la masse de sel contenue dans 680 g d'eau ?

÷ 0,04

Masse de sel (en g)	4	?
Masse d'eau (en g)	100	680

× 0,04

La masse de sel contenue dans 680 g d'eau est égale à : $680 \times \dfrac{4}{100} = 680 \times 0,04 = 27,2$ g

Savoir-faire

3 Utiliser une échelle

14 Dans le parc France Miniature, de nombreux monuments sont représentés en maquettes à l'échelle $\frac{1}{30}$.

La maquette du fort Boyard a une hauteur de 66 cm.
- Quelle est la hauteur réelle de ce fort ?

Solution

Le fort Boyard, en Charente-Maritime.

Les longueurs sur la maquette sont proportionnelles aux longueurs réelles.

1 cm sur la maquette représente 30 cm en réalité.
On cherche la longueur réelle correspondant à 66 cm sur la maquette.

Longueur sur la maquette (en cm)	1	66
Longueur réelle (en cm)	30	?

× 30

66 × 30 = 1 980   Le fort a une hauteur de 1 980 cm, soit 19,8 m en réalité.

15 La chambre de Léo a la forme d'un rectangle qui mesure 4,3 m sur 5 m.
- Réaliser un plan de cette chambre à l'échelle $\frac{1}{50}$.

4 Appliquer un taux de pourcentage

16 Quelle est la quantité de lactose, en cL, dans la bouteille ci-contre ?

Vocabulaire
Lactose : Sucre contenu dans le lait

Solution

Il y a 0,5 % de lactose. Cela signifie que pour 100 cL de lait, il y a 0,5 cL de lactose. La quantité de lactose et la quantité de lait sont proportionnelles, et le coefficient de proportionnalité est $\frac{0,5}{100} = 0,005$.

÷ 0,005

Quantité de lactose (en cL)	0,5	?
Quantité de lait (en cL)	100	75

× 0,005

75 × 0,005 = 0,375   Dans une bouteille de 75 cL de lait, il y a 0,375 cL de lactose.

17 Titouan a reçu 80 € pour son anniversaire, dont 25 % ont été donnés par sa tante.
- Combien d'euros sa tante lui a-t-elle donnés ?

18 Sur un paquet de 250 g de pâtes d'Alsace, il est écrit « œufs frais : 30 % ».
- Quelle est la masse d'œufs frais dans ce paquet ?

Chapitre 7 Proportionnalité

Exercices

Diaporamas de calcul mental dans le manuel numérique

Reconnaitre une situation de proportionnalité

➡ Savoir-faire p. 129

Questions flash

19 Un athlète court le 50 m en 5 s, le 100 m en 10 s et le 200 m en 22 secondes.
• La distance parcourue est-elle proportionnelle au temps de parcours ?

20

Un paquet de 4 yaourts : 1,20 €

Un paquet de 8 yaourts : 2,40 €

• Le prix des yaourts est-il proportionnel au nombre de yaourts ? Justifier.

21 Youssef a neuf ans et mesure 1,42 m.
• Peut-on calculer sa taille quand il aura 18 ans ?

22 J'ai roulé 3 heures sur autoroute à 130 km/h.
• Puis-je connaitre la distance que j'ai parcourue ?

23 Au supermarché, un pot de fromage blanc coute 2,15 €.
• Peut-on connaitre le prix de cinq pots de fromage blanc ?

24 Laurence a pesé les pommes de son verger par paquet. Voici les résultats qu'elle obtient :

Nombre de pommes	5	6	11	12
Masse (en grammes)	1 250	1 300	2 600	2 600

• Les pommes de Laurence ont-elles toutes la même masse ? Justifier.

25 Marc se promène à vélo dans son quartier et compte le nombre de tours que fait sa roue avant. Voici ce qu'il a relevé :

Nombre de tours de roue	21	42	63
Distance parcourue à vélo (en m)	40	80	120

• La distance parcourue est-elle proportionnelle au nombre de tours de roue ? Justifier.

26 La figure 2 ci-dessous est-elle un agrandissement de la figure 1 ? Justifier.

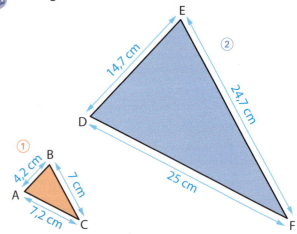

Calculer une quatrième proportionnelle

➡ Savoir-faire p. 131

Questions flash

27 Sur le stand de M. Marchand, les patates douces sont vendues au kilogramme.

1. Combien coutent 5 kg de patates douces ?
2. Combien coutent 10 kg de patates douces ?
3. Combien coute 1 kg de patates douces ?
4. Combien coutent 500 g de patates douces ?

134 NOMBRES ET CALCULS

28 À la station-service, dix litres d'essence coutent 12,50 €.
- Quel est le prix d'un litre d'essence ?

29 Quatre matelas identiques empilés les uns sur les autres forment une pile d'un mètre de hauteur.
1. Si on empile douze de ces matelas, quelle hauteur cette pile aura-t-elle ?
2. Si on empile treize de ces matelas, quelle hauteur cette pile aura-t-elle ?

30 Un magasin vend des bonbons à 0,60 € l'un. Marc achète 13 bonbons, Nathalie en achète 24, Nadia en achète 37.
- Combien chacun va-t-il payer ?

31 1. Quelle est l'épaisseur d'une pièce de 50 centimes d'euro ?
2. Si on empile 35 pièces de 50 centimes d'euro, quelle sera la hauteur de cette pile ?
3. Combien faut-il empiler de pièces de 50 centimes d'euro pour former une pile de 47,6 mm ?

32 Le robinet du lavabo fuit : il perd 10 cL par minute.
1. Quelle quantité d'eau, en cL, s'écoule en une heure ?
2. Quelle quantité d'eau, en cL, s'écoule en une journée ? Convertir le résultat en L.
3. Combien de temps faudra-t-il pour que 1 m³ d'eau se soit écoulé de ce robinet qui fuit ?

33 Les joueuses d'une équipe de football décident de manger ensemble chez le pizzaiolo après leur match. Elles se partagent huit calzones. Cela leur coute 103,20 €.
- Si elles avaient acheté trois calzones, combien auraient-elles payé ?

34 Abel a eu 9 sur 12 à une évaluation d'anglais.
- Quelle note cela représente-t-il sur 20 ?

Utiliser une échelle

▶ Savoir-faire p. 133

35 Yasmine veut faire un agrandissement de cette photographie pour la mettre dans un cadre de 10 cm sur 14 cm.
- Yasmine peut-elle faire un agrandissement à l'échelle 3 de la photographie originale ?

36 La tour Eiffel mesure 324 m de haut. Louis affirme que s'il fait une maquette à l'échelle $\frac{1}{100}$, elle ne dépassera pas 3 m de haut.
- A-t-il raison ?

37 On a représenté une image et sa réduction à l'échelle $\frac{1}{5}$:

L'image originale a la forme d'un carré de côté 30 cm.
- Quelles sont les dimensions de sa réduction ?

38 Loïc possède une dédicace de son chanteur préféré sur un post-it carré de 8 cm de côté. Il en a fait un agrandissement à l'échelle 3 pour l'afficher dans sa chambre.
- Quelle est l'aire de sa nouvelle dédicace ?

Chapitre 7 Proportionnalité

Exercices

39 Le grand-père de Cédric possède une version miniature de l'A380, un avion de ligne gros porteur.

Sa maquette de l'A380, à l'échelle $\frac{1}{144}$, a une envergure de 55,4 cm et une longueur de 50,5 cm.

— Vocabulaire —
Envergure : Distance entre les deux extrémités des ailes d'un avion ou d'un oiseau

• Quelles sont les dimensions réelles de l'A380 ?

40 Tracer un agrandissement à l'échelle 3,5 de ce carré décoré.

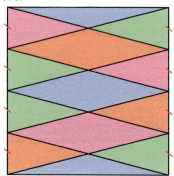

Appliquer un taux de pourcentage

➡ Savoir-faire p. 133

Questions flash

41 Parmi les 28 élèves d'une classe, 25 % sont externes.
• Combien y a-t-il d'externes ?

42 Durant les soldes, le prix d'un pull est passé de 50 € à 40 €.
• La remise a-t-elle été de 10 % ou de 20 % ?

43 Dans un aquarium, 2 % de l'eau s'évapore chaque jour. Cet aquarium contient 50 L d'eau.
• Quelle quantité d'eau s'évapore en une journée ?

44 Un pantalon dont le prix initial était de 110 € est soldé à –20 %.
• Quel est son prix soldé ?

45 Esther a commandé son nouveau smartphone sur Internet, au prix de 235 €.
Elle a dû verser un acompte de 10 % au moment de sa commande.
1. Quel est le montant de cet acompte ?
2. Combien lui reste-t-il à payer ?

46 Quelle est la masse de matière grasse dans un de ces pots de fromage blanc ?

47 À l'élection des délégués d'une classe de vingt élèves, 65 % des élèves ont voté pour Joanna.
• Combien d'élèves de cette classe ont voté pour Joanna ?

48 Laurincia a coupé son gâteau d'anniversaire en huit parts égales.

1. Quel pourcentage du gâteau représente chaque part ?
2. Quel pourcentage du gâteau représentent trois parts ?

49 Il y a 120 élèves de 3ᵉ dans un collège. 85 % d'entre eux ont obtenu leur diplôme national du brevet.
1. Combien d'élèves de 3ᵉ de ce collège ont obtenu leur diplôme national du brevet ?
2. a. Combien d'élèves n'ont pas eu leur diplôme ?
   b. Quel pourcentage des élèves de 3ᵉ du collège représentent-ils ?

50 1. Quelle est la masse de sucre contenue dans ce pot de confiture ?
2. Combien de morceaux de sucre de 5 g cela représente-t-il ?

➡ Corrigés p. 300

QCM
Donner **la seule réponse correcte** parmi les trois proposées.

		Réponse A	Réponse B	Réponse C
1	**Reconnaitre une situation de proportionnalité**			
	1. Des stylos sont vendus par lot de 3 à 2,55 €, par lot de 5 à 4,25 € et par lot de 12 à 10 €. Le prix est-il proportionnel au nombre de stylos achetés ?	Oui	Non	On ne peut pas savoir.
2	**Calculer une quatrième proportionnelle**			
	2. Dix roses coutent 15 €. Trente roses coutent :	20 €	35 €	45 €
	3. Quatre gâteaux pèsent 320 g. Sept gâteaux pèsent :	470 g	560 g	640 g
3	**Utiliser une échelle**			
	4. Deux villes sont distantes de 3 km. Quelle distance les sépare sur une carte à l'échelle $\dfrac{1}{25\,000}$?	12 cm	3 cm	7,5 cm
4	**Appliquer un taux de pourcentage**			
	5. Dans un collège de 500 élèves, 60 % des élèves possèdent un smartphone. Combien d'élèves possèdent un smartphone dans ce collège ?	300	60	100

Carte mentale

Voici un exemple de carte mentale. Tu peux aussi en créer une à ta façon !

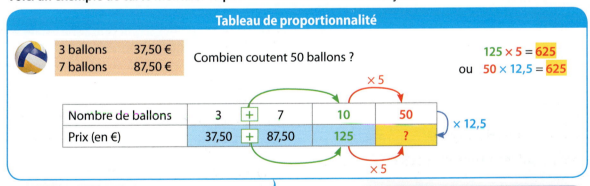

Échelle

échelle = $\dfrac{\text{distance représentée}}{\text{distance réelle}}$

SITUATIONS DE PROPORTIONNALITÉ

Passage à l'unité

30 L → 36 €
1 L → 1,20 €
42 L → 50,40 €

Passage à l'unité :
36 ÷ 30 = 1,2
1,2 × 42 = 50,40

Pourcentage

15 % est une proportion.
15 % signifie « 15 pour un total de 100 ».

Chapitre 7 Proportionnalité **137**

Problèmes

➡ Corrigés p. 300

Pour mieux cibler les compétences

Chercher	55 61 67 63	Raisonner	65 66 69
Modéliser	55 61 67 68	Calculer	51 52 59 68
Représenter	54 58 66	Communiquer	66 69 70

51 Gâteau au chocolat

Gâteau au chocolat

Ingrédients pour 4 personnes :
- 250 g de chocolat pâtissier
- 2 œufs
- 150 g de farine
- 80 g de sucre
- 8 cerises

Maryse veut utiliser cette recette de gâteau pour 22 personnes.
- Quelle quantité de chaque ingrédient lui faudra-t-il ?

52 La classe

Au collège Aliénor d'Aquitaine, il y a 25 élèves dans la classe de 5ᵉ A.
Trois langues sont proposées en LV2 :
16 % des élèves de 5ᵉ A ont choisi le portugais, 12 % l'allemand et les autres, l'espagnol.
- Calculer le nombre d'élèves qui étudient le portugais, l'allemand et l'espagnol dans cette classe.

53 Souvenir de voyage

Myriam rentre d'un voyage en Grèce. Voici sa photo préférée :

Elle voudrait la faire agrandir afin d'en faire une affiche de 30 cm de large qu'elle collera sur la porte de sa chambre.
- Quelle sera la hauteur de son affiche ?

54 Gris clair et gris foncé

Vivien a réalisé de la peinture grise en mélangeant 2 litres de peinture noire avec 5 litres de peinture blanche.
Le lendemain, il refait un mélange de 10 litres de peinture grise contenant 7 litres de peinture blanche.
- Quelle est la peinture la plus foncée ?

55 Distances

La distance à vol d'oiseau entre Nancy et Strasbourg est d'environ 115 km.

- Quelle est la distance approximative entre Reims et Strasbourg, à vol d'oiseau ?

Vocabulaire
À vol d'oiseau : En suivant une ligne droite

56 Agrandissement

Le sculpteur Quentin Garel fait des agrandissements très réalistes de crânes d'animaux.
Sur cette sculpture, le crâne de flamant rose mesure environ 1,50 m de long.
Dans la nature, un crâne de flamant rose mesure environ 10 cm de long et 4 cm de large.

- Quelle est la largeur de la sculpture ?

138 NOMBRES ET CALCULS

57 Mise en abyme

La photographie ci-dessous a une taille originale de 41 cm sur 22 cm. On peut y voir un ordinateur dont l'écran contient une photo semblable, qui contient une photo semblable, et ainsi de suite…

Chaque photographie affichée à l'écran a des dimensions égales à 35 % de celles de la photo qui la contient.

• Donner une valeur approchée des dimensions de la photographie contenue dans le deuxième plus grand écran.

Découvre le procédé de la mise en abyme dans l'art p. 125 !

58 Le tapis

Un tapis carré couvre 25 % de la surface du salon de René. Son salon est un rectangle de longueur 7,2 m et de largeur 5 m.

• Quelles sont les dimensions du tapis de René ?

59 Statue de la Liberté

La statue de la Liberté de New York a été offerte par le peuple français aux États-Unis pour célébrer le centenaire de la déclaration d'indépendance américaine.

Hauteur de la base jusqu'à la torche : 46,05 m
Longueur de l'index : 2,44 m
Longueur du bras droit : 12,80 m
Longueur du nez : 1,37 m

Une réplique existe à Paris, sur la Seine au niveau du pont de Grenelle. Sa hauteur, de la base jusqu'à la torche, est de 11,50 m. La longueur de sa main est de 1,25 m.

1. Calculer la longueur de la main de la statue de New York.
2. Calculer la longueur du nez de la statue de Paris.

60 Route du Rhum

La route du Rhum est une course transatlantique en solitaire qui se court de Saint-Malo, en Bretagne, à Pointe-à-Pitre, en Guadeloupe.

Le mille marin international, aussi appelé « mille nautique », équivaut à 1 852 mètres.

1. Combien de kilomètres parcourent les navigateurs qui participent à cette course ?
2. Le record de la traversée est détenu par Loïck Peyron qui a navigué, en 2014, à la vitesse moyenne de 35,8 km/h.
   A-t-il mis moins de huit jours pour faire cette traversée ?

61 Batterie

Voici ce qu'affiche l'écran de l'ordinateur portable d'Émeline :

• Lorsque la batterie est entièrement chargée, pendant combien de temps Émeline peut-elle se servir de son ordinateur sans le brancher sur le secteur ?

62 Promotions

Noa a acheté un lecteur DVD dont le prix avant les soldes était de 250 €. Il a attendu les soldes et a profité d'une remise de 40 %.

Gabin a acheté le même lecteur DVD dans un autre magasin, à la fin des soldes. Le prix initial était le même, mais il a bénéficié d'une première remise de 18 %, puis ce nouveau prix a encore été réduit de 22 %.

Noa affirme : « C'est moi qui ai eu la meilleure remise ! »

Gabin lui répond : « Non ! C'est moi, j'en suis sûr. »

Erwan : « Vous avez payé le même prix ! »

• Qui a raison ? Justifier.

Chapitre 7 Proportionnalité — 139

Problèmes

63 Composition du sang

Le corps d'un homme adulte contient environ cinq litres de sang.
Le sang est ainsi composé :

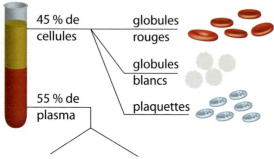

1. Combien de litres les cellules occupent-elles dans le sang d'un homme adulte ?
2. Combien de litres le plasma occupe-t-il dans le sang du corps d'un homme adulte ?
3. Calculer la quantité d'eau contenue dans le sang d'un homme adulte.

64 Malade

Jennie a une sinusite. Elle doit suivre un traitement de 7 jours, en prenant 3 doses de 1 g par jour.
À la caisse, la pharmacienne hésite entre deux conditionnements, dans lesquels la composition du médicament est rigoureusement la même.

- Quel conditionnement la pharmacienne proposera-t-elle à Jennie si elle veut lui prescrire le traitement le moins cher ?

65 Commande Internet

Lisa a commandé sur un site Internet deux jupes à 29,90 € l'une et trois hauts à 16,40 € chacun.
Elle dispose :
- d'une carte de fidélité qui lui offre 12 % de remise sur le montant de ses achats ;
- d'un bon de réduction de 12 €.

Les deux offres ne sont pas cumulables.

1. Quelle offre Lisa a-t-elle intérêt à choisir ?
2. Les frais de port s'élèvent à 5,80 €.
   Calculer le montant de la commande de Lisa.

66 Économique

Marion est au supermarché. Elle hésite entre deux offres promotionnelles sur des gâteaux.

- Quelle offre est la plus économique ?

67 La Liberté guidant le peuple

La Liberté guidant le peuple, un tableau peint par Eugène Delacroix en 1830, est souvent choisi comme symbole de la démocratie.
Ce tableau a été exposé lors de l'inauguration du musée Louvre-Lens en décembre 2012.

Sur cette photographie, les deux hommes en bleu au pied du tableau mesurent environ 1,80 m.

- Donner une valeur approchée des dimensions de ce tableau.

68 Mon beau jardin

M. et Mme Delanne désirent aménager leur jardin avec une piscine et un potager, le restant étant occupé par de la pelouse qu'il faudra semer.

Doc. 1 Le jardin

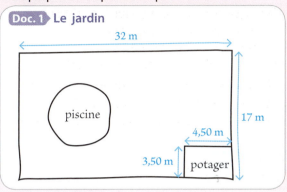

Doc. 2 La piscine

Piscine ronde ⌀ 4,60 m
795,00 €
dont 1,50 € de recyclage

Dimensions extérieures :
diamètre 460 cm × hauteur 120 cm
Volume d'eau : 17,45 m³
Hauteur de la ligne d'eau : 105 cm

Doc. 3 La pelouse

Surface couverte : 30 m² avec 1 kg de gazon

Sapouss Gazon universel 1 kg
Conditionnement : 1 kg
10 € 95 la boite
pour 4 boites achetées, 1 offerte

Sapouss Gazon universel 3 kg
Conditionnement : 3 kg
25 € 95 la boite

Doc. 4 Le potager

Mélange semis automnal
14,95 €
1 boite (20 m²)

• Donner une estimation du prix que vont payer M. et Mme Delanne pour cet aménagement.

69 Des milliers de vis

Valentin est plâtrier. Il a souvent besoin d'acheter des vis en acier pour fixer des plaques de plâtre. Les vis sont vendues par paquets de 30, de 300 ou de 1 000 vis.

Lot de 1 000 vis acier Safix
3,5 × 25 mm
8,00 € /lot

Lot de 300 vis acier Safix
3,5 × 25 mm
7,00 € /lot

Lot de 30 vis acier Safix
3,5 × 25 mm
2,40 € /lot

1. Valentin avait besoin de 1 600 vis Safix. Il a acheté une boite de 1 000 vis et deux boites de 300 vis. Son associé lui dit : « Tu n'as pas été très malin ! » A-t-il raison ?

2. Une semaine plus tard, Valentin a besoin de 3 090 vis acier Safix. En prenant l'option la moins chère, combien va-t-il payer ?

70 Petit déjeuner

Au petit déjeuner, Mme Martial prend un bol de 200 mL de lait demi-écrémé, avec 40 g de chocolat en poudre et un croissant de 80 g.

48 kcal
pour 100 mL

376 kcal
pour 100 g

406 kcal
pour 100 g

Pour une femme active, les nutritionnistes recommandent un apport quotidien de 2 000 kcal (kilocalories), dont 20 % à 25 % doivent être fournis par le petit déjeuner.

Vocabulaire
Nutritionniste : Professionnel de santé spécialiste de l'alimentation

• Les apports caloriques du petit déjeuner de Mme Martial sont-ils conformes aux recommandations ?

Travailler autrement
Utilisable en AP

À chacun son parcours !

71 Analyse de documents

> *Socle* **D1** *Je comprends le sens des consignes, je sais combiner les informations explicites et implicites d'une lecture.*
> *Socle* **D4** *Je sais prélever, organiser et traiter l'information utile.*

Anaïs souhaite faire un grand gâteau au chocolat pour sa fête d'anniversaire. Elle a invité ses parents, ses quatre grands-parents, trois cousins et cinq camarades de classe. Elle a acheté 5 tablettes de 200 g de chocolat pâtissier, 3 plaques de 125 g de beurre, 3 boites de 6 œufs, 1 kg de farine et 500 g de sucre.

Gâteau au chocolat
Temps de préparation : 10 minutes
Temps de cuisson : 30 minutes
Ingrédients (pour 6 personnes) :
- 200 g de chocolat pâtissier
- 100 g de beurre
- 4 œufs
- 50 g de farine
- 100 g de sucre en poudre

Mousse au chocolat
Temps de préparation : 15 minutes
Temps de cuisson : 0 minute
Ingrédients (pour 6 personnes) :
- 200 g de chocolat pâtissier
- 6 œufs
- 25 g de beurre

🟡 Questions ceinture jaune
1. Combien de personnes seront présentes à la fête d'anniversaire d'Anaïs ?
2. Quelle quantité de chocolat pâtissier Anaïs a-t-elle achetée ?
3. Quelle quantité de chocolat pâtissier doit-elle utiliser pour son gâteau ?

🟢 Questions ceinture verte
1. Calculer la quantité de chaque ingrédient qu'Anaïs devra utiliser pour réaliser son gâteau.
2. Lui reste-t-il assez de chocolat pour préparer de la mousse pour six personnes ?

⚫ Questions ceinture noire
1. Écrire la recette du gâteau au chocolat correspondant au nombre de personnes présentes à la fête d'anniversaire d'Anaïs.
2. Calculer la quantité restante de chaque ingrédient, une fois qu'Anaïs aura réalisé son gâteau d'anniversaire.
3. Avec les quantités restantes, elle souhaite faire de la mousse au chocolat. Pour combien de personnes pourra-t-elle en préparer ?

72 Écriture d'énoncé

> *Socle* **D1** *Je sais m'exprimer en utilisant la langue française à l'écrit.*

À deux, rédiger l'énoncé d'un problème mathématique respectant les conditions énoncées ci-dessous, puis proposer cet énoncé à un autre binôme.

🟡 Questions ceinture jaune
La résolution du problème nécessitera de faire intervenir une situation de proportionnalité et la donnée suivante :
Le prix des remontées mécaniques au ski est de 43 € par jour et par personne.

🟢 Questions ceinture verte
La résolution du problème nécessitera de faire intervenir une situation de proportionnalité et les calculs suivants :

$150 \div 6 = 25$ $25 \times 8 = 200$

⚫ Questions ceinture noire
La résolution du problème nécessitera de faire intervenir une situation de proportionnalité et les calculs suivants :

$400 \div 8 = 50$ $50 \times 12 = 600$
$600 - 400 = 200$

73 Analyse de production

Socle D2 Je sais analyser les erreurs.

Un professeur a donné les exercices suivants à ses élèves. Analyser les productions des élèves en expliquant les erreurs éventuellement commises, et les corriger si nécessaire.

Questions ceinture jaune
Un loyer de 650 € augmente de 12 %.
- Quel est le montant du nouveau loyer ?

Sybille
Le prix augmente de 12 €, il est donc maintenant de 650 + 12 = 662 €.

Questions ceinture noire
Avec un logiciel de géométrie dynamique, on agrandit de 50 % un carré de 12 cm de côté, puis on réduit cet agrandissement de 20 %.
- Quelle est la longueur du côté du nouveau carré ?

Tania
Le côté du carré a donc augmenté de 30 %.
Dire que l'augmentation est de 30 %, signifie que, si le côté mesure 100 cm, il augmente de 30 cm.
Si le côté mesure 10 cm, il augmente de 3 cm (dix fois moins).
Si le côté mesure 2 cm, il augmente de 0,6 cm (cinq fois moins que précédemment).
Donc il a augmenté de 3 cm + 0,6 cm = 3,6 cm et mesure maintenant 12 cm + 3,6 cm = 15,6 cm.

Questions ceinture verte
Un club de gym a une superficie de 650 m². Après un changement de propriétaire, sa superficie est diminuée de 26 %.
- Quelle est sa nouvelle superficie ?

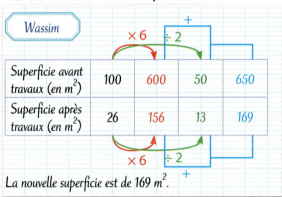

74 Résolution de problème avec un tableur

Socle D2 Je sais produire des tableaux.
Socle D2 Je sais mobiliser différents outils numériques pour créer des documents.

Dans la supérette du quartier, voici, ci-contre, les articles les mieux vendus.

17€ pour 1 kg

12€ les 4
4€ à l'unité
(100 g chacune)

7€ à l'unité
150 g

Questions ceinture jaune
À l'aide d'un tableur, établir la facture pour Louis qui a acheté en magasin deux rôtis de veau de 1 kg chacun, six quiches et douze saucisses.

Questions ceinture verte
À l'aide d'un tableur, établir la facture pour Zoé qui a acheté un rôti de veau de 2,5 kg, huit saucisses et quatre quiches. Zoé étant bonne cliente, le commerçant lui accorde une remise de 12 %.

Questions ceinture noire
À l'aide d'un tableur, établir la facture pour Sammy qui a commandé sept quiches, un rôti de veau de 3,6 kg et neuf saucisses. Il demande une livraison à domicile. Le commerçant lui accorde une remise de 15 %. Les frais de livraison représentent 10 % du total après remise.

Chapitre 7 Proportionnalité 143

Outils numériques et algorithmique

75 Tour de France en voiture

André va faire un tour de France en voiture en partant de Bordeaux. Il va aller successivement dans les villes de Paris, Lyon, Marseille et reviendra à Bordeaux.

André sait que sa voiture consomme environ 5,2 L d'essence pour parcourir 100 km. Son réservoir a une capacité de 40 litres, et l'essence coute environ 1,35 € le litre au moment de son voyage.

1. Combien de litres d'essence lui faut-il pour parcourir 10 km ? 1 km ?
2. Rechercher sur Internet la longueur, en kilomètres, de chacun des quatre trajets en voiture. Donner une valeur approchée au kilomètre près.
3. Reproduire le tableau suivant dans un tableur, puis le compléter.

	A	B	C	D	E
1	Trajet	Bordeaux Paris	Paris Lyon	Lyon Marseille	Marseille Bordeaux
2	Longueur (en km)				
3	Quantité d'essence consommée (en L)				
4	Cout de l'essence (en €)				

4. Dans la cellule F1, écrire « Total » et compléter les cellules F2, F3 et F4.
5. Combien lui coutera l'essence pour ce voyage ?
6. Combien de fois André devra-t-il faire le plein de carburant durant ce voyage ?

76 Agrandissements

1. Ouvrir Scratch et exécuter ce script. Quelle figure géométrique le lutin trace-t-il ?
2. De combien de « pas » le lutin a-t-il avancé pour tracer cette figure ?
3. Modifier le script pour que le lutin effectue un trajet semblable :
   a. deux fois plus long ;
   b. de 240 pas ;
   c. de 492 pas.
4. Modifier le script afin que le lutin trace un hexagone de 342 pas au total.

Boite à outils

Avec Scratch

- Pour faire avancer le lutin de 10 « pas » :
- Pour faire tourner le lutin sur lui-même de l'angle indiqué, dans le sens indiqué :
- Pour déplacer le lutin au centre de la scène :
- Pour faire écrire le lutin quand il se déplace :

CHAPITRE 8

Ta mission
Comprendre et utiliser la notion de distance.

Distance et cercle

Voir problème 50 p. 158

Culture

Dans ses œuvres d'art, Léonard de Vinci (1452-1519) a parfois utilisé les mathématiques. Vers 1492, il dessine, à la plume et à l'encre noire, *Étude des proportions du corps humain selon Vitruve*, dit aussi **L'Homme de Vitruve**. L'homme aux bras écartés, considéré comme l'homme aux proportions idéales, s'inscrit à la fois dans un cercle et dans un carré.

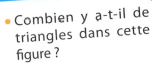

• Combien y a-t-il de triangles dans cette figure ?

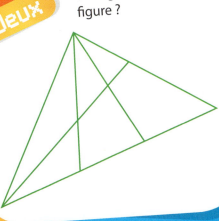

Activités

1. Diviser par 2 chacun des nombres suivants.
   8   24   7   13   6,8   10,4   4,5
2. Parmi les figures ci-contre, citer :
   a. les polygones ;
   b. les triangles ;
   c. les quadrilatères.

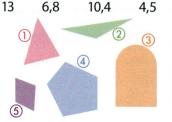

3. a. Donner toutes les manières de nommer ce quadrilatère.
   b. Citer ses sommets.
   c. Citer ses côtés.
   d. Citer ses diagonales.

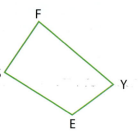

Constructions — CM2 — Activité 1

Gabriel est en 6e. Chacun de ses cours de géométrie commence par une construction. Son professeur projette au tableau des étiquettes, l'une après l'autre, sur lesquelles sont notées les consignes de construction. Les élèves réalisent ainsi la construction étape par étape.
Le professeur possède les étiquettes suivantes :

① Placer le point H, milieu du segment [AC].	② Placer un point D sur le segment [AC].	③ Tracer le segment [AC].	④ Mesurer la longueur du segment [CD].
⑤ Placer le point D, milieu du segment [AB].	⑥ Placer trois points alignés A, B et C.	⑦ Tracer la droite passant par A et B.	⑧ Placer trois points non alignés A, B et C.
⑨ Placer le point H, milieu du segment [AB].	⑩ Tracer le segment d'extrémités A et B.	⑪ Mesurer la longueur du segment [HD].	⑫ Tracer le segment [HD].
⑬ Tracer la droite (AC).	⑭ Tracer un segment [AC] de longueur 7 cm.	⑮ Placer un point H sur le segment [AC].	

1. Voici la construction de Gabriel, étape par étape :

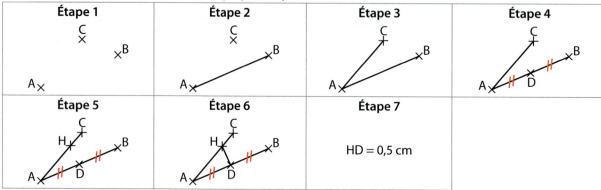

Citer, dans l'ordre, les étiquettes que le professeur a projetées.

2. Le jour suivant, le professeur projette, dans cet ordre, les étiquettes ci-dessous.

⑭ Tracer un segment [AC] de longueur 7 cm.	② Placer un point D sur le segment [AC].	① Placer le point H, milieu du segment [AC].	⑪ Mesurer la longueur du segment [HD].

Suivre les consignes données par le professeur.

146 ESPACE ET GÉOMÉTRIE

Top chrono ! — Activité 2

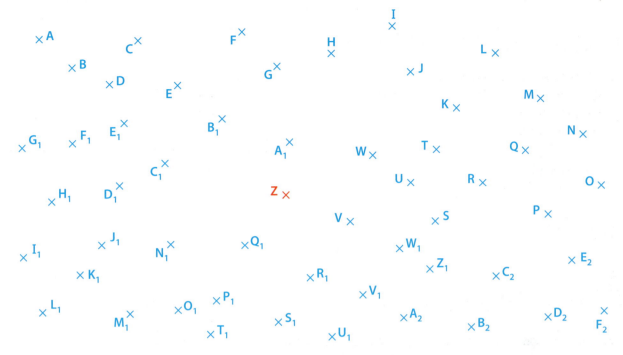

1. Citer le plus rapidement possible tous les points situés à 3,4 cm du point Z.
   Décrire la méthode utilisée.
2. Citer le plus rapidement possible tous les points situés à moins de 3,4 cm du point S.
   Décrire la méthode utilisée.

Tour de contrôle — Activité 3

Sur l'écran d'une tour de contrôle, on peut lire les distances entre trois avions. L'avion à destination de New York se trouve à 5 km de l'avion à destination de Boston et à 4,5 km de l'avion à destination de Washington. Ces deux derniers sont distants de 7 km.

1. Faire un schéma de la position de ces trois avions en utilisant l'échelle :
   1 cm sur le dessin pour 1 km en réalité.
2. Un autre avion est situé à 8 km des avions se dirigeant vers New York et Boston.
   Peut-on positionner exactement ce dernier avion sur le schéma précédent ?
   Si oui, le placer ; sinon, justifier.

Les allumettes — Activité 4

1. Avec quatre allumettes identiques, construire une première figure fermée, puis une deuxième.
   Comparer les figures obtenues avec celles de ses camarades.
   Que peut-on dire de ces figures ?
2. Reproduire ces deux figures sur son cahier et expliquer la démarche suivie.

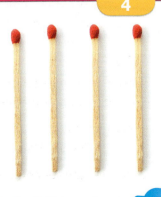

Chapitre 8 Distance et cercle — 147

CM2 — 1 Tracer et mesurer un segment

Définition

La **distance entre deux points** A et B est la longueur du segment d'extrémités A et B. On note ce segment [AB] et sa longueur AB.

Le segment [AB] mesure 3,8 cm.
On note : AB = 3,8 cm

Définition

Le **milieu d'un segment** est le point de ce segment qui est à la même distance de ses extrémités.

I est le milieu du segment [CD].
Le point I partage [CD] en deux segments de même longueur : les segments [CI] et [ID] sont codés avec un même symbole.
On note : I ∈ [CD]   et   IC = ID = CD ÷ 2.

Le symbole ∈ signifie « appartient à ».

2 Construire et utiliser un cercle

Définitions

O désigne un point, et *r* un nombre positif.
- Le **cercle** de centre O et de rayon *r* est l'ensemble des points situés à la même distance *r* du point O.
- Le **disque** de centre O et de rayon *r* est l'ensemble des points situés à une distance du point O inférieure ou égale à *r*.

- Le **cercle** de centre O et de rayon 3 cm est l'ensemble de tous les points situés à une distance de 3 cm du point O.

- Le **disque** de centre O et de rayon 3 cm est constitué de la zone verte, y compris le cercle.

- Le segment [BC] a pour milieu le point O : c'est un **diamètre** du cercle.
On dit que B et C sont **diamétralement opposés**.

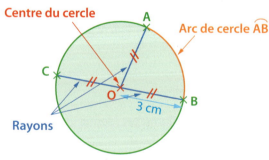

OA = OB = OC = 3 cm   et   BC = 6 cm.

Le mot « rayon » peut être utilisé pour désigner un segment ou sa longueur.

148 ESPACE ET GÉOMÉTRIE

Savoir-faire

Entraîne-toi avec ces exercices corrigés en page 300 !

1 Tracer et mesurer un segment

1 1. Tracer un segment [LI] de longueur 5 cm.
2. Placer son milieu U.

Solution

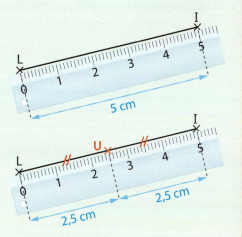

1. • On place un point L.
   • On positionne correctement la règle en s'assurant que la graduation 0 est placée sur le point L.
   • On place le point I en face de la graduation 5.

2. • On place le point U sur le segment [LI] tel que :
   LU = LI ÷ 2 = 2,5 cm
   • On code les segments [LU] et [UI] qui sont de même longueur avec un symbole identique.

2 1. Mesurer les segments [LY], [LS] et [YS].
2. Construire un segment [NA] tel que NA = LY.
3. Placer le milieu P du segment [NA].

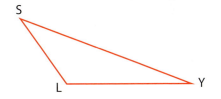

2 Construire et utiliser un cercle

3 1. Construire un cercle de centre J et de diamètre 3 cm.
2. Placer un point F situé à 1,5 cm du point J.
3. Placer un point G situé à moins de 1,5 cm du point J.

Solution

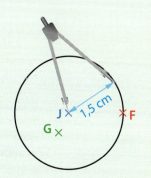

1. Le rayon vaut la moitié du diamètre, soit 1,5 cm.
   • On place un point J.
   • On prend un écartement de 1,5 cm et on place la pointe du compas sur le point J.
   • On trace le cercle avec le compas.
2. Le point F est situé à 1,5 cm du point J, donc on le place sur le cercle de centre J et de rayon 1,5 cm.
3. Le point G est situé à moins de 1,5 cm du point J, donc on le place à l'intérieur du cercle.

4 1. Tracer un cercle de centre O et de rayon 3,8 cm puis un diamètre [RU] de ce cercle.
2. Placer un point W tel que OW = 3,8 cm.

Chapitre 8 Distance et cercle

3 Construire et utiliser un triangle

Définitions
- Un **polygone** est une figure fermée dont les côtés sont des segments.
- Un **triangle** est un polygone à trois côtés.

 LAC est un triangle.
Ses trois côtés sont les segments [LA], [AC] et [LC].
Ses trois sommets sont les points L, A et C.

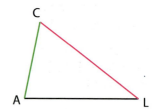

Définitions
- Un **triangle isocèle** est un triangle qui a deux côtés de même longueur.
- Un **triangle équilatéral** est un triangle dont les trois côtés ont la même longueur.

- BON est un triangle isocèle en N.

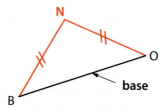

On a NB = NO.
[BO] est appelé la **base** du triangle isocèle.

- RIZ est un triangle équilatéral.

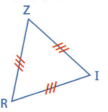

On a   RI = IZ = RZ.

Un triangle équilatéral est aussi un triangle isocèle !

4 Construire et utiliser un losange

Définitions
- Un **quadrilatère** est un polygone à quatre côtés.
- Un **losange** est un quadrilatère dont les quatre côtés ont la même longueur.

 Le quadrilatère MARK est un losange.
Ses quatre côtés sont [MA], [MK], [RA] et [RK].
On a   MA = MK = RA = RK.
Ses quatre sommets sont les points M, A, R et K.

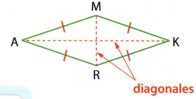

Pour nommer un quadrilatère, on cite les sommets dans l'ordre dans lequel on les rencontre en suivant son contour.

Savoir-faire

Entraine-toi avec ces exercices corrigés en page 300 !

Vidéo **3** **Construire et utiliser un triangle**

5 Construire un triangle MOI tel que MO = 2,5 cm, IM = 2,2 cm et IO = 1,6 cm.

Solution

- On peut commencer par faire un schéma à main levée en notant les données.

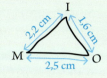

- On trace, par exemple, le côté [MO] de longueur 2,5 cm.

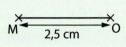

- Le point I est à 1,6 cm du point O. Donc I appartient au cercle de centre O et de rayon 1,6 cm. On trace ce cercle.

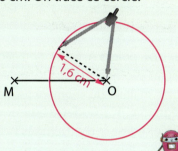

Tous les points du cercle rose sont à 1,6 cm du point O.

- Le point I est aussi à 2,2 cm du point M. Donc I appartient également au cercle de centre M et de rayon 2,2 cm. On trace ce cercle.

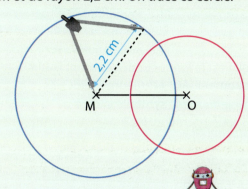

Tous les points du cercle bleu sont à 2,2 cm du point M.

- Le point I est donc un des deux points d'intersection de ces cercles. On en choisit un et on termine la construction en traçant [MI] et [IO].

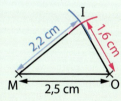

6 Construire un triangle équilatéral KIR de côté 5 cm.

4 Construire et utiliser un losange

7 Construire un losange LUNE de 6 cm de côté et tel que EU = 5 cm.

Solution

- On trace une figure à main levée que l'on code.
- On trace le segment [EU] de longueur 5 cm.
- On trace deux cercles de centre E et U, de rayon 6 cm.
- On note L et N à l'intersection des deux cercles.

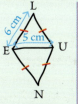

- On termine la construction du losange en traçant les segments [LE], [LU], [NE] et [NU].

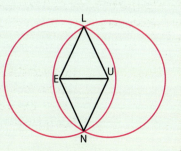

8 Construire un losange MARS de 4 cm de côté et tel que MR = 6 cm.

Chapitre 8 Distance et cercle

Exercices

Diaporamas de calcul mental dans le manuel numérique

Tracer et mesurer un segment

➡ Savoir-faire p. 149

Questions flash

9

1. Quelle est la longueur du segment [AB] ? du segment [AC] ? du segment [BC] ?
2. Compléter par le symbole ∈ ou ∉ :
   A … [BC]   B … [AC]   C … [AB]

Le symbole ∉ signifie « n'appartient pas à ».

10 Citer les segments de même longueur.

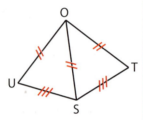

11 Compléter :
a. IE = … × IK
b. KE = … = …
c. Les points I et E sont … du segment [IE].
d. Le point K est … du segment [IE].

12 Enzo et Imany mesurent le segment [EG].

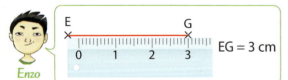
Enzo : EG = 3 cm

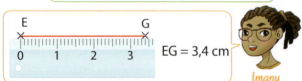
Imany : EG = 3,4 cm

• Qui a raison ? Justifier.

13 Mesurer la longueur des segments suivants.

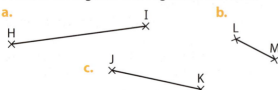

14 1. Tracer un segment [TU] de longueur 7 cm et placer son milieu R. Coder la figure.
2. Placer un point C tel que TR = RC.

15 Sur la figure ci-dessous, replacer les points qui ont été effacés, en utilisant les notes de Lucie.

• J est le milieu de [AL] et [ZT].
• K est le milieu de [AJ].
• S est le milieu de [JL].
• TL = TJ

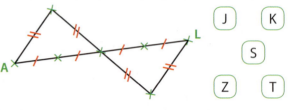

16 1. Placer trois points A, B et C non alignés.
2. Tracer les segments [AB], [BC] et [AC].
3. Placer le milieu I du segment [BC] et le milieu J du segment [AC]. Coder la figure.
4. Tracer le segment d'extrémités I et J.
5. Mesurer les longueurs des segments [IJ] et [AB]. Comparer avec les autres résultats dans la classe. Que constate-t-on ?

Construire et utiliser un cercle

➡ Savoir-faire p. 149

Questions flash

17 𝒞 est le cercle de centre A et de rayon 1,7 cm.

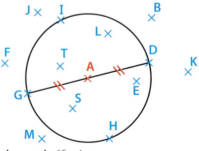

1. Pour le cercle 𝒞, citer :
   a. deux rayons ;   b. un diamètre.
2. Citer tous les points situés à :
   a. 1,7 cm du point A ;
   b. moins de 1,7 cm du point A ;
   c. plus de 1,7 cm du point A.
3. Citer deux points distants de 3,4 cm.

152 ESPACE ET GÉOMÉTRIE

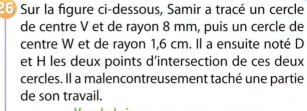

18 1. Placer un point O, puis construire :
   a. le cercle $\mathscr{C}_1$ de centre O et de rayon 4,5 cm ;
   b. le cercle $\mathscr{C}_2$ de centre O et de rayon 5 cm ;
   c. le cercle $\mathscr{C}_3$ de centre O et de rayon 3,2 cm.
2. Hachurer le disque de centre O et de rayon 3,2 cm.

19 1. Construire un cercle de diamètre 5 cm.
2. Placer deux points S et T tels que le segment [ST] soit un diamètre de ce cercle.

20 April avait tracé le cercle de diamètre [RM], mais sa petite sœur l'a effacé.
1. Reproduire le segment [RM].
2. Construire le cercle qui a été effacé.

21 1. Tracer un segment [LU] de longueur 9 cm.
2. Construire le cercle de diamètre [LU].

22 1. Tracer un segment [KA] et construire le cercle de centre A passant par K.
2. Placer le point M tel que A soit le milieu de [KM].
3. Placer un point R et un point S tels que : AK = AR = AS

23 1. Placer un point J.
2. Placer trois points A, B et C situés à 4,3 cm du point J.
3. Placer trois points D, E et F situés à moins de 4,3 cm du point J.
4. Placer trois points G, H et I situés à plus de 4,3 cm du point J.

24 1. $\mathscr{C}_1$ est un cercle de rayon 20,3 cm. Quel est son diamètre ?
2. $\mathscr{C}_2$ est un cercle de diamètre 16,4 cm. Quel est son rayon ?

25 Sur la figure, replacer tous les points qui ont été effacés en utilisant les notes de Lucien.

• Y est le centre du cercle.
• P, T et F sont alignés.
• R et F sont diamétralement opposés.
• [CL] est un diamètre du cercle.
• YR = YP et YR > YT.

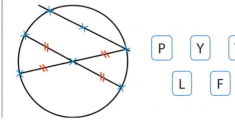

26 Sur la figure ci-dessous, Samir a tracé un cercle de centre V et de rayon 8 mm, puis un cercle de centre W et de rayon 1,6 cm. Il a ensuite noté D et H les deux points d'intersection de ces deux cercles. Il a malencontreusement taché une partie de son travail.

— Vocabulaire —
Malencontreusement : Par accident

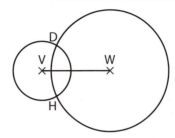

• Aider Samir à retrouver ces longueurs.

Construire et utiliser un triangle

➡ Savoir-faire p. 151

Questions flash

27 Compléter :
1. Le point E est situé à … du point B et à 3,3 cm du point … .
2. Le point A est situé à … du point E et à … du point B.

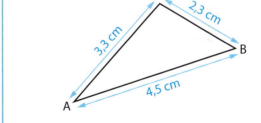

28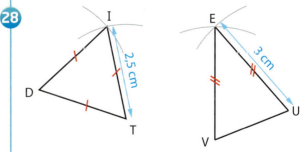

Compléter :
a. DIT est un triangle … .
VUE est un triangle … .
b. Pour construire le triangle DIT, on a tracé deux cercles de centres … et … , et de rayon … .
Pour construire le triangle VUE, on a tracé deux cercles de centres … et … , et de rayon … .

Chapitre 8 Distance et cercle

Exercices

29 Julia a tracé le triangle TOI tel que TO = 2,6 cm, TI = 1,8 cm et OI = 1,2 cm.
- Associer chaque consigne à la bonne étape de construction.

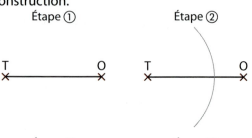

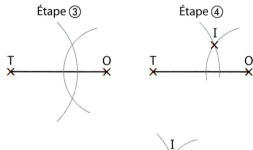

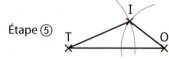

a. Tracer un arc de cercle de centre T et de rayon 1,8 cm.
b. Placer I à l'intersection de ces deux arcs de cercles.
c. Tracer les segments [TI] et [OI].
d. Tracer un segment [TO] de longueur 2,6 cm.
e. Tracer un arc de cercle de centre O et de rayon 1,2 cm.

30 Construire ces trois triangles en vraie grandeur. Laisser apparents les traits de construction.

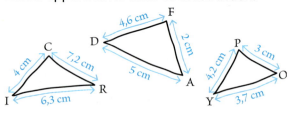

31 Construire ces trois triangles en vraie grandeur. Laisser apparents les traits de construction. Préciser la nature de chaque triangle.

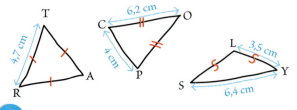

32 Dans chaque cas, tracer une figure à main levée, puis construire le triangle en vraie grandeur.
1. CAT est tel que CA = 5 cm, CT = 7,2 cm et AT = 2,5 cm.
2. DOG est un triangle isocèle en O tel que OD = 4,6 cm et DG = 8 cm.
3. YES est un triangle équilatéral de côté 5,3 cm.

Construire et utiliser un losange

▶ Savoir-faire p. 151

Questions flash

33 1. Parmi les figures suivantes, lesquelles sont des losanges ?

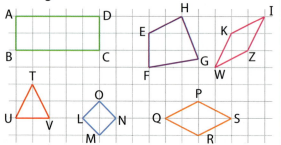

2. Pour chacun de ces losanges, citer :
   a. ses sommets ;   b. ses côtés ;
   c. ses diagonales.

34 1. Citer tous les triangles isocèles tracés sur cette figure.
2. Citer tous les losanges tracés sur cette figure.

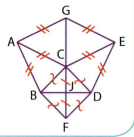

35 Haïzé a tracé à main levée deux losanges.

 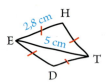

1. Construire ces deux losanges en vraie grandeur.
2. Écrire un programme de construction pour chacune de ces figures.

36 MALI est un losange tel que MA = 4,2 cm et ML = 5,5 cm.
1. Tracer une représentation de MALI à main levée.
2. Construire MALI en vraie grandeur.

37 1. Construire un triangle RBZ isocèle en R tel que BR = 4,1 cm.
2. Compléter la figure en plaçant le point K tel que RBKZ soit un losange.

154 ESPACE ET GÉOMÉTRIE

Faire le point

Un QCM spécial pour valider ton cycle 3 dans le manuel numérique !

➜ Corrigés p. 300

QCM Donner **la seule réponse correcte** parmi les trois proposées.

1 Tracer et mesurer un segment

	Réponse A	Réponse B	Réponse C
1. (règle avec L, U, I aux positions 0, 2, 3,5)	UI = 3,5 cm	UI = 2 cm	UI = 1,5 cm
2. Sur quelle figure le point O est-il le milieu du segment [RI] ?	R —×— O —×— I (segments inégaux)	Triangle avec O au sommet, R et I à la base	R —×— I —×— O

2 Construire et utiliser un cercle

	Réponse A	Réponse B	Réponse C
3. Le point R qui appartient au cercle de centre I et de diamètre 9 cm est un point tel que :	IR = 9 cm	IR = 4 cm	IR = 4,5 cm

3 Construire et utiliser un triangle

	Réponse A	Réponse B	Réponse C
4. Pour construire ce triangle ABC, on trace le segment [AB], puis : (triangle avec AC = 3,2 cm, CB = 2,6 cm, AB = 5 cm)	les cercles de centres A et B et de rayon 5 cm.	le cercle de centre A de rayon 3,2 cm, et celui de centre B de rayon 2,6 cm.	le cercle de centre A de rayon 2,6 cm, et celui de centre B de rayon 3,2 cm.

4 Construire et utiliser un losange

	Réponse A	Réponse B	Réponse C
5. Si RHUM est un losange de côté 4 cm, alors :	RU = 4 cm	UM = 4 cm	HM = 4 cm

Pour t'aider à retenir l'essentiel.

Carte mentale

Voici un exemple de carte mentale. Tu peux aussi en créer une à ta façon !

Triangle équilatéral (R, O, C)

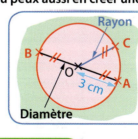

Diamètre — **Rayon**
- Points situés à moins de 3 cm de O
- Points situés à plus de 3 cm de O
- Points situés à 3 cm de O

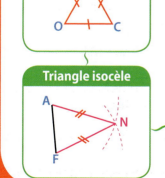

Triangle isocèle (A, N, F) — **Triangle** (V, I, E)

DISTANCE ET CERCLE

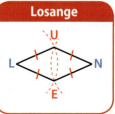

Losange (L, U, N, E)

Chapitre 8 Distance et cercle

Problèmes

→ Corrigés p. 300

Pour mieux cibler les compétences

Chercher	38 40 43 50	Raisonner	53 54 55
Modéliser	39 45 46 54	Calculer	41 42 48
Représenter	48 50 52 54	Communiquer	42 53 55

38 Panneau routier

CIT

1. Reproduire le panneau de signalisation ci-dessous en conservant ses dimensions.

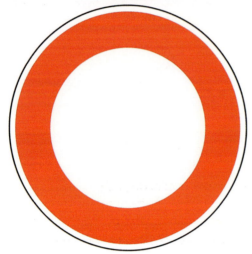

2. Quelle est la signification de ce panneau ?

39 Terrain de football

EPS

Sur un terrain de football, les engagements se font au centre du terrain autour duquel est tracé le cercle central d'un rayon de 9,15 m. Voici les positions de sept joueurs à un moment d'un match :

1. Que peut-on dire de la distance de chacun des joueurs E, D, L, G, H et F par rapport au joueur C ?
2. Les joueurs D et L sont diamétralement opposés. À quelle distance sont-ils l'un de l'autre ?
3. Un autre joueur se trouve à 9,15 m du joueur C. Que peut-on dire de sa position ?

40 Le château de cartes

Voici la vue de face d'un château de cartes construit avec 18 cartes identiques.

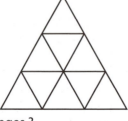

1. Combien y a-t-il de triangles équilatéraux ?
2. Combien y a-t-il de losanges ?

41 Le cerf-volant de Roméo

Roméo veut dessiner son cerf-volant sur son cahier. Pour cela, il a mesuré et noté ses dimensions sur la photo ci-contre.

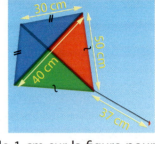

- Représenter le cerf-volant de Roméo en prenant pour échelle 1 cm sur la figure pour 10 cm dans la réalité.

42 Les messages

Dounia a tracé les figures ci-dessous en cours de mathématiques mais elle n'a pas noté l'énoncé.

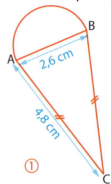
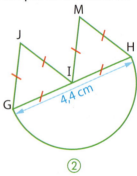

Anna étant absente, Dounia doit lui écrire un message lui permettant de réaliser les figures chez elle.
1. Rédiger ce message.
2. Construire en vraie grandeur ces deux figures.

43 Des cercles en cascade

Le petit frère de Victor a déchiré sa figure qui était composée uniquement de cercles et de demi-cercles.

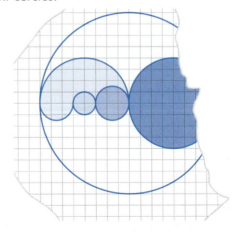

- Reconstruire la figure de Victor sur papier quadrillé.

156 ESPACE ET GÉOMÉTRIE

44 La chambre de Zoé

Zoé a réalisé la pancarte suivante pour l'attacher à la porte de sa chambre.

Pour cela, elle a tracé successivement :
- un segment [AB] de longueur 4 cm ;
- le cercle $\mathcal{C}_1$ de centre A passant par B ;
- le cercle $\mathcal{C}_2$ de centre B passant par A ;
- D et E, les deux points d'intersection des cercles $\mathcal{C}_1$ et $\mathcal{C}_2$;
- les diamètres [DF] et [EG] du cercle $\mathcal{C}_1$;
- les diamètres [DH] et [EI] du cercle $\mathcal{C}_2$;
- un arc de cercle $\overset{\frown}{FH}$ de centre D ;
- un arc de cercle $\overset{\frown}{GI}$ de centre E.

1. Effectuer ce programme de construction, puis repasser le contour de la figure en noir.
2. Effacer les traits de construction et écrire son propre prénom à l'intérieur.

45 Basket-ball

Michael est entraineur de basket-ball. Dans son système de défense, Aurélie et Louise sont placées à 5 m l'une de l'autre, et à 7 m de Taéva et Julie. Yasmine est positionnée entre Aurélie et Louise, à égale distance de chacune d'elles.

- Faire un schéma de ce système de défense, 1 cm sur le schéma représentant 1 m dans la réalité.

La finale de basket-ball féminin France – États-Unis aux JO de Londres 2012.

46 La boite à secrets

Nina, de retour chez ses grands-parents, recherche sa boite à secrets qu'elle avait enterrée dans le jardin aux dernières vacances. Elle se souvient l'avoir placée à 5,5 m du chêne et à 3,5 m du bouleau.

Voici un plan du jardin de ses grands-parents :

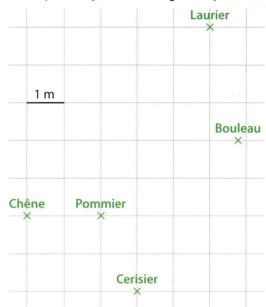

1. Décalquer le plan du jardin.
   Les souvenirs de Nina lui permettent-ils de localiser précisément sa boite à secrets ? Justifier.
2. Elle se souvient à présent l'avoir enterrée à plus de 4,5 m du pommier.
   Peut-elle alors trouver la position exacte de sa boite ? Si oui, la noter sur le plan.
3. Parmi ces objets, que va-t-elle emporter avec elle pour récupérer sa boite ? Justifier.

47 Le salon de Marylou

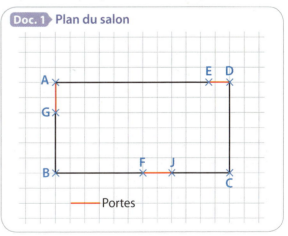

Doc. 1 Plan du salon

Doc. 2 Notes de Marylou
- Les portes s'ouvrent vers l'intérieur du salon.
- Les gonds des portes sont situés en F, A et D.

1. Reproduire ce plan.
2. Hachurer la partie du plan utilisable pour positionner les meubles sans gêner l'ouverture des portes.

Chapitre 8 Distance et cercle

Problèmes

48 Dans la cour
Par groupes de quatre, en utilisant des craies, construire un pique dans la cour du collège, en traçant successivement :

1. un segment [AI] de longueur 1,60 m, partagé en huit segments de même longueur définissant dans cet ordre, à partir du point A, les points B, C, D, E, F, G et H ;
2. les triangles équilatéraux CEJ et EGK du même côté de (AI) ;
3. les losanges JLKE, MLKJ et LJKN ;
4. le point O de la droite (LE) tel que O ∉ [LE] et OE = EH ;
5. le point P à l'intersection du segment [AO] et du cercle de centre A passant par E ;
6. le point Q à l'intersection du segment [IO] et du cercle de centre I et de rayon IE ;
7. en rouge, les demi-cercles de diamètres [CE] et [EG] du même côté que O de (AI) ;
8. en rouge, les arcs de cercles décrits dans le tableau ci-dessous.

Arc	⌢QP	⌢EQ	⌢PE	⌢GK	⌢CJ	⌢LK	⌢LJ
Centre	O	I	A	E	E	N	M

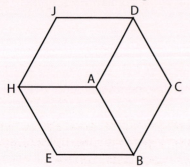

49 La figure de Lola et Karim
Prise d'initiative

Lola et Karim donnent deux indices à leurs camarades permettant de réaliser la figure ci-dessous.

Lola : Les points J, H, E, B, C et D sont sur un même cercle de centre A.

Karim : ABCD, HADJ et HEBA sont trois losanges superposables.

1. En utilisant ces indices, construire cette figure.
2. Tracer en rouge l'hexagone EBCDJH. Que peut-on dire de ce polygone ?

En grec, « hexa » signifie « six ».

50 L'Homme de Vitruve
Prise d'initiative
PEAC

Découvre *L'Homme de Vitruve* p. 145 !

Doc. 1 Le dessin

Doc. 2 Extrait du texte manuscrit

« … Si vous ouvrez les jambes de façon à abaisser votre hauteur d'un quatorzième, et si vous étendez vos bras de façon que le bout de vos doigts soit au niveau du sommet de votre tête, vous devez savoir que le centre de vos membres étendus sera au nombril, et que l'espace entre vos jambes sera un triangle équilatéral… »

Étude des proportions du corps humain selon Vitruve (vers 1492), de Léonard de Vinci.

- En utilisant ces documents, reproduire le cercle dans lequel est inscrit l'homme de Vitruve, et le triangle équilatéral dont parle Léonard de Vinci.

51 Le quadrilatère gribouillé

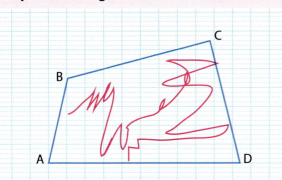

• Aider Chloé à reproduire en vraie grandeur ce quadrilatère que son petit cousin a gribouillé.

52 Course d'orientation

Julian, Sofiane et Léa participent à une course d'orientation.

Doc. 1 Carte

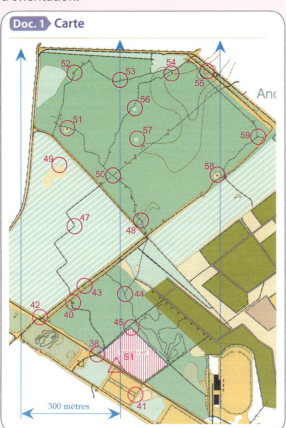

300 mètres

Doc. 2 Positions
• Julian se trouve à la balise 44.
• Julian et ses coéquipiers, Sofiane et Léa, sont tous situés à la même distance de la balise 50.
• Sofiane est à moins de 300 m de la balise 47.
• Léa et Sofiane sont tous les deux à 300 m de Julian.

• En utilisant les documents, retrouver précisément la position des trois coéquipiers.

53 Le triangle de Dina

Dina n'a pas réussi à construire le triangle CUP dont les longueurs des côtés sont UP = 7,5 cm, CU = 3 cm et CP = 4 cm.

• Peut-on l'aider ? Justifier la réponse.

54 Tintin

Dans son jardin, Romain a un poulailler rectangulaire de 4 m sur 3 m, construit avec des poteaux régulièrement espacés.
Il attache son âne Tintin avec une corde de 9 m à l'un des poteaux du poulailler, comme ci-dessous.

• Sachant que Tintin ne peut pas entrer dans le poulailler, colorier la partie du jardin qu'il pourra brouter en représentant 1 mètre de terrain par 1 cm sur le papier.

55 Débat

Lors d'une réflexion en groupe, trois élèves affirment :

Manon : ABCD n'est pas un losange parce que c'est un carré.

Nathan : Si je trace deux rayons [OA] et [OB] d'un même cercle, le triangle OAB sera toujours équilatéral.

Imany : Si je trace deux cercles de centres I et J de même rayon qui se coupent en M et N, alors MINJ sera toujours un losange.

• Ces affirmations sont-elles vraies ou fausses ? En débattre avec ses camarades, puis rédiger une justification de la réponse.

Chapitre 8 Distance et cercle

56 Analyse de documents

Socle **D1** *Je comprends le sens des consignes, je sais combiner les informations explicites et implicites.*
Socle **D4** *Je sais prélever, organiser et traiter l'information utile.*

Doc. 1 ▶ Zones critiques suite à un accident nucléaire grave

On se basera sur ces données pour répondre aux questions.

• Suite à un accident nucléaire grave, une **zone d'exclusion** est délimitée. Les habitants sont évacués hors de cette zone, et toute activité y est interdite pendant des décennies.
Lors de l'accident de Tchernobyl (Ukraine) en 1986, la zone d'exclusion était délimitée par un cercle de 30 km de rayon autour de la centrale nucléaire.

• Après l'accident de Fukushima (Japon) en 2011, une **zone de contamination** a été observée dans un rayon de 100 km autour de la centrale.

Doc. 2 ▶ Carte du quart Sud-Ouest de la France

Questions ceinture jaune

10 km dans la réalité sont représentés par 0,2 cm sur le plan.

1. En cas d'accident dans la centrale du Blayais, les villes de Bordeaux et Périgueux feront-elles partie de la zone de contamination ? Justifier.
2. En cas d'accident dans la centrale de Golfech, les villes d'Agen et Montauban feront-elles parties de la zone d'exclusion ? Justifier.
3. Représenter les zones d'exclusion et de contamination des deux centrales.
4. D'après ces documents, représenter la zone menacée de contamination par ces deux centrales à la fois.

Questions ceinture verte

L'échelle est définie ci-dessous.

0 km   100 km

1. En cas d'accident dans les centrales du Blayais et de Golfech, représenter les zones d'exclusion.
2. À partir de la carte du **doc. 2**, citer toutes les villes contaminées en cas d'accident à la centrale nucléaire du Blayais.
3. D'après ces documents, représenter la zone menacée de contamination par ces deux centrales à la fois.

Questions ceinture noire

Voici l'échelle :

0 km   100 km

1. En cas d'accident dans la centrale de Golfech, les Agenais seront-ils obligés de quitter leur logement ?
2. D'après ces documents, représenter la zone menacée de contamination par les deux centrales à la fois.
3. Représenter la partie du parc naturel des Landes de Gascogne menacée de contamination.

57 Écriture d'énoncé

Socle D1 *Je sais m'exprimer en utilisant la langue française à l'écrit.*
Socle D1 *Je sais m'exprimer en utilisant le langage mathématique adapté.*

1. Écrire un énoncé permettant de réaliser la figure ci-dessous.
2. Demander à son binôme de construire la figure à partir de cet énoncé.
3. Vérifier ensemble si les énoncés rédigés et les figures construites sont corrects.

Questions ceinture jaune

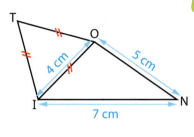

Questions ceinture verte

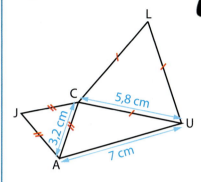

Questions ceinture noire

$I \in [BP]$

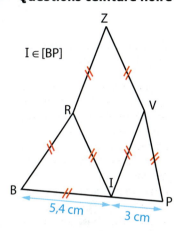

58 Analyse de production

Socle D1 *Je comprends le sens des consignes.*
Socle D2 *Je sais analyser les erreurs.*

Tino a réalisé une figure à partir d'un programme de construction.
Analyser et commenter sa production. Reprendre sa construction si nécessaire.

Questions ceinture jaune

1. Tracer un segment [AB] de longueur 2 cm.
2. Tracer le cercle de diamètre [AB].
3. Tracer un triangle MAB tel que MA = 2,8 cm et MB = 1 cm.
4. Noter N le point d'intersection du cercle et de [AM].

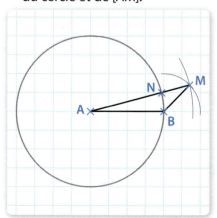

Questions ceinture verte

1. Tracer un triangle équilatéral MAB.
2. Tracer le losange MABU.
3. Tracer un triangle ABR isocèle en B.

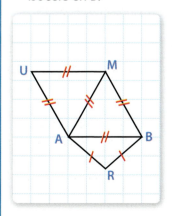

Questions ceinture noire

1. Tracer un triangle équilatéral MAB.
2. Tracer le cercle de centre A passant par B.
3. Tracer le losange MABU.
4. Tracer le losange MARB.

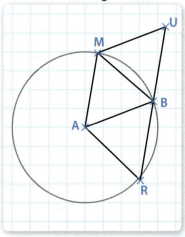

Chapitre 8 Distance et cercle

Outils numériques et algorithmique

59 Quadrilatère particulier

1. Dans un logiciel de géométrie dynamique, tracer deux segments [LU] et [OI] sécants et de même longueur.

> Tu peux renommer un point en effectuant un clic droit sur ce point.

2. Tracer le quadrilatère LOUI.
3. Placer les points :
   - A, milieu de [LO] ;
   - B, milieu de [OU] ;
   - C, milieu de [UI] ;
   - D, milieu de [IL].
4. Tracer le quadrilatère ABCD.
5. Mesurer les côtés du quadrilatère ABCD.
6. Que peut-on en conclure pour ce quadrilatère ?
7. Quelle remarque peut-on faire sur les segments [AC] et [BD] ? Le vérifier sur la figure.

60 À propos de cercles

1. Dans un logiciel de géométrie dynamique, placer deux points A et B, et tracer le cercle de centre A passant par B.
2. Placer deux points C et D sur ce cercle, et tracer le segment [CD].
3. Mesurer ce segment, puis déplacer le point D sur le cercle.
   Que peut-on dire de la longueur CD ?
4. Déplacer le point D de telle façon que le segment [CD] soit un diamètre du cercle.
5. Tracer le diamètre [BE] en utilisant une méthode plus précise.
6. Tracer le cercle de diamètre [AB].

61 Triangles

1. Dans un logiciel de géométrie dynamique, tracer un segment [AB] de longueur 5,3.
2. Tracer le cercle de centre A et de rayon 4,2.
3. Tracer le cercle de centre B et de rayon 3,6.
4. Noter C et D les deux points d'intersection.
5. Tracer les triangles ABC et ABD.
6. Faire une figure à main levée des triangles ABC et ABD en précisant les longueurs des côtés.

62 Sans filet

Dans un logiciel de géométrie dynamique, construire la figure ci-dessous, dans laquelle le cercle tracé a pour diamètre [AB].

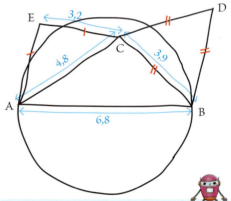

> Tu peux masquer les traits de construction !

63 Losanges

1. Dans un logiciel de géométrie dynamique, tracer un segment [AB] de longueur 5,2.
2. **a.** Tracer le losange ACBD tel que AC = 2,7.
   b. Tracer trois autres losanges AEBF, AGBH et AIBJ.
3. Que peut-on dire des points placés en **2.** ?

Boite à outils

Avec un logiciel de géométrie dynamique

Placer un point	Tracer un segment	Tracer un polygone	Tracer un cercle
• libre	• entre deux points	• connaissant les sommets	• de centre donné et passant par un point
• sur un objet	• de longueur donnée		• de centre donné et de rayon donné
• d'intersection	**Mesurer**		
• milieu d'un segment	• un segment	• un angle	

CHAPITRE 9

Ta mission
Mesurer et calculer des périmètres.

Longueur et périmètre

Jeux

Gros Minet veut attraper Titi en suivant le trajet le plus court possible. Il ne peut se déplacer qu'horizontalement ou verticalement.
- Quel est le nombre minimal de cases que doit traverser Gros Minet sans se mouiller les pattes dans les cases bleues ?

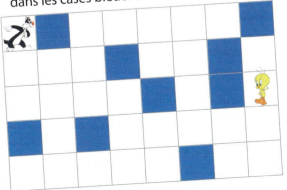

Culture — Voir problème 45 p. 174

Le 14 mars de chaque année (le 3.14 en notation anglo-saxonne) est célébrée la journée du nombre Pi, nombre qui passionne l'humanité depuis des millénaires. Le 14 mars 2015, la journée de Pi a été fêtée à 9h26 précises pour célébrer 7 premières décimales : 3.14.15 9:26
À cette occasion, les chercheurs en mathématiques ont partagé une « tarte Pi », la Pi pie !

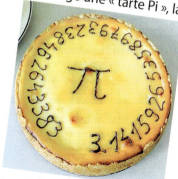

Une Pi pie avec les 27 premières décimales de π.

Questions flash

1. Quelle est la longueur la plus grande :
   a. 35 cm ou 3,5 m ?
   b. 4 m ou 30 dm ?
   c. 5 km ou 545 m ?
   d. 134 dm ou 1,35 dam ?

2. Choisir la bonne unité (m, cm ou km).
   a. La distance de Dijon à Paris est 315 .... .
   b. La longueur d'un crayon est 14 .... .
   c. La hauteur de la pyramide de Khéops est 139 .... .
   d. La taille d'un ours adulte est 150 .... .

Visite à Londres — CM2 — Activité 1

Carla et Téa sont en vacances à Londres avec leurs parents. Après être allés à Oxford Circus, ils souhaitent prendre le métro pour se rendre à l'abbaye de Westminster et cherchent le trajet le plus court.

1. Indiquer trois trajets qu'ils pourraient prendre.
2. Sur une ligne du cahier, représenter ces trois trajets à l'aide du compas, en reportant les uns à la suite des autres les différents segments composant chaque trajet.
Quel trajet est le plus court ?

La pisciculture — Activité 2

Pierre, Myriam et Anouar sont en train de construire une ferme piscicole. Voici le schéma de leurs 13 bassins. Tous ont quatre angles droits, sauf le bassin n° 13. Les dimensions sont en mètres.

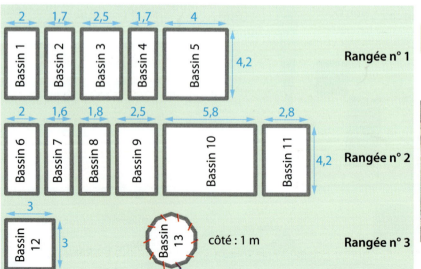

Vocabulaire

Pisciculture : Élevage de poissons

164 ESPACE ET GÉOMÉTRIE

Pour construire les bordures des treize bassins, Pierre, Myriam et Anouar doivent calculer le périmètre de chaque bassin.

Pierre s'occupe de la première rangée et commence à effectuer les calculs suivants :

$\mathcal{P}_1 = 4{,}2 + 2 + 4{,}2 + 2 = 12{,}4$ m

$\mathcal{P}_2 = 4{,}2 + 1{,}7 + 4{,}2 + 1{,}7 = 11{,}8$ m

et ainsi de suite…

Pendant ce temps, Myriam effectue plus rapidement les calculs pour la deuxième rangée.

Elle écrit : $4{,}2 \times 2 = 8{,}4$ m
donc $\mathcal{P}_6 = 8{,}4 + 2 \times 2 = 12{,}4$ m
et $\mathcal{P}_7 = 8{,}4 + 2 \times 1{,}6 = 11{,}6$ m.

1. Quelle est la méthode de calcul du périmètre d'un rectangle employée par Myriam ?
Calculer les périmètres $\mathcal{P}_8$ et $\mathcal{P}_9$ avec cette méthode.

2. Anouar utilise encore une autre méthode : pour le périmètre $\mathcal{P}_8$, il dit à Myriam qu'il aurait été plus simple d'effectuer $(4{,}2 + 1{,}8) \times 2$.
À quoi servent les parenthèses ? Quelle est la méthode d'Anouar ?
Trouver d'autres bassins pour lesquels cette méthode est astucieuse, puis effectuer les calculs.

3. Anouar passe ensuite aux bassins de la troisième rangée et calcule les périmètres $\mathcal{P}_{12}$ et $\mathcal{P}_{13}$ en utilisant seulement deux multiplications. Comment fait-il ?

Des rouleaux de scotch

Activité 3

1. Pierre veut mesurer la longueur du contour de son rouleau de scotch.
Voici sa méthode :
 - Il marque avec un feutre l'endroit où le ruban de scotch démarre.
 - Il déroule le scotch jusqu'à cette trace et le coupe à ce niveau.
 - Il colle le morceau de scotch obtenu sur son cahier et mesure sa longueur.

 a. Réaliser cette expérience.
 b. Mesurer le plus précisément possible le diamètre d du rouleau utilisé.
 c. À l'aide de la calculatrice, calculer le quotient de la longueur L par le diamètre d.

2. Pierre voudrait faire la même expérience avec d'autres rouleaux de scotch de différents diamètres mais, n'en possédant pas, il modélise son expérience sur un logiciel de géométrie dynamique.

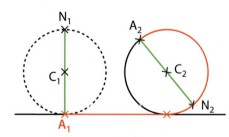
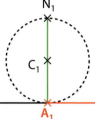
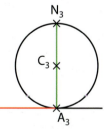

Le rouleau de scotch commence à se dérouler… | Le rouleau de scotch a effectué un tour complet.

Voici les longueurs L obtenues (arrondies au mm près) selon le diamètre d choisi au départ :

$A_1N_1 = d$ (en cm)	$A_1A_3 = L$ (en cm)	$\dfrac{L}{d}$
4	12,6	
5	15,7	
6	18,8	
7	22	

 a. Recopier et compléter la dernière colonne du tableau ci-dessus. Que remarque-t-on ?
 b. En déduire une formule pour calculer la longueur d'un cercle connaissant son diamètre.

Chapitre 9 Longueur et périmètre

1 Comparer et mesurer des périmètres

Définition

Le **périmètre** d'une figure est la longueur de son contour.
Il s'exprime à l'aide d'une unité de longueur.

On souhaite déterminer le périmètre de la figure ci-contre dans l'unité de longueur donnée.

$6 \times 1 + 2 + 4 = 12$

Le périmètre de cette figure est de 12 unités de longueur.

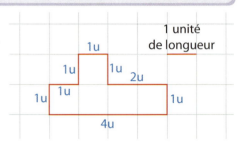

Méthode

Pour **comparer les périmètres de plusieurs polygones**, on peut reporter les longueurs de leurs côtés sur une demi-droite.

On veut comparer les périmètres des deux figures ci-contre.

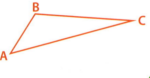

Pour comparer ces périmètres, on peut reporter à la suite les unes des autres les longueurs de chaque côté sur une demi-droite, avec un compas.

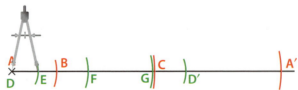

La longueur du segment [AA'] est égale au périmètre du triangle ABC.
La longueur du segment [DD'] est égale au périmètre du quadrilatère DEFG.
Le périmètre de la figure bleue est donc le plus grand des deux.

Méthode

Pour **convertir des unités de longueur**, on effectue des multiplications ou des divisions par 10. On peut s'aider du tableau suivant.

Multiples de l'unité			Unité		Sous-multiples de l'unité	
km	hm	dam	m	dm	cm	mm
1 km = 10 hm	1 hm = **10 dam** = **0,1 km**	1 dam = **10 m** = **0,1 hm**	1 m = **10 dm** = **0,1 dam**	1 dm = **10 cm** = **0,1 m**	1 cm = **10 mm** = **0,1 dm**	1 mm = **0,1 cm**

- On veut convertir 43,5 cm en mm.
  1 cm = 10 mm donc il faut multiplier
  43,5 par 10 : $43,5 \times 10 = 435$
  Donc 43,5 cm = 435 mm.

- On veut convertir 21 500 cm en mètres.
  1 cm = 0,01 m donc il faut diviser
  21 500 par 100 : $21\ 500 \div 100 = 215$
  Donc 21 500 cm = 215 m.

Savoir-faire

> Entraine-toi avec ces exercices corrigés en page 300 !

1 Comparer et mesurer des périmètres

1 Comparer les périmètres des deux figures suivantes.

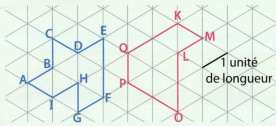

Solution

On compte le nombre d'unités de longueur qui composent le contour de chaque figure.

- $8 \times 1 + 2 = 10$
  Le périmètre de la figure bleue est égal à 10 unités de longueur.

- $3 \times 1 + 3 \times 2 = 9$
  Le périmètre de la figure rose est égal à 9 unités de longueur.

Le périmètre de la figure bleue est donc supérieur à celui de la figure rose.

2 À l'aide du compas, comparer le périmètre du quadrilatère ABCD et la longueur du segment [EF].

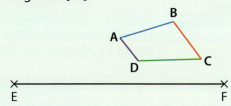

Solution

Sur une demi-droite, à partir de l'origine et à l'aide du compas, on reporte :
- la longueur du segment [EF] ;
- successivement, les longueurs des quatre côtés du quadrilatère ABCD.

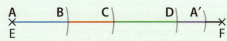

$AA' < EF$

Le périmètre du quadrilatère ABCD est donc inférieur à la longueur du segment [EF].

3 1. Convertir 14 mm en mètres.
   2. Convertir 25,3 km en centimètres.

Solution

1. 1 mm = 0,001 m
   donc il faut diviser 14 par 1 000.
   $14 \div 1\,000 = 0,014$
   donc 14 mm = 0,014 m.

2. 1 km = 100 000 cm
   donc il faut multiplier 25,3 par 100 000.
   $25,3 \times 100\,000 = 2\,530\,000$
   donc 25,3 km = 2 530 000 cm.

4 Comparer les périmètres des deux figures ci-dessous.

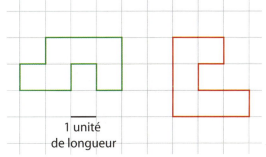

5 À l'aide du compas, comparer les périmètres de ces deux figures.

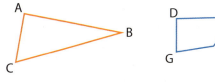

6 1. Convertir les longueurs suivantes en mètres.
54 hm • 4,3 km • 23 mm • 5,7 dm • 24,5 cm

2. Convertir les longueurs suivantes en centimètres.
87 mm • 4,57 m • 51 dam • 8,3 hm • 24,5 dm

Chapitre 9 Longueur et périmètre

2 Calculer le périmètre d'un polygone

Propriété

Le **périmètre** d'un polygone est égal à la somme des longueurs de ses côtés.

2,3 + 2,1 + 5 + 3 + 2,5 = 14,9
Le périmètre du pentagone ABCDE
est égal à 14,9 cm.

Quand on calcule le périmètre d'une figure, les longueurs doivent être exprimées dans la même unité.

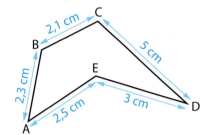

Propriétés

- Le **périmètre d'un carré** est égal au produit de la longueur de son côté par 4 : $\mathcal{P} = c \times 4$

- Le **périmètre d'un rectangle** est égal à la somme du double de sa longueur et du double de sa largeur :

$$\mathcal{P} = 2 \times L + 2 \times \ell \quad \text{ou} \quad \mathcal{P} = 2 \times (L + \ell)$$

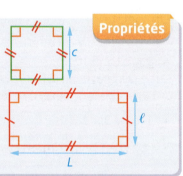

- Le périmètre d'un carré de côté 7 cm est égal à 28 cm.
  $\mathcal{P} = c \times 4 = 7 \times 4 = 28$

- Le périmètre d'un rectangle de longueur 5 dm et de largeur 3 dm est égal à 16 dm.
  $\mathcal{P} = 2 \times 5 + 2 \times 3 = 10 + 6 = 16$
  ou $\mathcal{P} = 2 \times (5 + 3) = 2 \times 8 = 16$

3 Calculer la longueur d'un cercle

Propriétés

- La **longueur** L (ou **circonférence**) d'un cercle de diamètre D est égale au produit de son diamètre par le nombre π. Elle est donc **proportionnelle** à son diamètre (et à son rayon R) : $L = \pi \times D$ ou $L = 2 \times \pi \times R$
- **Le nombre π (PI)** n'est pas un nombre décimal, il possède une infinité de chiffres après la virgule : $\pi \approx 3{,}141\ 592\ 653\ 589\ 793\ldots$

En pratique, on utilise souvent 3,14 comme valeur approchée de π.
On peut aussi utiliser la touche π de la calculatrice pour avoir davantage de décimales.

On cherche la longueur d'un cercle de rayon 3 m.
$2 \times \pi \times R = 2 \times \pi \times 3 = 6 \times \pi \approx 6 \times 3{,}14 \approx 18{,}84$
La longueur du cercle est environ égale à 18,84 m.

Longueur (ou circonférence) du cercle

ESPACE ET GÉOMÉTRIE

Savoir-faire

Entraîne-toi avec ces exercices corrigés en page 300 !

2 Calculer le périmètre d'un polygone

7 Calculer le périmètre de cet hexagone.

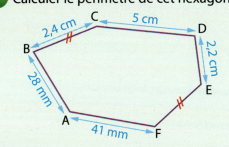

Solution

On additionne les longueurs des six côtés en les convertissant dans la même unité (par exemple, le cm). Les segments [BC] et [FE] ont la même longueur.
$(2,4 \times 2) + 5 + 2,2 + 4,1 + 2,8 = 18,9$
Le périmètre de l'hexagone est égal à 18,9 cm.

8 Calculer le périmètre de ce rectangle.

Solution

On convertit 12 cm en mm : 12 cm = 120 mm
$2 \times L + 2 \times \ell = 2 \times 120 + 2 \times 35$
$= 240 + 70$
$= 310$
Le périmètre du rectangle est égal à 310 mm ou 31 cm.

9 Calculer les périmètres des polygones suivants.

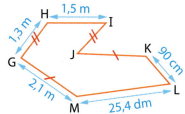 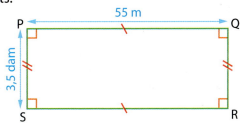

3 Calculer la longueur d'un cercle

10 Calculer la longueur d'un cercle de diamètre 8 m.

Solution

On utilise la formule : on remplace π par 3,14 et D par la mesure du diamètre.
$$\pi \times D = \pi \times 8 \approx 3,14 \times 8 \approx 25,12$$
La longueur de ce cercle est d'environ 25,12 m.

 Si on se sert d'une calculatrice, il est préférable d'utiliser la touche π qui donnera un résultat plus précis.

TI :   Casio :

Dans ce cas, on obtient comme valeur approchée 25,132 741 23 soit environ 25,13 m.

11 Calculer la longueur d'un cercle de diamètre 7 cm, puis celle d'un cercle de rayon 4 m.

Chapitre 9 Longueur et périmètre

Exercices

Diaporamas de calcul mental dans le manuel numérique

Comparer et mesurer des périmètres

➡ Savoir-faire p. 167

12 Compléter les égalités suivantes.
5 m = … cm
7 dm = … cm
56 m = … dam
5,3 dm = … cm
8 hm = … m
100 m = … km
83 mm = … dm
33,68 m = … km

13 Quelle est la figure qui a le plus grand périmètre ?

14 À l'aide du compas, classer les segments ci-dessous, du plus court au plus long.

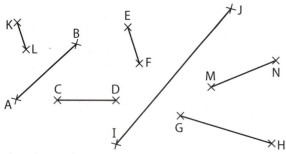

15 Sans utiliser de règle graduée, construire un segment [TV] de même longueur que la ligne brisée ci-contre.

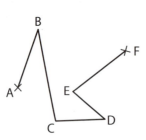

16 Comparer les périmètres de ces deux figures.

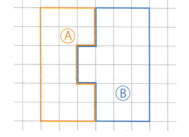

17 Sans utiliser la règle graduée, et en reportant des longueurs à l'aide du compas, déterminer la figure qui a le plus grand périmètre.

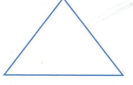 

18 On considère la ligne brisée suivante.

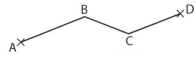

1. Sur une demi-droite graduée d'origine O et d'unité 1 cm, en utilisant uniquement le compas, construire le point M de cette demi-droite tel que OM = AB + BC + CD.

2. En déduire une valeur approchée de la longueur de la ligne brisée.

19 Construire une demi-droite graduée d'unité 1 cm, puis à l'aide du compas, déterminer, sans mesurer, une valeur approchée du périmètre du triangle ci-dessous.

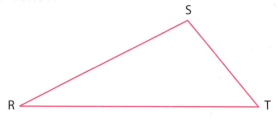

20 Sans mesurer, indiquer le plus court chemin que doit prendre Gros Minet pour attraper Titi.

21 Relier les longueurs égales.

4,5 m • • 45 cm
45 km • • 0,45 km
450 mm • • 45 dm
4,5 hm • • 4 500 dam

Calculer le périmètre d'un polygone

➡ Savoir-faire p. 169

Questions flash

22 Parmi les calculs suivants, lesquels permettent de calculer le périmètre du rectangle ci-dessous ?

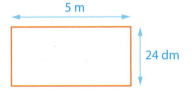

a. 24 + 5 + 24 + 5
b. (24 + 50) × 2
c. (2,4 × 2) + (5 × 2)
d. 24 × 50

23 Donner les périmètres des polygones suivants.
a. Un carré de côté 4 cm.
b. Un carré de côté 3,2 m.
c. Un rectangle de longueur 5 m et de largeur 2 m.
d. Un rectangle de longueur 4,2 dam et de largeur 30 m.

24 Calculer, puis comparer les périmètres des figures bleue et verte.

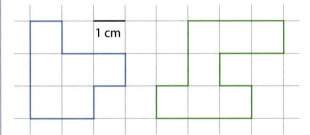

25

• Calculer le périmètre de cet octogone.

26 Recopier et compléter le tableau suivant, qui donne les dimensions de quatre rectangles.

	R₁	R₂	R₃	R₄
Longueur	5 m	4 cm	8 dm	
Largeur	3,5 m	9 mm		125 m
Périmètre			24 dm	1 025 dam

27 Associer chaque figure à son périmètre.

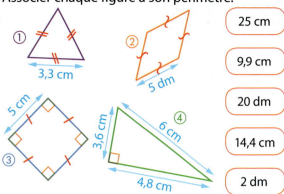

- 25 cm
- 9,9 cm
- 20 dm
- 14,4 cm
- 2 dm

28 Calculer le périmètre de chacun des polygones suivants, en détaillant les calculs.
a. Un losange de 2,6 cm de côté.
b. Un carré de 6 cm de côté.
c. Un pentagone dont chaque côté mesure 3,4 cm.
d. Un triangle ABC isocèle en C tel que CA = 4 cm et AB = 3 cm.

29 Salma et Virginie ont chacune installé une tonnelle dans leur jardin. Toutes les deux souhaitent installer des guirlandes lumineuses le long de leur toit.
La base du toit de la tonnelle de Salma a la forme d'un carré de 5 m de côté, et celle de la tonnelle de Virginie a la forme d'un rectangle de 6 m de longueur et 3 m de largeur.

• De quelle longueur de guirlandes Salma et Virginie vont-elles avoir besoin ?

30 Calculer les périmètres des polygones suivants.

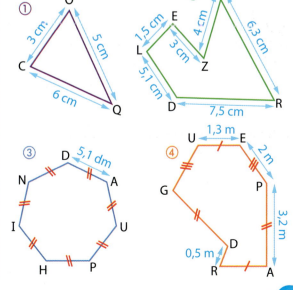

Chapitre 9 Longueur et périmètre 171

Exercices

Calculer la longueur d'un cercle

➡ Savoir-faire p. 169

Questions flash

31 Vrai ou faux ?
a. Le rayon est le double du diamètre.
b. $3{,}14 < \pi < 3{,}15$
c. La longueur d'un cercle de diamètre 12 cm est supérieure à celle d'un cercle de rayon 7 cm.
d. Si on triple le rayon d'un cercle, la longueur du cercle triple aussi.

32 Le professeur a demandé à ses élèves de déterminer la longueur exacte, en mètres, d'un cercle de rayon 100 m.

Karim : J'ai trouvé 628 m.
Lola : La réponse est $200 \times \pi$ mètres.

• Qui a raison ? Pourquoi ?

33 Dans chaque cas, arrondir les résultats au dixième près.
1. Calculer la longueur d'un cercle de rayon 5 cm.
2. Calculer la longueur d'un cercle de diamètre 6 dm.

34 L'arche du pont ci-contre a la forme d'un demi-cercle de 12 m de diamètre.
• Calculer la longueur de l'arche.

35 Calculer le périmètre de cette figure. En donner une valeur approchée au centimètre près.

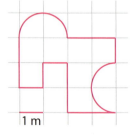

36 Calculer une valeur approchée, au cm près, du périmètre du cœur ci-contre.

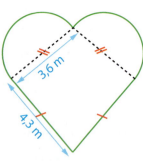

37 Deux motards, Léon et Salim, font un tour de la place Charles-de-Gaulle à Paris en conservant une trajectoire parfaitement circulaire. Salim circule à 80 m du centre de la place et Léon, à 72 m.

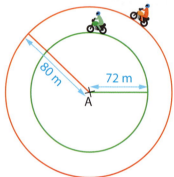

• Calculer et comparer la distance parcourue par chacun.

38 Un poisson rouge tourne en rond dans son bocal. Il vient de faire 100 tours de rayon 10 cm.
• Quelle distance, arrondie au millimètre près, a-t-il parcourue ?

39 Reproduire la figure ci-dessous, puis calculer sa longueur.

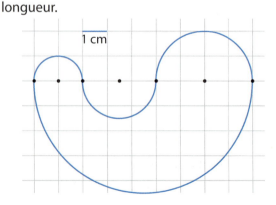

40 Meylie affirme que la longueur d'un demi-cercle $\mathcal{C}_1$ de diamètre 10 cm est supérieure à celle d'un cercle $\mathcal{C}_2$ de rayon 2,5 cm.
• A-t-elle raison ?

172 ESPACE ET GÉOMÉTRIE

Un QCM spécial pour valider ton cycle 3 dans le manuel numérique !

➡ Corrigés p. 300

QCM Donner **la seule réponse correcte** parmi les trois proposées.

1 Comparer et mesurer des périmètres

	Réponse A	Réponse B	Réponse C
1.	Le périmètre de la figure A est inférieur à celui de la figure B.	Les deux figures ont le même périmètre.	Le périmètre de la figure A est supérieur à celui de la figure B.
2. 25,4 dam = …	2,54 m	25,4 m	254 m

2 Calculer le périmètre d'un polygone

	Réponse A	Réponse B	Réponse C
3. Quel est le périmètre de cette figure ?	1 030 m	643 dam	6 043 dam
4. Quel est le périmètre d'un rectangle de longueur 4 hm et de largeur 3 m ?	14 m	1 200 m	806 m

3 Calculer la longueur d'un cercle

	Réponse A	Réponse B	Réponse C
5. La longueur d'un cercle de rayon 3 m est de :	9,42 m environ	18,85 m environ	6 m

Pour t'aider à retenir l'essentiel.

Carte mentale

Voici un exemple de carte mentale. Tu peux aussi en créer une à ta façon !

Comparaison

Report des longueurs à l'aide d'un compas

Conversions

km	hm	dam	1 m	dm	cm	mm
1 000 m	100 m	10 m		0,1 m	0,01 m	0,001 m

LONGUEUR ET PÉRIMÈTRE

Calcul du périmètre d'un polygone

Somme des longueurs de tous les côtés

Carré : $\mathcal{P} = 4 \times c$ Rectangle : $\mathcal{P} = 2 \times L + 2 \times \ell$

Calcul de la longueur d'un cercle

$\mathcal{P} = \pi \times d$
$\mathcal{P} = 2 \times \pi \times r$
avec $\pi \approx 3,14$

Chapitre 9 Longueur et périmètre

Problèmes

➡ Corrigés p. 300

Pour mieux cibler les compétences

Chercher	44 58 59	Raisonner	47 60
Modéliser	51 56	Calculer	43 52
Représenter	46 57	Communiquer	44 60

41 Décoration

M. et Mme Mouhali ont décidé de décorer la façade de leur maison avec des guirlandes lumineuses comme ci-dessous.

Doc. 1 ▸ Façade avant

Dimensions :
- *Petite fenêtre :* 110 cm sur 105 cm
- *Grande fenêtre :* 165 cm sur 130 cm
- *Porte :* 180 cm sur 100 cm
- *Toit :* Chaque pente a une longueur de 185 cm.

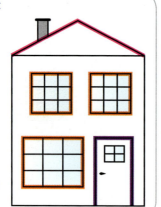

• Calculer la longueur nécessaire de guirlande de chaque couleur (rouge, orange et violet).

42 Des cratères

Le dôme de Vredefort, en Afrique du Sud, est le plus grand cratère dû à la chute d'une météorite sur Terre. Il date d'environ deux milliards d'années. Son diamètre d'origine est d'environ 300 km.

Image satellite du dôme de Vredefort (Afrique du Sud).

En France, un astéroïde tombé il y a environ 200 millions d'années dans le Massif-Central a creusé un cratère de 20 km de diamètre. Ce cratère de Rochechouart-Chassenon n'est plus reconnaissable aujourd'hui, sa cuvette ayant disparu sous l'action d'une implacable érosion.

Vocabulaire

Érosion : Lente dégradation du relief causée, entre autres, par l'action du vent et de la pluie

• Calculer la différence entre les circonférences de ces deux cratères.

43 Courses de fourmis

Deux fourmis font un concours : la fourmi noire se déplace le long d'un carré de côté 4,71 dm ; la fourmi rouge parcourt un cercle de rayon 3 dm.

• Si elles partent en même temps et se déplacent à la même vitesse, laquelle arrivera la première à son point de départ ?

44 Le fil d'or

M. Gold, fabricant de bijoux, dessine en vrai grandeur ses projets de pendentifs. En voici deux modèles :

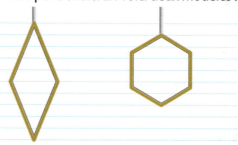

Il veut réaliser les segments dorés avec un fin fil d'or. Pour faire des économies, il voudrait déterminer le pendentif qui nécessite la plus petite longueur de fil. Hélas, il n'a pas d'instrument de mesure. Mais en apercevant un compas sur son bureau et en observant les lignes de sa feuille, il trouve rapidement une solution.

1. Quelle est la méthode de M. Gold ?
2. Déterminer ainsi le bijou le plus économique.

45 Le nombre π

Pour mémoriser les premières décimales du nombre π, on a inventé des petits textes. Le nombre de lettres de chaque mot correspond à un chiffre. À l'aide du texte suivant sur le savant grec Archimède (287 av. J.-C. – 212 av. J.-C.), retrouver les trente premières décimales de π :

> *Que j'aime à faire apprendre un nombre utile*
>   3 1   4 1 5   9   2   6   5
> *aux sages !*
>   3   5
> *Glorieux Archimède, artiste, ingénieur,*
> *Toi de qui Syracuse aime encore la gloire,*
> *Soit ton nom conservé par de savants grimoires !*

Découvre les décimales du nombre π p. 163 !

ESPACE ET GÉOMÉTRIE

46 Félix le chat

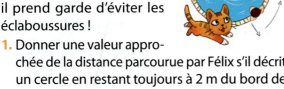

Félix déteste l'eau ! Quand il s'approche de la piscine circulaire de rayon 2,5 m, il prend garde d'éviter les éclaboussures !

1. Donner une valeur approchée de la distance parcourue par Félix s'il décrit un cercle en restant toujours à 2 m du bord de cette piscine.
2. Quelle distance supplémentaire parcourt-il par rapport à son copain Fido qui fait le tour en restant sur le bord de la piscine ?

47 Égalités de périmètres

ABCD est un rectangle de 6 cm de longueur et de 4 cm de largeur.

- Construire en vraie grandeur le rectangle ABCD, puis tracer un triangle isocèle AEB ayant le même périmètre. Y a-t-il plusieurs possibilités ?

48 Le Pentagone américain

Le Pentagone est le plus vaste immeuble de bureaux du monde, cumulant 28 km de couloirs ! Près de Washington, dans l'État de Virginie, il abrite le quartier général du département de la Défense des États-Unis.

- Déterminer son périmètre, tracé en rouge dans le plan ci-dessous.

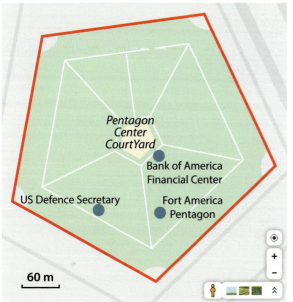

49 Théâtre antique

Dans l'Antiquité, au centre des théâtres grecs, se trouvait l'*orchestra*, une zone circulaire en terre battue dont le contour avait une longueur d'environ 160 m et qui accueillait le chœur, les danseurs, les chanteurs, ainsi que les musiciens.
L'ensemble des gradins, qui formaient le *koilon*, étaient installés au creux d'une colline.

Le théâtre antique de Delphes (Grèce).

- Calculer une valeur arrondie à l'unité près du rayon de l'*orchestra*.

50 La pendule

Une pendule est constituée de deux aiguilles, l'une de 10 cm de longueur et l'autre de 8 cm.

- En 24 heures, quelle est la distance parcourue par l'extrémité de la petite aiguille (rouge) ? Même question pour l'extrémité de la grande aiguille (bleue).

51 Table à rallonges

La famille Chen possède une table circulaire de diamètre 110 cm. Ils peuvent y rajouter une rallonge centrale rectangulaire de largeur 45 cm.

1. Quelle est la longueur du contour de la table sans rallonge ? avec rallonge ?
2. On considère qu'il faut prévoir un espace d'environ 60 cm par personne pour être à l'aise. Combien peut-on installer de personnes autour de la table dans les deux cas ?

52 Croissant de lune

Représenter ce croissant de lune, puis calculer une valeur approchée de la longueur de son contour sachant que $O_1A = 4$ cm et $O_2A \approx 2,8$ cm.

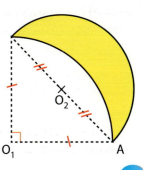

Problèmes

53 Bibelot en cristal

Pour décorer son cristal en forme de pavé droit, Camille veut coller un fil argenté sur chaque arête. Voici, ci-contre, le schéma en perspective cavalière de son bibelot, la face de devant ABCD étant représentée en vraie grandeur.

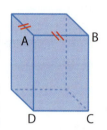

• Sans mesurer, tracer un segment [RS] tel que la distance RS soit égale à la longueur totale du fil argenté.

54 Logo

Une entreprise a choisi un nouveau logo. Il est composé de quatre demi-cercles et de quatre quarts de cercle.

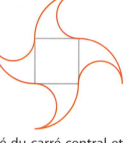

• Reproduire cette figure en prenant 4 cm comme longueur du côté du carré central et calculer le périmètre de ce logo.

55 Le phare de Chassiron

Avec ses parents, Alexandre va visiter le phare de Chassiron sur l'île d'Oléron. Avant son départ, il regarde une image satellite de ce lieu.

Il se demande combien il lui faudra de temps pour parcourir le grand tour (tracé en bleu).

• Calculer le temps nécessaire à ce parcours sachant qu'Alexandre marche à une vitesse moyenne de 3 km/h.

56 La bicyclette

Une roue de vélo a un diamètre de 60 cm. Leïla a mesuré qu'avec un tour de pédale, le vélo avance de 2,2 m.

• Déterminer le nombre de tours de roue effectués en 471 tours de pédales.

57 Lunules grecques

On a découpé la figure 1 pour obtenir la figure 2.

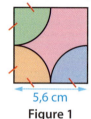 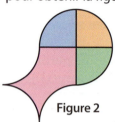

Figure 1   Figure 2

1. Quelle est la longueur du contour de la figure 2 ?
2. Comparer cette longueur au périmètre du carré de la figure 1.

58 Piscine *Prise d'initiative*

M. et Mme Spring souhaitent installer une clôture autour de leur piscine (doc. 1). Ils souhaitent que la distance entre le grillage et le bord de la piscine soit toujours d'au minimum 3 mètres et que le grillage soit toujours parallèle à un bord de la piscine. Ils ont repéré sur Internet le grillage qui leur convenait (doc. 2).

Doc. 1 Plan de la piscine

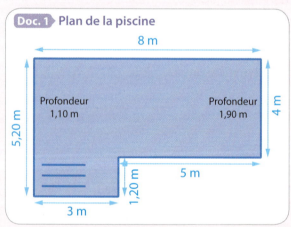

Doc. 2 Grillage vert
maille de H. 100 × ℓ. 100 mm

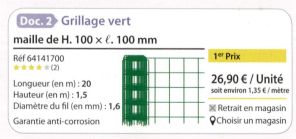

• Quelle dépense minimale doivent-ils envisager pour réaliser leur projet ?

59 Podomètre

Hugo a offert à son père un podomètre pour qu'il puisse mesurer la distance parcourue quand il court.

Vocabulaire

Podomètre : Dispositif sensible au mouvement permettant de mesurer en temps réel le nombre de pas effectués par une personne puis, par réglage de la foulée, de donner une estimation de la distance parcourue correspondante

Doc. 1 Réglage de la longueur de votre foulée
1. Faites 10 pas.
2. Mesurez la distance franchie, d'un talon à l'autre ou de la pointe d'un pied à l'autre.
3. Divisez la distance franchie par 10 pour connaitre la longueur de votre foulée.

Important : N'oubliez pas que la longueur de votre foulée en marchant et en courant n'est pas la même. Si vous prévoyez d'utiliser le podomètre pour les deux types d'exercice, vous devrez reprogrammer votre foulée chaque fois que vous passerez d'un exercice à l'autre.

Le père d'Hugo a réglé son podomètre en marchant. Il a alors effectué 6 m en dix pas.
Aujourd'hui, il est parti avec son podomètre pour effectuer un trajet en courant mais il a oublié d'adapter le réglage à sa foulée de course, d'une longueur de 0,90 m.
On donne, ci-après en rouge, le schéma du parcours qu'il a effectué une seule fois.

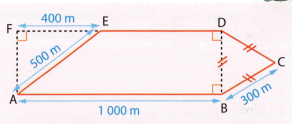

• Quel est l'écart entre la distance réelle qu'il a parcourue et la distance affichée sur le podomètre mal réglé ?

60 La course

Fatima et Albane participent à une course sur un stade d'athlétisme. Fatima doit parcourir exactement un tour de piste en suivant la ligne rouge représentée sur le schéma ci-dessous (les distances sont exprimées en mètres). Albane court en suivant la ligne noire. La ligne d'arrivée est commune aux deux concurrentes.

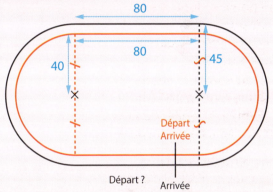

• À quelle distance de la ligne d'arrivée doit-on fixer le départ d'Albane pour qu'elle parcoure la même distance que Fatima ? On arrondira les résultats au dixième de mètre près.

61 Tableaux de fils tendus et de clous

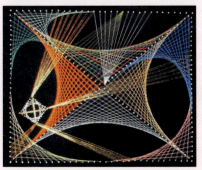

Julia veut réaliser un tableau de fils tendus. Elle doit commencer par tendre un fil à l'aide de clous régulièrement espacés pour former un rectangle comme indiqué sur le patron ci-contre, à droite. Hélas, le rectangle est en partie masqué par une tache. Le fil permettant de faire très exactement le contour du rectangle est représenté ci-dessous, à la même échelle :

1. Sans instrument de mesure, et seulement à l'aide d'un compas, déterminer les dimensions réelles du rectangle.
2. Déterminer le nombre de clous nécessaires à la réalisation de ce rectangle.

Chapitre 9 Longueur et périmètre

Travailler autrement
Utilisable en AP

À chacun son parcours !

62 Lecture d'un document et résolution d'un problème

> Socle D1 *Je comprends le sens des consignes.*
> Socle D4 *Je sais prélever, organiser et traiter l'information utile.*
> Socle D4 *Je sais résoudre un problème impliquant des grandeurs variées.*

Doc. 1 ▸ Notre planète Terre

La Terre tourne autour du Soleil en 365,25 jours, et sur elle-même en un jour. Son rayon orbital (ou plus simplement sa distance au Soleil) est de 150 millions de kilomètres. Elle a un rayon de 6 371 km et une masse de 5,972 quadrillions de kg. La température oscille entre −70 °C et +50 °C, la température moyenne étant de +14 °C. Sa superficie s'étend sur 510 millions de km^2. Hormis ses centaines de satellites artificiels envoyés en orbite par l'être humain, notre planète possède un unique satellite naturel, la Lune, dont elle est distante en moyenne de 385 000 km. La Lune a un diamètre de 1 864 km et une masse de 73,49 trilliards de kg. Sa température oscille entre −230 °C et +125 °C.

> 1 quadrillion = mille trilliards
> 1 trilliard = 1 million de millions de milliards

Questions ceinture jaune

1. Quel est le rayon de la Terre ?
2. Imaginons que l'on entoure l'équateur terrestre avec une corde et que l'on forme ainsi un cercle : quelle est la longueur de cette corde ?
3. Pourrait-on relier la Terre à la Lune avec cette corde ?

Questions ceinture verte

1. Quel est le rayon de la Terre ? de la Lune ?
2. Imaginons que l'on entoure l'équateur terrestre avec une corde et que l'on forme ainsi un cercle : quelle est la longueur de cette corde ?
3. Combien faudrait-il mettre de cordes de cette longueur bout à bout pour atteindre le Soleil ?

Questions ceinture noire

PARTIE A : Avec la Terre

1. Imaginons que l'on entoure l'équateur terrestre avec une corde et que l'on forme ainsi un cercle : quelle est la longueur de cette corde ?
2. Imaginons que l'on entoure l'équateur terrestre avec une corde située à un mètre du sol : quelle est la longueur de cette deuxième corde ?
3. Quelle différence de longueur, en mètres, y a-t-il entre les cordes des questions **1.** et **2.** ?

PARTIE B : Avec une orange

Reprendre les questions de la partie A en remplaçant la Terre par une orange de rayon 5 cm. Que remarque-t-on ?

63 Analyse de production

> Socle D2 *Je sais analyser les erreurs.*
> Socle D4 *Je sais pratiquer le calcul.*

Un professeur a donné l'exercice ci-contre à ses élèves. Analyser les productions des élèves en expliquant les erreurs éventuellement commises et les corriger si nécessaire.

Les pales d'une éolienne mesurent 40 m de long. L'hélice effectue 15 tours par minute.
• Calculer la distance parcourue, en kilomètres, par l'extrémité d'une pale en une minute.

Questions ceinture jaune

Victor

$2 \times \pi \times r \approx 2 \times 3{,}14 \times 40 = 251{,}2$
$251{,}2 \times 15 = 3\ 768$
Elle parcourt 3 768 m en une minute.

Questions ceinture verte

Inès

$\pi \times D \approx 3{,}14 \times 40 \approx 125{,}6$
$125{,}6 \times 15 = 1\ 884$
Elle parcourt environ 1 884 km en une minute.

Questions ceinture noire

Mathias

$3{,}14 \times 0{,}4 = 1{,}256 \times 15 = 18{,}84$
Elle parcourt 18,84 km en une minute.

64 Résolution de problème

> Socle D1 *Je comprends le sens des consignes, je sais combiner les informations explicites et implicites d'une lecture.*
> Socle D4 *Je sais prélever, organiser et traiter l'information utile.*

À la manière d'un faussaire

Voici une œuvre de Piet Mondrian appelée *Composition en rouge, jaune et bleu* et réalisée en 1921. Tous les polygones qui composent ce tableau sont des rectangles.

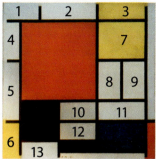

1. À l'aide des informations données et des figures ci-contre, construire une reproduction de ce tableau en taille réduite par rapport à l'original. Les rectangles 1, 4, 6, 10 et 12 sont identiques, les rectangles 8 et 9 le sont aussi.

2. Donner cette reproduction à son binôme et lui demander de vérifier qu'elle est correctement construite.

Questions ceinture jaune

La reproduction est un carré de 16 cm de côté.

- La longueur du rectangle 1 est 4 cm, et son périmètre est égal à 12 cm.
- Le périmètre du carré rouge est de 32 cm, celui du carré noir est de 16 cm.
- La longueur du rectangle 3 est de 5 cm.
- Le périmètre du rectangle 7 est de 18 cm.
- Le périmètre du rectangle bleu est de 16 cm.

Questions ceinture verte

La reproduction est un carré de 20 cm de côté.

- La longueur du rectangle 1 est 5 cm, et son périmètre est égal à 15 cm.
- Le périmètre du rectangle 7 est de 22,5 cm.
- Le périmètre du carré rouge est de 40 cm ; celui du carré noir et du rectangle bleu sont les mêmes (20 cm).
- La longueur du rectangle 3 est de 6,25 cm.

Questions ceinture noire

La reproduction est un carré de 12 cm de côté.

- Le périmètre du carré rouge est de 24 cm ; celui du carré noir et du rectangle bleu est de 12 cm ; celui du rectangle 7 est de 13,5 cm ; celui du rectangle 1 est de 9 cm.
- La longueur du rectangle 3 est de 3,75 cm, celle du rectangle 1 est de 3 cm.

65 Résolution de problème

> Socle D1 *Je sais utiliser des figures géométriques.*
> Socle D4 *Je sais mener une démarche d'investigation (manipuler, explorer plusieurs pistes, procéder par essais et erreurs) et pratiquer le calcul.*

En utilisant tous les polygones de couleur, réaliser une figure ayant le périmètre le plus petit possible.

Questions ceinture jaune

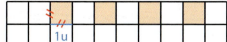

Questions ceinture noire

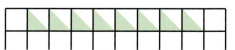

Questions ceinture verte

Chapitre 9 Longueur et périmètre

Outils numériques et algorithmique

66 Jeu d'hiver

Mélissa feuillette en famille un livret de jeux et d'énigmes mathématiques. Voici le défi du jour :

Étape 1	Étape 2	Étape 3	Étape 4	Étape…
Cercle de rayon 10 cm	Cercle de rayon 10,5 cm	Cercle de rayon 11 cm	Cercle de rayon 11,5 cm	
Carré de côté 10 cm	Carré de côté 11 cm	Carré de côté 12 cm	Carré de côté 13 cm	

Lors de chaque passage à l'étape suivante, le rayon du cercle est augmenté de 0,5 cm, et le côté du carré, de 1 cm.
À quelle étape la longueur du cercle est-elle la plus proche du périmètre du carré ?

Pour être la plus rapide, Mélissa utilise un tableur.

	A	B	C	D	E	F
1	Étape	Rayon (en cm)	Longueur du cercle (en cm)		Côté du carré (en cm)	Périmètre (en cm)
2	1	10			10	
3	2	10,5			11	
4	3					

1. Reproduire la feuille de calcul ci-dessus.

> Dans chacune des colonnes A, B et E, sélectionne deux cellules l'une au-dessus de l'autre, puis étends-les vers le bas.

2. Entrer la formule dans la cellule C2, puis l'étendre vers le bas.
3. Quelle formule faut-il entrer dans la cellule F2 ? L'étendre vers le bas.
4. Quelle est la réponse à ce défi ?

67 Jeu d'été

Victor se prépare pour un grand jeu de plein air organisé le lendemain. Il devra réaliser le plus rapidement possible l'épreuve suivante.

- Partir du plot D et avancer jusqu'à la table T en restant bien sur le chemin parallèle à la rivière qui s'écoule en ligne droite.
- Récupérer une tasse sur la table.
- Remplir la tasse à la rivière.
- Retourner au plot D sans renverser l'eau.

Pour optimiser ses chances de gagner, Victor se demande à quel endroit E de la rivière il doit se rendre pour raccourcir son trajet au maximum.

- Pour aider Victor, représenter la situation dans un logiciel de géométrie dynamique, puis déplacer le point E sur la droite symbolisant la rivière. Quelle est la forme du trajet le plus court ?

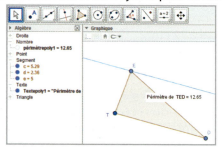

68 Calculs de périmètres

Le programme ci-dessous permet de calculer la longueur d'un cercle.

- Créer un programme qui calcule le périmètre d'un carré.

Boite à outils

Avec un logiciel de géométrie

- Pour afficher la longueur d'un segment ou le périmètre d'une figure Distance ou Longueur
- Pour déplacer un objet :

Avec un tableur

Pour entrer une formule dans une cellule :
- On commence par inscrire le symbole =
- Les multiplications s'écrivent avec le symbole *
- Le nombre π s'écrit PI()

Ta mission
Tracer des droites parallèles et des droites perpendiculaires.

CHAPITRE **10**

Droites

Jeux

Relier ces neuf points à l'aide de quatre segments, sans relever le stylo.

Histoire

Voir problème 54 p. 196

La maison Carrée est un temple romain construit au début du Ier siècle après J.-C. à Nîmes, dans le Gard. Elle a la forme d'un rectangle de 13,54 m de large et 26,42 m de long. Elle porte ce nom depuis le XVIe siècle : à cette époque, on qualifiait de « carrée » toute figure ayant quatre angles droits. Le rectangle était appelé un « carré long » et notre carré actuel un « carré parfait ».

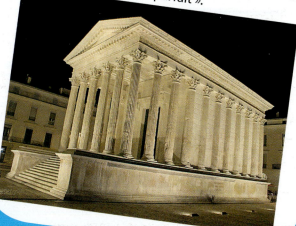

Activités

Questions flash

1. Voici un planisphère :

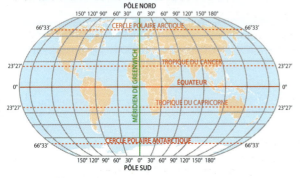

Vocabulaire

Planisphère : Carte de l'ensemble du globe terrestre représenté à plat

a. Que peut-on dire du tropique du Cancer et de l'équateur ?
b. Que peut-on dire du tropique du Capricorne et du méridien de Greenwich ?

2. Quelles sont les figures géométriques que l'on peut voir sur ces deux tableaux du peintre néerlandais Piet Mondrian ?

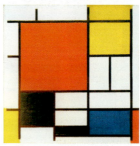 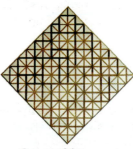

Composition en rouge, jaune, bleu et noir (1926). ***Composition avec grille 3*** (1918).

3. Dans la figure ci-contre, combien peut-on voir :
   a. de carrés ?
   b. de triangles rectangles ?

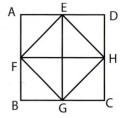

Partez !

Suspension lumineuse — CM2 — Activité 1

Dans la suspension lumineuse ci-contre, les câbles noirs mesurent 30 cm.
Ils sont reliés à une barre fixée au plafond.
L'espacement entre deux fixations est de 8 cm.

1. Que peut-on dire de la position de chaque câble noir par rapport à la barre fixée au plafond ?
2. Que peut-on dire de la position des trois câbles noirs les uns par rapport aux autres ?
3. Peut-on modifier la longueur des câbles noirs de façon à conserver l'alignement de ces trois ampoules, mais pas sur une ligne horizontale ? Si oui, faire une figure.

Show laser — Activité 2 — Prise d'initiative

Cet artiste crée des effets visuels à l'aide de faisceaux lumineux qu'il peut orienter comme il le souhaite.
Quinze faisceaux lumineux sortent d'une table par quinze trous alignés et espacés de 3 cm.
L'artiste veut créer un enchaînement de trois effets lumineux différents, en utilisant uniquement quatre faisceaux.

 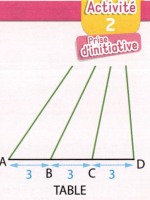

182 ESPACE ET GÉOMÉTRIE

On nomme A, B, C et D les points de sortie de la table des quatre faisceaux lumineux espacés de 3 cm.
Voici les trois effets lumineux qu'il veut créer :
- **Effet 1 :** Les quatre faisceaux lumineux montent verticalement.
- **Effet 2 :** Les quatre faisceaux lumineux se croisent en un seul point, à 10 cm au-dessus de la table.
- **Effet 3 :** Les faisceaux lumineux partant des points A et B sont verticaux, les faisceaux lumineux partant des points C et D sont parallèles entre eux et coupent les deux autres faisceaux lumineux.

1. Faire une figure représentant chacun de ces trois effets lumineux, lorsque l'on est placé face à l'artiste.
2. Quelle figure géométrique apparait lorsque l'effet n° 3 est réalisé ?
3. Comment l'artiste pourrait-il utiliser cette table à faisceaux lumineux pour faire apparaitre un rectangle ? un losange ? un carré ? Faire une figure pour illustrer chacune des réponses.

Distance point-droite

Activité 3

Voici une photo satellite de la côte atlantique au niveau de la ville de Labenne, dans les Landes.
La position d'un bateau naviguant sur l'océan Atlantique est marquée d'une croix.

- Quelle est la distance entre le bateau et la plage marquée d'une longue bande de sable jaune ? Expliquer la méthode utilisée pour la trouver.

Matériel de géométrie

Activité 4
Prise d'initiative

Maëva veut ranger son matériel de géométrie dans une petite trousse plate qu'elle a faite elle-même.

Dimensions de la trousse :
25 cm sur 11 cm

Dimensions de l'équerre :
Les côtés de l'angle droit mesurent 21 cm et 12 cm.

1. À quelle figure géométrique la trousse de Maëva ressemble-t-elle ?
2. À quelle figure géométrique l'équerre de Maëva ressemble-t-elle ?
3. Maëva pourra-t-elle ranger son équerre dans sa trousse ? Expliquer pourquoi.

Chapitre 10 Droites

1 Tracer des droites perpendiculaires

Définitions

- Trois points A, B et C sont **alignés** lorsque l'on peut tracer une ligne droite passant par ces trois points.
- Si A et B sont deux points distincts, l'ensemble de tous les points alignés avec A et B est appelé la **droite (AB)**.

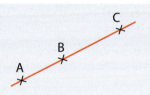

⚠ Une droite est **illimitée** : on peut toujours prolonger la ligne en plaçant d'autres points alignés avec ceux déjà tracés.

 Les trois points I, J et K sont alignés. Les droites (IJ), (IK), (JK) sont **confondues** en une seule et même droite, qu'on peut aussi noter (d). On dit que le point I **appartient à** la droite (d) et on note :   I ∈ (d)

Définition

Deux droites sont **sécantes** si elles se coupent en un seul point, appelé **point d'intersection**.

 Les droites (d₁) et (d₂) sont sécantes en A.
A est **le point d'intersection** des droites (d₁) et (d₂) : il appartient à ces deux droites.

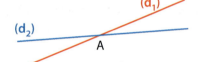

Définition

Deux droites sont **perpendiculaires** si elles sont sécantes en formant un **angle droit**.

 La droite (d₁) **est perpendiculaire à** la droite (d₂).
On le note :   (d₁) ⊥ (d₂)

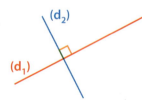

Définition

La **distance entre un point M et une droite (d)** est la longueur du segment [MH], perpendiculaire à la droite (d) en H.

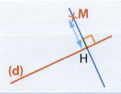

Définition

- Dans un triangle, on appelle **hauteur** la distance entre un sommet et le côté opposé à ce sommet.
- On appelle également **hauteur** le segment [AH] ou la droite (AH).

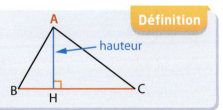

Savoir-faire

> Entraine-toi avec ces exercices corrigés en page 300 !

 1 **Tracer des droites perpendiculaires**

1 Une rivière est représentée par la droite (d), la maison de Manon par le point M, et la maison de Théo par le point T.
- Laquelle des deux maisons est la plus proche de la rivière ?

Solution

Il faut connaitre les distances entre la droite (d) et les points M et T.
Pour cela, on doit tracer la droite perpendiculaire à (d) passant par M, puis celle passant par T, puis on mesure les distances entre la droite (d) et les points M et T.

Étape 1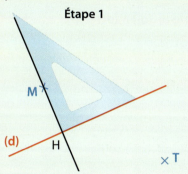

Étape 2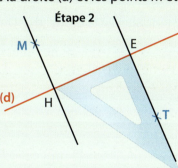

Étape 3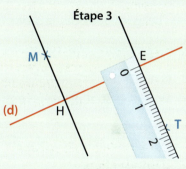

On mesure : MH = 1,3 cm et TE = 1,8 cm.
La maison de Manon est donc plus proche de la rivière que la maison de Théo.

2 Pour chacun des deux triangles, tracer la hauteur issue du sommet A.

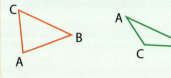

Solution

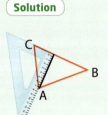 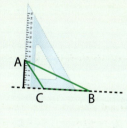

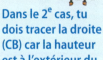 Dans le 2ᵉ cas, tu dois tracer la droite (CB) car la hauteur est à l'extérieur du triangle.

3 1. Reproduire la figure ci-dessous sur du papier quadrillé.

2. Quelle est, au millimètre près, la distance entre le point E et la droite (CD) ?

4 1. Reproduire les quatre triangles suivants sur du papier quadrillé.

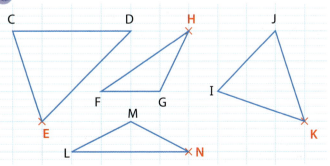

2. Pour chaque triangle, tracer la hauteur issue du sommet rouge.

Chapitre 10 Droites   185

Cours

2 Tracer des droites parallèles

Définition

Deux droites sont **parallèles** si elles ne sont pas sécantes.
- Les droites (d_1) et (d_2) n'ont aucun point commun.
- Les droites (d_1) et (d_2) sont confondues.

Dans les deux cas, la droite (d_1) **est parallèle à** la droite (d_2). On note : $(d_1) \mathbin{/\!/} (d_2)$

Propriété 1

Si **deux droites** sont parallèles à **une même droite**, alors elles sont parallèles entre elles.

On note :
Si $(d_1) \mathbin{/\!/} (d_3)$ et $(d_2) \mathbin{/\!/} (d_3)$, alors $(d_1) \mathbin{/\!/} (d_2)$.

Propriété 2

Si **deux droites** sont perpendiculaires à **une même droite**, alors elles sont parallèles entre elles.

On note :
Si $(d_1) \perp (d_3)$ et $(d_2) \perp (d_3)$, alors $(d_1) \mathbin{/\!/} (d_2)$.

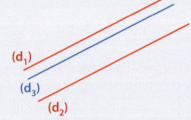

Propriété 3

Si **deux droites** sont parallèles, et si **une troisième droite** est perpendiculaire à l'une, alors elle est aussi perpendiculaire à l'autre.

On note :
Si $(d_1) \mathbin{/\!/} (d_2)$ et si $(d_3) \perp (d_1)$, alors $(d_3) \perp (d_2)$.

Propriété et définition

Si **deux droites** sont parallèles et non confondues, alors **tous les segments joignant ces deux droites perpendiculairement** ont la même longueur.

On appelle **distance entre les deux droites** la longueur de ces segments.

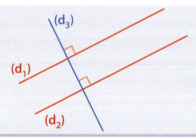

ESPACE ET GÉOMÉTRIE

Savoir-faire

Entraine-toi avec ces exercices corrigés en page 300 !

Vidéo 2 Tracer des droites parallèles

5 Tracer la droite parallèle à la droite (d) passant par le point C.

Solution

- On trace la droite perpendiculaire à (d) passant par le point C.
- On trace la droite perpendiculaire à cette droite passant par le point C : d'après la propriété 2, elle est parallèle à la droite (d).

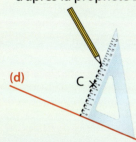
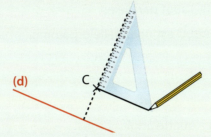
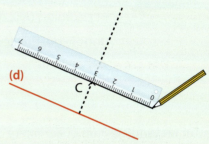

6 En utilisant les informations codées sur la figure ci-contre, que peut-on dire des droites :
  a. (d_1) et (d_3) ?
  b. (d_1) et (d_2) ?

Solution

a. D'après le codage, on peut affirmer que les droites (d_1) et (d_3) sont perpendiculaires.
b. D'après le codage, on sait que $(d_1) \perp (d_3)$ et $(d_2) \perp (d_3)$.
   Donc, grâce à la propriété 2, on peut affirmer que $(d_1) // (d_2)$.

7 Mesurer la distance entre les droites parallèles (d) et (d').

Solution

- On trace une droite perpendiculaire aux deux droites.
- On mesure la distance entre les deux points d'intersection de cette droite avec les droites (d) et (d').

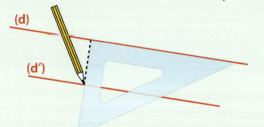
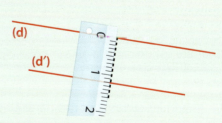

La distance mesurée entre les droites (d) et (d') est de 1,2 cm.

8 1. Placer quatre points A, B, C et D non alignés. Tracer les droites (AB) et (AC).
2. Tracer la droite (d_1) parallèle à (AB) passant par le point C.
3. Tracer la droite (d_2) parallèle à (AB) passant par le point D.
4. Que peut-on dire des droites (d_1) et (d_2) ? Pourquoi peut-on l'affirmer ?
5. Mesurer la distance entre les droites (d_1) et (d_2).

Chapitre 10 Droites

3. Connaitre et construire un rectangle, un carré, un triangle rectangle

Définition

Un **parallélogramme** est un quadrilatère dont les côtés opposés sont deux à deux parallèles.

- Les droites (AB) et (DC) sont parallèles.
- Les droites (AD) et (BC) sont parallèles.

Donc le quadrilatère ABCD est un parallélogramme.

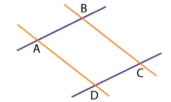

Définition

Un **rectangle** est un quadrilatère qui a quatre angles droits.

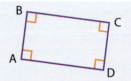

Propriété

Si un quadrilatère est un rectangle, alors ses côtés opposés sont deux à deux parallèles et de même longueur.

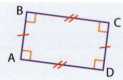

(AB) // (CD)
et (AD) // (BC)
AB = CD et AD = BC

Définition

Un **carré** est un quadrilatère qui a quatre angles droits et quatre côtés de même longueur.

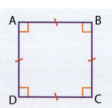

Propriété

Si un quadrilatère est un carré, alors ses côtés opposés sont deux à deux parallèles.

! Les rectangles et les carrés sont des parallélogrammes particuliers.

Définition

Un **triangle rectangle** est un triangle dont deux côtés sont perpendiculaires.

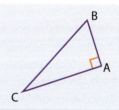

188 ESPACE ET GÉOMÉTRIE

Savoir-faire

Entraine-toi avec ces exercices corrigés en page 300 !

3 Connaitre et construire un rectangle, un carré, un triangle rectangle

9 1. Placer trois points A, B et C non alignés.
Tracer la droite (AB) en rouge et la droite (BC) en bleu.
Tracer en rouge la droite parallèle à la droite (AB) passant par le point C.
Tracer en bleu la droite parallèle à la droite (BC) passant par le point A.
Ces deux dernières droites se coupent en D. Placer le point D.
2. Quelle est la nature du quadrilatère ABCD ? Justifier.

Solution

1.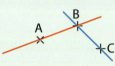

2. Un **parallélogramme** est un quadrilatère dont les côtés opposés sont deux à deux parallèles.
On sait que (AB) // (CD) et (BC) // (AD). Donc ABCD est un parallélogramme.

10 1. Construire un carré EFGH tel que EF = 2 cm.
2. Placer deux points I et J tels que EFIJ soit un rectangle et FI = 3 cm.
3. Placer un point K tel que EIK soit un triangle rectangle en I et IK = 4 cm.

Solution

1.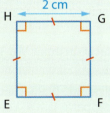
- On trace un premier côté [EF] de longueur 2 cm.
- On trace un deuxième côté perpendiculaire au premier et de longueur 2 cm.
- On trace de même les deux derniers côtés.

2.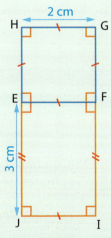
- On trace le côté [FI], perpendiculaire à [EF] et de longueur 3 cm.
- On trace ensuite les côtés [IJ] et [JE].

3.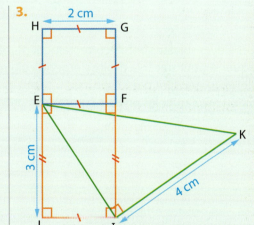
- On trace le côté [EI].
- On trace le côté [IK], perpendiculaire à [EI] et de longueur 4 cm.
- On trace le dernier côté.

11 Construire un carré VRAI tel que VR = 5,2 cm.

12 Construire un rectangle FOUS tel que FO = 3,5 cm et OU = 2,3 cm.

13 1. Construire un triangle VET rectangle en E tel que EV = 3 cm et ET = 6 cm.
2. Placer un point O tel que VETO soit un rectangle.

Chapitre 10 Droites   189

Exercices

Tracer des droites perpendiculaires
➡ Savoir-faire p. 185

Questions flash

14 Parmi les notations suivantes d'un point A, laquelle est la plus précise ? Expliquer pourquoi.

15 Traduire par une phrase les notations suivantes.
a. (AB) ⊥ (FG)   b. I ∈ [CD]

16 Quelles droites semblent être perpendiculaires ?

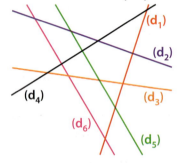

17 Les élèves suivants ont-ils correctement placé leur équerre pour tracer la droite perpendiculaire à la droite (d) passant par I ?
Sinon, expliquer les erreurs commises.

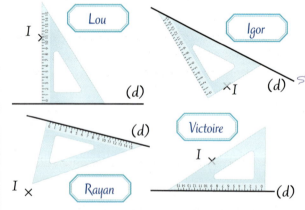

18 1. Reproduire la figure ci-contre.
2. Tracer la droite (d) perpendiculaire à la droite (AB) passant par le point C.
3. Tracer la droite (d') perpendiculaire à la droite (AC) passant par le point D.

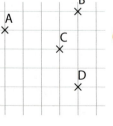

19 Dans chacun des cas suivants, indiquer si la droite bleue semble être une hauteur du triangle.

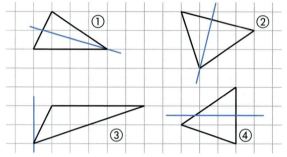

20 Reproduire la figure ci-contre, puis tracer la hauteur du triangle LMN issue de L.

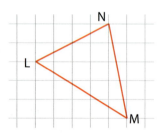

21 Reproduire la figure ci-contre, puis tracer la hauteur du triangle RST issue de S.

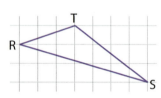

22 1. Tracer une droite (IJ) et placer un point M à 3 cm de la droite (IJ).
2. Tracer l'ensemble des points à 4 cm du point M.
3. Combien y a-t-il de points appartenant à la droite (IJ) qui sont également à 4 cm du point M ?

23 Vrai ou faux ?
Les phrases suivantes sont-elles vraies ou fausses ? Justifier.
a. Deux droites perpendiculaires sont des droites sécantes.
b. Deux droites sécantes sont des droites perpendiculaires.
c. Si deux droites (d) et (d') sont perpendiculaires en I, alors elles sont sécantes en I.
d. Si I ∈ (d) et I ∈ (d'), alors les droites (d) et (d') sont perpendiculaires en I.

24 1. Construire un triangle IJK.
2. Tracer en rouge la perpendiculaire à la droite (JK) passant par le point I.
3. Tracer en bleu la perpendiculaire à la droite (IJ) passant par le milieu du segment [JK].

190 ESPACE ET GÉOMÉTRIE

Tracer des droites parallèles

➡ Savoir-faire p. 187

Questions flash

25 Traduire par une phrase les notations suivantes.
  a. (RS) // (WX)   b. J ∉ (HK)

Le symbole ∉ signifie « n'appartient pas ».

26 Quelles droites semblent être parallèles ?

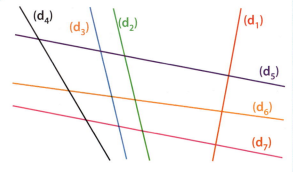

27 Combien y a-t-il de parallélogrammes dans la figure ci-dessous ? Les nommer.

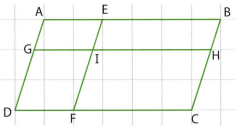

28 Najwa a voulu tracer la droite parallèle à la droite (d) passant par le point A.
Voici les différentes étapes de sa construction :

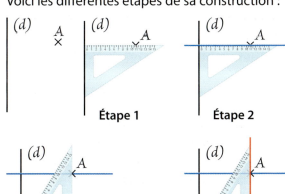

• Sa construction est-elle correcte ? Expliquer.

29 Jason affirme : « Les droites (d₁) et (d₂) sont parallèles car je le vois sur le dessin. »
• A-t-il raison ?

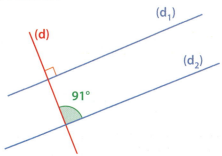

30 1. Reproduire la figure ci-contre.
2. Tracer la droite (d) parallèle à la droite (MN) passant par le point P.
3. Tracer la droite (d') parallèle à la droite (MP) passant par le point R.

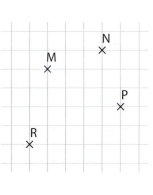

31 1. Tracer un triangle FGH tel que FG = 6 cm, FH = 3 cm et HG = 5 cm.
2. Placer les points I et J tels que FHIG et FGHJ soient des parallélogrammes.

32 1. Placer quatre points A, B, C et D, comme ci-contre.
2. Tracer la droite (d) perpendiculaire à la droite (AB) passant par le point C.
3. Tracer la droite (d₁) perpendiculaire à la droite (d) passant par le point D.
4. Que peut-on dire des droites (d₁) et (AB) ? Justifier.
5. Tracer la droite (d₂) parallèle à la droite (AD) passant par le point B. Elle coupe la droite (d₁) en E.
6. Quelle est la nature du quadrilatère ABED ? Justifier.

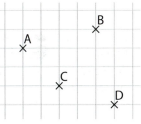

33 1. Placer trois points F, G et H non alignés. Tracer la droite (FG).
2. Tracer la droite (d₁), perpendiculaire à la droite (FG) passant par le point F.
3. Tracer la droite (d₂), parallèle à la droite (FG) passant par le point H.
4. Que peut-on dire des droites (d₁) et (d₂) ? Justifier.

Chapitre 10 Droites

Exercices

Connaitre et construire un rectangle, un carré, un triangle rectangle

→ Savoir-faire p. 189

Questions flash

34 Voici une étagère design :

- Combien de carrés et de rectangles la composent ?

35 Voici une autre étagère contemporaine :

- Indiquer quelle semble être la nature de chacune des pièces la composant.

36 Nommer tous les rectangles, carrés et triangles rectangles présents dans la figure ci-dessous.

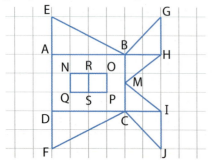

37 1. Reproduire la figure ci-contre.
2. Placer le point D tel que ABCD soit un rectangle.
3. Placer un point E tel que ECD soit un triangle rectangle et isocèle en D.
4. Placer les points F et G tels que CEFG soit un carré.

38 Construire ces figures en vraie grandeur.

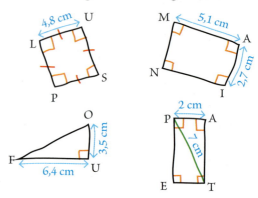

39 Construire les figures suivantes.
  a. Un carré ABCD tel que AB = 4,5 cm.
  b. Un rectangle RSTU tel que RS = 6 cm et RU = 4 cm.
  c. Un triangle VWX rectangle en X tel que XW = 7 cm et XV = 4,2 cm.
  d. Un triangle LMN rectangle en M tel que LN = 9 cm et MN = 6 cm.
  e. Un rectangle GHIJ tel que GH = 4,8 cm et GI = 7,5 cm.

Tu peux commencer par un dessin à main levée

40 Fatima affirme que la figure ci-contre est un carré.

- A-t-elle raison ?
  Si elle a tort, construire une figure qui correspond à ce croquis et qui n'est pas un carré.
  Sinon, construire ce carré.

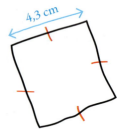

41 Écrire un énoncé permettant de réaliser la figure suivante.

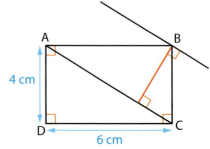

Un QCM spécial pour valider ton cycle 3 dans le manuel numérique !

➡ Corrigés p. 300

QCM Donner **la seule réponse correcte** parmi les trois proposées.

		Réponse A	Réponse B	Réponse C
1	**Tracer des droites perpendiculaires**			
	1. Sur quelle figure des droites perpendiculaires sont-elles représentées ?			
	2. DC est la distance :	du point B à (AC)	du point D à (AC)	du point C à (AB)
2	**Tracer des droites parallèles**			
	3. « (d) est parallèle à (d') » se note :	(d) ⊥ (d')	(d) \\ (d')	(d) // (d')
	4. Si (d_1) // (d_2) et (d_3) ⊥ (d_2), alors :	(d_3) ⊥ (d_1)	(d_3) // (d_1)	(d_1) ⊥ (d_2)
3	**Connaitre et construire un rectangle, un carré, un triangle rectangle**			
	5. Quelle figure est un carré ?			
	6.	ABCD est un carré et BCE est un triangle.	ABC et CBE sont deux triangles rectangles en B.	BCE et DCB sont deux triangles rectangles en C.

Pour t'aider à retenir l'essentiel.

Carte mentale

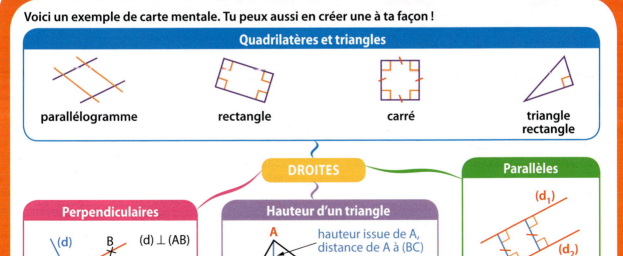

Chapitre 10 Droites — 193

Problèmes

➡ Corrigés p. 300

Pour mieux cibler les compétences

Chercher	42 48 57	Raisonner	52 53
Modéliser	54 57 58	Calculer	54 56
Représenter	45 49 56	Communiquer	54 56 57

42 Galerie de François Morellet
PEAC Voici une série d'œuvres de l'artiste français François Morellet (1926-2016), passionné de mathématiques.

10 lignes au hasard (1975).

Triple X neonly (2012).

Faut Le Fer n°2 (2015).

Sous-Fer n°1 (2015).

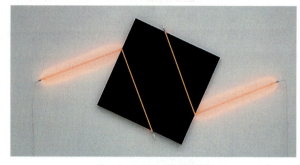

Contresens n°2 (2015).

- Pour chaque œuvre, indiquer le nombre de paires de droites parallèles et le nombre de paires de droites perpendiculaires que l'on peut y voir.

43 Répartition aléatoire
PEAC Voici une œuvre de l'artiste français François Morellet (1926-2016), intitulée *6 répartitions aléatoires de 4 carrés noirs et blancs d'après les chiffres pairs et impairs du nombre pi*, réalisée en 1958 et exposée au Centre Pompidou à Paris.

1. Combien peut-on voir de carrés sur cette œuvre ?
2. Combien peut-on comptabiliser de rectangles non carrés ?

44 Hauteurs
1. Tracer un triangle IJK non rectangle.
2. Tracer les hauteurs issues de I, de J et de K.
3. Que remarque-t-on ?
4. Réaliser la même construction avec un autre triangle.
5. Peut-on faire la même remarque qu'à la question **3.** ?

45 Escabeau
1. Représenter une vue de côté de l'escabeau de Carolina avec l'échelle suivante : 1 cm sur le dessin pour 20 cm en réalité.
2. Indiquer une estimation de la hauteur de la dernière marche de l'escabeau par rapport au sol.

46 Belle figure

1. Tracer deux droites (d) et (d') perpendiculaires en I.
2. Sur (d), placer deux points A et B à 5 cm de I.
3. Sur (d'), placer deux points C et D à 8 cm de I.
4. Tracer le quadrilatère ACBD.
5. Tracer la hauteur du triangle CIA issue de I. Elle coupe [AC] en E.
6. Tracer la hauteur du triangle CIB issue de I. Elle coupe [BC] en F.
7. Tracer le segment [EF] qui coupe [CD] en G.
8. Recommencer avec les triangles CGE et CGF, puis continuer jusqu'à ce que la hauteur tracée mesure moins de 1 cm.
9. Faire la même chose dans le triangle ABD.
10. Colorier la figure obtenue, dont voici les premières étapes de construction :

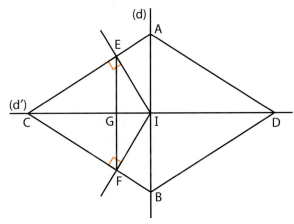

47 Dockland

Eléa, en visite à Hambourg, en Allemagne, découvre un bâtiment très étrange sur le port. Nommé Dockland, cet immeuble abrite des bureaux.

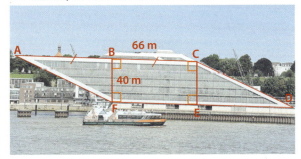

1. Quelle est la nature du quadrilatère BCEF ? Justifier.
2. Les droites (AF), (BE) et (CD) étant parallèles, quelle est la nature de chacun des quadrilatères ABEF, BCDE et ACDF ? Justifier.
3. Quelle est la nature des triangles ABF et CED ? Justifier.
4. Reproduire cette façade du Dockland, 1 cm sur le dessin représentant 20 m en réalité.

48 Dans les rues de Marseille

1. Donner le nom d'une rue parallèle à la rue de la Croix.
2. Donner le nom d'une rue perpendiculaire au boulevard de la Corderie.
3. M. Durant est perdu et se retrouve sur le quai de Rive Neuve, avec le théâtre à sa droite. Il demande sa route à un passant, qui lui donne les indications suivantes : « Prenez la troisième perpendiculaire à droite, tournez à gauche dans la deuxième rue parallèle au quai de Rive Neuve. » Quelle rue M. Durant a-t-il demandée ?

Le théâtre de la Criée, à Marseille.

49 Escargot de Pythagore

1. Reproduire la figure ci-dessous, appelée « Escargot de Pythagore ».

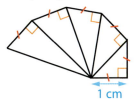

2. Poursuivre l'escargot en traçant au total seize triangles rectangles.

Problèmes

50 Illusion d'optique

PEAC

L'illusion d'optique suivante s'appelle l'illusion de Hering. Elle a été découverte par le scientifique prussien Ewald Hering en 1861.

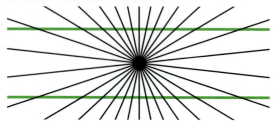

1. En observant cette figure, quelle impression peut-on avoir au sujet des deux lignes vertes ?
2. Vérifier sur la figure que cette impression n'est pas la réalité. Que peut-on alors dire de ces deux lignes vertes ?
3. Construire une figure similaire à celle-ci pour recréer la même illusion d'optique.

51 Bouée de sauvetage

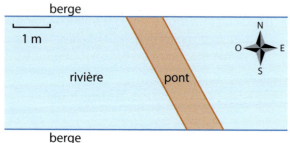

En se promenant près de la rivière, Sybille a repéré une bouée à la surface de l'eau.
Elle a estimé que la bouée se trouvait à 2 m de la berge située au nord et qu'elle était à moins de 1,5 m du pont, côté ouest.

Vocabulaire
Berge : Bord d'un cours d'eau

- Reproduire le dessin ci-dessus et tracer en rouge la zone où se situerait cette bouée.

52 Bibliothèque en kit

Timéo a monté la toute nouvelle bibliothèque qu'il vient d'acheter.

1. Toutes les étagères vertes sont parallèles au sol. Prouver qu'elles sont toutes perpendiculaires au montant jaune situé à droite.
2. Timéo assure que les deux morceaux de bois représentés en violet ont la même longueur. A-t-il raison ? Justifier.
3. Timéo est catégorique : les deux étagères jaunes sont bien perpendiculaires au sol. Comment peut-il être alors certain qu'elles sont bien parallèles ?

53 Tort ou raison ?

Tous les rectangles sont des parallélogrammes.
Lola

Tous les parallélogrammes sont des rectangles.

Nathan

- Que penser de ces affirmations ? Justifier.

54 Maison Carrée de Nîmes

PEAC

La maison Carrée, à Nîmes, mesure 13,54 m de large, 26,42 m de long et s'élève à une hauteur de 17 m au-dessus du sol.
Les escaliers ont une hauteur de 4,14 m.
La base du toit s'élève à une hauteur de 15,64 m au-dessus du sol. Les six colonnes de la façade de devant, toutes parallèles entre elles, ont une hauteur de 9 m. Chaque colonne est espacée de la suivante d'une distance égale à 2 diamètres de colonne.

1. Ce temple porte-t-il bien son nom de « maison Carrée » ?

Découvre l'origine du nom de la maison Carrée p. 181 !

2. Représenter la façade de devant en prenant 1 cm pour 1 m en réalité.

55 Water-polo

Le water-polo est un sport collectif aquatique, qui se pratique généralement dans un bassin de 20 mètres de large et 30 mètres de long. Chaque équipe est composée de 13 joueurs, dont 6 et un gardien de but sont constamment dans l'eau.
La ligne des 2 mètres, en rouge, délimite la zone dans laquelle un attaquant ne peut pas pénétrer, sauf si la balle est déjà dans cette zone ou que la passe est déjà effectuée.
La ligne des 5 mètres, en jaune, délimite la zone à l'intérieur de laquelle on ne peut pas tirer de coup franc direct.
La ligne blanche marque le milieu du terrain.

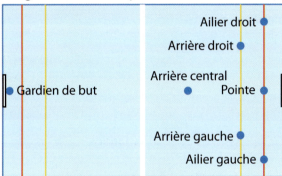

1. Quelle est la forme de la zone centrale comprise entre les deux lignes jaunes ? Justifier.
2. L'entraineur demande à ses arrières et ses ailiers de se placer de façon à constituer un triangle rectangle dont le sommet de l'angle droit, où se trouve l'arrière central, se situe à 10 m du but adverse, comme sur le schéma ci-dessus. Reproduire ce schéma en prenant 1 cm pour 2 m dans la réalité et tracer le triangle défini par l'entraineur.
3. Que représente le segment qui relie l'arrière central et la pointe pour ce triangle ?

56 Échafaudage

Voici le plan d'un échafaudage parfaitement monté. Les barreaux sont régulièrement espacés sur toute la hauteur.

1. Représenter cet échafaudage de côté puis de face, 1 cm sur le dessin représentant 10 cm en réalité.
2. À quelle hauteur la plate-forme se situe-t-elle ?

57 Voile d'ombrage

Vivien souhaite acquérir une voile d'ombrage triangulaire pour sa terrasse. Deux sommets seraient attachés à la façade de sa maison et le troisième, une fois la voile tendue, serait fixé sur un poteau planté dans la pelouse. Vivien souhaite avoir un maximum d'ombre sur sa terrasse mais ne veut pas y placer le poteau.

- Aider Vivien à savoir si la voile du doc. 1 convient. Si oui, comment doit-il la placer ?

Doc. 1 Informations produit

Voile d'ombrage triangulaire

Couleur : taupe

Traitement : anti-UV
100 % polyester

Dimensions :
5 m, 4 m et 3 m

Doc. 2 Plan de la terrasse de Vivien

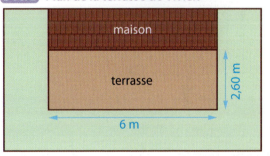

58 Estimation

Eliott et son frère Sammy ont décidé de mesurer la hauteur de leur collège, dont les murs sont perpendiculaires au sol.
N'ayant pas d'instrument de mesure adapté, Eliott et Sammy choisissent de faire des grands pas, dont ils évaluent la longueur à 1 m. Ils s'éloignent jusqu'à être à 15 pas du mur du collège. Eliott s'allonge à cet endroit et regarde le haut du bâtiment. Sammy retourne alors vers le collège. Eliott lui dit de s'arrêter au moment où le sommet de sa tête coïncide avec le haut du bâtiment. Sammy a alors fait trois pas et reste à cet endroit bien verticalement. Ainsi, l'œil d'Eliott, le sommet de la tête de Sammy et le toit du collège sont alignés. Sammy mesure 1,60 m.

- Donner une estimation de la hauteur du collège.

À chacun son parcours !

59 Analyse de documents

Socle **D1** *Je comprends le sens des consignes, je sais combiner les informations explicites et implicites d'une lecture.*
Socle **D1** *Je sais produire des schémas et des figures géométriques.*
Socle **D4** *Je sais prélever, organiser et traiter l'information utile.*

La place Charles-de-Gaulle est une place située à Paris. Elle est le point de départ de douze avenues. Elle a été réalisée sous le Second Empire par l'architecte Jacques Hittorff, à l'initiative du préfet de la Seine, le baron Haussmann. Au centre de cette place trône l'Arc de Triomphe, monument qui fut construit entre 1806 et 1836.

Doc. 1 Place Charles-de-Gaulle

Doc. 2 Place Victor-Hugo

Doc. 3 Station de métro Boissière

Doc. 4 Plan de la place Charles-de-Gaulle et ses alentours
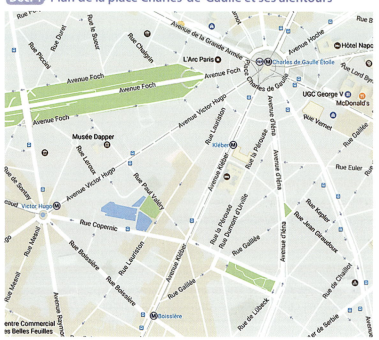

Doc. 5 Quelques distances
Place Victor-Hugo – Place Charles-de-Gaulle : 810 m
Place Victor-Hugo – Station de métro Boissière : 450 m
Place Charles-de-Gaulle – Station de métro Boissière : 830 m

Questions ceinture jaune

1. Citer deux rues du plan qui semblent parallèles, puis deux rues qui semblent perpendiculaires.
2. Un oiseau s'envole de la station de métro Boissière pour rejoindre l'avenue Victor-Hugo en empruntant le plus court chemin.
Vole-t-il parallèlement à la rue Paul-Valéry ?

Questions ceinture verte

1. Construire le triangle formé par la place Victor-Hugo, la place Charles-de-Gaulle et la station Boissière en prenant 1 cm pour 10 m en réalité.
2. Un oiseau s'envole de la station de métro Boissière pour rejoindre l'avenue Victor-Hugo en empruntant le plus court chemin.
Quelle distance parcourt-il ?

Questions ceinture noire

Deux oiseaux sont respectivement situés place Victor-Hugo et station de métro Boissière. Ils s'envolent en même temps et se rencontrent après avoir parcouru la même distance en ligne droite.

- Représenter sur un schéma à l'échelle $\dfrac{1}{1\,000}$ tous leurs points de rencontre possibles.

60 Écriture d'énoncé

> Socle D1 *Je sais m'exprimer en utilisant la langue française à l'écrit.*
> Socle D1 *Je sais utiliser un langage propre aux mathématiques.*

Écrire un énoncé permettant d'obtenir la figure proposée.
Proposer ensuite cet énoncé à un camarade.
Lui demander de réaliser la figure et la comparer à la figure initiale.

Questions ceinture jaune

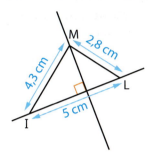

Questions ceinture verte

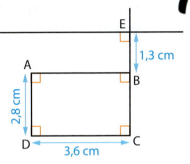

Questions ceinture noire

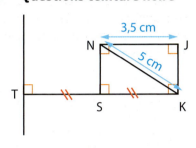

61 Analyse de production

> Socle D2 *Je sais analyser les erreurs.*

Voici des productions d'élèves.
Analyser et corriger leurs éventuelles erreurs.

Questions ceinture jaune

Pourquoi peut-on affirmer que les droites (d_2) et (d_3) sont parallèles ?

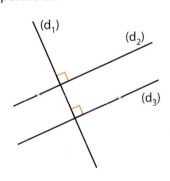

Soulemane
(d_2) et (d_3) sont parallèles parce que cela se voit sur le dessin.

Questions ceinture verte

Pourquoi peut-on affirmer que ADC est un triangle rectangle ?

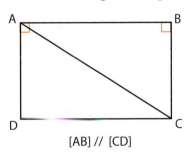

[AB] // [CD]

Jessica
ADC est un triangle rectangle en D car c'est la moitié de ABCD, qui est un rectangle.

Questions ceinture noire

Pourquoi peut-on affirmer que IJKL est un carré ?

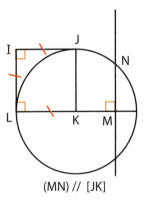

(MN) // [JK]

Elias
[JK] est parallèle à [IL] donc [JK] ⊥ [IJ].
IJKL a quatre angles droits et ses quatre côtés de même longueur donc c'est un carré.

Chapitre 10 Droites

Outils numériques et algorithmique

62 Rectangles

1. À l'aide d'un logiciel de géométrie dynamique, réaliser la figure ci-contre.

2. Compléter cette figure de la façon suivante.

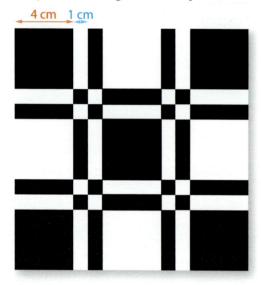

63 La corde

Un professeur pose le problème suivant à sa classe :

> Deux piquets A et B sont espacés de 10 mètres. Les deux extrémités d'une corde de 10,4 m sont accrochées à chacun de ces piquets.
> La corde est soulevée en son milieu.

- Un enfant mesurant 1,40 m peut-il passer dessous sans se baisser ?

- Utiliser un logiciel de géométrie dynamique pour représenter la situation par un triangle isocèle, puis mesurer la hauteur correspondant au problème posé. Répondre à la question.

64 Laisser une trace

Justine doit écrire un script qui trace deux droites parallèles. Pour cela, elle a commencé par écrire un script qui trace un rectangle :

- Comment peut-elle modifier ce script pour ne tracer que deux droites parallèles ?

Boite à outils

Avec Scratch

- Pour que le lutin trace un trait lors de ses déplacements : `stylo en position d'écriture`
- Pour que le lutin ne trace pas de trait lors de ses déplacements : `relever le stylo`
- Pour que le lutin s'oriente vers le haut : `s'orienter à 0`

Avec un logiciel de géométrie dynamique

- Pour tracer une droite perpendiculaire à une droite donnée et passant par un point donné : Perpendiculaire
- Pour tracer une droite parallèle à une droite donnée et passant par un point donné : Parallèle
- Pour afficher la longueur d'un segment : 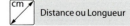 Distance ou Longueur

CHAPITRE 11

Ta mission
Mesurer et construire des angles.

Angles

JEUX

Dounia fête son anniversaire chez elle et organise un jeu d'espionnage. Ses cinq amis ne doivent pas être vus par les webcams qu'elle a installées dans sa maison. Les angles de vue des webcams sont représentés par des pointillés rouges. La portée des webcams est de 10 mètres.

- Certains enfants seront-ils vus par les webcams ?

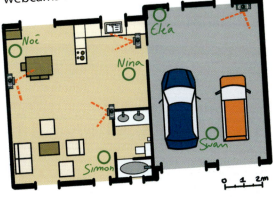

Culture

Voir problème 48 p. 215

Une rose des vents, indiquant la direction des vents en mer Méditerranée.

Pour pouvoir s'éloigner des côtes, les marins de l'Antiquité s'orientaient par rapport aux astres. Pour cela, ils avaient besoin de connaitre leur direction, et certains utilisaient une rose des vents qui indiquait la direction des vents principaux. Plus tard, les roses des vents indiqueront les points cardinaux (Nord, Sud, Est, Ouest).

Activités

Questions flash

1. Parmi les angles ci-dessous, lequel (lesquels) est (sont) droit(s) ? aigu(s) ? obtus ?

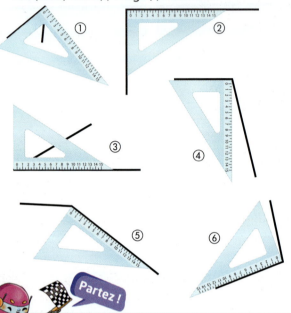

2. L'angle formé par la petite et la grande aiguille est-il plus petit ou plus grand qu'un angle droit ?

3. Quel est l'angle le plus petit ?

4. Quel est l'angle le plus grand ?

Partez !

Ordinateur portable — CM2 — Activité 1

Lou s'amuse à ouvrir et fermer son ordinateur portable.
Elle a pris des photographies de son écran dans différentes positions.

Photo 1 — Photo 2 — Photo 3

Photo 4 — Photo 5 — Photo 6

1. Sur quelle photographie son ordinateur est-il le plus ouvert ?
2. Sur quelle(s) photographie(s) son écran d'ordinateur forme-t-il :
   a. un angle obtus avec le clavier ?
   b. un angle aigu avec le clavier ?
   c. un angle droit avec le clavier ?
3. Ranger ces photographies de l'écran le plus ouvert à l'écran le plus fermé.
4. Lou pense que, si elle prend un ordinateur portable avec un écran plus grand, les angles seront alors plus grands.
A-t-elle raison ?

Mesurons !

Activité 2

Pour construire l'hexagone régulier ci-contre, Célia a tracé un cercle, puis a reporté six fois le rayon à partir d'un point du cercle.

1. Réaliser cette figure en prenant pour rayon 5 cm.
2. Sachant qu'un tour complet correspond à un angle de 360°, quelle est la mesure en degrés de l'angle rouge ?
3. Découper la moitié supérieure de la figure. Puis, par pliage, partager chacun de ces trois angles en deux angles de même mesure, de façon à obtenir la figure suivante.

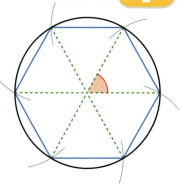

— Vocabulaire —
Gabarit : Appareil de mesure qui sert à vérifier des dimensions

4. À l'aide de l'un de ces six angles, on crée une unité d'angle, que l'on appelle un « gabarit ». Donner la mesure de chacun des angles ci-contre, dans cette unité d'angle.
5. Quelle est la mesure en degrés de l'angle vert de la question 3. ?
6. Donner alors la mesure en degrés des trois angles ci-contre.

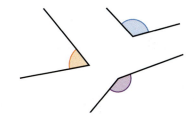

Mesurons plus précisément !

Activité 3

Erwan a compris qu'un rapporteur est un gabarit.
1. a. En combien de petites parts ce demi-disque est-il partagé ?
   b. Que représente alors chacune des petites graduations ?

2. À l'aide d'un rapporteur, mesurer chacun des angles ci-contre.

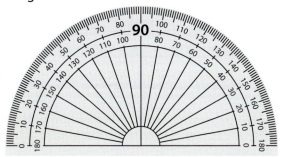

3. Célia a trouvé 112° pour l'angle ci-contre. Pourtant, elle est sûre d'avoir faux.
   a. Comment le sait-elle ?
   b. Quelle erreur a-t-elle commise ?
   c. Mesurer correctement cet angle.

Tour Pey Berland

Activité 4 — Prise d'initiative

Victor visite Bordeaux. Il se trouve à 18 m du pied de la tour Pey Berland dont il regarde le sommet. Son angle de vision avec le sol horizontal mesure 75°. On suppose que la taille de Victor est négligeable par rapport à la hauteur de la tour.

— Vocabulaire —
Négligeable : Dont on peut ne pas tenir compte

- Représenter cette situation (1 cm sur le dessin pour 5 m en réalité) et donner une estimation de la hauteur de la tour Pey Berland.

Chapitre 11 Angles

CM2 **1** **Connaitre et utiliser la notion d'angle**

> **Notation**
>
> On note [AB) la demi-droite d'origine A et passant par le point B.

> **Définitions**
>
> • Un **angle** est une portion du plan délimitée par deux demi-droites de même origine.
> • Le point d'intersection des demi-droites est appelé le **sommet** de l'angle.
> • Les deux demi-droites sont appelées les **côtés** de l'angle.

• Sur une figure, on code les angles par de petits arcs de cercle qui ont pour centre le sommet de l'angle.

• On note l'angle ci-contre $\widehat{BAC}$ ou $\widehat{CAB}$.
Le point **A** est le sommet de l'angle.
Les demi-droites [AB) et [AC) sont les côtés de l'angle.

> Dans la notation d'un angle, le sommet est toujours la lettre centrale.

• On note l'angle ci-contre $\widehat{xOy}$ ou $\widehat{yOx}$.
Le point **O** est le sommet de l'angle.
Les demi-droites [Ox) et [Oy) sont les côtés de l'angle.

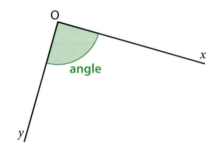

> **Méthode**
>
> Pour comparer deux angles, on compare leurs « ouvertures » :
> plus l'ouverture est grande, plus l'angle est grand.

L'angle $\widehat{EDF}$ est plus petit que l'angle $\widehat{xAy}$.

> L'ouverture ne dépend pas de la longueur des côtés.

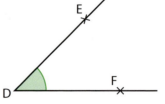
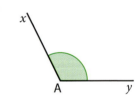

⚠ Si, dans une figure, il n'y a qu'un seul angle de sommet A, on peut le noter $\widehat{A}$.

204 ESPACE ET GÉOMÉTRIE

Savoir-faire

Entraine-toi avec ces exercices corrigés en page 300 !

1 Connaitre et utiliser la notion d'angle

1 Donner le nom de cet angle.

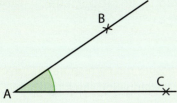

Solution

- On repère d'abord le sommet de l'angle. C'est le point A.
- On repère ensuite les côtés de l'angle : [AB) et [AC).
- On peut noter cet angle $\widehat{BAC}$ ou $\widehat{CAB}$. Comme il n'y a qu'un seul angle de sommet A sur cette figure, on peut également noter cet angle $\widehat{A}$.

Le sommet A est toujours la lettre centrale.

2 Comparer ces deux angles.

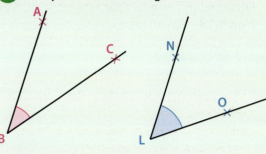

Solution

On peut utiliser un calque pour comparer leurs ouvertures.
On superpose les sommets et un des côtés de chaque angle.

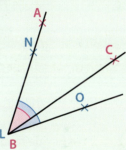

L'angle $\widehat{NLO}$ est plus grand que l'angle $\widehat{ABC}$.

3 Donner tous les noms possibles des angles suivants et nommer leurs côtés.

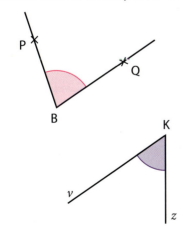
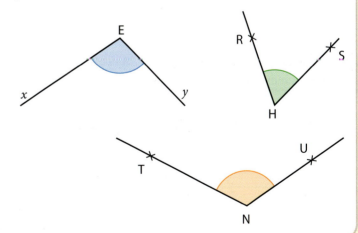

4 Comparer les angles de l'exercice précédent en les classant du plus petit au plus grand.

Chapitre 11 Angles

2. Mesurer un angle

Méthode

Pour trouver la mesure d'un angle, on utilise un demi-cercle gradué : un **rapporteur**.
L'unité de mesure des angles est le **degré**, noté °.

③ On lit la mesure qui correspond à l'ouverture de l'angle sur la graduation choisie à l'étape ②.
Ici, l'angle $\widehat{yOx}$ mesure 49°.

Sur la plupart des rapporteurs, il y a deux graduations :
• les graduations intérieures ;
• les graduations extérieures.

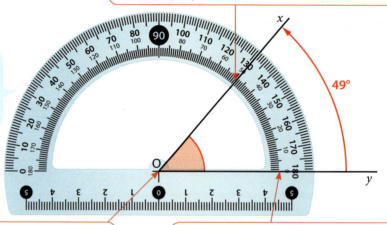

① On place le centre du rapporteur sur le sommet de l'angle.

② On place une des deux graduations « 0 » sur un côté de l'angle :
ici, c'est la graduation intérieure.

Définitions

Angle $\widehat{BAC}$	nul	aigu	droit	obtus	plat
Mesure	0°	comprise entre 0° et 90°	90°	comprise entre 90° et 180°	180°

On peut coder deux angles de même mesure avec un même symbole.

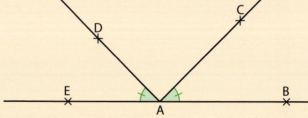

Avant de mesurer un angle, demande-toi s'il est aigu ou obtus.

Les angles $\widehat{BAC}$ et $\widehat{EAD}$ ont la même mesure.

Savoir-faire

Entraine-toi avec ces exercices corrigés en page 300 !

Vidéo 2 Mesurer un angle

5 Les angles ci-contre sont-ils obtus, aigus, plats ou droits ?

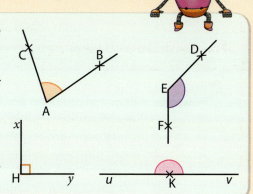

Solution

Pour savoir si un angle est obtus ou aigu, on peut le comparer à l'angle droit avec une équerre.

L'angle $\widehat{CAB}$ est plus petit qu'un angle droit : il est aigu.

L'angle $\widehat{DEF}$ est plus grand qu'un angle droit : il est obtus.

D'après le codage de la figure, l'angle $\widehat{xHy}$ est un angle droit.

L'angle $\widehat{uKv}$ mesure 180° : c'est un angle plat.

6 Mesurer l'angle ci-contre.

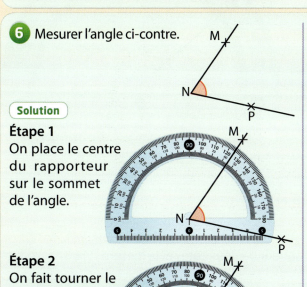

Solution

Étape 1
On place le centre du rapporteur sur le sommet de l'angle.

Étape 2
On fait tourner le rapporteur pour que le zéro de la graduation intérieure coïncide avec un côté de l'angle.

Étape 3
Sur la graduation intérieure, on lit la mesure qui coïncide avec le deuxième côté de l'angle.

L'angle $\widehat{MNP}$ mesure 68°.

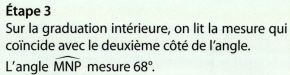

Aux étapes 2 et 3, tu peux aussi choisir d'utiliser les graduations extérieures.

7 Reproduire et compléter ce tableau.

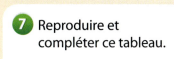 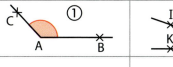 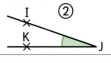 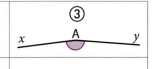

Obtus ou aigu ?			

8 Mesurer les angles $\widehat{BAC}$ et $\widehat{DAC}$.

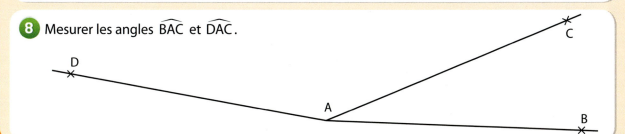

Chapitre 11 Angles — 207

Cours

3 Construire un angle

Méthode

Pour construire un angle de mesure donnée, on s'aide de la règle et du rapporteur.

 Pour construire un angle $\widehat{BAC}$ de 40° :
- on commence par tracer une demi-droite [AB) ;
- on place le centre du rapporteur en A, en faisant coïncider la demi-droite [AB) avec une des graduations « 0 » ;
- on place un point C de sorte que la demi-droite [AC) fasse un angle de 40° avec la demi-droite [AB).

Ici, on a utilisé les graduations extérieures.

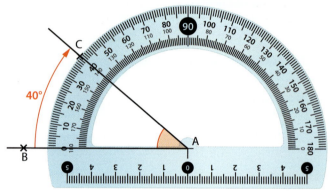

4 Construire un triangle

Propriété

On peut construire un triangle si on connait la longueur de deux côtés et la mesure de l'angle formé par ces deux côtés.

 On peut construire le triangle ABC tel que :

AB = 4 cm

AC = 3,5 cm

$\widehat{BAC}$ = 40°

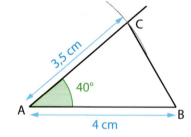

Propriété

On peut construire un triangle si on connait la mesure de deux angles et du côté commun à ces deux angles.

 On peut construire le triangle ABC tel que :

AB = 5 cm

$\widehat{BAC}$ = 25°

$\widehat{CBA}$ = 34°

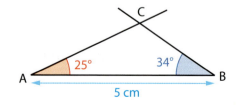

Savoir-faire

Entraine-toi avec ces exercices corrigés en page 300 !

Vidéo 3 Construire un angle

9 Tracer un angle $\widehat{ABC}$ de mesure 56°.

Solution

Étape 1
Dans la notation $\widehat{ABC}$, on repère que le point B est le sommet de l'angle. On trace une demi-droite [BA) qui sera le premier côté de l'angle.

Étape 2
- On place le centre du rapporteur sur le point B.
- On fait coïncider la demi-droite [BA) avec une des graduations « 0 ».
- On marque la mesure 56° avec un point, que l'on nomme C.

Étape 3
On trace la demi-droite [BC) et on marque l'angle $\widehat{ABC}$.

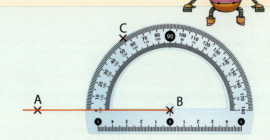
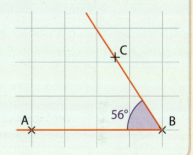

10 Tracer : **a.** un angle $\widehat{POT}$ de mesure 86° ; **b.** un angle $\widehat{yBz}$ de mesure 114°.

4 Construire un triangle

11 Construire un triangle ABC isocèle en A tel que :
AB = AC = 3 cm et $\widehat{ABC}$ = 52°.

Fais d'abord un dessin à main levée pour avoir une idée du résultat.

Solution

Étape 1
On trace un segment [AB] de longueur 3 cm.

Étape 2
On trace un angle de 52° avec le rapporteur.

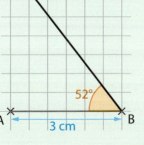

Étape 3
A l'aide du compas, on place le point C tel que AC = 3 cm.

Étape 4
On trace le segment [AC].

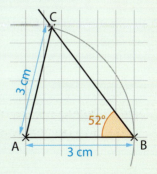

12 Construire un triangle PSR tel que :
PS = 5 cm, $\widehat{RPS}$ = 68° et PR = 2,5 cm.

13 Construire un triangle MAN tel que :
MN = 4,2 cm, $\widehat{AMN}$ = 38° et $\widehat{ANM}$ = 63°.

Chapitre 11 Angles

Exercices

Diaporamas de calcul mental dans le manuel numérique

Connaitre et utiliser la notion d'angle

➡ Savoir-faire p. 205

Questions flash diapo

14 Pour chaque angle, donner le nom de son sommet.

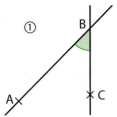

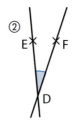

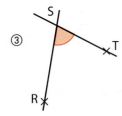

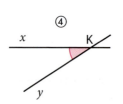

15 À vue d'œil, classer les angles suivants du plus grand au plus petit.

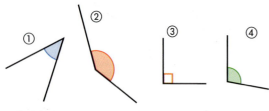

16 Pour chaque angle marqué, préciser son sommet et ses côtés.

a.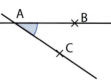

b.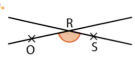

c.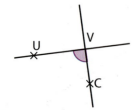

d.

17 Nommer les angles suivants de deux manières différentes. Préciser leur sommet et leurs côtés.

a.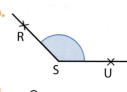
b.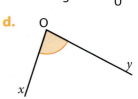

c.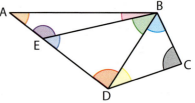
d.

18 Donner le nom de tous les angles marqués sur la figure suivante.

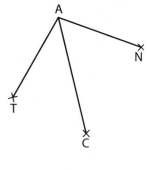

19 À l'aide de cette figure, recopier et compléter les phrases suivantes.

a. L'angle $\widehat{TAN}$ a pour côtés ... et ... .
b. L'angle $\widehat{TAC}$ a pour sommet ... .
c. Les trois angles que l'on peut voir sur cette figure sont $\widehat{TAN}$, $\widehat{TAC}$ et ... .

20 Comparer les angles suivants à l'œil nu.

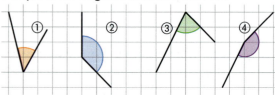

21 À l'aide d'un calque, trouver les angles de même mesure.

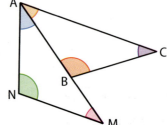

ESPACE ET GÉOMÉTRIE

Mesurer un angle

➡ Savoir-faire p. 207

Questions flash diapo

22 Donner la mesure de chaque angle marqué.

a.   b.
c.   d.

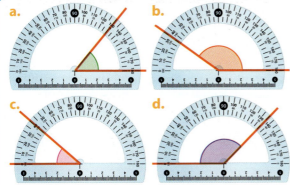

23 Pour chaque angle, préciser s'il est aigu ou obtus.

① ② ③
④ ⑤ ⑥

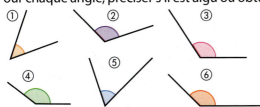

24 Calculer mentalement la mesure de l'angle $\widehat{AOB}$ dans chaque figure.

a. 46°, 38°
b. 102°, 30°
c. 40°, 180°

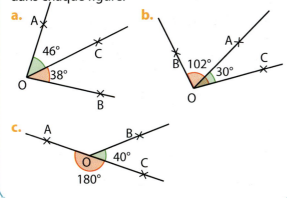

25 Le professeur a demandé à ses élèves de mesurer l'angle ci-dessous. Lili a trouvé 60° et Sacha 120°.

• Qui a raison ? Justifier.

26 Voici ce que font Baptiste, Émilie et Sofia pour mesurer un angle :

Baptiste   Émilie   Sofia

• Quelles sont leurs erreurs ?

27 Associer chaque mesure à l'angle correspondant.

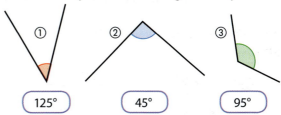

① ② ③

125°   45°   95°

28 Donner la mesure de chaque angle marqué.

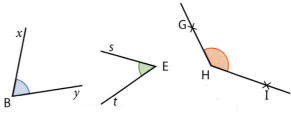

29 Nommer et mesurer tous les angles de la figure ci-dessous.

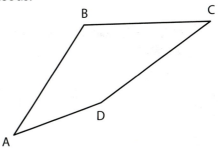

30 Nommer et mesurer tous les angles que l'on peut voir sur la figure ci-dessous.

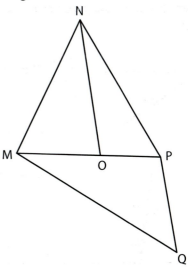

Chapitre 11 Angles

Exercices

Construire un angle
▶ Savoir-faire p. 209

Questions flash

31 Donner la mesure de l'angle $\widehat{AOB}$ dans chacun des cas suivants.

a.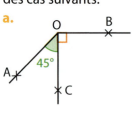
b.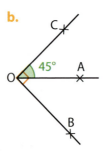

32 Construire chacun des angles suivants dont la mesure est donnée.
a. $\widehat{AOC} = 36°$ b. $\widehat{TAN} = 124°$ c. $\widehat{RST} = 58°$
d. $\widehat{VAN} = 115°$ e. $\widehat{GIF} = 75°$ f. $\widehat{CDU} = 138°$

33 Reproduire la figure suivante en vraie grandeur.

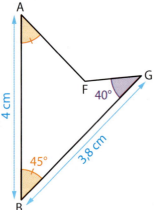

34 Reproduire la figure suivante en vraie grandeur.

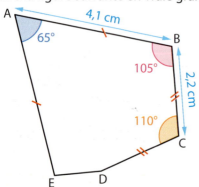

Construire un triangle
▶ Savoir-faire p. 209

Questions flash

35 Combien faut-il ajouter aux angles suivants pour obtenir 180° ?
a. 45°   b. 125°   c. 95°   d. 165°

36 Dans chaque cas, dire si la mesure de l'angle marqué en rouge est vraisemblable ou non.

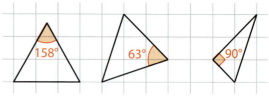

—Vocabulaire—
Vraisemblable : Qui semble vrai, possible

37 Sara soutient à Émilie qu'un triangle ne peut pas avoir d'angle obtus.
• A-t-elle raison ? Justifier.

38 Construire un triangle ABC tel que AB = 5,2 cm, BC = 6,9 cm et $\widehat{ABC} = 36°$.

39 Construire un triangle NOS tel que NO = 4,7 cm, $\widehat{NOS} = 47°$ et $\widehat{SNO} = 76°$.

40 Reproduire ces triangles en vraie grandeur.

a. 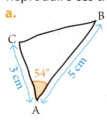   b.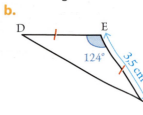

c. 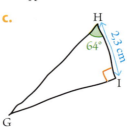   d.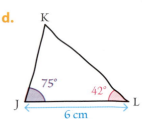

41 Construire un triangle ABC isocèle en A tel que AC = 2,5 cm et $\widehat{BAC} = 56°$.

42 Construire un triangle MNP rectangle en M tel que MN = 3,4 cm et $\widehat{MNP} = 35°$.

212 ESPACE ET GÉOMÉTRIE

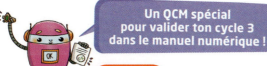

▶ Corrigés p. 300

QCM Donner **la seule réponse correcte** parmi les trois proposées.

		Réponse A	Réponse B	Réponse C
1	**Connaître et utiliser la notion d'angle**			
1.	Quel est le nom de cet angle ?	$\widehat{AOB}$	$\widehat{ABO}$	$\widehat{BAO}$
2.	Les côtés de l'angle $\widehat{BAC}$ sont :	[BC) et [AC)	[AB) et [AC)	[BA) et [BC)
2	**Mesurer un angle**			
3.	Quelle est la mesure de l'angle de la question **1.** ?	23°	71°	151°
4.	L'angle de la question **1.** est :	obtus	aigu	droit
3	**Construire un angle**			
5.	Où faut-il placer le sommet de l'angle sur le rapporteur ?	Au centre du rapporteur.	Sur 0°.	Sur 180°.
4	**Construire un triangle**			
6.	Quelles données permettent de construire le triangle EFG ?	EF = 3 cm et $\widehat{FGE}$ = 80°.	GF = GE = 4,5 cm et $\widehat{EGF}$ = 48°.	EFG est rectangle en G et $\widehat{EFG}$ = 63°.

Pour t'aider à retenir l'essentiel.

Carte mentale

Voici un exemple de carte mentale. Tu peux aussi en créer une à ta façon !

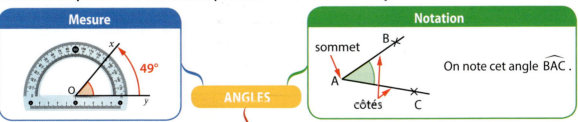

Chapitre 11 Angles 213

Problèmes

➡ Corrigés p. 300

Pour mieux cibler les compétences

Chercher	52 54 55	Raisonner	50 55 56
Modéliser	45 49 50 51	Calculer	44 50 55
Représenter	47 48 53	Communiquer	54 55

43 À tour de rôle
D'après ESPE Créteil.

Voici les règles d'un jeu à deux joueurs :

> Le premier joueur trace un angle avec sa règle.
> Le deuxième joueur estime sa mesure à l'œil nu.
> Le premier joueur vérifie à l'aide de son rapporteur.
> Si son adversaire a commis une erreur inférieure ou égale à 5°, celui-ci marque 10 points.
> S'il a commis une erreur comprise entre 5° et 10° (10° compris), il marque 5 points.
> S'il a commis une erreur comprise entre 10° et 20° (compris), il marque 1 point.
> S'il a commis une erreur supérieure à 20°, il ne marque aucun point.

• Faire dix parties en inversant les rôles à chaque tour de jeu.

44 Distance inaccessible
TECH / AV

À l'aide d'un théodolite (appareil servant à mesurer des angles) et d'un décamètre, un géomètre a fait les relevés suivants.

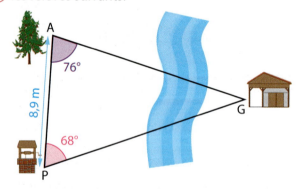

Il voudrait connaitre la distance entre la grange et le puits, qu'il ne peut pas mesurer directement à cause de la rivière.

• Réaliser cette figure (1 cm sur le dessin représentant 1 m en réalité) et donner une estimation de la distance entre la grange et le puits.

45 En avion
HG / AV

Mattéo prépare un parcours en avion.
Voici son parcours : Dunkerque, Lyon, Toulouse, Bordeaux, Brest, Dunkerque.
En navigation aérienne, la direction à suivre s'appelle le cap et s'exprime par la mesure de l'angle entre la direction du Nord et la direction à prendre. On indique également « Est » ou « Ouest » suivant la direction prise.

• Compléter le plan de vol de Mattéo.

Départ-Arrivée	Cap (en °)	Distance (en km)
Dunkerque-Lyon	… Est	…
Lyon- …		
… -Dunkerque		

46 Reproduction

Reproduire la figure ci-dessous uniquement à l'aide d'une règle graduée et d'un rapporteur.

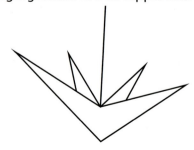

47 Cassiopée et Céphée

Reproduire les deux constellations Cassiopée et Céphée à l'aide des indications ci-dessous.

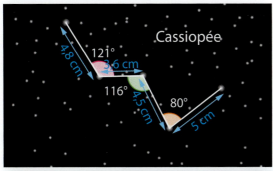

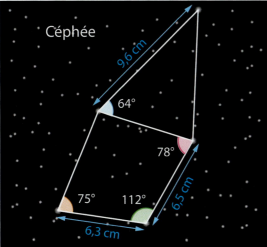

48 Rose des vents

Une rose des vents est une figure indiquant les quatre points cardinaux (Nord, Sud, Est, Ouest), ainsi que des orientations intermédiaires.

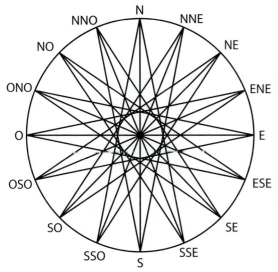

• Tracer une rose des vents, comme sur le modèle ci-dessus.

Découvre la rose des vents p. 201 !

49 Fontaine marocaine

Voici une fontaine marocaine en étoile :

Les côtés extérieurs de l'étoile mesurent 50 cm et forment, à l'extérieur de l'étoile, des angles de 135°.

• Faire une figure de cette étoile vue de dessus à l'échelle $\frac{1}{20}$.

50 Le snooker

Le snooker est une variante du billard. La table sur laquelle il se joue mesure 360 cm sur 180 cm.

Pour y jouer, on utilise souvent une ou plusieurs bandes (c'est-à-dire les côtés de la table) pour atteindre une boule de couleur avec la boule blanche. Lorsqu'une boule, tirée sans effet, arrive sur une bande en faisant un certain angle avec cette bande, elle en repart en faisant le même angle.

1. Faire un dessin à l'échelle $\frac{1}{20}$ de la table et de la boule blanche représentées ci-dessous.

2. On tire la boule blanche comme indiqué ci-dessous. Elle touche finalement une boule rouge qui se trouve contre la bande [AD].
À quelle distance du trou A se trouve cette boule rouge ?

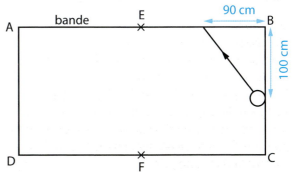

Chapitre 11 Angles

Problèmes

51 Penalty
Prise d'initiative — EPS

Sur un stade de football, le point de penalty se trouve à 11 m de la ligne des buts, qui ont une longueur de 7,32 m et une hauteur de 2,44 m.
Un joueur tire son penalty au ras du sol, vers la droite avec un angle de 21° par rapport au gardien, au milieu de sa cage. Le gardien plonge de l'autre côté.

- Ce joueur va-t-il marquer le penalty ?

52 Pentagone
HG

Près de Washington, aux États-Unis, le Pentagone abrite le département de la Défense.

1. Tracer un cercle de centre O et de rayon 5 cm.
2. Partager le disque obtenu en cinq parts égales.
3. Les cinq rayons ainsi obtenus coupent le cercle en cinq points successifs : A, B, C, D et E.
4. Tracer en bleu les segments [AB], [BC], [CD], [DE] et [EA]. Le polygone bleu ABCDE est un **pentagone régulier**.

> Un polygone régulier a tous ses côtés de même longueur et tous ses angles de même mesure.

5. Tracer en rouge les segments [AC], [CE], [BE], [DB] et [DA]. Le polygone rouge ACEBD est un **pentagone étoilé**.
6. En utilisant la même méthode, tracer une étoile à neuf branches.

53 Pavage de Penrose
PEAC

Le physicien et mathématicien britannique Roger Penrose a découvert, dans les années 1970, un pavage du plan constitué du motif ci-dessous. Il s'agit de deux quadrilatères, l'un appelé « fléchette » et l'autre « cerf-volant ».

> **Vocabulaire**
> *Paver* : Recouvrir complètement sans superposition

1. Construire la fléchette bleue et le cerf-volant rose suivants.

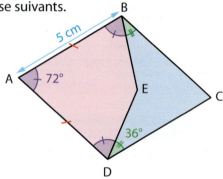

2. La mosaïque « Soleil » est un exemple de pavage de Penrose. Elle est construite à partir du motif représenté à la question **1**.
Réaliser la figure entourée en rouge dans la mosaïque « Soleil » suivante.

54 San Francisco
Prise d'initiative — HG

Éric a trouvé les documents suivants sur Internet.

Doc. 1 Rue de San Francisco (États-Unis)

216 ESPACE ET GÉOMÉTRIE

Doc. 2 Calcul d'une pente

Une pente de 10 % signifie que l'on monte (ou que l'on descend) de 10 mètres verticalement quand on parcourt 100 m horizontalement.
Exemple : Calcul d'une pente de 10 %

$$\frac{10\text{ m}}{100\text{ m}} = 0{,}1 = 10\text{ \%}$$

Attention : cela ne correspond pas à un angle de 10° !

- Déterminer une estimation de la pente de cette rue située à San Francisco.

55 L'escalier

Prise d'initiative

Louise cherche à savoir si l'escalier qui permet d'accéder au premier étage de sa maison est conforme.
Elle a trouvé des informations sur les caractéristiques des escaliers (**doc. 1 et 2**) et a réalisé le plan de son propre escalier (**doc. 3**).

Doc. 1 Mesures d'un escalier conforme

Hauteur de marche La hauteur de marche doit être comprise entre 150 et 200 mm.	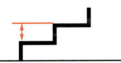
Giron Le giron doit être compris entre 230 et 330 mm.	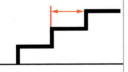
Angle Il détermine la pente de l'escalier et doit être compris entre 20° et 45°.	
Loi de Blondel C'est une formule inventée par l'architecte français François Blondel (1618-1686) qui permet de définir le confort que l'on veut donner à l'escalier, en fonction de la hauteur de marche et du giron.	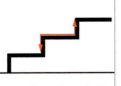

Pour construire un escalier conforme, le résultat du calcul $G + 2 \times H$ doit être compris entre 600 mm et 640 mm.

G : giron (en mm)
H : hauteur de marche (en mm)

Doc. 2 Répartition des types d'escaliers en fonction de leur pente

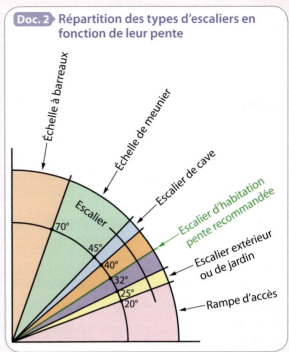

Doc. 3 Plan de l'escalier de Louise

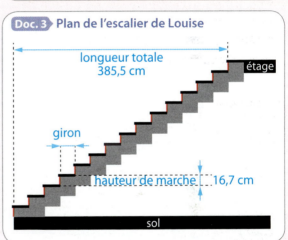

1. Vérifier que cet escalier est bien conforme.
2. Cet escalier correspond-il bien à un escalier d'habitation ?

Les fameux escaliers de secours sur des façades d'immeubles new-yorkais.

Travailler autrement
Utilisable en AP

À chacun son parcours !

56 Analyse de document

> Socle D1 *Je comprends le sens des consignes, je sais combiner les informations explicites et implicites d'une lecture.*
> Socle D1 *Je sais produire des schémas et des figures géométriques.*
> Socle D4 *Je sais prélever, organiser et traiter l'information utile.*

Du balcon de son appartement, Azia aperçoit une grue dans le chantier situé en face. L'immeuble se trouve exactement à 18 mètres du pied de la grue.
Placée à 8 mètres au-dessus du sol, Azia a déterminé à l'aide d'un simple rapporteur que l'angle sous lequel elle voit la grue mesure 60°.

D'après Société mathématique de Côte d'Ivoire.

Questions ceinture jaune

1. À l'aide d'une figure, déterminer une estimation de la mesure de l'angle que ferait, avec le sol, une corde parfaitement tendue entre le balcon d'Azia et le pied de la grue.
2. Une corde de 20 m de long serait-elle suffisante ?

Questions ceinture verte

À l'aide d'une figure, déterminer une estimation de la hauteur de la grue située en face de l'appartement d'Azia.

Questions ceinture noire

Quelques jours plus tard, le chantier avançant, une nouvelle grue deux fois plus haute que la précédente est installée au même endroit.
- À l'aide d'une figure, déterminer l'angle sous lequel Azia voit cette nouvelle grue.

57 Écriture d'énoncé

> Socle D1 *Je sais m'exprimer en utilisant la langue française à l'écrit.*
> Socle D1 *Je sais utiliser un langage propre aux mathématiques.*

Écrire un énoncé permettant d'obtenir la figure proposée.
Donner cet énoncé à un camarade et lui demander de réaliser la figure.
Comparer sa construction à la figure initiale.

Questions ceinture jaune

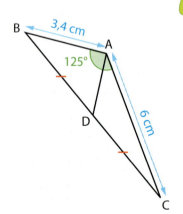

Questions ceinture verte

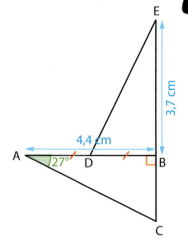

Questions ceinture noire

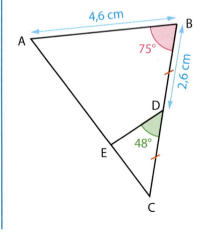

218 ESPACE ET GÉOMÉTRIE

58 Analyse de production

Socle D2 *Je sais analyser les erreurs.*

Voici des productions d'élèves. Analyser et corriger leurs éventuelles erreurs.

Questions ceinture jaune

Tracer un triangle IJK tel que :
IJ = 3 cm, IK = 2 cm et $\widehat{KIJ}$ = 120°.

Héloïse

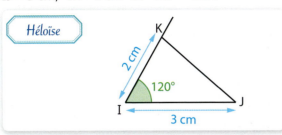

Questions ceinture verte

Tracer un triangle DEF rectangle en F tel que :
DE = 3 cm et $\widehat{DEF}$ = 36°.

Léo

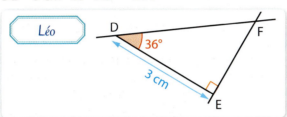

Questions ceinture noire

Tracer un triangle LMN isocèle en L tel que :
LM = 3 cm et $\widehat{MLN}$ = 55°.
Placer le point P tel que M soit le milieu de [NP].
Quelle est la mesure de l'angle $\widehat{PML}$?

Dounia

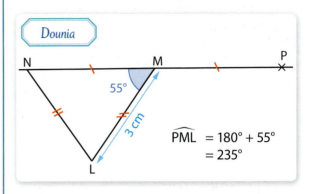

$\widehat{PML}$ = 180° + 55°
       = 235°

59 Analyse de production

Socle D1 *Je sais utiliser des langages informatiques.*
Socle D2 *Je sais analyser les erreurs.*

Le professeur a donné à chaque élève une figure à réaliser et un script écrit dans le logiciel Scratch.
Expliquer les erreurs commises par trois de ses élèves et les corriger.

Questions ceinture jaune

Figure à réaliser	Script de Naomie
100 pixels, 50 pixels, 100 pixels	quand ⚑ cliqué / aller à x: 0 y: 0 / effacer tout / stylo en position d'écriture / avancer de 100 / tourner ↻ de 90 degrés / avancer de 50 / tourner ↻ de 90 degrés / avancer de 100

Dans Scratch, l'unité de distance utilisée est le pixel.

Vocabulaire
Pixel : Point élémentaire d'une image numérique.

Questions ceinture verte

Figure à réaliser	Script d'Eden
50 pixels	quand ⚑ cliqué / effacer tout / stylo en position d'écriture / répéter 4 fois / avancer de 50 / tourner ↻ de 90 degrés

Questions ceinture noire

Figure à réaliser	Script de Killian
50 pixels, 50 pixels	quand ⚑ cliqué / aller à x: 0 y: 0 / effacer tout / stylo en position d'écriture / répéter 8 fois / aller à x: 0 y: 0 / avancer de 50 / tourner ↻ de 90 degrés

Chapitre 11 Angles

Outils numériques et algorithmique

60 Pente de toit

Doc. 1 Abri de jardin de M. Dounier

Doc. 2 Choix des tuiles

Les toits à faible pente (moins de 12° d'inclinaison) nécessitent le recours à des tuiles adaptées.
La pose de tuiles classiques (béton ou terre cuite) est fortement déconseillée sur les toits à faible pente.

- À l'aide d'un logiciel de géométrie dynamique, déterminer si M. Dounier peut couvrir le toit de son futur abri de jardin avec des tuiles en terre cuite.

61 Bizarre, bizarre…

Nina souhaite tracer un angle de 30°. Elle a écrit le script ci-contre.

1. À quoi le bloc
   `aller à x: 0 y: 0`
   sert-il ?

2. Aider Nina à comprendre pourquoi elle obtient la figure suivante.

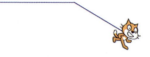

3. Modifier le script de Nina pour que les deux traits bleus forment un angle de 30°.
4. Écrire un script permettant de réaliser la figure suivante.

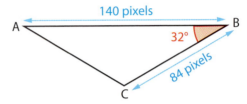

62 Carrés et rectangles en série

Sabrina a réalisé le script ci-contre.

1. Quelle figure le script de Sabrina trace-t-il ?
2. Quel est l'intérêt du bloc
   `attendre 1 secondes` ?
3. Modifier le script pour qu'il trace un rectangle dont la longueur est égale au triple de la largeur.

Boîte à outils

Avec Scratch

- Pour faire tourner le lutin sur lui-même de l'angle indiqué, dans le sens indiqué :

  `tourner ↻ de ○ degrés`

  ou `tourner ↺ de ○ degrés`

Avec un logiciel de géométrie dynamique

- Pour afficher la mesure d'un angle :
- Pour construire un segment de longueur donnée : Segment de longueur donnée
- Pour construire la droite perpendiculaire à une droite passant par un point : Perpendiculaire

Ta mission
Calculer des aires de figures simples et complexes.

CHAPITRE 12

Figures usuelles et aires

 Jeux

Élina et Juliette disposent chacune d'un élastique et d'une grille avec des clous. À chaque manche, une carte avec une consigne est tirée. L'unité de longueur est la distance horizontale ou verticale entre deux clous consécutifs.

Construire un rectangle de périmètre égal à 16.
Le joueur qui construit le rectangle ayant la plus grande aire marque 1 point.

Grille d'Élina **Grille de Juliette**

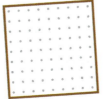

• Aider Juliette à placer l'élastique sur sa grille pour marquer le point.

Voir problème 53 p. 233

Histoire

Le propriétaire d'un champ (à droite) rencontre les arpenteurs et des scribes du cadastre. *Tombe de Menna*

Les premières connaissances en géométrie remontent à l'Égypte ancienne. Elles se sont construites en réponse à des problèmes pratiques de la vie des Égyptiens, comme les crues répétées du Nil qui transformaient les terrains à proximité. Les arpenteurs devaient alors retracer régulièrement les limites des propriétés. Pour calculer plus facilement l'aire des terrains, ils les découpaient en rectangles, carrés et triangles.

Vocabulaire
Arpenteur : Géomètre spécialiste des mesures de terrains

Activités

1. Un carreau mesure 1 cm de côté. Quelle est l'aire des figures suivantes ?

   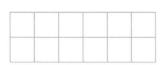

2. Donner une unité adaptée pour calculer :
   a. la hauteur d'un arbre ;
   b. la superficie d'un jardin ;
   c. la superficie d'une table ;
   d. la superficie d'un pays ;
   e. le périmètre d'une feuille de papier.

3. Vrai ou faux ?
   a. Le périmètre de ce rectangle est 8 cm.
   b. L'aire de ce rectangle est 8 cm^2.
   c. Le périmètre de ce rectangle est 15 cm.
   d. L'aire de ce rectangle est 15 cm^2.
   e. L'aire de ce rectangle est 150 mm^2.
   f. Ce rectangle a pour périmètre 16 cm.
   g. Ce rectangle a pour périmètre 160 mm.
   h. Ce rectangle a pour périmètre 16 cm^2.
   i. Ce rectangle a pour aire 0,15 m^2.

Aire et périmètre — CM2 — Activité 1

On considère les deux figures ci-contre.

1. Quelle figure a le plus grand périmètre ?
2. Quelle figure a la plus grande aire ?
3. Sur papier quadrillé, tracer une figure qui a la même aire que la figure A mais un périmètre plus petit.
4. Sur papier quadrillé, tracer une figure qui a le même périmètre que la figure A mais une aire plus grande.
5. Sur papier quadrillé, tracer une figure qui a un périmètre plus petit que celui de la figure A mais une aire plus grande.

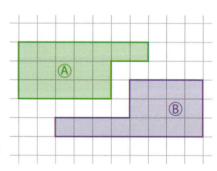

Du rectangle au triangle — Activité 2 — Prise d'initiative

1. Nohan affirme que les figures B et C ont une aire égale à la moitié de celle de la figure A. Nohan a-t-il raison ?

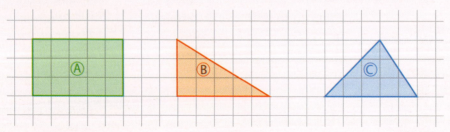

2. Trouver une méthode pour calculer l'aire d'un triangle.

Couper-coller — Activité 3

1. Tracer deux cercles de rayon 5 cm sur une feuille, puis partager chaque disque en douze parts identiques.
2. Repasser en couleur le contour de chaque cercle à l'intérieur du cercle (voir Figure 1).
   Quelle est la longueur de ce contour ?

Figure 1

3. Découper les deux disques, puis en coller un dans le cahier.
4. Découper l'autre disque en douze morceaux, puis coller ces morceaux dans le cahier en les plaçant alternativement dans un sens puis dans l'autre (voir Figure 2).

Figure 2

5. À quelle figure ce collage ressemble-t-il ?
6. Que se passerait-il si l'on découpait le disque en un plus grand nombre de parts égales ?
7. Trouver une formule permettant de calculer l'aire d'un disque.

Que d'aires ! — Activité 4

Calculer l'aire de chaque figure.

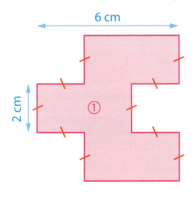
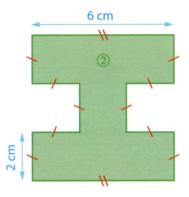
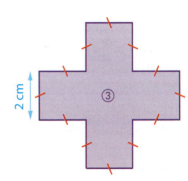

La main — Activité 5 (Prise d'initiative)

Sur une feuille, tracer le contour de sa main, puis estimer la mesure de sa surface.

Chapitre 12 Figures usuelles et aires

CM2 — 1 Comparer et déterminer des aires

Définition

L'**aire d'une figure** est la mesure de sa surface intérieure, dans une unité donnée.

Exemple

Ces deux figures ont le même périmètre (14 unités de longueur) mais la surface de la figure 2 est plus grande que celle de la figure 1.
Figure 1 : 6 unités d'aire
Figure 2 : 7 unités d'aire

⚠ Deux figures ayant la même aire n'ont pas forcément le même périmètre.

Exemple

L'aire du carré est de 4 unités d'aire, et son périmètre est de 8 unités de longueur.
L'aire du rectangle est de 4 unités d'aire, et son périmètre est de 10 unités de longueur.

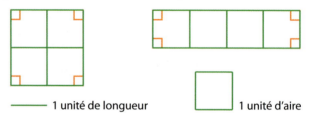

Définitions

- L'unité légale d'aire est le **mètre carré**, noté m^2.
  Elle correspond à l'aire d'un carré de 1 m de côté.
- Autres unités d'aire :

Multiples de l'unité			Unité	Sous-multiples de l'unité		
km^2	hm^2	dam^2	m^2	dm^2	cm^2	mm^2
1 km^2 = 100 hm^2	1 hm^2 = 100 dam^2 = 0,01 km^2 = 1 ha (hectare)	1 dam^2 = 100 m^2 = 0,01 hm^2 = 1 a (are)	1 m^2 = 100 dm^2 = 0,01 dam^2	1 dm^2 = 100 cm^2 = 0,01 m^2	1 cm^2 = 100 mm^2 = 0,01 dm^2	1 mm^2 = 0,01 cm^2

Exemples

- Un carré de 1 cm de côté a une aire de 1 cm^2.
- Un carré de 1 dm de côté a une aire de 1 dm^2.
- 12 cm^2 = 1 200 mm^2 (on multiplie par 100)
- 150 dm^2 = 1,5 m^2 (on divise par 100)

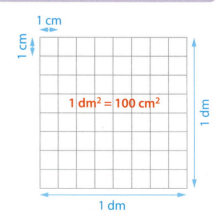

$1\ dm^2 = 100\ cm^2$

⚠ Pour mesurer un terrain, on utilise plutôt l'**are** (noté a) et l'**hectare** (noté ha).
1 a = 100 m^2 1 ha = 100 a = 1 hm^2

Savoir-faire

Entraine-toi avec ces exercices corrigés en page 300 !

1 Comparer et déterminer des aires

1 Déterminer l'aire de la figure suivante.

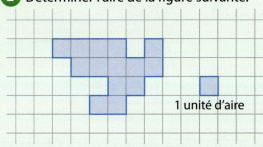

1 unité d'aire

Solution

Pour trouver l'aire de la figure, on compte les unités d'aire.

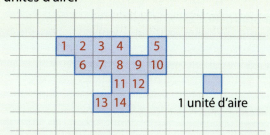

1 unité d'aire

Cette figure a donc une aire de 14 unités d'aire.
On note : $\mathcal{A}$ = 14 u.a.

L'aire s'exprime dans une unité d'aire choisie.

2 Convertir :
 a. 12 cm² en mm².   b. 0,36 km² en m².
 c. 15 m² en dam².

Solution

a. 1 cm² = 100 mm²
1 cm² est cent fois plus grand qu'1 mm².
Pour convertir des cm² en mm², on multiplie donc par 100.
12 × 100 = 1 200 donc 12 cm² = 1 200 mm²

b. 1 km² = 100 hm² = 10 000 dam²
        = 1 000 000 m²
1 km² est 1 000 000 de fois plus grand qu'1 m².
Pour convertir les km² en m², on multiplie donc par 1 000 000.
0,36 × 1 000 000 = 360 000
donc 0,36 km² = 360 000 m²

c. 1 m² = 0,01 dam²
1 m² est cent fois plus petit qu'1 dam².
Pour convertir des m² en dam², on divise donc par 100.
15 ÷ 100 = 0,15 donc 15 m² = 0,15 dam²

3 Déterminer l'aire des deux figures suivantes dans les deux unités d'aire proposées.

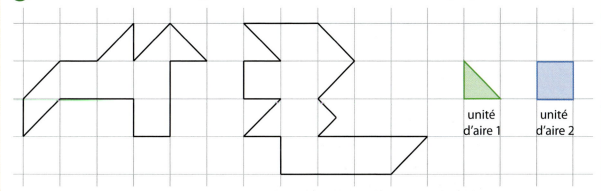

unité d'aire 1   unité d'aire 2

4 Convertir :
 a. 125 dm² en mm².
 b. 15,75 dam² en km².
 c. 0,125 cm² en mm².

5 Convertir :
 a. 12 a en ha.
 b. 58,1 ha en a.
 c. 59,4 ha en m².

Chapitre 12 Figures usuelles et aires

2 Calculer une aire avec une formule

Propriétés

Figure	Carré	Rectangle	Triangle rectangle	Triangle	Disque
	(côté c)	(longueur L, largeur ℓ)	(côtés a, b)	(hauteur h, base b)	(rayon r)
Aire	$\mathcal{A} = c \times c$	$\mathcal{A} = L \times \ell$	$\mathcal{A} = (a \times b) \div 2$	$\mathcal{A} = (h \times b) \div 2$	$\mathcal{A} = \pi \times r \times r$

- Pour le calcul d'une aire, toutes les longueurs doivent être exprimées dans la même unité.
- En pratique, on utilise souvent 3,14 comme valeur approchée de π.

  L'aire d'un rectangle de 3 cm sur 5 cm est : $\mathcal{A} = 3\text{ cm} \times 5\text{ cm} = 15\text{ cm}^2$

3 Calculer l'aire d'une figure complexe

Méthodes

Pour calculer l'aire de certaines figures, on peut utiliser plusieurs méthodes suivant les cas.

- **Méthode 1 :** on décompose et on additionne.

- **Méthode 2 :** on complète et on soustrait.

- **Méthode 3 :** on découpe et on déplace.

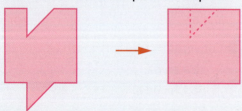

226 Espace et géométrie

Savoir-faire

2 Calculer une aire avec une formule

6 Calculer l'aire de ce triangle.

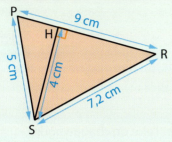

Solution

On utilise la formule de l'aire d'un triangle.
$\mathcal{A} = (h \times b) \div 2$
h est la hauteur relative au côté de longueur b.
On remplace h et b par leurs valeurs :
$\mathcal{A} = (4\text{ cm} \times 9\text{ cm}) \div 2 = 36\text{ cm}^2 \div 2 = 18\text{ cm}^2$

> Pour utiliser une formule, toutes les longueurs doivent être exprimées dans la même unité !

7 Calculer l'aire d'un disque de 3,5 cm de rayon, au cm² près.

Solution

On utilise la formule de l'aire d'un disque.
$\mathcal{A} = \pi \times r \times r$
On remplace r par sa valeur :
$\mathcal{A} = \pi \times 3{,}5\text{ cm} \times 3{,}5\text{ cm}$
$\phantom{\mathcal{A}} = \pi \times 12{,}25\text{ cm}^2$
$\phantom{\mathcal{A}} \approx 38\text{ cm}^2$

> On utilise la touche π de la calculatrice pour trouver une valeur approchée.

8 Calculer l'aire d'un rectangle de longueur 5,8 dm et de largeur 3,7 cm.

9 Calculer l'aire d'un disque de rayon 6,2 dm, au dm² près.

3 Calculer l'aire d'une figure complexe

10 Déterminer l'aire de la figure ci-dessous, à 0,01 cm² près.

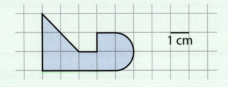

11 Déterminer l'aire de la figure ci-dessous à 0,01 cm² près.

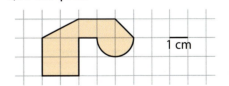

Solution

- On décompose la figure en figures simples (voir ci-contre) et on cherche les longueurs nécessaires.

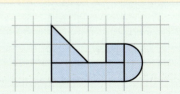

- On calcule l'aire de chaque figure simple :
  $\mathcal{A}_{\text{triangle rectangle}} = (a \times b) \div 2 = (2\text{ cm} \times 2\text{ cm}) \div 2 = 2\text{ cm}^2$
  $\mathcal{A}_{\text{carré}} = c \times c = 1\text{ cm} \times 1\text{ cm} = 1\text{ cm}^2$
  $\mathcal{A}_{\text{demi-disque}} = (\pi \times r \times r) \div 2 = (\pi \times 1\text{ cm} \times 1\text{ cm}) \div 2 \approx 1{,}57\text{ cm}^2$
  $\mathcal{A}_{\text{rectangle}} = L \times \ell = 1\text{ cm} \times 4\text{ cm} = 4\text{ cm}^2$

- Puis on additionne toutes les aires pour obtenir l'aire totale :
  $\mathcal{A}_{\text{totale}} = \mathcal{A}_{\text{triangle rectangle}} + \mathcal{A}_{\text{carré}} + \mathcal{A}_{\text{demi-disque}} + \mathcal{A}_{\text{rectangle}}$
  $\phantom{\mathcal{A}_{\text{totale}}} \approx 2\text{ cm}^2 + 1\text{ cm}^2 + 1{,}57\text{ cm}^2 + 4\text{ cm}^2 \approx 8{,}57\text{ cm}^2$

Exercices

Diaporamas de calcul mental dans le manuel numérique

Comparer et déterminer des aires
➡ Savoir-faire p. 225

Questions flash

12 Calculer mentalement.
a. 254 × 100 = …
b. 65,7 × 100 = …
c. 0,78 × 100 = …

13 Calculer mentalement.
a. 654 ÷ 100 = …
b. 67,3 ÷ 100 = …
c. 12 ÷ 100 = …

14 Calculer mentalement.
a. 867 × 0,01 = …
b. 75,3 × 0,01 = …
c. 8,5 × 0,01 = …

15 Déterminer le périmètre de chaque figure.

16 Convertir les longueurs suivantes en mètres.
a. 12 cm
b. 125 dam
c. 56 mm
d. 14 km

17 Déterminer l'aire de chaque figure.

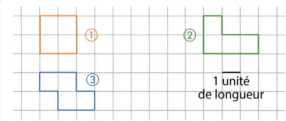

18 Déterminer l'aire de chaque figure.

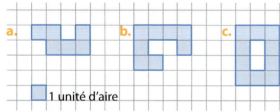

19 Déterminer l'aire et le périmètre de chaque figure.

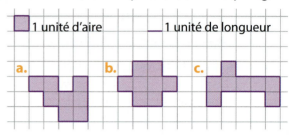

20 Déterminer l'aire de chaque figure.

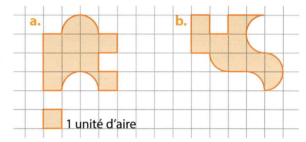

21 Ranger ces figures dans l'ordre croissant de leurs aires.

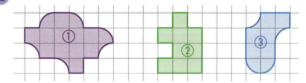

22 En prenant un carré de 1 cm de côté comme unité d'aire, construire une figure ayant pour aire 6 unités d'aire et pour périmètre 14 cm.

23 Convertir les aires suivantes en mètres carrés.
a. 125 dm^2
b. 36,2 cm^2
c. 153,5 mm^2

24 Recopier et compléter.
a. 12 km^2 = … m^2
b. 635 dam^2 = … cm^2
c. 96,4 m^2 = … dm^2
d. 89,7 hm^2 = … dam^2
e. 1,254 m^2 = … cm^2
f. 0,78 m^2 = … cm^2

25 Recopier et compléter.
a. 12,5 cm^2 = … m^2
b. 145 m^2 = … dam^2
c. 5,54 m^2 = … dam^2
d. 54,2 m^2 = … hm^2
e. 0,12 cm^2 = … dm^2
f. 0,5 m^2 = … dam^2

26 Recopier et compléter.
a. 12 a = … m^2
b. 14,5 a = … dm^2
c. 65 ha = … m^2
d. 75,4 ha = … km^2

Calculer une aire avec une formule

➡ Savoir-faire p. 227

Questions flash

27 Calculer le plus rapidement possible.
a. 8×4 b. 7×9 c. 6×8 d. 7×12

28 Calculer mentalement l'aire d'un rectangle :
a. de longueur 6 cm et de largeur 4 cm.
b. de longueur 8 dm et de largeur 5 dm.
c. de longueur 2 dm et de largeur 5 cm.

29 Vrai ou faux ?
a. Un carré de 4 cm de côté a une aire de 8 cm².
b. Un carré de 3 cm de côté a une aire de 9 cm².
c. Un carré d'aire 25 cm² a un côté de 5 cm.
d. Un carré d'aire 36 cm² a un côté de 18 cm.

30 1. Calculer l'aire d'un carré de côté 6,4 cm.
2. Calculer l'aire d'un carré de périmètre 24 cm.

31 1. Calculer l'aire d'un rectangle de largeur 3 cm et de périmètre 14 cm.
2. Calculer l'aire d'un rectangle de longueur 4,8 cm et de périmètre 14,8 cm.

32 1. Calculer l'aire d'un disque de rayon 5,2 cm, au cm² près.
2. Calculer l'aire d'un disque de diamètre 3,6 dm, au cm² près.

33 Associer les figures et les calculs d'aire correspondants.

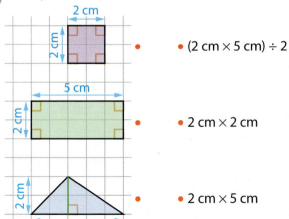

- $(2\ cm \times 5\ cm) \div 2$
- $2\ cm \times 2\ cm$
- $2\ cm \times 5\ cm$

34 Calculer l'aire de chaque figure ci-contre, au cm² près.

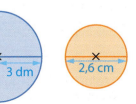

35 Calculer l'aire de chaque triangle.

a. 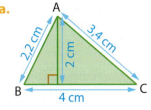   b.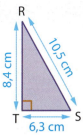

c. 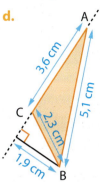   d.

36 Nora a construit un triangle à l'aide d'un logiciel de géométrie dynamique et a obtenu l'affichage ci-dessous.

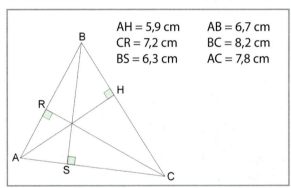

AH = 5,9 cm   AB = 6,7 cm
CR = 7,2 cm   BC = 8,2 cm
BS = 6,3 cm   AC = 7,8 cm

1. Calculer l'aire de ce triangle de trois manières différentes.
2. Comment peut-on expliquer ces résultats ?

37 Amel et Bastien ont construit ces deux triangles :

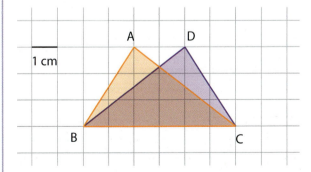

Bastien, qui a construit le triangle violet, dit à Amel : « Mon triangle est plus grand ! ». Amel n'est pas d'accord.
• Qui a raison ?

Chapitre 12 Figures usuelles et aires

Exercices

38 Le professeur a demandé de calculer l'aire d'un disque de rayon 3,2 cm avec la calculatrice. Gaël a entré la séquence suivante sur sa TI :

Anaïs a entré sur sa Casio :

• Que peut-on dire de chaque séquence ?

Calculer l'aire d'une figure complexe

➡ Savoir-faire p. 227

Questions flash

39 Convertir en m^2.
a. 34 dam^2 b. 17 km^2 c. 65 hm^2
d. 67 dm^2 e. 1 372 cm^2 f. 1 734 mm^2

40 Calculer mentalement.
a. 6 dm^2 + 34 cm^2 b. 17 cm^2 + 34 mm^2
c. 3 643 m^2 + 34 dam^2

41 Associer chaque figure au calcul d'aire correspondant.

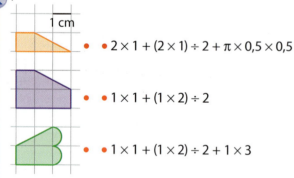

• $2 \times 1 + (2 \times 1) \div 2 + \pi \times 0,5 \times 0,5$

• $1 \times 1 + (1 \times 2) \div 2$

• $1 \times 1 + (1 \times 2) \div 2 + 1 \times 3$

42 Calculer l'aire de chaque figure à 0,1 cm^2 près.

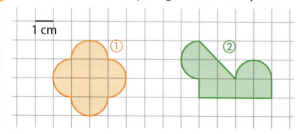

43 Calculer l'aire de chaque figure.

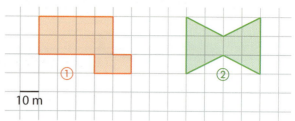

44 Calculer l'aire des figures suivantes.

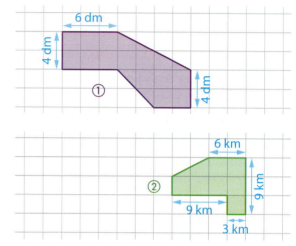

45 Le professeur a demandé de calculer l'aire de la figure ci-contre. Voilà les découpages proposés par Timothée, Caroline et Yann pour pouvoir faire le calcul.

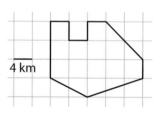

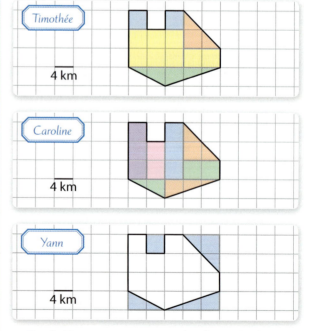

1. Quel découpage permet de répondre le plus rapidement à la question du professeur ?
2. Calculer cette aire.

Faire le point

Corrigés p. 300

QCM — Donner **la seule réponse correcte** parmi les trois proposées.

1 Comparer et déterminer des aires

	Réponse A	Réponse B	Réponse C
1. L'aire de cette figure est égale à : 1 unité d'aire	8 u.a.	9 u.a.	12 u.a.
2. En cm², 125 m² donne :	12 500 cm²	12 500 000 cm²	1 250 000 cm²

2 Calculer une aire avec une formule

	Réponse A	Réponse B	Réponse C
3. L'aire d'un rectangle de longueur 5 dm et de largeur 12 cm est :	6 cm²	60 cm²	6 dm²
4. L'aire d'un disque de rayon 4 cm, au cm² près, est :	12 cm²	25 cm²	50 cm²

3 Calculer l'aire d'une figure complexe

	Réponse A	Réponse B	Réponse C
5. L'aire de cette figure est :	7 m²	8 m²	9,5 m²

Pour t'aider à retenir l'essentiel.

Carte mentale

Formules
- Carré : 𝒜 = côté × côté
- Rectangle : 𝒜 = longueur × largeur
- Triangle : 𝒜 = (côté × hauteur) ÷ 2
- Disque : 𝒜 = π × rayon × rayon

On compte les unités d'aire.

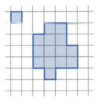

AIRES — mesure de la surface

Figures complexes
On décompose en figures simples.

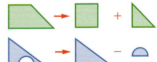

Unités

1 km²	1 hm²	1 dam²	1 m²	1 dm²	1 cm²	1 mm²
= 100 hm²	= 100 dam²	= 100 m²	= 100 dm²	= 100 cm²	= 100 mm²	
	= 0,01 hm²	= 0,01 km²	= 0,01 dam²	= 0,01 m²	= 0,01 dm²	= 0,01 cm²
	= 1 ha (hectare)	= 1 a (are)				

Chapitre 12 Figures usuelles et aires

Problèmes

➡ Corrigés p. 300

Pour mieux cibler les compétences

Chercher	58 60 61 64	Raisonner	49 53 58 64
Modéliser	50 51 57 58	Calculer	47 48 54 56
Représenter	59 60 62 63	Communiquer	57 58 59 60

46 Tangram

Le tangram est un puzzle chinois composé de sept pièces de formes géométriques. Enzo contruit le tangram ci-contre sur une feuille carrée de 10 cm de côté.

• Quelle est l'aire de la figure suivante réalisée par Enzo ?

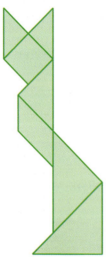

47 QCM

Le nouveau stade de Bordeaux a une aire d'environ 4,9 ha et une longueur de 233 m. Quelle est sa largeur ?

a. environ 1 141 m
b. environ 0,021 km
c. environ 210 m

48 Jardin avec piscine

La famille Rousseau dispose d'un terrain de 40 m sur 28 m, sur lequel elle a fait construire une maison de plain-pied d'une superficie de 152 m², ainsi qu'une piscine rectangulaire de 10 m sur 5 m, le reste étant occupé par de la pelouse.

— Vocabulaire —
Maison de plain-pied : Maison qui ne comporte qu'un rez-de-chaussée.

• Quelle superficie de pelouse reste-t-il à tondre ?

49 Tache d'encre

Estimer l'aire de cette tache d'encre.

50 Arrosage

Mme Lafont souhaite planter dans son jardin des massifs de fleurs sur une surface d'environ 450 m². Elle hésite entre deux modèles d'arrosage automatique.

• L'arroseur circulaire permet un arrosage uniforme. Sa portée peut atteindre 12 m.

• L'arroseur oscillant a une portée réglable comprise entre 7 m et 21 m, pour une largeur de jet personnalisable de 4 m à 17 m.

• Quel modèle peut-on recommander à Mme Lafont ?

51 Losange

Calculer l'aire d'un losange dont les diagonales mesurent 8 cm et 6 cm.

52 Patchwork

Naia a assemblé 192 rectangles en tissu de 15 cm de longueur et 14 cm de largeur pour réaliser un jeté de lit en patchwork.

1. Calculer l'aire de ce jeté de lit.
2. La largeur de ce jeté de lit est de 1,80 m. Quelle est sa longueur ?

53 Partage

Tel un arpenteur égyptien, un géomètre doit partager le champ représenté ci-contre en quatre parcelles de même aire et de même forme, de façon que chacune d'elles contienne exactement le même nombre d'arbres (chaque point représente un arbre).

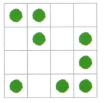

— Vocabulaire —
Parcelle : Partie d'un terrain

Découvre les arpenteurs égyptiens p. 221 !

- Tracer en rouge les limites de chaque parcelle.

D'après le Rallye mathématique de Savoie.

54 Potager

Calculer l'aire du jardin potager de Sylvie, à 0,1 m² près.

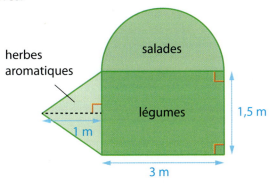

55 Comparaison

Sur la figure 1, le carré a pour côté 8 cm et le disque a pour rayon 3 cm.
Sur la figure 2, le carré a pour côté 4 cm et le disque a pour diamètre 8 cm.

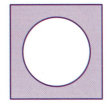 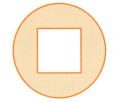

Figure 1   Figure 2

- Comparer les aires des deux surfaces colorées.

56 Du bleu

Calculer l'aire de la surface bleue, à 0,01 cm² près.

57 Coupe du monde

Le 12 juillet 1998, l'équipe de France de football remporte la coupe du monde. Cette victoire provoque un immense enthousiasme populaire. Des rassemblements ont lieu dès le coup sifflet final dans toutes les villes françaises, en particulier à Paris, sur l'avenue des Champs-Élysées et sur la place de la Concorde, noires de monde.

- En estimant la densité de la foule à six personnes par mètre carré, quel était le nombre de personnes présentes ce soir-là dans ces deux lieux ?

58 Antarctique

L'Antarctique est le plus petit des continents. Il est situé autour du pôle Sud.

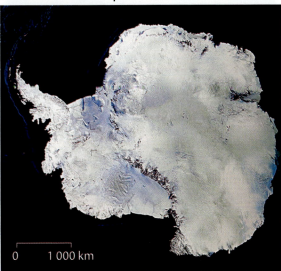

- À partir de cette image satellite, estimer l'aire de l'Antarctique.

D'après PISA, 2003.

Chapitre 12 Figures usuelles et aires

Problèmes

59 Déforestation

La FAO (Food and Agriculture Organization) est une organisation des Nations unies qui surveille la façon dont les pays utilisent leurs forêts.
Elle estime que l'équivalent de la surface d'un terrain de football disparait toutes les 9 secondes dans le monde.

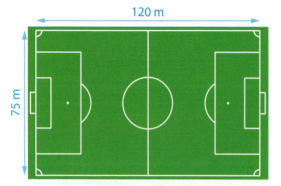

- Combien de temps faudra-t-il pour que disparaisse l'équivalent de la totalité des forêts de France métropolitaine, soit environ 16 millions d'hectares, si la déforestation se poursuit à ce rythme ?

60 Panneaux solaires

M. Roelandt souhaite installer des panneaux photovoltaïques sur un pan du toit de sa maison. Les panneaux doivent tous être positionnés dans le même sens.

Doc. 1 Maison de M. Roelandt

Doc. 2 Panneau photovoltaïque

Production moyenne : 100 kWh par m^2 et par an

Doc. 3
La consommation moyenne d'une famille est de 5 336 kWh par an.
L'électricité non utilisée est rachetée 0,2617 € le kWh.

1. Calculer le nombre maximum de panneaux que M. Roelandt pourra installer.
2. Calculer le bénéfice que M. Roelandt peut réaliser chaque année en revendant son surplus d'électricité.

61 L'allée

Prise d'initiative

M. Hubert souhaite entourer sa piscine circulaire d'une allée en graviers de largeur 1,5 mètre et d'épaisseur 3 cm.

Doc. 1 Piscine

- *Dimensions extérieures :* diamètre 460 cm × H. 120 cm
- *Dimensions des margelles :* 15 cm
- *Épaisseur de la paroi :* 4,5 cm
- *Épaisseur du liner :* 30/100
- *Accessoires fournis :* skimmer et échelle sécurité 2 × 3 marches

Doc. 2 Gravier

Sur une épaisseur de 3 cm, il faut 1 sac pour recouvrir 0,5 m^2.

le sac de 25 kg
5 €40
4,50 € HT
Soit le kg :
0,22 € - 0,18 € HT

Sacs de GRAVIER Marbre blanc
Calibre 7-15 mm. Vendu en sac de 25 kg.

- Combien de sacs de graviers doit-il acheter ?

62 Abri de jardin

M. Durin souhaite installer un abri de jardin sur son terrain. Il possède les documents suivants.

Doc. 1 Plan du futur abri de M. Durin (Dimensions exprimées en mm)

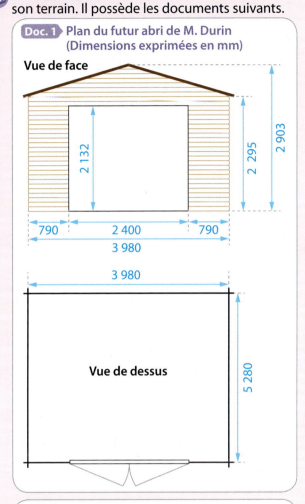

Doc. 2 Extrait de la réglementation sur les abris de jardin dont la hauteur est inférieure à 12 m

- Pour les abris de plus de 20 m² au sol, un permis de construire est indispensable.
- Si l'abri de jardin a une surface au sol comprise entre 5 m² et 20 m², une simple déclaration de travaux est à déposer en mairie.
- Pour les abris de petite taille (moins de 5 m² au sol), aucune déclaration n'est nécessaire.

Doc. 3 Lasure (pour la protection du bois)

Conditionnement : 2,5 L
Rendement : 12 m² par litre
50,50 €

1. Pour installer son abri de jardin sur son terrain, M. Durin devra-t-il faire des démarches administratives ?
2. Une fois son abri installé, M. Durin devra recouvrir intégralement les murs et la porte, à l'intérieur et à l'extérieur, de deux couches de lasure. Donner une estimation du nombre de pots nécessaires et du cout que cela va représenter.

63 Porte d'entrée

M. Robas souhaite repeindre en blanc la porte d'entrée grise de sa maison.

Doc. 1 Peinture choisie par M. Robas

- Pot de 0,5 L
- Rendement : 12 m² par litre
- 2 couches nécessaires

Doc. 2 Porte de M. Robas

- Combien de pots devra-t-il acheter ?

64 Drôles de milieux !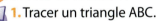

1. Tracer un triangle ABC.
2. Placer le point I, milieu du côté [BC].
3. Afficher les aires respectives des triangles ABI et ACI.
4. Déplacer les points A, B et C et émettre une conjecture.

> Une conjecture est une proposition que l'on pense être vraie mais qui n'est pas prouvée.

5. Rédiger une preuve de la conjecture énoncée à la question 4.
6. On appelle M le milieu du côté [BI] et N le milieu du côté [IC].
   Énoncer une conjecture semblable à celle de la question 4.
7. Rédiger une preuve de cette conjecture.

> En mathématiques, la rédaction d'une preuve s'appelle une démonstration.

Chapitre 12 Figures usuelles et aires

65 Analyse de documents

> Socle **D1** Je comprends le sens des consignes, je sais combiner les informations explicites et implicites d'une lecture.
> Socle **D4** Je sais prélever, organiser et traiter l'information utile.

M. et Mme Texier et leur fille habitent un appartement ancien dans le centre-ville de Bordeaux.

Doc. 1 Plan de l'appartement de la famille Texier

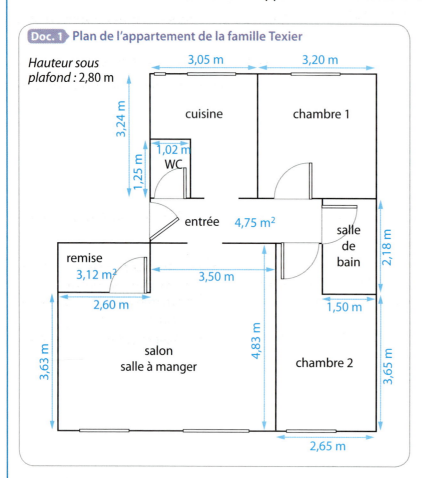

Hauteur sous plafond : 2,80 m

Doc. 2 Article R*111-2 du code de la construction et de l'habitation

- La surface et le volume habitables d'un logement doivent être de 14 mètres carrés et de 33 mètres cubes au moins par habitant pour les quatre premiers habitants, et de 10 mètres carrés et 23 mètres cubes au moins par habitant supplémentaire au-delà du quatrième.

- La surface habitable d'un logement est la surface de plancher construite, après déduction des surfaces occupées par les murs, cloisons, marches et cages d'escaliers ; le volume habitable correspond au total des surfaces habitables ainsi définies, multipliées par les hauteurs sous plafond. Il n'est pas tenu compte des parties de locaux d'une hauteur inférieure à 1,80 mètre.

Doc. 3 Coupure de presse

Les prix de l'immobilier dans la région Bordelaise

À Bègles et à Villenave-d'Ornon, les logements neufs s'arrachent à plus de 4 000 euros le mètre carré. Les appartements anciens du sud de Bordeaux, eux, continuent de s'échanger à des tarifs compris entre 2 600 et 3 000 euros le mètre carré, selon la qualité et l'emplacement des biens. Le centre-ville reste le secteur le plus recherché, avec un prix dans l'ancien autour de 2 900 euros. Il faut s'éloigner de plusieurs kilomètres du centre-ville pour voir les prix baisser de façon significative pour trouver de grandes surfaces avec un bout de jardin à des tarifs inférieurs à 2 500 euros le mètre carré.

Questions ceinture jaune

1. Combien de pièces composent la partie habitable de cet appartement ?
2. Quelle doit être la surface habitable minimum pour cette famille ?
3. Quelles sont les dimensions de la chambre 1 ?
4. Quelle est la superficie de la salle de bain ?
5. Quelle est la différence de prix au mètre carré entre un bien situé à plusieurs kilomètres du centre-ville de Bordeaux et un bien situé dans le centre-ville ?

Questions ceinture verte

1. Quel doit être le volume habitable minimum pour cette famille ?
2. Quelle est la largeur de la remise ?
3. Quelle chambre est la plus grande ?
4. Quel serait le prix d'un appartement neuf dont la superficie serait juste adaptée à cette famille et situé à Bègles ?

Questions ceinture noire

1. Quelle est la longueur de l'entrée ?
2. Quelle est la superficie habitable de cet appartement ?
3. Cet appartement est-il adapté à cette famille ?
4. À quel prix cet appartement pourrait-il se vendre ?

66 Écriture d'énoncé

Socle D1 Je sais m'exprimer en utilisant la langue française à l'écrit.

À deux, rédiger l'énoncé d'un problème mathématique respectant les conditions énoncées ci-dessous, puis proposer cet énoncé à un autre binôme.

Questions ceinture jaune
La résolution du problème fera intervenir le calcul d'aire suivant :
$$3 \times 4 + 5 \times 2$$

Questions ceinture verte
La résolution du problème fera intervenir le calcul d'aire suivant :
$$3,5 \times 4,2 - 1,2 \times 1,2$$

Questions ceinture noire
La résolution du problème fera intervenir le calcul d'aire suivant :
$$2 \times (4,3 \times 5,4) + \frac{5,4 \times 2,8}{2}$$

67 Analyse de production

Socle D2 Je sais analyser les erreurs.

Le professeur a demandé de calculer l'aire de la figure ci-contre.
Voici des productions d'élèves.
Analyser et corriger leurs éventuelles erreurs.

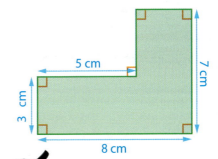

Questions ceinture jaune

Laura

Je déplace le segment de 5 cm en haut de la figure et le segment en haut à gauche qui lui est perpendiculaire et qui mesure 7 cm − 3 cm = 4 cm.
J'obtiens maintenant un rectangle de 8 cm sur 7 cm qui a la même aire que la figure de départ.
Aire = 8 cm × 7 cm = 56 cm^2

Questions ceinture verte

Faïd

La figure est composée d'un grand rectangle de 8 cm sur 7 cm auquel on a enlevé un rectangle de 5 cm sur 7 cm − 3 cm = 4 cm.
Aire = 8 cm × 7 cm − 5 cm − 4 cm
Aire = 56 cm − 5 cm − 4 cm
Aire = 47 cm

Questions ceinture noire

Lina

La surface de la figure est composée d'un rectangle de 8 cm sur 3 cm et d'un rectangle de 7 cm sur 8 cm − 5 cm = 3 cm.
Aire = 8 cm × 3 cm + 7 cm × 3 cm
Aire = 24 cm^2 + 21 cm^2
Aire = 45 cm^2

Chapitre 12 Figures usuelles et aires

Outils numériques et algorithmique

68 Surface à peindre

Lola a décidé de repeindre les murs de sa chambre. Pour calculer la quantité de peinture qu'elle doit acheter, elle veut connaitre la mesure de la surface à peindre.

Voici le plan de sa chambre :

Lola sait aussi que :
- la hauteur sous plafond est de 280 cm ;
- la porte a pour dimensions 205 cm sur 85 cm ;
- la fenêtre a pour dimensions 110 cm sur 88 cm.

Pour calculer cette aire, elle a réalisé la feuille de calcul suivante.

	A	B	C	D	E	F
1	Longueur de la chambre		Largeur de la porte		Largeur de la fenêtre	
2	Largeur de la chambre		Hauteur de la porte		Hauteur de la fenêtre	
3	Hauteur de la chambre					
4	Surface des murs		Surface de la porte		Surface de la fenêtre	
5						
6	Surface à peindre					

- Reproduire la feuille de calcul de Lola sur un tableur et terminer son travail en calculant la surface à peindre.

69 Calcul mystère

Amélia a écrit le script suivant.

1. À quoi le script d'Amélia peut-il servir ?
2. Écrire un script qui permet de calculer l'aire d'un disque.
3. Calculer l'aire d'un disque de rayon 7 cm :
   a. à l'aide de ce script ;
   b. avec une calculatrice.

70 Conversions

1. Fabien a écrit un script permettant de convertir en dm² une aire exprimée en m². Compléter la dernière ligne de ce script.

2. Écrire un script permettant de convertir en ha une aire exprimée en m².
3. Utiliser ce script pour compléter ces égalités :
   a. 150 m² = … ha
   b. 1 357 m² = … ha
   c. 253 000 m² = … ha

Boite à outils

Avec Scratch

Pour poser une question sur l'écran, on utilise le bloc `demander Quel est votre nom ? et attendre`.

Le programme attendra jusqu'à ce que l'utilisateur entre une réponse au clavier et presse la touche « Entrée ».

La réponse est stockée dans `réponse` et peut être utilisée dans la suite du programme.

Ta mission
Connaître et utiliser la symétrie axiale.

CHAPITRE 13

Symétrie axiale

Jeux

Dans la rue, Lola passe à côté d'un miroir « déformant »...
• Trouver les quatre différences.

Voir problème 49 p. 253

Culture

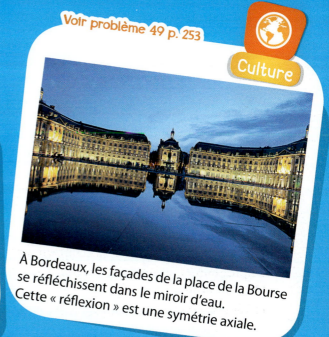

À Bordeaux, les façades de la place de la Bourse se réfléchissent dans le miroir d'eau. Cette « réflexion » est une symétrie axiale.

Activités

Questions flash

1. Les figures suivantes sont-elles symétriques par rapport à la droite bleue ?

a.    b. 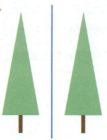   c.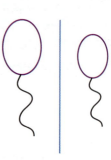

2. Dans chacun des cas suivants, vérifier avec une équerre si les droites sont perpendiculaires.

a.   b.   c.   d.

3. Dans chacun des cas suivants, dire si le point I est le milieu du segment [AB].

a.    b.    c.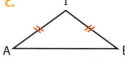

 **Partez !**

La tache (1) — CM2 — Activité 1

1. a. Prendre une feuille de papier A4 blanche en format paysage.
  b. Faire une petite tache d'encre sur la partie gauche de la feuille.
  c. Plier la feuille en deux et bien appuyer pour étaler l'encre.
  d. Ouvrir la feuille et, avec une règle, repasser en bleu la marque laissée par la pliure. Appeler (d) la droite obtenue.

2. Que peut-on dire des deux figures obtenues ?
Comment s'appelle la droite bleue qui a été tracée ?

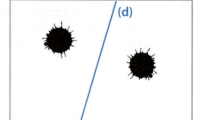

La tache (2) — Activité 2

Reprendre la feuille réalisée lors de l'activité précédente.

1. a. Plier la feuille le long de la droite (d) en laissant les taches sur la face visible de la feuille. Avec un compas, choisir un point sur le contour de la première tache et faire un petit trou.
Déplier la feuille. Nommer A et A' les deux points obtenus, puis tracer le segment [AA'].
Que peut-on dire des points A et A' par rapport à la droite (d) ?

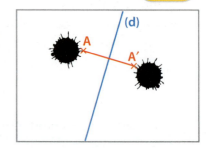

240 ESPACE ET GÉOMÉTRIE

b. Que peut-on dire de la position de la droite (d) par rapport au segment [AA'] ?

On dit que la droite (d) est la médiatrice du segment [AA'].

c. Recopier et compléter la phrase suivante : « La médiatrice d'un segment est la droite.... »

2. a. Recommencer deux fois la question **1.** avec des points B et B' puis C et C' et tracer les segments [BB'] et [CC'].
 b. Que peut-on dire de la droite (d) pour les segments [BB'] et [CC'] ?

3. a. Placer deux points M et N sur la droite (d) et mesurer les distances AM, A'M, AN et A'N.
 b. Que constate-t-on ?

Propriétés des symétriques — Activité 3

1. a. Avec un logiciel de géométrie dynamique, construire une droite (AB) et une droite (d) à l'aide de l'outil `Droite`.

 b. Placer un point C sur la droite (AB).

 c. Construire les points A', B' et C', symétriques des points A, B et C par rapport à la droite (d), à l'aide de l'outil `Symétrie axiale`.

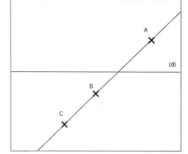

2. a. Quelle remarque peut-on faire concernant les points A', B' et C' ?
 Énoncer la propriété mise en évidence.

 b. Avec l'outil `Distance ou Longueur`, afficher les longueurs AB, A'B', BC, et B'C'.
 Que peut-on constater ?
 Énoncer la propriété mise en évidence.

3. a. Quelle remarque peut-on faire concernant les trois droites (d), (AB) et (A'B') ?
 b. Déplacer le point B de façon à ce que la droite (AB) soit parallèle à la droite (d).
 Que peut-on dire alors des trois droites (d), (AB) et (A'B') ?

Le cross — Activité 4

Pour préparer le cross de leur collège, Aline et Fabien étudient le parcours prévu. Ils savent que le parcours est composé de deux parties symétriques par rapport à un canal et reliées entre elles par un pont de 100 mètres de long.

Ils ont schématisé la première partie du parcours et le pont (voir ci-contre). Le canal et la deuxième partie du parcours n'ont pas été tracés, mais ils savent que le point d'arrivée est le symétrique du point de départ par rapport au canal.

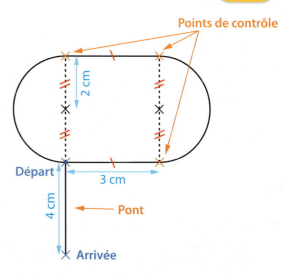

1. Construire le plan du parcours, puis tracer la droite représentant le canal.
2. Tracer les symétriques des trois points de contrôle.
3. Tracer la partie manquante du parcours.
4. Combien de mètres en réalité représente 1 cm sur ce plan ?
5. La longueur d'un cross pour des élèves de 6e doit être comprise entre 1,5 et 2 km.
 Ce parcours est-il conforme à cette recommandation ?

Chapitre 13 Symétrie axiale — 241

CM2 — 1. Reconnaitre deux figures symétriques par rapport à une droite

Définition

Deux figures sont **symétriques par rapport à une droite** (d) si elles se superposent quand on plie le long de cette droite. La droite (d) est appelée l'**axe de symétrie**.

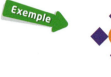 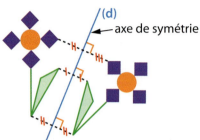 axe de symétrie

 Transformer une figure par symétrie axiale, c'est la retourner en pliant le long d'une droite (d).

2. Construire le symétrique d'un point par rapport à une droite

Définition

La médiatrice d'un segment est la droite qui est perpendiculaire à ce segment et qui passe par son milieu.

 médiatrice du segment [AB]

Propriétés

- Si un point appartient à la médiatrice d'un segment, alors il est équidistant des deux extrémités de ce segment.
- Si un point est équidistant des deux extrémités d'un segment, alors il appartient à la médiatrice de ce segment.

Vocabulaire
Équidistant : À la même distance

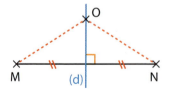

Le point O appartient à la médiatrice (d) du segment [MN] donc OM = ON.

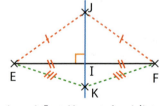

Les points J, I et K sont équidistants des points E et F. Donc J, I et K appartiennent à la médiatrice du segment [EF].

Définitions

Soit (d) une droite.
- **Si un point A n'appartient pas à la droite (d)**, alors son **symétrique par rapport à la droite (d)** est le point A' tel que (d) est la médiatrice du segment [AA'].
- **Si un point B appartient à la droite (d)**, alors son **symétrique par rapport à la droite (d) est lui-même**.

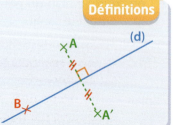

Savoir-faire

> Entraine-toi avec ces exercices corrigés en page 300 !

1 Reconnaitre deux figures symétriques par rapport à une droite

1 Les figures ci-dessous sont-elles symétriques par rapport à la droite (d) ?

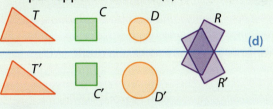

Solution

T et T' ne sont pas symétriques par rapport à la droite (d) car T' n'est pas « retourné ».
C et C' sont bien symétriques par rapport à (d).
D et D' ne sont pas symétriques par rapport à la droite (d) car D' est plus grand que D.
R et R' sont bien symétriques par rapport à (d).

2 Les figures ci-dessous sont-elles symétriques par rapport à la droite (d) ?

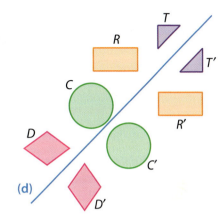

2 Construire le symétrique d'un point par rapport à une droite

3 Tracer un segment [AB], puis construire sa médiatrice à l'aide d'une règle graduée et d'une équerre.

Solution

- On trace le segment [AB] et **on place le point I, milieu de [AB]**.
- À l'aide de l'équerre, on trace la droite perpendiculaire à (AB) passant par I.

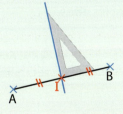

5 1. Tracer un segment [EF], puis construire sa médiatrice (d).
2. Placer un point P, puis construire son symétrique par rapport à la droite (d).

4 Construire le symétrique A' du point A par rapport à la droite (d).

Solution

On commence par tracer la droite perpendiculaire à (d) qui passe par le point A.

Puis on place le point A' sur cette droite, tel que MA' = MA.
Pour cela, on peut utiliser une règle graduée ou un compas.

Chapitre 13 Symétrie axiale

3 Connaitre et utiliser les propriétés de la symétrie axiale

Propriété

Le symétrique d'une droite par rapport à une droite est une droite :
on dit que la symétrie axiale conserve les **alignements**.

- Le symétrique de la droite (AB) par rapport à la droite (d_1) est la droite (A'B').

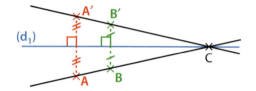

Dans ce cas, les trois droites se coupent au point C.

- Le symétrique de la droite (EF) par rapport à la droite (d_2) est la droite (E'F').

(EF) // (d_2)

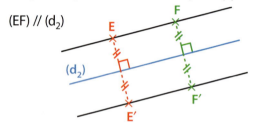

Dans ce cas, les trois droites sont parallèles.

Propriété

Le symétrique d'un segment par rapport à une droite est un segment de même longueur : on dit que la symétrie axiale conserve les **longueurs**.

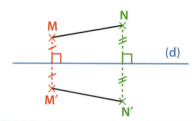

Les segments [MN] et [M'N'] sont symétriques par rapport à la droite (d).
Donc MN = M'N'.

Propriété

Deux figures symétriques par rapport à une droite ont la même forme :
on dit que la symétrie axiale conserve les **angles**, les **périmètres** et les **aires**.

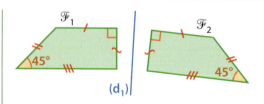

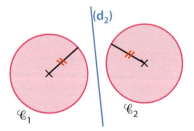

Les figures $\mathcal{F}_1$ et $\mathcal{F}_2$ sont symétriques par rapport à la droite (d_1).
Donc $\mathcal{F}_1$ et $\mathcal{F}_2$ ont le même périmètre, la même aire, et leurs angles ont même mesure.

Le symétrique du cercle $\mathcal{C}_1$ par rapport à la droite (d_2) est un cercle qui a le même rayon que le cercle $\mathcal{C}_1$.

Savoir-faire

Entraine-toi avec ces exercices corrigés en page 300 !

3 Connaitre et utiliser les propriétés de la symétrie axiale

6 1. Construire le symétrique du triangle IJK par rapport à la droite (d).
2. Calculer l'aire du triangle I'J'K'.

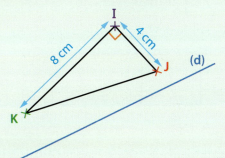

7 Construire le symétrique de la figure noire par rapport à la droite (d₃).

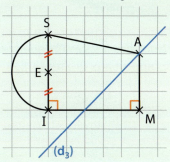

Solution

1. On trace le symétrique de chaque sommet :
   • I' le symétrique de I,
   • J' le symétrique de J,
   • K' le symétrique de K.

2. IJK et I'J'K' sont symétriques par rapport à la droite (d) donc Aire $_{I'J'K'}$ = Aire $_{IJK}$.

On utilise la formule de l'aire d'un triangle :
$\mathcal{A} = (h \times b) \div 2$
Donc Aire $_{I'J'K'}$ = Aire $_{IJK}$
= (4 × 8) ÷ 2 = 32 ÷ 2 = 16 cm²

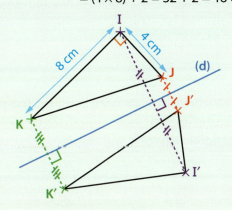

Solution

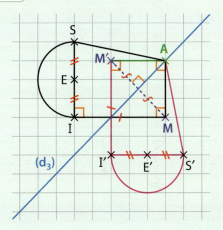

1. On construit le symétrique M' du point M par rapport à (d₃).
2. Le point A est sur l'axe de symétrie donc son symétrique est lui-même. On peut donc tracer le segment [AM'], symétrique de [AM] par rapport à la droite (d₃).
3. **On complète la figure en utilisant les propriétés de la symétrie axiale : les mesures des angles et des longueurs sont conservées.**

8 Tracer deux droites (d₁) et (d₂), puis construire le symétrique de la droite (d₂) par rapport à la droite (d₁).

9 Construire un rectangle PAUL. Construire en rouge le symétrique de PAUL par rapport à la droite (PA) puis, en bleu, le symétrique de PAUL par rapport à la droite (PU).

Chapitre 13 Symétrie axiale

Exercices

Diaporamas de calcul mental dans le manuel numérique

Reconnaitre deux figures symétriques par rapport à une droite

▶ Savoir-faire p. 243

Questions flash

10 Dans chaque cas, expliquer pourquoi les tipis T₁, T₂ et T₃ ne sont pas les symétriques respectifs du tipi T par rapport aux droites (d₁), (d₂) et (d₃).

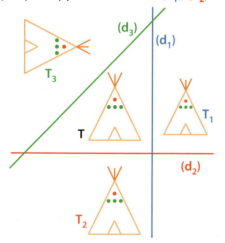

11 Dans chacun des cas suivants, les rectangles sont symétriques par rapport à une droite. Laquelle ?
a. b. c. d.

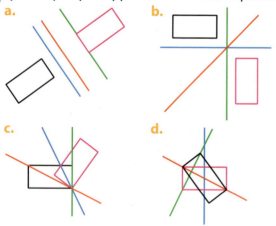

12 Les figures suivantes sont-elles symétriques par rapport à la droite (d) ?
a. 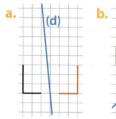 b.  c.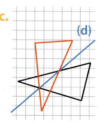

13 Dans chacun des cas suivants, reproduire les figures et placer la droite (d) pour que les deux figures soient symétriques par rapport à (d).
a. b.
c. d.

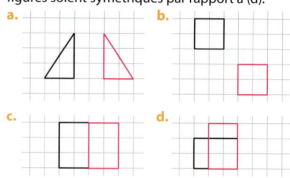

Construire le symétrique d'un point par rapport à une droite

▶ Savoir-faire p. 243

Questions flash

14 Dans chacun des cas suivants, dire si la droite (d) est la médiatrice du segment tracé.
a. b.
c.

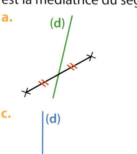

15 Dans chacun des cas suivants, dire si les points A', B' et C' sont les symétriques respectifs des points A, B et C par rapport à la droite (d).
a. b.

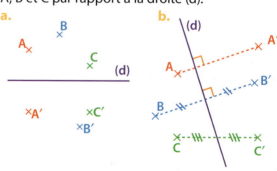

16 Tracer un segment [AB] de longueur 3,6 cm, puis construire sa médiatrice.

17 Après avoir observé la figure, recopier et compléter les phrases suivantes.
   a. La droite (d) est la ... du segment [AB].
   b. M est sur la médiatrice de [AB] donc AM = ...
   c. A et B sont ... par rapport à la droite ... .

18 Construire un segment [EF] de longueur 5,1 cm. Tracer le cercle de centre E et de rayon 3 cm. Tracer le cercle de centre F et de rayon 3 cm. On appelle M et N les points d'intersection de ces deux cercles.
   1. Expliquer pourquoi EM = MF.
   2. Expliquer pourquoi EN = NF.
   3. Que peut-on dire de la droite (MN) pour le segment [EF] ?

19 Tracer un segment [IJ] de longueur 4,7 cm, puis construire sa médiatrice à l'aide d'un compas.

20 Reproduire la figure ci-dessous et construire le symétrique de chaque point par rapport aux droites (d_1) et (d_2).

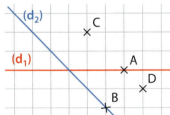

21 Reproduire la figure ci-dessous et tracer les symétriques respectifs O_1, O_2, O_3 et O_4 du point O par rapport aux droites (d_1), (d_2), (d_3) et (d_4).

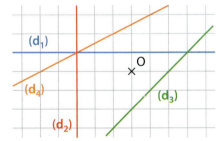

22 Reproduire la figure ci-dessous et construire le symétrique de chaque point par rapport à la droite (d).

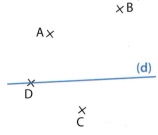

Connaitre et utiliser les propriétés de la symétrie axiale

➡ Savoir-faire p. 245

Questions flash

23 Dans chaque cas, dire si les droites (d_1) et (d_2) semblent symétriques par rapport à la droite (Δ).

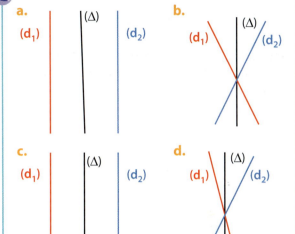

24 Les triangles ABC et EFG sont symétriques par rapport à la droite (d).
Observer les indications sur la figure et compléter les phrases suivantes.

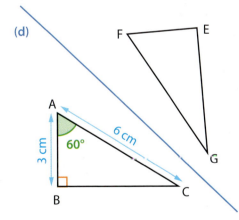

   a. Les segments [AB] et ... sont symétriques par rapport à la droite (d). La symétrie axiale conserve les longueurs donc ... .
   b. ABC est un triangle rectangle en ... .
   La symétrie axiale conserve les angles donc EFG est ... .
   c. Les angles $\widehat{BAC}$ et ... sont symétriques par rapport à la droite (d). La symétrie axiale conserve les angles donc ... .

Chapitre 13 Symétrie axiale

Exercices

25 Dans chacun des cas suivants, construire à main levée le symétrique de la lettre L par rapport à la droite bleue.

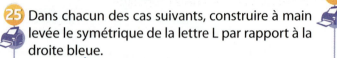

26 Les triangles ci-dessous sont-ils symétriques par rapport à la droite bleue ?

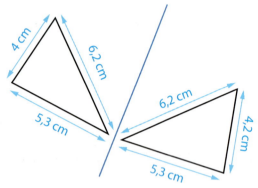

27 1. Reproduire la figure ci-dessous, puis construire les droites (d_1'), (d_2') et (d_3'), symétriques respectivement des droites (d_1), (d_2) et (d_3) par rapport à la droite (Δ).

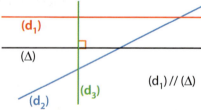

2. Que peut-on dire des droites (d_1') et (d_1) ?
3. Que peut-on dire des droites (d_3) et (d_3') ?

28 Dans chaque cas, reproduire la figure et construire le symétrique du segment par rapport à la droite (Δ).

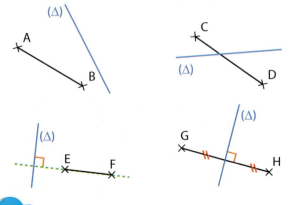

29 Victoria affirme que deux droites symétriques par rapport à une droite sont sécantes.
• A-t-elle raison ?

30 Dans chaque cas, reproduire la figure et construire son symétrique par rapport à la droite (d).

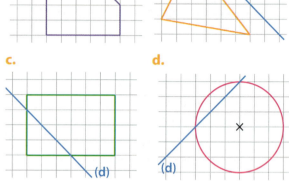

31 1. Construire un triangle TOM isocèle en T tel que TO = 3,1 cm et OM = 4,2 cm.
2. Construire le symétrique TO'M du triangle TOM par rapport à la droite (TM).
3. Quelle est la nature du triangle TO'M ?
4. Quel est le périmètre du triangle TO'M obtenu ? Justifier.

32 Dans la figure ci-dessous, les quadrilatères BLEU et NOIR sont symétriques par rapport à la droite (d).

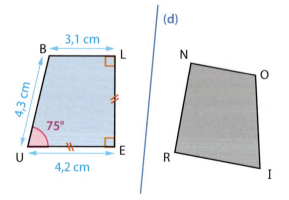

Chacune des réponses aux questions suivantes devra être soigneusement justifiée.

1. Donner la longueur des segments [ON] et [RN].
2. Donner la mesure des angles $\widehat{NRI}$ et $\widehat{RIO}$.
3. Calculer le périmètre du quadrilatère NOIR.
4. L'aire du quadrilatère BLEU est-elle supérieure à l'aire du quadrilatère NOIR ?
5. Calculer l'aire du triangle NRI.

Un QCM spécial pour valider ton cycle 3 dans le manuel numérique !

➡ Corrigés p. 300

QCM — Donner **la seule réponse correcte** parmi les trois proposées.

1. Reconnaitre deux figures symétriques par rapport à une droite

	Réponse A	Réponse B	Réponse C
1. Dans quel cas les deux figures ne sont-elles pas symétriques par rapport à la droite (d) ?	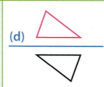		

2. Construire le symétrique d'un point par rapport à une droite

	Réponse A	Réponse B	Réponse C
2. Si M est un point de la médiatrice du segment [AB], alors :	AM < MB	AM = MB	AM > MB
3. Dans quel cas les points sont-ils symétriques par rapport à la droite bleue ?			

3. Connaitre et utiliser les propriétés de la symétrie axiale

	Réponse A	Réponse B	Réponse C
4. Si trois points A, B et C sont sur une même droite, alors leurs symétriques par rapport à une autre droite :	sont alignés.	ne sont pas alignés.	On ne sait pas.
5. Le segment [AB] mesure 3,2 cm. Son symétrique [A'B'] par rapport à une droite mesure :	On ne sait pas.	3,2 cm	plus de 3,2 cm
6. Le symétrique d'un cercle par rapport à une droite est :	une droite	On ne sait pas.	un cercle de même rayon

Pour t'aider à retenir l'essentiel.

Carte mentale

Voici un exemple de carte mentale. Tu peux aussi en créer une à ta façon !

SYMÉTRIE AXIALE

Deux figures sont **symétriques par rapport à une droite** (d) si elles se superposent quand on plie le long de cette droite.

Points symétriques

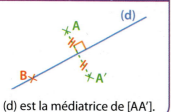

(d) est la médiatrice de [AA'].

Figures symétriques

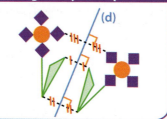

Propriétés

- Deux figures **symétriques** ont la **même forme**.
- La symétrie axiale conserve les **alignements**, les **longueurs**, les **angles**, les **périmètres** et les **aires**.

Chapitre 13 Symétrie axiale   249

Problèmes

➡ Corrigés p. 300

Pour mieux cibler les compétences

Chercher	45 46 47 48	Raisonner	38 39 40 43
Modéliser	46 49	Calculer	35 39 40
Représenter	41 47 49	Communiquer	42 44 45 48

33 Le jeu des sept différences

Ces deux châteaux forts devraient être symétriques par rapport au mur.

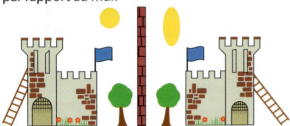

- Trouver les sept erreurs qui se sont glissées dans l'image.

34 Vasarely

(PEAC) Observer cette partie d'une œuvre de la série *Planetary Folklore* du plasticien français Vasarely et répondre aux questions, sans tenir compte des couleurs.

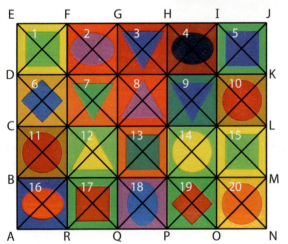

1. Quel est le symétrique de la figure 3 par rapport à la droite (DK) ?
2. Les figures 3 et 9 sont-elles symétriques par rapport à la droite (IA) ?
3. Quel axe de symétrie permet de passer de la figure 13 à la figure 5 ? de la figure 11 à la figure 14 ?
4. Existe-t-il un axe de symétrie qui permet de passer de la figure 13 à la figure 15 ? de la figure 6 à la figure 19 ?
5. Citer une figure symétrique à la figure 7 et préciser l'axe de symétrie.

35 À l'heure ?

Cette après-midi, Audrey rentre à Clermont-Ferrand en train. Au moment du départ, elle voit le reflet de l'horloge dans la vitre du train d'en face.

Son trajet en train dure 2 h 17 min, et elle met ensuite 28 minutes pour rentrer chez elle.

- Audrey sera-t-elle à l'heure pour voir le début de sa série préférée qui commence à 20h00 ?

36 Construction

1. Construire un cercle de rayon 5 cm et de centre O.
2. Construire deux diamètres perpendiculaires, [AB] et [CD].
3. Construire un demi-cercle de diamètre [OA] puis un demi-cercle de diamètre [OC].
4. Construire le symétrique de cette figure par rapport à la droite (AB).
5. Construire le symétrique de l'ensemble par rapport à la droite (CD).

37 La frise

1. Reproduire le motif ci-dessous et construire son symétrique par rapport à la droite (d).

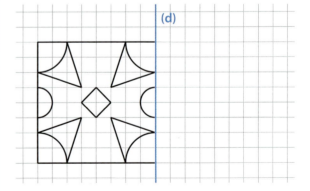

2. S'accorder dans la classe pour colorier l'ensemble de la figure de manière identique.
3. Découper et assembler toutes les constructions de la classe pour former une frise.

38 QCM

Dans la figure ci-dessous, $\mathcal{F}_1$ et $\mathcal{F}_2$ sont symétriques par rapport à la droite (d). Le symétrique de chaque point placé sur $\mathcal{F}_1$ a été placé sur $\mathcal{F}_2$.

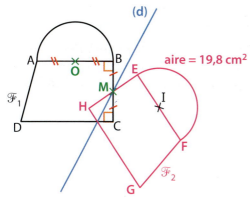

Dans chaque cas, donner **la (ou les) réponse(s) correcte(s)** parmi les trois proposées.

1. La droite (d) est la médiatrice du segment :
   a. [AF]   **b.** [BC]   **c.** [HC]

2. Le point I est :
   a. le milieu du segment [EF].
   b. le symétrique du point O par rapport à la droite (d).
   c. le symétrique du point H par rapport à la droite (d).

3. Dans la figure, il y a en tout :
   a. moins de quatre angles droits.
   b. au moins deux angles droits.
   c. au moins quatre angles droits.

4. L'aire de $\mathcal{F}_1$ est :
   a. inférieure à 20 cm².
   b. égale à l'aire de $\mathcal{F}_2$.
   c. supérieure à 20 cm².

39 Périmètre et aire

La figure verte et la figure rouge sont symétriques par rapport à la droite (IJ).

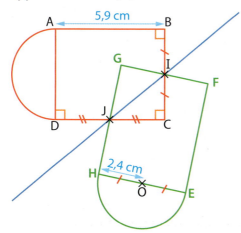

• Calculer, en justifiant, le périmètre et l'aire de chacune de ces deux figures.

40 Qui suis-je ?

Je suis une fraction composée de chiffres de la liste suivante.

Mon numérateur et mon dénominateur sont symétriques par rapport à la barre de fraction.
Mon numérateur est un nombre pair à deux chiffres.
Mon dénominateur est un nombre impair à deux chiffres.
Je suis inférieure à 0,5.

• Qui suis-je ?

41 Billard

Au billard, lorsque l'on tire une boule sur une bande, sans lui appliquer d'effet, elle rebondit en faisant avec la bande un angle de même mesure que l'angle sous lequel elle a touché la bande.
Si l'on veut toucher une boule de couleur avec la boule blanche en faisant rebondir la boule blanche sur une seule bande, il faut donc viser le symétrique de la boule de couleur par rapport à la bande choisie.

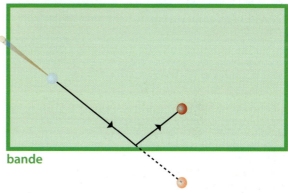

bande

Maxendre veut toucher la boule rouge ci-dessous avec la boule blanche en une seule bande.

1. Construire un rectangle dont la longueur est le double de la largeur et placer une boule blanche et une boule rouge dans la même position que sur la figure ci-dessus.

2. Tracer les quatre directions possibles pour que la boule blanche touche la boule rouge, en une seule bande.

Chapitre 13 Symétrie axiale 251

Problèmes

42 La figure téléphonée
Manon a oublié son livre de mathématiques dans son casier au collège. Elle appelle Nathan pour qu'il lui dicte l'exercice. Voici l'énoncé du livre de Nathan :

> Reproduire la figure suivante et construire son symétrique par rapport à la droite (IJ).
>
>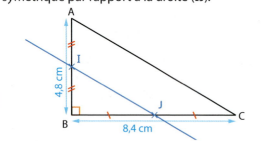

1. Comment Nathan doit-il décrire la figure pour que Manon puisse la reproduire ?
2. Faire l'exercice demandé.

43 Construction d'un carré
On codera la figure au fur et à mesure de sa construction.

1. Placer deux points distincts A et B, puis tracer la droite (AB).
2. **a.** Placer un point M sur le segment [AB], puis un point M' distinct de M sur la droite (AB) tel que AM' = AM.
   b. Construire un point O situé à la même distance de M et de M'.
   c. Tracer la droite (AO). Justifier que cette droite est la médiatrice du segment [MM'].
   d. Que peut-on dire des droites (AO) et (AB) ?
3. Placer le point D sur la droite (AO) tel que les distances AD et AB soient égales.
4. Tracer le cercle de centre B et de rayon AB puis le cercle de centre D et de rayon AD. Noter C leur deuxième point d'intersection.
5. Tracer le quadrilatère ABCD et justifier que ses quatre côtés ont la même longueur.

44 Patrouille de France
La patrouille de France est la patrouille acrobatique officielle de l'armée de l'air française. Traditionnellement, elle ouvre le défilé du 14 juillet à Paris avec neuf Alpha jets.

Le schéma ci-dessous représente la position des quatre premiers avions de la « big nine », une figure réalisée par les neuf pilotes de la patrouille de France.

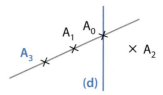

Le point A_1 est le milieu du segment $[A_0 A_3]$.
Les points A_1 et A_2 sont symétriques par rapport à la droite (d) qui passe par A_0.

1. Reproduire la figure en respectant les indications.
2. En utilisant uniquement une règle non graduée et un compas, construire la position de l'avion A_4, symétrique de A_3 par rapport à (d). Expliquer la démarche.
3. Poursuivre la figure de façon à représenter l'ensemble de la patrouille de France sachant que les avions sont régulièrement espacés.

45 Mal centré
Ernestine a mal centré sa figure. Elle devait construire le point M sur la demi-droite [AB) tel que BM = 8 cm, mais le point M se retrouve hors de sa feuille.

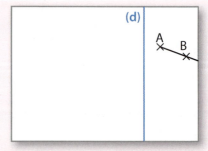

- Peut-elle malgré tout construire le symétrique M' du point M par rapport à la droite (d) ? Justifier la réponse.

46 Le jaguar

Tous les matins, Gaspard le jaguar part de sa tanière, passe boire à la rivière, puis va grimper dans son arbre rouge préféré.

> **Vocabulaire**
> *Tanière* : Abri souterrain de certaines bêtes sauvages

Voici un plan de son territoire (la rivière est assimilée à une droite) :

- À quel point de la rivière Gaspard doit-il aller boire pour parcourir la plus courte distance possible ?

47 Chasse au trésor

Ragnar avait un immense trésor… Voici ce qu'il a laissé à ses descendants pour qu'ils le retrouvent :

- La clé du coffre est aussi près du rocher que du mélèze, et elle est aussi à la même distance de la cabane et du puits.
- L'emplacement du trésor et de la clé sont symétriques par rapport à la ligne droite qui passe par le rocher et le puits.

- Le trésor est-il plus proche de la cabane ou du mélèze ?

48 Centre d'un cercle

Corentin souhaite placer de manière précise le centre d'un cercle qui a été effacé.
Pour commencer, il a placé trois points sur le cercle.

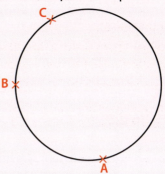

- Reproduire la figure ci-dessus et trouver une méthode qui permet de retrouver le centre du cercle. Expliquer la démarche.

49 Réflexion d'un rayon lumineux

Quand un rayon lumineux rencontre un miroir, il « rebondit » dessus : on dit qu'il est réfléchi.
C'est grâce à ce phénomène que nous pouvons voir notre image dans un miroir.

Doc. 1 Le principe de la réflexion

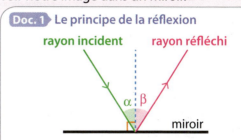

L'angle d'incidence α et l'angle de réflexion β sont symétriques par rapport à la droite en pointillés bleus, perpendiculaire au miroir.

Doc. 2 Montage d'Eneko

Les trois miroirs sont identiques et mesurent chacun 50 cm. Les miroirs 1 et 3 sont perpendiculaires au miroir 2.

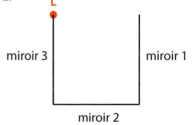

Avec un rayon laser placé au point L, Eneko vise le miroir 1 avec un angle d'incidence de 35°.

- Le rayon laser touchera-t-il à nouveau le miroir 1 ?

Découvre la réflexion p. 239 !

Chapitre 13 Symétrie axiale

Travailler autrement
Utilisable en AP

À chacun son parcours !

50 Analyse d'une figure géométrique

Socle D1 Je comprends le sens des consignes.
Socle D4 Je sais prélever, organiser et traiter l'information utile.

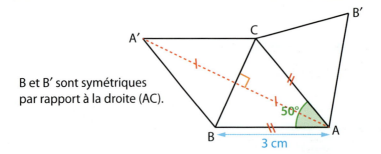

B et B' sont symétriques par rapport à la droite (AC).

🟡 Questions ceinture jaune
1. Que représente la droite (BC) pour le segment [AA'] ?
2. Que peut-on dire des points A et A' par rapport aux points B et C ?
3. Quelle est la mesure de l'angle $\widehat{BA'C}$?
4. Quelle est la longueur du segment [AB'] ?

🟢 Questions ceinture verte
1. A et A' sont symétriques par rapport à une droite. Quelle est cette droite ?
2. Quelle est la nature du triangle BA'C ?
3. Quelle est la mesure de l'angle $\widehat{CAB'}$?

⚫ Questions ceinture noire
1. Quelle est la nature du quadrilatère ABA'C ?
2. Les droites (BA) et (B'A) sont-elles perpendiculaires ?
3. Quelle est la nature du triangle ACB' ?

51 Écriture d'énoncé

Socle D1 Je sais m'exprimer en utilisant la langue française à l'écrit.
Socle D1 Je sais m'exprimer en utilisant le langage mathématique adapté.

Reproduire et compléter la figure par symétrie en respectant les conditions données, puis rédiger un programme de construction de la figure obtenue et le proposer à un autre élève.

🟡 Questions ceinture jaune
L'axe de symétrie doit passer par l'un des sommets du triangle ABC.

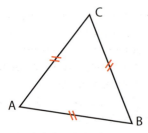

🟢 Questions ceinture verte
L'axe de symétrie doit couper le triangle IJK.

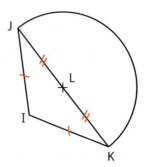

⚫ Questions ceinture noire
L'axe de symétrie doit passer par le milieu de l'un des côtés de EFGH.

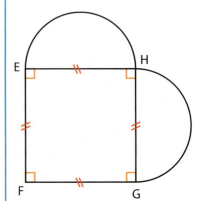

52 Résolution de problème

> Socle **D1** Je comprends le sens des consignes, je sais combiner les informations explicites et implicites d'une lecture.
> Socle **D2** Je m'engage dans une démarche de résolution et mobilise les connaissances nécessaires.
> Socle **D4** Je sais rendre compte de ma démarche.

Baptiste veut construire une rampe de skate au fond de son jardin qui mesure 11,20 m de large. Il souhaite peindre la face qui restera visible avec une peinture pour conditions extrêmes à 39,90 € le pot de 2,5 litres.

Doc. 1 Plan de la rampe

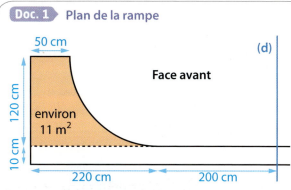

La rampe est composée de deux parties symétriques par rapport à la droite (d).
Les faces avant et arrière sont identiques.

Doc. 2 Caractéristiques de la peinture

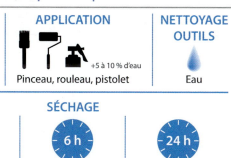

Application : Bien mélanger la peinture avant et pendant l'emploi.
Appliquer deux couches dans le sens du veinage du bois avec un pinceau ou un rouleau.
Égrener entre les deux couches au papier de verre, grain fin (240).

Températures d'application : 10 °C à 25 °C.
Ne pas appliquer en plein soleil, par temps de gel ou pluvieux.

Questions ceinture jaune

1. Quel est le prix d'un pot de peinture ?
2. Calculer la hauteur de la rampe.
3. Calculer la longueur totale de la rampe au niveau du sol.
4. Combien de pots de peinture sont nécessaires pour peindre la face avant de la rampe ?
5. Combien Baptiste va-t-il payer pour la peinture ?

Questions ceinture verte

1. Baptiste met 1h45 min pour appliquer une couche de peinture sur sa rampe.
   S'il commence à 13h, pourra-t-il finir la deuxième couche avant le diner à 20h ?
2. Baptiste peut-il placer la rampe au fond de son jardin ?
3. Baptiste a un bon d'achat de 25 € pour acheter sa peinture.
   Combien d'argent devra-t-il ajouter pour pouvoir peindre les deux faces de la rampe ?

Questions ceinture noire

1. Baptiste doit laisser au minimum 1,2 m entre la rampe et les limites de son jardin. Pourra-t-il placer la rampe dans le jardin ?
2. Arrivé dans le magasin de bricolage, Baptiste est heureux d'apprendre que la peinture qu'il a choisie est en promotion :
   39,90 € le pot ou 95,90 € le lot de 3 pots.
   Combien va-t-il payer pour acheter la peinture dont il a besoin ?

Chapitre 13 Symétrie axiale

Outils numériques et algorithmique

53 Belle figure

1. Avec un logiciel de géométrie dynamique, construire un carré ABCD.

   > Un carré est un polygone régulier qui a quatre côtés.

2. Placer les milieux I et J des côtés [AB] et [AD].
3. Construire les triangles CDJ et CBI.
4. Construire le symétrique du triangle CBI par rapport à la droite (AB), puis le symétrique du triangle CDJ par rapport à la droite (AD).
5. Construire le symétrique de l'ensemble de cette figure par rapport à la droite (CB), puis recommencer par rapport à la droite (DC).

   > Tu peux sélectionner l'ensemble de la figure à l'aide du clic droit de ta souris.

6. Laisser libre cours à l'imagination pour colorier la figure.

54 Médiatrice

1. Avec un logiciel de géométrie, construire un segment [AB] de longueur 4,2.
2. Placer le milieu I du segment [AB].
3. Tracer la droite (d) perpendiculaire au segment [AB] passant par I.
   Que représente-t-elle pour le segment [AB] ?
4. a. Placer un point M sur la droite (d), puis tracer les segments [MA] et [MB]. Afficher la longueur des segments [MA] et [MB].
   b. Sélectionner et déplacer le point M sur la droite (d). Quelle propriété est illustrée par cette construction ?
5. a. Construire un cercle de centre A et de rayon 3 cm, puis un cercle de centre B et de rayon 3 cm.
   b. Placer deux points C et D à l'intersection des deux cercles. Que peut-on dire de la position des points C et D ?
   c. Justifier la remarque précédente.

55 Le robot dessinateur

Robbie est un petit robot capable de dessiner sur une feuille en suivant certaines instructions. On pose Robbie sur une nouvelle feuille et on lui fait exécuter les instructions ci-contre.

1. Quelle est la figure tracée par Robbie ?
2. Reproduire cette figure sur une feuille en prenant 1 mm pour unité de longueur.
3. On souhaite à présent que Robbie trace cette même figure puis son symétrique par rapport au premier côté tracé. Quelles instructions faut-il ajouter aux précédentes ?
4. Quelle est l'aire totale de cette nouvelle figure ?

Boîte à outils

Avec un logiciel de géométrie dynamique

- Afficher une **longueur** :

  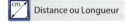 Distance ou Longueur

- Construire le **milieu** d'un segment :

   Milieu ou centre

- Construire la **perpendiculaire** à une droite passant par un point :

   Perpendiculaire

- Construire un **cercle** de centre et de rayon donnés :

  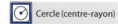 Cercle (centre-rayon)

- Construire le **symétrique** d'un objet par rapport à une droite :

   Symétrie axiale

- Placer un **point à l'intersection** de deux objets :

   Intersection

- Construire un **polygone** :

   Polygone ou Polygone régulier

- Vérifier si deux objets ont un **lien** (si un point est sur une droite, si deux droites sont parallèles…) :

   Relation

256 ESPACE ET GÉOMÉTRIE

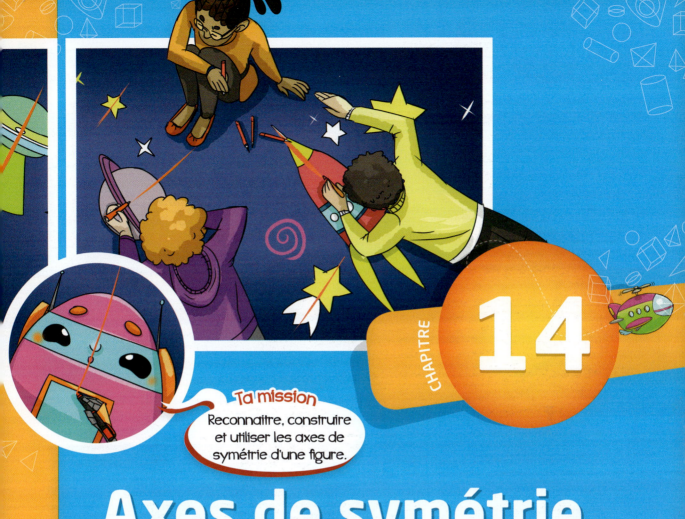

CHAPITRE 14

Ta mission
Reconnaître, construire et utiliser les axes de symétrie d'une figure.

Axes de symétrie d'une figure

Pour accéder au niveau supérieur du jeu, il faut obtenir un damier symétrique en coloriant une seule case.
- Laquelle ?

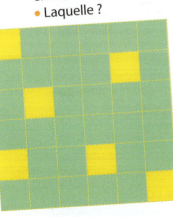

Voir problème 57 p. 271

Culture

Le château de Cheverny a été construit entre 1624 et 1634. Alliant sobriété et symétrie, ce château de la Loire a inspiré l'auteur de bandes dessinées Hergé, pour la création du château de Moulinsart, demeure du Capitaine Haddock dans *Tintin*.

Activités

Questions flash

1. Dans chacun des cas suivants, préciser si la droite (d) est bien la médiatrice du segment [AB]. Justifier la réponse.

2. ABCD est un quadrilatère.
   a. Citer ses côtés.
   b. Citer ses sommets.
   c. Citer ses diagonales.
   d. Citer deux côtés opposés.
   e. Citer deux angles opposés.

3. Quelle est la nature de chaque polygone ?

Images — Activité 1 — CM2

Regrouper les images suivantes en deux catégories et expliquer le choix des catégories.

Image 1

Image 2

Image 3

Image 4

Image 5

Image 6

Jeu de lumières — Activité 2

Le metteur en scène d'une comédie musicale souhaite éclairer la scène de son spectacle avec un angle de 120°. Il veut également que ses danseurs évoluent en ligne, en deux groupes séparés, de chaque côté de la scène.

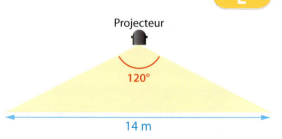

1. Représenter la partie éclairée de la scène en prenant 1 cm sur la figure pour 1 m en réalité, puis découper cette figure.
2. Partager cet espace en deux parties symétriques, en décrivant la méthode utilisée.
3. Dans l'une de ces deux parties, représenter un groupe de danseurs par un segment de 5 cm de longueur.
4. En plus de son projecteur principal, le metteur en scène souhaite éclairer ce groupe de danseurs avec deux autres faisceaux lumineux, qui doivent représenter les axes de symétrie du segment. Tracer ces faisceaux lumineux, et décrire la méthode utilisée pour les tracer.

Pliages

Activité 3

1. **a.** Sur une feuille de papier calque, construire un triangle TOM isocèle en T.
   b. Plier le triangle en deux parties qui se superposent.
   c. Combien y a-t-il de façons différentes de plier le triangle TOM ?
   Combien d'axes de symétrie le triangle TOM a-t-il ? Quels sont-ils ?

2. **a.** Sur une feuille de papier calque, construire un triangle LEA équilatéral.
   b. Plier le triangle en deux parties qui se superposent.
   c. Combien y a-t-il de façons différentes de plier le triangle LEA ?
   Combien d'axes de symétrie le triangle LEA a-t-il ? Quels sont-ils ?

3. **a.** En utilisant les propriétés de la symétrie axiale, coder toutes les longueurs de côtés et les mesures d'angles égales pour les triangles TOM et LEA.
   b. Comparer les réponses avec les autres élèves du groupe et énoncer des propriétés sur les angles des triangles particuliers.

Origami

Activité 4

1. Prendre une feuille rectangulaire.
   Plier cette feuille en deux parties qui se superposent.
   Combien y a-t-il de façons différentes de plier cette feuille ?
   Combien d'axes de symétrie le rectangle a-t-il ? Quels sont-ils ?

2. Découper un losange de 10 cm de côté.
   Plier ce losange en deux parties qui se superposent.
   Combien y a-t-il de façons différentes de plier ce losange ?
   Combien d'axes de symétrie le losange a-t-il ? Quels sont-ils ?

3. Découper un carré de 10 cm de côté.
   Plier ce carré en deux parties qui se superposent.
   Combien y a-t-il de façons différentes de plier ce carré ?
   Combien d'axes de symétrie a-t-il ? Quels sont-ils ?

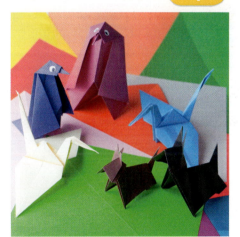

4. Avec le carré découpé à la question **3.**, construire un chat en suivant les instructions ci-dessous.

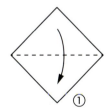  

 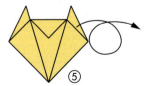

5. **En groupe**
   a. Sur une feuille quadrillée, tracer un rectangle, un carré et un losange.
   Construire les axes de symétrie de chacune des figures.
   b. En utilisant les propriétés de la symétrie axiale, coder toutes les longueurs égales.
   c. Comparer les réponses avec les autres élèves du groupe et énoncer des propriétés sur les diagonales et les côtés de ces quadrilatères particuliers.

Chapitre 14 Axes de symétrie d'une figure

Cours

1 Reconnaitre et construire des axes de symétrie

Définition

On dit qu'une droite (d) est un **axe de symétrie** d'une figure si le symétrique de cette figure par rapport à la droite (d) est la figure elle-même.

Propriété

Un segment a deux axes de symétrie :
• sa médiatrice ;
• la droite portée par le segment.

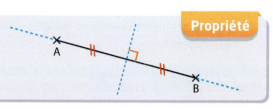

Propriété

Un angle a un axe de symétrie, qui partage cet angle en deux angles de même mesure.

La droite (d) est un axe de symétrie de l'angle $\widehat{xOy}$ qui mesure 72°.

Elle partage l'angle $\widehat{xOy}$ en deux angles de mesure 72° ÷ 2, soit 36°.

L'axe de symétrie d'un angle est aussi appelé la bissectrice de l'angle.

2 Compléter une figure par symétrie axiale

Méthode

Pour compléter une figure par symétrie axiale, on construit l'image de chaque élément de la figure par rapport à son (ou ses) axe(s) de symétrie.

On cherche à compléter la figure sachant qu'elle admet (d) comme axe de symétrie.

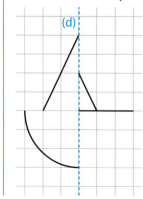

On complète la figure en construisant le symétrique de chaque élément de la figure par rapport à la droite (d), en utilisant les propriétés de la symétrie axiale :

le symétrique d'un segment est un segment, le symétrique d'un cercle est un cercle…

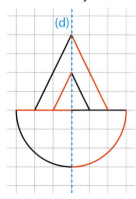

260 ESPACE ET GÉOMÉTRIE

Savoir-faire

Entraine-toi avec ces exercices corrigés en page 300 !

1 Reconnaitre et construire des axes de symétrie

1 Construire, si possible, le (ou les) axe(s) de symétrie de chacune des figures suivantes.

Solution

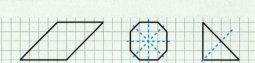

2 Reproduire les figures ci-contre et tracer le (ou les) axe(s) de symétrie quand il y en a.

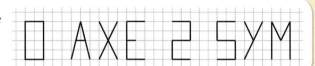

3 Construire l'axe de symétrie de l'angle $\widehat{xOy}$.

Solution
- Avec un rapporteur, on mesure l'angle $\widehat{xOy}$: $\widehat{xOy} = 102°$
- On calcule la moitié de la mesure de $\widehat{xOy}$: $102° \div 2 = 51°$
- On trace l'angle $\widehat{xOz}$ de mesure 51°.

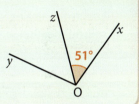

4 Construire un angle $\widehat{xOy}$ de mesure 78°, puis construire son axe de symétrie.

2 Compléter une figure par symétrie axiale

5 Compléter la figure ci-dessous sachant qu'elle admet les droites (d_1) et (d_2) comme axes de symétrie.

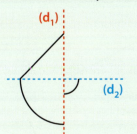

Solution
- On construit d'abord le symétrique de chaque élément par rapport à la droite (d_1).

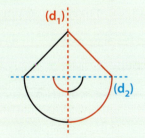

- Puis on construit le symétrique de la nouvelle figure par rapport à la droite (d_2).

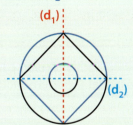

6 Reproduire, puis compléter la figure ci-contre pour qu'elle admette les deux droites bleues comme axes de symétrie.

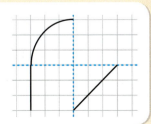

Chapitre 14 Axes de symétrie d'une figure

3 Connaitre les axes de symétrie des triangles particuliers

Propriétés

- Un triangle isocèle a un axe de symétrie : la médiatrice de sa base.
- Les angles à la base d'un triangle isocèle ont la même mesure.

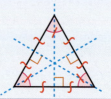

Propriétés

- Un triangle équilatéral a trois axes de symétrie : les médiatrices de chacun de ses côtés.
- Les trois angles d'un triangle équilatéral ont la même mesure.

4 Connaitre les axes de symétrie des quadrilatères particuliers

Propriétés

- Un rectangle a deux axes de symétrie : les médiatrices de chacun de ses côtés.
- Les diagonales d'un rectangle se coupent en leur milieu et ont la même longueur.

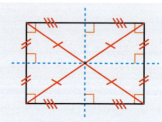

Attention : les diagonales ne sont pas des axes de symétrie du rectangle !

Propriétés

- Un losange a deux axes de symétrie : ses diagonales.
- Les diagonales d'un losange se coupent en leur milieu et sont perpendiculaires.

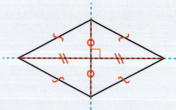

Propriétés

- Un carré est à la fois un rectangle et un losange. Il a donc quatre axes de symétrie : ses diagonales et les médiatrices de ses côtés.
- Les diagonales d'un carré se coupent en leur milieu, sont perpendiculaires et de même longueur.

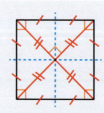

Savoir-faire

Entraine-toi avec ces exercices corrigés en page 300 !

3 Connaitre les axes de symétrie des triangles particuliers

7 Déterminer la mesure de l'angle $\widehat{ACB}$.

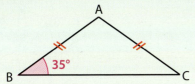

Solution

AB = AC donc ABC est un triangle isocèle.
Or, dans un triangle isocèle, les angles à la base ont la même mesure.
Donc $\widehat{ACB} = \widehat{ABC} = 35°$.

8 Déterminer la mesure des angles $\widehat{EFG}$ et $\widehat{FEG}$.

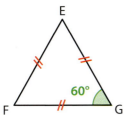

9 Déterminer la mesure de l'angle $\widehat{IKJ}$, puis préciser la nature exacte du triangle IJK.

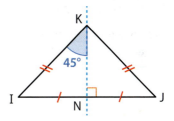

4 Connaitre les axes de symétrie des quadrilatères particuliers

10 Calculer la longueur BO. Justifier la réponse.

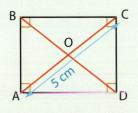

Solution

ABCD est un rectangle.
Or les diagonales d'un rectangle ont la même longueur et le même milieu.
Donc BD = AC = 5 cm.
O est le milieu du segment [BD].
Donc BO = BD ÷ 2 = 2,5 cm.

11 Calculer la longueur PE. Justifier la réponse.

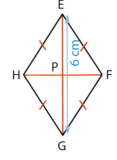

12 Préciser la nature du triangle IJN. Justifier la réponse.

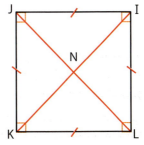

Chapitre 14 Axes de symétrie d'une figure

Exercices

Diaporamas de calcul mental dans le manuel numérique

Reconnaitre et construire des axes de symétrie

➡ Savoir-faire p. 261

Questions flash

13 Combien d'axes de symétrie chacun des panneaux suivants possède-t-il ?

14 Dans chacun des cas suivants, préciser si la droite (d) est un axe de symétrie du segment [AB].

15 Dans chacun des cas suivants, dire si la droite (Oz) est un axe de symétrie de l'angle $\widehat{xOy}$.

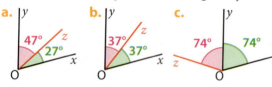

16 Reproduire les figures ci-dessous et construire, si possible, leur(s) axe(s) de symétrie.

17 1. La figure ci-contre a un axe de symétrie. Lequel ?
2. Que représente-t-il pour le segment [AB] ? Justifier.

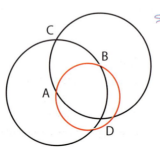

18 Chaque figure ci-dessous a au moins un axe de symétrie. Pour chacune d'entre elles, préciser leur nombre et leur position exacte.

a.   b.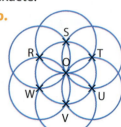

c. 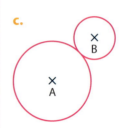 d.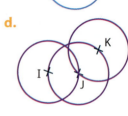

19 Dans chacun des cas suivants, la droite (Oz) est un axe de symétrie de l'angle $\widehat{xOy}$. Calculer la mesure de l'angle bleu.

a.   b.   c.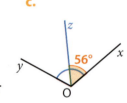

20 1. Construire un angle $\widehat{ABC}$ de mesure 138°, puis son axe de symétrie (Bz).
2. Quelle est la mesure de l'angle $\widehat{ABz}$?

Compléter une figure par symétrie axiale

➡ Savoir-faire p. 261

Questions flash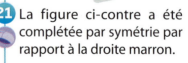

21 La figure ci-contre a été complétée par symétrie par rapport à la droite marron.
• Quelle est la bonne figure ?

22 Reproduire, puis compléter la figure ci-dessous par symétrie par rapport à la droite (d).

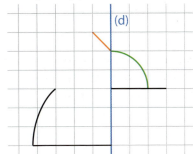

23 Reproduire, puis compléter la figure ci-dessous avec un minimum de segments pour qu'elle admette la droite (d) comme axe de symétrie.

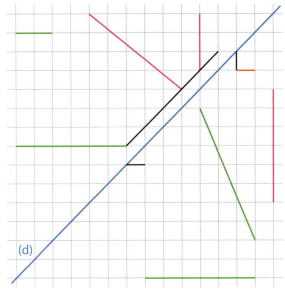

24 Reproduire, puis compléter la figure ci-dessous pour qu'elle soit symétrique par rapport à la droite (d).

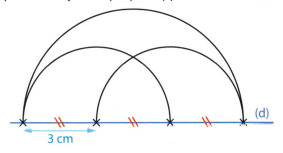

25 Reproduire, puis compléter la figure le plus simplement possible pour qu'elle admette les droites (d₁) et (d₂) comme axes de symétrie.

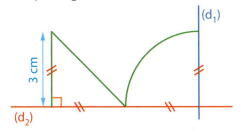

Connaitre les axes de symétrie des triangles particuliers

➡ Savoir-faire p. 263

Questions flash

26 ABC est un triangle isocèle en A. Dans chaque cas, dire si la droite rouge est un axe de symétrie du triangle. Expliquer les réponses.

a. 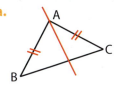   b.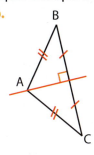

c.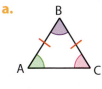

27 Pour chaque triangle, préciser les angles de même mesure.

a.   b.

c. 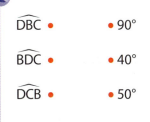   d.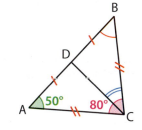

28 La droite (DC) est un axe de symétrie du triangle ABC. Relier chaque angle à la mesure qui convient.

$\widehat{DBC}$ •   • 90°

$\widehat{BDC}$ •   • 40°

$\widehat{DCB}$ •   • 50°

29 Nathanaël doit construire un triangle NAT isocèle en A tel que NT = 3,2 cm et $\widehat{TNA} = 35°$. Il a réalisé le schéma ci-contre.

1. Recopier et compléter ce schéma à main levée avec le codage approprié.
2. Construire le triangle NAT et son axe de symétrie.

Chapitre 14 Axes de symétrie d'une figure — 265

Exercices

30 Dans la figure ci-contre, I est le milieu du segment [AB].
Justifier soigneusement les réponses aux questions suivantes.

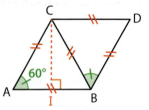

1. Quelle est la mesure de l'angle $\widehat{BCD}$?
2. Que représente la droite (CI) pour le triangle ABC ?
3. Quelle est la mesure de l'angle $\widehat{ICB}$?

Connaitre les axes de symétrie des quadrilatères particuliers

➡ Savoir-faire p. 263

Questions flash

31 Dans la figure ci-dessous, citer :
a. toutes les droites perpendiculaires qui ne sont pas précisées par le codage ;
b. tous les segments de même mesure qui ne sont pas précisés par le codage.

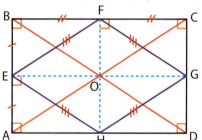

32 Citer tous les triangles rectangles isocèles de la figure ci-contre.

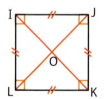

33 Relier chaque propriété aux quadrilatères qui conviennent (une propriété peut être reliée à plusieurs quadrilatères).

Diagonales qui se coupent en leur milieu •   •

Diagonales perpendiculaires •   •

Diagonales de même longueur •   •

34 Justifier soigneusement les réponses aux questions suivantes.

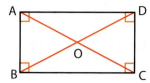

1. Quelle est la nature du quadrilatère ABCD ?
2. Que peut-on dire des segments [AB] et [DC] ?
3. Quelle est la nature du triangle OAD ?

35 Justifier soigneusement les réponses aux questions suivantes.

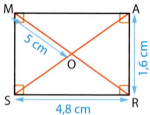

1. Quelle est la longueur du segment [MA] ?
2. Quelle est la longueur du segment [MR] ?

36 Capucine doit construire un rectangle CAPU de centre O tel que CP = 6,2 cm et $\widehat{COA} = 53°$.
Elle a réalisé le schéma ci-dessous, à main levée.

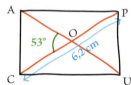

1. Recopier et compléter ce schéma à main levée en ajoutant les codages appropriés.
2. Construire le rectangle CAPU.

37 MILA est un rectangle tel que MI = 3 cm et ML = 8 cm.
1. Faire un schéma à main levée.
2. Construire le rectangle MILA.

38 Justifier soigneusement les réponses aux questions suivantes.

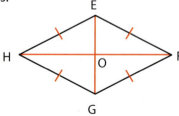

1. Quelle est la nature du quadrilatère EFGH ?
2. Que peut-on dire des droites (EG) et (HF) ?
3. Quelle est la nature du triangle EOF ?

39 Construire un carré CALI tel que CL = 5 cm.

Un QCM spécial pour valider ton cycle 3 dans le manuel numérique !

▶ Corrigés p. 300

QCM Donner **la seule réponse correcte** parmi les trois proposées.

① **Reconnaitre et construire des axes de symétrie**

		Réponse A	Réponse B	Réponse C
1. Combien d'axes de symétrie la figure ci-contre comporte-t-elle ?		1	4	8

② **Compléter une figure par symétrie axiale**

		Réponse A	Réponse B	Réponse C
2. En complétant cette figure par symétrie par rapport à la droite (AB), on obtient :		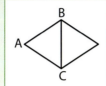		

③ **Connaitre les axes de symétrie des triangles particuliers**

	Réponse A	Réponse B	Réponse C
3. L'axe de symétrie d'un triangle ABC isocèle en A est :	la médiatrice du segment [AB].	la médiatrice du segment [AC].	la médiatrice du segment [BC].

④ **Connaitre les axes de symétrie des quadrilatères particuliers**

	Réponse A	Réponse B	Réponse C
4. Les diagonales d'un rectangle :	sont perpendiculaires.	ont la même longueur.	sont parallèles.
5. Les diagonales d'un losange :	sont perpendiculaires.	ont la même longueur.	sont parallèles.

Pour t'aider à retenir l'essentiel.

Carte mentale

Voici un exemple de carte mentale. Tu peux aussi en créer une à ta façon !

Triangle équilatéral
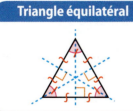

AXES DE SYMÉTRIE

Triangle isocèle
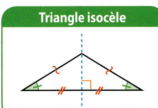

Rectangle
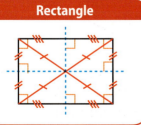

Carré
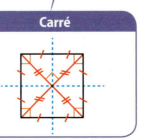

Losange
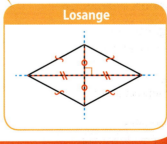

Chapitre 14 Axes de symétrie d'une figure

Problèmes

➡ Corrigés p. 300

Pour mieux cibler les compétences

Chercher	54 57	Raisonner	45 58
Modéliser	48 51 52	Calculer	49 51
Représenter	56 57	Communiquer	43 52 55

40 Symétrie dans l'art
PEAC M. C. Escher (1898-1972) est un artiste néerlandais qui utilisait de nombreux procédés mathématiques dans ses œuvres.

Circle Limit I (1958)

- Combien cette œuvre a-t-elle d'axes de symétrie ?

41 Mosaïque
PEAC Cette mosaïque se trouve sur un mur du Palais de la Bahia à Marrakech, au Maroc.

1. Combien le motif central de cette mosaïque a-t-il d'axes de symétrie ?
2. L'ensemble de cette mosaïque a-t-elle autant d'axes de symétrie que son motif central ?

42 Suite logique
La figure ci-dessous comporte les trois premiers motifs d'une suite logique.

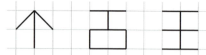

- Reproduire cette figure et construire les deux motifs suivants.

43 Jeu de dés
Hédi a lancé deux dés. En observant les deux faces l'une après l'autre, il peut compter au total quatre axes de symétrie.
La somme des deux dés est un nombre impair.

- Quels résultats a-t-il pu obtenir sur chaque dé ? Expliquer la démarche.

44 Le digicode
Lucas joue à un jeu sur son smartphone. Il doit remplir un minimum de cases pour que les diagonales du damier soient deux axes de symétrie de la figure.

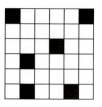

- Quelles cases doit-il colorier ?

45 Rectangle dans un cercle

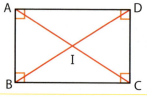

Karim : Je peux tracer un cercle de centre I qui passera par tous les sommets du rectangle ABCD.

- Karim a-t-il raison ?

46 Jardins à la française du château de Versailles
HG André Le Nôtre fut jardinier du roi Louis XIV de 1645 à 1700. C'est lui qui a conçu l'aménagement du parc et des jardins du château de Versailles dont voici un plan :

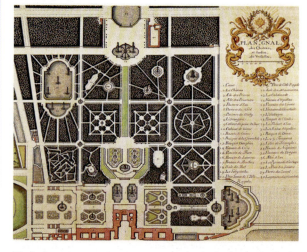

Voici, ci-contre, un schéma d'une partie du jardin.

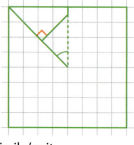

- Reproduire, puis compléter cette figure pour qu'elle ait quatre axes de symétrie et retrouver, sur le plan, de quelle partie du jardin il s'agit.

268 ESPACE ET GÉOMÉTRIE

47 La toile

Mimy la mygale tisse sa toile.

1. Reproduire la figure ci-dessous (sans Mimy), puis la compléter par symétrie par rapport aux droites (d₁), (d₂) et (d₃).

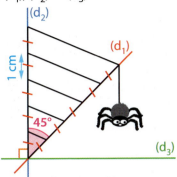

2. Combien d'axes de symétrie la toile compte-t-elle, une fois terminée ?

48 Le cerf-volant

Pour un concours, Anouk doit fabriquer un cerf-volant. Pour cela :
– elle doit découper dans une bâche le corps central du cerf-volant qui a la forme d'un losange ;
– elle dispose aussi de deux baguettes en bambou pour l'armature centrale. L'une mesure 50 cm, et l'autre, 80 cm.

• En prenant 1 cm sur le dessin pour 10 cm dans la réalité, réaliser un plan sur lequel seront représentés les deux baguettes et le corps central du cerf-volant.

49 Le portail

Jérôme veut changer son portail et a choisi un modèle qui lui convient.
Dans la documentation, seule la partie droite du portail est représentée (voir ci-contre).
Pour se faire une idée de l'allure générale, Jérôme décide de dessiner le portail entier.

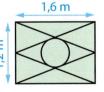

Le portail fermé a deux axes de symétrie.

1. Quelle est la longueur totale du portail ?
2. En prenant 1 cm sur le plan pour 20 cm dans la réalité, représenter le portail dans son intégralité.

50 Où est le point ?

1. Reproduire la figure ci-dessous.

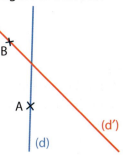

2. Placer le point C tel que la droite (d) soit l'axe de symétrie de l'angle $\widehat{BAC}$ et la droite (d') soit l'axe de symétrie de l'angle $\widehat{ABC}$.

51 Clôture

Gabriel veut vendre un grand terrain en deux parties distinctes, l'une représentée en vert, l'autre représentée en rose. Auparavant, il doit entièrement clôturer les deux parcelles.
Il a fait un croquis représentant le terrain.

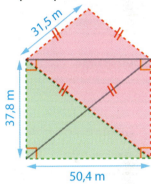

• Calculer la longueur totale de grillage que Gabriel doit acheter.

52 H₂O

Une molécule d'eau est constituée de deux atomes d'hydrogène, représentés ci-contre par deux boules blanches, et d'un atome d'oxygène, représenté par la boule rouge.

Sur cette représentation, la molécule d'eau a un axe de symétrie.
La distance entre le centre de l'atome d'oxygène et chaque centre d'atome d'hydrogène est égale à 96 picomètres (un picomètre, noté pm, est 1 000 milliards de fois plus petit qu'un mètre). L'angle formé par les trois atomes, et qui a pour sommet l'atome d'oxygène, mesure environ 105°.

1. Représenter la molécule d'eau en prenant 1 cm pour 10 pm dans la réalité.
2. Tracer le segment reliant les deux atomes d'hydrogène. Quelle est la nature de la figure obtenue ? Justifier la réponse.

Problèmes

53 Ensemble

1. Sur une feuille de papier blanc, construire un carré ABCD de diagonale 10 cm.
2. Noter I le point d'intersection des deux diagonales.
3. Partager le segment [AI] en cinq parties égales. Placer les points E, F, G, H tels que AE = 1 cm, AF = 2 cm, AG = 3 cm et AH = 4 cm.
4. Partager le segment [BI] en cinq parties égales. Placer les points M, N, O, P tels que BM = 1 cm, BN = 2 cm, BO = 3 cm et BP = 4 cm.
5. Tracer les segments [BH], [MG], [NF], [OE] et [PA].
6. Compléter la figure par symétrie par rapport aux deux diagonales du carré.
7. En groupe, se mettre d'accord pour colorier la figure.
8. Découper, puis assembler les carrés de tous les groupes.

54 Pentagone régulier et triangle d'or

Doc. 1 Le nombre d'or

Le nombre d'or est un nombre particulier qui relie des longueurs entre elles. En art et en architecture, les proportions de certaines œuvres ont été définies à partir de ce nombre, pour leur assurer une certaine harmonie. On retrouve même ce nombre dans certains phénomènes naturels.
Le nombre d'or est souvent noté φ (phi), il est environ égal à 1,62.

Doc. 2 Le triangle d'or

Un triangle d'or est un triangle isocèle particulier : le quotient du plus grand côté par le plus petit est égal au nombre d'or.
Il existe deux types de triangles d'or :
- Le premier est tel que ses angles à la base sont égaux à 72°.
- Le deuxième est tel que ses angles à la base sont égaux à 36°.

1. Sur une feuille ou à l'aide d'un logiciel de géométrie dynamique, construire un premier triangle d'or ABC isocèle en A tel que BC = 4 cm et $\widehat{ACB} = 72°$.
2. À l'aide d'une calculatrice, vérifier que le triangle ABC est un triangle d'or.

3. À l'extérieur du triangle ABC, construire deux nouveaux triangles d'or : ABM isocèle en M et ACN isocèle en N, tels que $\widehat{ABM} = \widehat{ACN} = 36°$.

> Tu viens de construire un pentagone régulier : c'est un polygone qui a cinq côtés de même longueur.

4. Construire tous les axes de symétrie du pentagone AMBCN.

55 Enseigne *Pour aller plus loin* — Prise d'initiative

L'enseigne actuelle de la pharmacie de Christel est composée de deux rectangles qui forment une croix et sont inscrits dans un carré, comme le montre le dessin ci-contre, sur lequel les neuf petits carrés sont identiques.
Christel a récemment décidé de changer le modèle de son enseigne mais souhaite conserver cette croix et l'inscrire dans un cercle.

- Est-ce possible ?

> On dit qu'un polygone est inscrit dans un cercle si tous ses sommets appartiennent à ce cercle.

56 L'Op art — Prise d'initiative
PARTIE 1 : Analyse de tableaux

Doc. 1 L'Op art

L'Op art ou art optique est un mouvement artistique né dans les années 1960. Mais son origine est plus ancienne car cet art s'appuie sur les théories visuelles développées par des artistes, comme Vassily Kandinsky, dans les années 1920. Les œuvres d'Op art sont souvent abstraites et donnent une impression de mouvement, de lumière. La symétrie y est souvent présente. Victor Vasarely et Bridget Riley sont deux artistes majeurs de ce mouvement.

Doc. 2 *Metamorphosis* (1964) de Bridget Riley

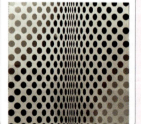

Doc. 3 *Vega 200* (1968) de Victor Vasarely

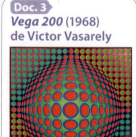

Combien d'axes de symétrie chaque tableau a-t-il :
a. en tenant compte des couleurs ?
b. en tenant compte des motifs uniquement ?

PARTIE 2 : Mon œuvre à la façon de Vasarely

Doc. 4 *Vonal Alto-J* (1966) de Victor Vasarely

Doc. 5 Début de construction

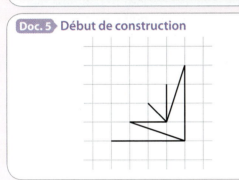

• Après avoir analysé le tableau de Vasarely, intitulé *Vonal Alto-J*, et en utilisant le début de la construction sur un papier quadrillé, construire, sur une feuille ou avec un logiciel de géométrie, une reproduction d'une partie de ce tableau. Colorier la figure de manière personnelle.

57 Cheverny

Prise d'initiative

HG

Doc. 1 L'architecture à la française

L'**architecture classique française** est inspirée de l'architecture grecque et romaine de l'Antiquité. Conçue à la gloire du roi Louis XIV, elle s'est ensuite exportée dans toute l'Europe, ce qui renforça la puissance du roi de France. L'un des principes fondamentaux de cette architecture est la symétrie.

Doc. 2 Le château de Cheverny

Le **château de Cheverny** est un des châteaux de la Loire situés en Sologne. Son style classique en fait l'un des bâtiments précurseurs de l'architecture à la française.
Tout comme sa façade, l'esplanade devant le château respecte un des principes fondamentaux de l'architecture à la française : la symétrie.

Doc. 3 Vue aérienne d'une partie de l'esplanade du château de Cheverny

Source : Géoportail.

• En utilisant les différents documents, réaliser un plan de l'esplanade devant le château.

Découvre le château de Cheverny p. 257 !

58 Construction d'une bissectrice à la règle et au compas

Pour aller plus loin

1. Construction

Apprends à faire cette construction avec un logiciel de géométrie dans l'exercice 63 p. 274 !

a. Tracer un angle $\widehat{xOy}$ de mesure quelconque.
b. Tracer un cercle de centre O et de rayon 3 cm. Il coupe les demi-droites [Ox) et [Oy) respectivement en A et B.
c. Construire deux cercles de centres respectifs A et B et de rayon 4 cm.
d. On appelle M le point d'intersection des deux cercles compris entre les demi-droites [Ox) et [Oy). Tracer la droite (OM).

2. Conjecture

a. Mesurer, puis comparer les angles $\widehat{xOM}$ et $\widehat{MOy}$.
b. Que représente la droite (OM) pour l'angle $\widehat{xOy}$?

3. Démonstration

a. Justifier que le triangle OAB est isocèle en O.
b. Expliquer pourquoi le point M appartient à la médiatrice du segment [AB].
c. Que représente la droite (OM) pour le triangle OAB ?
d. Que représente la droite (OM) pour l'angle $\widehat{xOy}$?

Travailler autrement
Utilisable en AP

À chacun son parcours !

59 Analyse de documents

Socle **D1** *Je comprends le sens des consignes, je sais combiner les informations explicites et implicites d'une lecture.*

Socle **D2** *Je sais m'engager dans une démarche de résolution d'un problème (retranscrire les informations d'un texte sur une figure géométrique, un schéma).*

Socle **D4** *Je sais utiliser des propriétés géométriques pour reconnaître des objets.*

Doc. 1 Programme de construction

a. Construire en vert un triangle ABC isocèle en A tel que AB = 5 cm et BC = 5,5 cm.

b. Compléter la figure pour qu'elle admette (BC) comme axe de symétrie. On appelle F le dernier sommet du quadrilatère obtenu.

c. À l'extérieur du triangle ABC, construire en bleu le carré ABDE.

d. Tracer en rouge les diagonales du carré ABDE, qui se coupent en I, puis celles du quadrilatère ABFC, qui se coupent en J.

e. Tracer le segment [DF].

Doc. 2 Construction d'Anaée

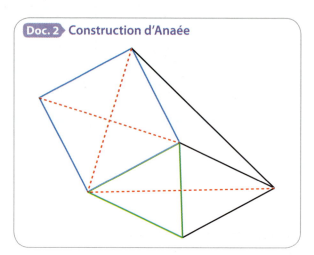

Anaée a construit la figure du **doc. 2** en suivant le programme de construction du **doc. 1**. Malheureusement, elle a oublié de coder la figure et d'y placer les points au fur et à mesure de sa construction.

Questions ceinture jaune

1. Reproduire la figure à main levée.
2. a. Quelle est la nature du triangle ABC ?
   b. Placer les points A, B et C.
   c. Coder les longueurs égales et les angles de même mesure du triangle ABC.
3. a. Que peut-on dire des diagonales du carré ABDE ?
   b. Placer les points D et E.
   c. Coder toutes les longueurs égales et les angles droits dans le carré ABDE.
4. a. Quelle est la nature du quadrilatère ABFC ? Justifier.
   b. Coder la figure en conséquence.
5. Calculer le périmètre du quadrilatère ABDE.

Questions ceinture verte

1. Reproduire la figure à main levée.
   Placer les points A, B, C, D, E et F et coder la figure avec les informations du texte.
2. Quelle est la nature du quadrilatère ABFC ? Quels codages peut-on ajouter à la figure ?
3. Justifier que le triangle BFD est un triangle isocèle et préciser son sommet principal.
4. Quels codages peut-on ajouter à la figure ?
5. Calculer le périmètre du polygone AEDBFC.

Questions ceinture noire

1. Construire la figure en utilisant le programme de construction.
   Placer les points A, B, C, D, E et F et coder la figure (longueurs égales, angles droits et angles de même mesure).
2. Combien d'angles droits le quadrilatère AIBJ a-t-il ? Justifier la réponse.
3. Comparer les angles $\widehat{BFD}$ et $\widehat{FDB}$. Justifier.
4. Calculer le périmètre du polygone AEDBFC.

60 Résolution de problème

Socle **D1** *Je sais analyser une figure plane.*
Socle **D2** *Je sais représenter une situation avec des figures géométriques.*

Claire cherche un nouveau logo pour son salon de coiffure. Elle a commencé une ébauche sur un cahier. Elle souhaiterait que son logo admette la droite bleue comme axe de symétrie.
Reproduire, puis compléter la figure.

Questions ceinture jaune
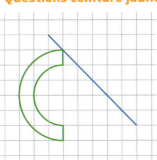

Questions ceinture verte
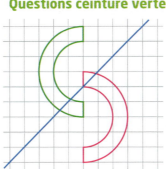

Questions ceinture noire
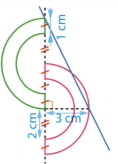

61 Analyse de production

Socle **D1** *Je sais analyser une figure plane.*
Socle **D2** *Je sais analyser et corriger des erreurs.*

Un professeur a donné les exercices suivants à ses élèves. Analyser les productions des élèves en expliquant les erreurs éventuellement commises et les corriger si nécessaire.

Questions ceinture jaune

1. Construire un rectangle ROSE tel que RO = 4 cm et RE = 3 cm.
2. Compléter la figure pour qu'elle admette la droite (OE) comme axe de symétrie.

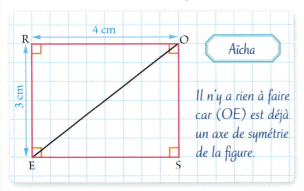

Aïcha : Il n'y a rien à faire car (OE) est déjà un axe de symétrie de la figure.

Questions ceinture verte

1. Construire un rectangle NOIR tel que NO = 4 cm et NR = 2 cm.
2. Placer le point C milieu de [OI] et le point D milieu de [RI].
3. Compléter la figure pour qu'elle admette la droite (CD) comme seul axe de symétrie.

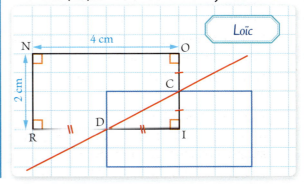

Loïc

Questions ceinture noire

1. Construire un carré VERT tel que VE = 6 cm.
2. Placer le point A milieu de [TR].
3. Compléter la figure pour qu'elle admette la droite (VA) comme seul axe de symétrie.

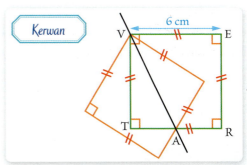

Kerwan

Chapitre 14 Axes de symétrie d'une figure

Outils numériques et algorithmique

62 Masque africain

Pour son cours d'arts plastiques, Sophie doit imaginer un masque africain.

Après plusieurs essais, elle imagine le masque ci-contre.

Elle doit maintenant réaliser son travail avec un logiciel de géométrie. Après avoir analysé la figure, elle se rend compte qu'elle peut alléger son travail en utilisant l'outil « symétrie axiale » de son logiciel.

- Avec un logiciel de géométrie, reproduire le masque en utilisant l'outil « symétrie axiale ».

63 Construction d'une bissectrice

Pour aller plus loin

1. **a.** Dans un logiciel de géométrie dynamique, placer un point O.
   b. Tracer deux demi-droites [Ox) et [Oy).
2. Tracer un cercle de centre O et de rayon 3 cm. Il coupe les demi-droites [Ox) et [Oy) en deux points. Avec l'outil 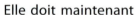, placer les points A et B aux deux intersections.
3. **a.** Construire deux cercles de centres respectifs A et B et de même rayon. Choisir un rayon assez grand pour que les deux cercles se coupent. Placer le point M à l'intersection des deux cercles compris entre les demi-droites [Ox) et [Oy).
   b. Construire la demi-droite [OM).
4. Afficher les mesures des angles $\widehat{AOM}$ et $\widehat{BOM}$.
5. Que peut-on dire de la droite (OM) ?
6. Sur une feuille de papier, tracer un angle $\widehat{nPm}$ et construire sa bissectrice.

64 Polygones

1. On exécute le script suivant.

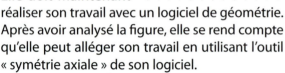

a. Quelle figure a-t-on dessinée ?
b. En prenant 1 mm pour une unité, reproduire sur une feuille la figure réalisée, et tracer tous ses axes de symétrie.

2. On exécute cette fois le script suivant.

a. Quelle figure a-t-on dessinée ?
b. En prenant 1 mm pour une unité, reproduire la figure sur une feuille et tracer tous ses axes de symétrie.

3. Quelles instructions faudrait-il utiliser pour dessiner un triangle équilatéral ?

Boite à outils

Avec un logiciel de géométrie dynamique

- Pour placer un point à l'intersection de deux objets :
- Pour construire un angle et afficher sa mesure :
- Pour construire le symétrique d'un objet par rapport à une droite :

Avec Scratch

- Pour faire tourner le lutin sur lui-même :
  tourner de ○ degrés
- Pour répéter une instruction ou une suite d'instructions :

CHAPITRE 15

Ta mission
Reconnaître des solides et calculer des volumes.

Espace et volume

Jeux

Le petit robot se déplace sur les cubes et dans quatre directions : haut, bas, droite, gauche.
Chaque pas lui permet de passer d'un cube à un autre cube ayant **au moins une arête en commun**. Voici le trajet qu'il effectue :
2 pas vers la droite, 1 pas vers le haut, 1 pas vers la gauche, 1 pas vers le bas, 2 pas vers le haut, 1 pas vers la gauche.

- Sur quel cube arrive-t-il ?

Culture

Voir problème 57 p. 291

L'**escalier de Penrose**, conçu en 1958, est un dessin qui représente un escalier impossible. Si l'on descendait cet escalier, on devrait arriver, après trois virages en angle droit, à un niveau plus bas que celui de son point de départ. Mais les perspectives distordues donnent l'impression que les marches forment une boucle, constituant ainsi une montée ou une descente perpétuelle.

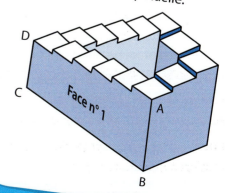

Activités

Combien de cubes ont été nécessaires pour réaliser chacune des compositions ci-dessous ?

Architecture — CM2 — Activité 1

Moulin du Fâ Barzan (France)

Convention Center (projet) Ras Al Khaimah (Émirats Arabes Unis)

Pyramides Gizeh (Égypte)

Tour de la Bourse Montréal (Canada)

Maison Allandale Mountain West (États-Unis)

Four de l'ancienne cristallerie Le Creusot (France)

1. Chaque construction ci-dessus a la forme d'un solide. Nommer ces solides.
2. Quels bâtiments ont la forme d'un polyèdre ? Pour chacun d'eux, déterminer le nombre de faces, d'arêtes et de sommets, ainsi que la nature de chaque face.
3. Quelle est la forme de la base du moulin du Fâ ? Même question pour celle du four de la cristallerie.

Boite cadeau — Activité 2

Pour Noël, Léa voudrait fabriquer une boite cadeau pour sa petite sœur. Sur Internet, elle a vu un modèle qui lui plait et souhaiterait le construire en carton rigide, puis peindre les faces opposées de la même couleur.

1. À l'aide d'un logiciel de géométrie dynamique :
    a. Afficher le quadrillage (clic droit puis ▦ Grille), puis tracer la base de ce pavé droit en créant un rectangle de 5 cm sur 3 cm (placer ses sommets sur les nœuds du quadrillage).
    b. Pour créer ensuite le pavé droit, cliquer sur △ Graphique 3D dans le menu « Affichage », puis sur ⬚ Extrusion Prisme/Cylindre . Cliquer alors sur le rectangle dans la zone « Graphique 3D », puis saisir 2 dans la boite de dialogue.
    c. Cliquer sur △ Patron puis sur le pavé droit. Un curseur s'affiche dans la partie Graphique. Le faire glisser de façon à ouvrir ou fermer le patron (quand il est sur 1, on obtient le patron du pavé droit).

2. Sur une feuille sans quadrillage, construire ce patron et le colorier comme le souhaite Léa.

Emballages et recyclage — Activité 3

M. Triman, grossiste en bijouterie, reçoit de nombreuses boites cubiques d'un décimètre d'arête, remplies de perles bien rangées. Après la vente des perles, il collecte les boites et les stocke dans un container de recyclage cubique d'un mètre d'arête (voir Figure 1). Il les place parfaitement les unes contre les autres de manière à en mettre le plus possible et à remplir entièrement le container.

1. **a.** Quel est le volume d'une boite ? Quel est le volume du container ?
   b. Combien de boites peuvent ainsi être stockées dans ce container ?
   c. Compléter l'égalité suivante :
   $1 \text{ m}^3 = \ldots \text{ dm}^3$

2. Chaque boite est entièrement remplie de petits casiers de rangement pour les perles (voir Figure 2). Chaque petit casier est un cube d'un centimètre d'arête. L'épaisseur des parois est négligeable.
   a. Combien chaque boite contient-elle de petits casiers ?
   b. Compléter l'égalité suivante : $1 \text{ dm}^3 = \ldots \text{ cm}^3$

Vocabulaire
Négligeable : Dont on peut ne pas tenir compte

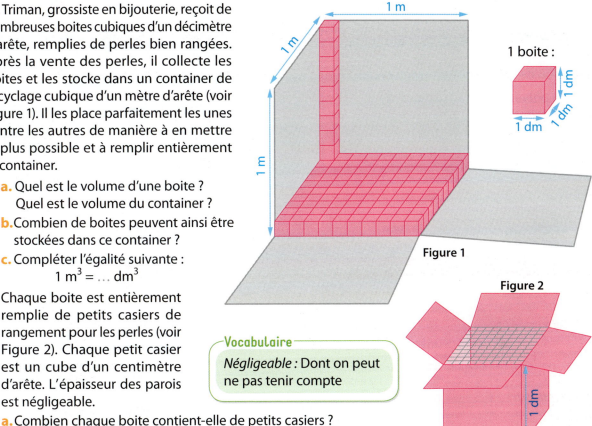

Packs de savon liquide — Activité 4

Voici quatre packs de savon liquide de différentes dimensions selon les besoins des acheteurs :

Doc. 1 Le litre

L'Assemblée constituante de 1791, face aux diverses unités de contenance alors en vigueur, a introduit le litre comme unité de référence.

Un litre correspond à la quantité de liquide contenue dans un cube d'un décimètre d'arête, soit dans un volume de 1 dm^3.

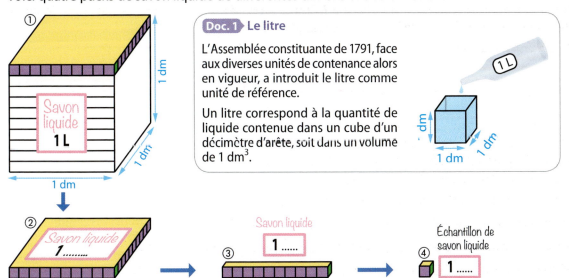

1. D'un pack à l'autre, la quantité de savon liquide contenue a été divisée par un même nombre. Quel est ce nombre ?
2. Sur chaque étiquette, remplacer les pointillés par une unité de contenance.
3. Combien mesure l'arête du cube de l'emballage n° 4 ? Quel est le volume de ce cube ?
4. Compléter l'égalité suivante : $1 \text{ mL} = \ldots \text{ cm}^3$

Chapitre 15 Espace et volume

CM2 — 1 Reconnaitre et représenter des solides

Définition

Un **polyèdre** est un solide dont les **faces** sont des polygones.
Les côtés de ces polygones sont appelés **arêtes**, ils sont délimités par des points appelés **sommets**.

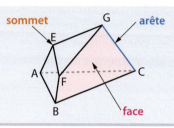

Exemples

Un cube
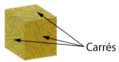
Carrés

Un pavé droit

Rectangles

Une pyramide régulière
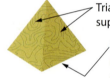
Triangles isocèles superposables
Polygone régulier (carré, triangle équilatéral…)

Un prisme droit
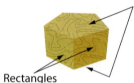
Polygones superposables et parallèles
Rectangles

⚠️ Certains solides ne sont pas des polyèdres.

Cône

Cylindre

Boule

Méthode

Pour représenter un solide sur un plan, on utilise la perspective cavalière, dans laquelle :
- les arêtes parallèles et de même longueur sont représentées par des segments parallèles et de même longueur ;
- les arêtes cachées sont représentées en pointillés.

Exemples

Pyramide

Pavé droit

Prisme

278 ESPACE ET GÉOMÉTRIE

Savoir-faire

Entraine-toi avec ces exercices corrigés en page 300 !

1 Reconnaitre et représenter des solides

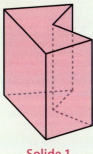
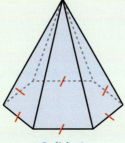
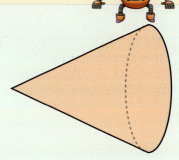

Solide 1   Solide 2   Solide 3

1. Nommer ces trois solides. Lesquels sont des polyèdres ?
2. Pour chaque polyèdre, déterminer le nombre de faces, de sommets et d'arêtes.

Solution

1. Le **solide 1** est un **prisme droit**. Ses deux bases sont des pentagones superposables et ses autres faces sont des rectangles.
   Le **solide 2** est une **pyramide régulière** dont la base est un hexagone régulier.
   Le **solide 3** est **un cône**.
   Le prisme et la pyramide régulière sont des polyèdres car toutes leurs faces sont des polygones.
2. Ce prisme droit a 7 faces, 10 sommets et 15 arêtes.
   Cette pyramide régulière a 7 faces, 7 sommets et 12 arêtes.

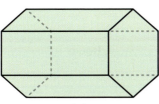
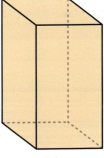

Solide 1   Solide 2

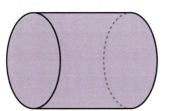
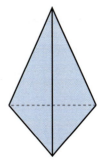

Solide 3   Solide 4

1. Nommer ces quatre solides. Lesquels sont des polyèdres ?
2. Pour chaque polyèdre, déterminer le nombre de faces, de sommets et d'arêtes.

Chapitre 15 Espace et volume

2 Connaitre le pavé droit

Définition

Le **pavé droit**, appelé aussi **parallélépipède rectangle**, est un solide dont les six faces sont des rectangles.

Propriété

Un pavé droit a :
– 6 faces,
– 8 sommets,
– 12 arêtes.

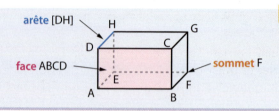

  On a représenté un pavé droit ABCDEFGH en perspective cavalière.
- Les segments [AE], [BF], [CG] et [DH] sont parallèles.
- Les longueurs AE, BF, CG, DH sont égales.
- Les arêtes [AE], [HE] et [EF] sont cachées.

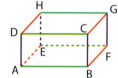

> Pour nommer un pavé droit à l'aide de ses sommets, on commence par nommer une face et on poursuit en reprenant, dans le même ordre, les sommets de la face opposée.

 Un cube est un pavé droit particulier dont les six faces sont des carrés.

Définition

Un **patron** d'un solide est une figure en grandeur réelle permettant de construire ce solide après découpage et pliage.

 Voici trois patrons du parallélépipède rectangle ci-contre :

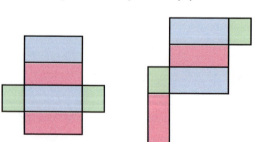
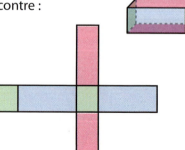

 Il existe souvent plusieurs patrons possibles pour un même solide.

Savoir-faire

Entraine-toi avec ces exercices corrigés en page 300 !

2 Connaitre le pavé droit

3 Un parallélépipède rectangle ABCDEFGH mesure 5,5 cm de longueur, 3,5 cm de hauteur et 4 cm de largeur.

1. Représenter ce solide ABCDEFGH en perspective cavalière, en prenant pour face avant la face qui mesure 5,5 cm sur 3,5 cm. Nommer quatre arêtes parallèles et deux faces identiques.

2. Construire un patron du parallélépipède rectangle ABCDEFGH.

Solution

1. Ici, la face avant est rectangulaire et représentée en vraie grandeur.
Les arêtes [AD], [BC], [FG] et [EH] sont parallèles, et leur dimension est réduite.
Les faces ABFE et DCGH sont identiques.
Les arêtes cachées sont en pointillés.

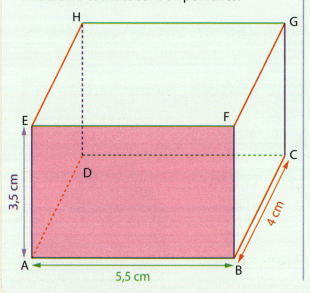

2. ABCDEFGH est composé de six faces rectangulaires. Les faces opposées (de même couleur) sont deux à deux identiques.
Voici un patron possible :

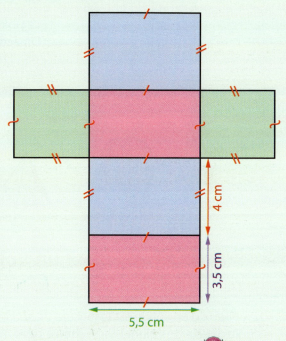

Il existe plusieurs formes possibles de patron pour ce pavé droit.

---

4 1. Représenter un cube de 2,5 cm d'arête en perspective cavalière.
2. Construire un patron de ce cube.

5 Un pavé droit IJKLMNOP mesure 8 cm de long, 3 cm de haut et 6 cm de large.
1. Représenter ce pavé droit en perspective cavalière. Nommer les sommets. Citer quatre arêtes parallèles et deux faces identiques.
2. Construire un patron de ce pavé droit.

Chapitre 15 Espace et volume

Cours

3 Se repérer dans le plan et dans l'espace

> Dans un plan, par convention, on se repère d'abord **horizontalement** puis **verticalement**.

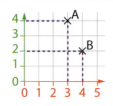

Le point A est repéré par les nombres **3** et **4**.
On écrit :   A (**3** ; **4**)

Le point B est repéré par les nombres **4** et **2**.
On écrit :   B (**4** ; **2**)

> Dans l'espace, la vue d'un objet dépend de la position de l'observateur.

  → vue de gauche

4 Déterminer un volume

Définitions

- Le **volume** d'un solide est la mesure de son espace intérieur.
- L'unité légale de volume est le **mètre cube**, noté **m³**.
  Il correspond au volume d'un cube d'un mètre d'arête.
- Le **litre**, noté **L**, est une unité de contenance équivalente à 1 dm³.

- Dans un cube de volume 1 m³, il y a 10 couches de 100 cubes de 1 dm³ chacun.
- **1 m³ = 1 000 dm³** = 1 000 **L**
- **1 dm³ = 0,001 m³** = 1 **L**
- 0,056 **dm³** = 56 **cm³** = 0,056 **L** = 56 **mL**

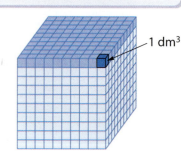

1 dm³

Propriété

Le volume d'un pavé droit est égal au produit de sa **L**ongueur par sa **l**argeur et par sa **h**auteur : $\mathcal{V} = L \times \ell \times h$

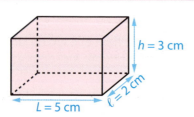

$\mathcal{V} = 5 \text{ cm} \times 2 \text{ cm} \times 3 \text{ cm} = 30 \text{ cm}^3$

Quand tu effectues le calcul, toutes les dimensions doivent être dans la même unité.

282 ESPACE ET GÉOMÉTRIE

Savoir-faire

3 Se repérer dans le plan et dans l'espace

6 Voici un empilement de cubes :

• Dessiner les vues du chat (au-dessus) et du chien (à droite).

Solution

Vue du chat :   Vue du chien :

   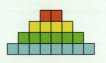

7 Déterminer la position des points A, B et C dans le repère du plan ci-dessous.

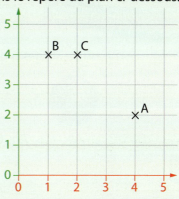

Solution

On repère chaque point en lisant d'abord la graduation sur la **demi-droite horizontale** puis sur la **demi-droite verticale**.
Donc :   A (**4** ; **2**)   B (**1** ; **4**)   C (**2** ; **4**)

8 Voici un empilement de cubes :

• Dessiner les vues du chat (au-dessus) et du chien (à droite).

9 Déterminer la position des points A, B et C dans le repère du plan ci-dessous.

4 Déterminer un volume

10 Calculer la contenance, en litres, de l'aquarium ci-dessous lorsqu'il est rempli à ras bord.

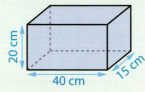

Solution

On calcule d'abord le volume de cet aquarium parallélépipédique :
$\mathcal{V} = L \times \ell \times h = $ **40** cm × **15** cm × **20** cm
$\mathcal{V} = 12\,000$ cm³ $= 12$ dm³ $= 12$ L
Donc lorsqu'il est rempli à ras bord, l'aquarium contient 12 litres.

11 Calculer la contenance, en mL, d'un flacon de parfum cubique de 4 cm d'arête.

Chapitre 15 Espace et volume   283

Exercices

Diaporamas de calcul mental dans le manuel numérique

Reconnaitre et représenter des solides

➤ Savoir-faire p. 279

Questions flash

12 **1.** Donner le nom de chacun des solides ci-dessous.

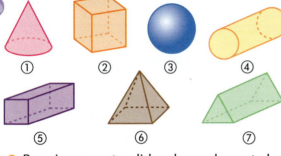

2. Parmi ces sept solides, lesquels sont des polyèdres ? Justifier.

13 Donner le nombre de faces de chacun des solides ci-dessous.

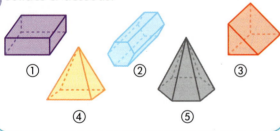

14 Observer les polyèdres suivants, puis recopier et compléter le tableau.

Solides	Nombre de faces	Nombre d'arêtes	Nombre de sommets
①			
②			
③			
④			

15 Pour le polyèdre ci-contre, indiquer :
  a. le nom de tous ses sommets ;
  b. le nom de toutes ses faces ;
  c. le nom de toutes ses arêtes.

16 Relier chaque solide à la forme de son patron.

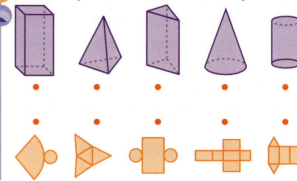

Connaitre le pavé droit

➤ Savoir-faire p. 281

Questions flash

17 Compléter avec les mots qui conviennent.
  a. Un pavé droit possède six … , huit … et douze … .
  b. Toutes les faces sont des … .
  c. Les faces … sont identiques.
  d. Toutes les arêtes parallèles sont de la même … .

18 Vrai ou faux ?
En réalité, sur le solide :
  a. La face AEFB est un rectangle.
  b. Le segment [DH] mesure 2 cm.
  c. L'angle $\widehat{DHG}$ est un angle droit.
  d. Les faces AEHD et ABCD ont les mêmes dimensions.
  e. Les segments [EA] et [CG] sont parallèles.

19 Recopier et compléter la figure ci-dessous, représentant un pavé droit, en nommant les sommets manquants, sachant que les faces GLAS et VIRE sont opposées.

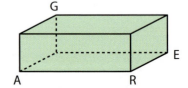

20 Reproduire et compléter les représentations en perspective cavalière des pavés ci-dessous.

21 Construire un patron :
  a. d'un cube d'arête 4 cm ;
  b. d'un pavé droit de longueur 5 cm, de largeur 3 cm et de hauteur 2 cm.

22 Parmi les patrons ci-dessous, quels sont ceux qui correspondent à celui du cube ci-contre ?

23 Construire un patron du pavé droit ci-dessous en respectant les dimensions indiquées et les couleurs (deux faces opposées ont la même couleur).

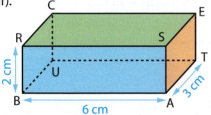

Se repérer dans le plan et dans l'espace

▶ Savoir-faire p. 283

Questions flash

24 Comment peut-on repérer les points suivants ?

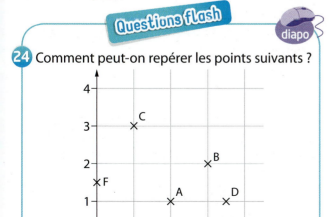

25 Autour de la composition ci-contre, on a indiqué la position de cinq observateurs.
• Associer chaque position à sa vue, parmi les propositions ci-dessous.

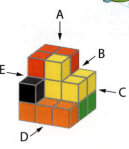

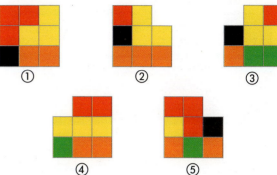

26 Le point D est le point de départ d'un parcours.
1. Comment repère-t-on ce point D ?
2. Reproduire le repère suivant et tracer le parcours D, I(2 ; 2), S(4 ; 2), T(5 ; 1), A(5 ; 4), N(3 ; 4), C(2 ; 4), E(0 ; 4).

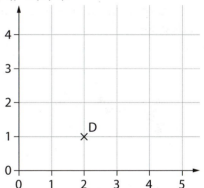

27 Écrire les instructions pour que le chat en C rejoigne la souris en S en repérant chaque étape du parcours indiqué ci-dessous.

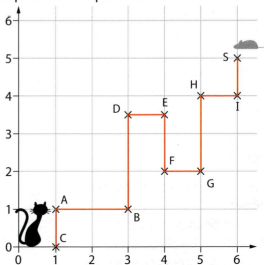

Chapitre 15 Espace et volume 285

Exercices

28 Manon, Karim, Imany et Nathan ont réalisé cette construction avec leurs cubes et s'installent autour.

1. Quel enfant observe cette vue ?

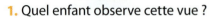

2. Quel autre enfant observe cette vue ?

3. Sur du papier quadrillé, dessiner les vues pour les deux autres amis.

29 Sur du papier quadrillé, dessiner les vues de gauche, de dessus et de derrière de cette composition (le cube que l'on ne voit pas est vert).

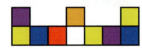

Déterminer un volume

➡ Savoir-faire p. 283

Questions flash

30 Dans chacun des cas suivants, indiquer une unité adaptée pour exprimer le volume :
 a. d'un grain de sable ;
 b. d'une salle de classe ;
 c. d'un ballon de football ;
 d. d'une canette de soda ;
 e. de la Terre.

31 Donner les volumes des pavés droits suivants.

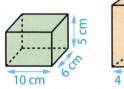 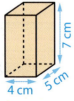

32 Donner le volume de chaque solide.

 1 cm³

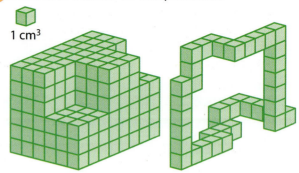

33 Donner le volume de chaque solide.

 1 mm³

34 Convertir en m³.
 a. 2 500 dm³ b. 35 dam³ c. 437 cm³
 d. 8,3 hm³ e. 4,85 mm³ f. 37,134 cm³
 g. 7,2 hm³ h. 37,8 dam³ i. 1,34 km³

35 Recopier et compléter avec l'unité qui convient.
 a. 75 m³ = 75 000 … = 0,075 … = 75 000 000 …
 b. 14,2 hm³ = 0,0142 … = 14 200 000 … = 14 200 …

36 Calculer le volume des solides suivants.
 a. Un cube d'arête 5 cm.
 b. Un pavé droit de longueur 7 cm, de largeur 2,5 cm et de hauteur 5 cm.
 c. Un pavé droit de longueur 4 m, de largeur 50 cm et de hauteur 2 m.

37 Relier chaque objet à un volume vraisemblable.

Casserole	•	•	50 mm³
Piscine	•	•	29 m³
Verre	•	•	1 310 cm³
Goutte d'eau	•	•	250 cm³
Baignoire	•	•	15 000 km³
Lac	•	•	120 dm³

Vocabulaire
Vraisemblable : Qui semble vrai, possible

38 Cette nuit, il a neigé. La cour du collège, qui a la forme d'un rectangle de 120 m sur 55 m, a été recouverte intégralement d'une couche de 5 cm de neige.
 • Calculer le volume de neige dans la cour.

286 ESPACE ET GÉOMÉTRIE

Faire le point

Un QCM spécial pour valider ton cycle 3 dans le manuel numérique !

➡ Corrigés p. 300

QCM Donner **la seule réponse correcte** parmi les trois proposées.

1 Reconnaitre et représenter des solides

		Réponse A	Réponse B	Réponse C
1. Le prisme ci-contre a :		8 faces et 12 sommets	2 faces et 12 arêtes	8 faces et 6 sommets

2 Connaitre le pavé droit

	Réponse A	Réponse B	Réponse C
2. Laquelle de ces représentations est celle d'un pavé droit en perspective cavalière ?	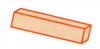		

3 Se repérer dans le plan et dans l'espace

		Réponse A	Réponse B	Réponse C
3. Le point A ci-contre est repéré par :		(3 ; 1)	3/1	(1 ; 3)
4. Si on se place sur la gauche, quelle vue a-t-on ?				

4 Déterminer un volume

	Réponse A	Réponse B	Réponse C
5. Le volume d'un pavé droit de longueur 5 m, de largeur 20 dm et de hauteur 30 cm est :	3 000 cm^3	3 000 000 dm^3	3 m^3
6. Quelle quantité maximale d'eau peut-on verser dans un cube d'arête 4 dm ?	64 L	6,4 L	64 cL

Pour t'aider à retenir l'essentiel.

Carte mentale

Connaitre des solides
- Polyèdres : faces polygonales
  Exemples : pyramides, prismes droits, parallélépipèdes rectangles (6 faces ; 8 sommets ; 12 arêtes)
- Ne sont pas des polyèdres : cônes, cylindres, boules

Représenter un pavé droit
- Perspective cavalière :

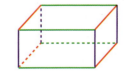

- Patron :

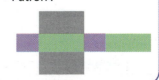

ESPACE ET VOLUME

Se repérer
- Dans l'espace : différentes vues
- Dans le plan : A (**3** ; **2**)

Calculer un volume
1 m^3 = 1 000 dm^3
1 dm^3 = 1 L
Pavé droit : $\mathcal{V} = L \times \ell \times h$

Chapitre 15 Espace et volume

Problèmes

➡ Corrigés p. 300

Pour mieux cibler les compétences			
Chercher	55 56 59	Raisonner	53 58
Modéliser	48 55	Calculer	45 48 52
Représenter	40 42 46	Communiquer	45 56

39 Devinette
Fanny a réalisé un solide qu'elle ne veut pas montrer à ses camarades. Elle déclare : « Mon solide a plus de quatre faces, au moins deux d'entre elles sont des rectangles et ce n'est pas un cube. »

1. Parmi les figures ci-dessous, laquelle pourrait correspondre à un patron du solide de Fanny ?

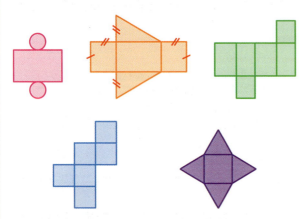

2. Quel est le nom du solide de Fanny ?
3. Quels sont les noms des solides que l'on peut réaliser avec les autres patrons corrects ?

40 La bougie
La bougie parallélépipédique ci-dessous mesure 12 cm de haut, 8 cm de long et 5 cm de large.

Elle se renverse vers l'avant et tombe sur la table.
• Représenter en perspective cavalière cette bougie couchée.

41 Des volumes affichés
Classer les volumes indiqués ci-dessous dans l'ordre croissant.

170 L   0,24 m³   51 dm³

42 Château enchanté
Candéia a construit une maquette de château enchanté à l'aide de quatre solides.
Les deux cubes sont identiques, et le diamètre du cylindre est égal à la longueur de l'arête du cube.

Pour vérifier sa construction, Candéia observe sa maquette de plusieurs points de vue.
• Dessiner une représentation de ce qu'elle voit lorsqu'elle se place au-dessus, à la verticale de sa maquette.

43 Jus de fruits
Quelle est la hauteur de cette brique d'un litre et demi de jus de fruits, qui a la forme d'un pavé droit ?

70 mm   80 mm

44 Construction
Sébastien a réalisé une construction avec des cubes.
Sur la figure ci-contre, qui est une vue de dessus, on a indiqué dans chaque carré le nombre de cubes empilés à cet endroit.

Derrière

4	2	3	2
3	3	1	2
2	1	3	1
1	2	1	2

Devant

• Quelle est la vue de devant de cette construction ?

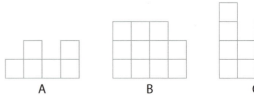

A   B   C

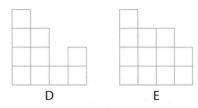

D   E

D'après le « Kangourou des mathématiques ».

288 ESPACE ET GÉOMÉTRIE

45 Fuite d'eau

Un robinet fuit et laisse tomber une goutte d'eau toutes les deux secondes. Le volume de cette goutte d'eau est de 0,05 mL.
Tim affirme que le volume d'eau ainsi gaspillée en une année pourrait remplir plus de la moitié de la piscine gonflable du jardin.

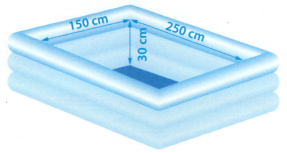

- A-t-il raison ?

46 Patron coloré

Marc utilise régulièrement des boites en carton comme celle présentée ci-contre.
Il veut fabriquer une nouvelle boite en respectant les contraintes suivantes :

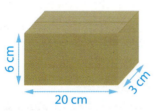

- sa hauteur sera égale aux deux tiers de celle de l'ancienne boite ;
- sa longueur sera le quart de celle de l'ancienne boite.
 Les faces ayant comme aire, en cm² :
 – un multiple de 2, seront hachurées en bleu ;
 – un multiple de 3, seront hachurées en rouge ;
 – un multiple de 5, seront jaunes.
- Réaliser un patron de la nouvelle boite.

47 Les balises

Trois balises $\mathcal{A}$, $\mathcal{B}$ et $\mathcal{C}$ sont repérées sur une carte dont le haut a malheureusement été déchiré. Les balises sont à égale distance les unes des autres.

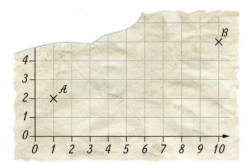

1. Recopier le repère ci-dessus, le prolonger si nécessaire, et placer la balise $\mathcal{C}$.
2. Donner une approximation de la position de la balise $\mathcal{C}$ à l'aide du repère de la carte.

48 Aquarium

Les parents de Noé décident d'acheter un aquarium parallélépipédique. Ils hésitent entre deux modèles. Leurs caractéristiques sont données ci-dessous.
L'épaisseur du fond et du couvercle est de 2 cm.

	Dimensions extérieures (en cm)	Épaisseur du verre
Modèle Java	60 × 30 × 30	4 mm
Modèle Bali	55 × 40 × 40	6 mm

- Lequel peut contenir le plus grand nombre de litres d'eau ?

49 Le Rubik's Cube

Voici un Rubik's Cube constitué de petits cubes de 15 mm d'arête et d'un mécanisme central, de la taille d'un petit cube, qui permet de faire tourner les faces.

1. Combien y a-t-il de petits cubes dans ce Rubik's Cube ?
2. Quel est, en cm³, le volume de ce Rubik's Cube ?

50 Empreintes

La petite sœur de Lucien colle trois petits cubes sur un grand cube. Elle obtient ce jouet :

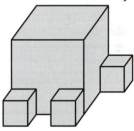

Elle le trempe dans un pot de peinture. Ensuite, elle tamponne le jouet une seule fois sur une feuille pour obtenir une empreinte.

- Parmi les empreintes proposées ci-dessous, lesquelles peut-elle obtenir ?

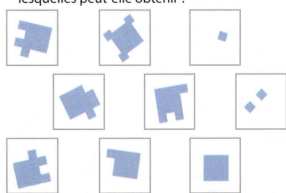

D'après Mathématiques sans frontières junior.

Problèmes

51 Empilements

Voici la photographie de l'un des nombreux « empilements » réalisés par l'architecte David Georges Emmerich (1925-1996) :

Empilement compact platonique cubique

M. Arthur veut réaliser un empilement de cubes en bois massif en respectant précisément ce modèle d'architecture.
Il y a une alternance de cubes et de vides en longueur, en hauteur et en largeur.
Chaque cube a une arête de 11 cm.

• Quel est le volume de bois à prévoir pour réaliser dans le projet de M. Arthur ?

52 À deux, c'est mieux !

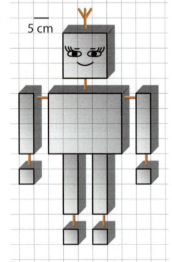

Petit robot se sent seul et voudrait une amie dont il a dessiné un plan.

Elle doit être réalisée uniquement à l'aide de pièces d'acier pleines, en forme de parallélépipèdes rectangles et reliées entre elles par de fines tiges de cuivre. L'épaisseur de toutes les pièces d'acier doit être de 0,05 m.

• Calculer le volume d'acier nécessaire à la fabrication de la nouvelle amie de Petit robot.

53 Sudocube

On construit un grand cube avec 27 petits cubes identiques (voir ci-contre).
Toutes les faces d'un petit cube sont marquées du même chiffre.
Cela peut être 1, 2 ou 3 :

Sur chaque face du grand cube, les chiffres 1, 2 et 3 ne peuvent se retrouver qu'une seule fois par ligne et par colonne.

• Construire un patron de ce grand cube.

D'après Mathématiques sans frontières junior.

54 Jeu vidéo

Tom joue à un jeu vidéo composé de blocs cubiques qui lui permettent de construire des mondes.

1. Voici ci-dessous un exemple de bloc cubique utilisé. Chaque face du bloc est représentée à l'aide de 16 × 16 petits carrés, appelés « pixels ».
Ce bloc a un volume d'un mètre cube.
Calculer la surface que représente un pixel.

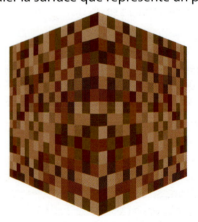

2. On a représenté ci-contre la tête d'un personnage à l'aide de ces mêmes pixels. Quel est le volume de cette tête parallélépipédique ?

55 Des boules de glace

Un restaurant propose en dessert des coupes de glace composées de deux boules à la fraise et d'une boule à la mangue.
Le pot de glace à la fraise a la forme d'un pavé droit, celui à la mangue a la forme d'un cube.
Le volume d'une boule est d'environ 40 mL.

- Combien de pots de chaque parfum le restaurateur devra-t-il prévoir pour réaliser 100 coupes de glace ?

56 Pavé droit et cubes

Un pavé droit de 21 cm de longueur et de 15 cm de largeur est rempli de cubes de 3 cm d'arête. On enlève six cubes : le volume représenté par tous les cubes restants est alors égal à 1 728 cm³.
- Quelle était la hauteur du pavé droit initial ? Expliquer la démarche.

57 L'escalier de Penrose

Découvre l'escalier de Penrose p. 275 !

1. Représenter la face n° 1 de l'escalier de Penrose en considérant que les marches sont horizontales, de mêmes dimensions, et que AB = 7,5 cm, CD = 2,5 cm et BC = 12 cm.
2. À partir de l'observation de l'escalier de Penrose et en particulier de sa face n° 1, M. Masson décide de construire un escalier entièrement en béton. Sa surface au sol est rectangulaire ; les murs latéraux sont verticaux et ont la même forme que la face n° 1 de l'escalier de Penrose. Voici les dimensions de son escalier :
Surface au sol : 1 m de large sur 6 m de long
Plus petite hauteur de l'escalier : CD = 1,25 m
Plus grande hauteur de l'escalier : AB = 3,75 m
Quel est le volume de béton contenu dans cet escalier ?

58 Chasse au trésor

Tiare, Kim et Paul sont trois cyclistes à la recherche d'un coffre au trésor caché au bord d'un plan d'eau. Ils doivent impérativement trouver le trésor avant la nuit, puis bien l'enfermer dans leur sac à dos pour le transporter. Chacun aura le temps de parcourir au maximum 11,5 km sur le chemin qui longe le lac, avant la tombée de la nuit.

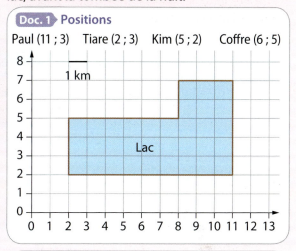

Doc. 2 Volumes

- Le coffre au trésor a la forme d'un pavé droit de hauteur 20 cm, de largeur 30 cm et de longueur 40 cm.
- Les sacs à dos de Tiare, Kim et Paul ont respectivement une contenance maximale de 20 L, 50 L et 40 L.

- Qui pourra trouver et emporter le coffre au trésor ? Justifier la réponse.

59 Masses et volumes

À volume égal, les matériaux n'ont pas tous la même masse. Pour chaque matériau, la masse est proportionnelle au volume.

Voici les dimensions intérieures d'une boite en bois :
Longueur : 30 cm ; *largeur :* 15 cm ; *hauteur :* 9 cm
Cette boite en bois vide pèse 1,5 kg.

1. Sachant qu'un mètre cube de coton pèse 20 kg, calculer la masse de la boite remplie de coton.
2. Sachant que la boite remplie de sable pèse 7,980 kg, déterminer la masse d'un mètre cube de sable.

Travailler autrement
Utilisable en AP

À chacun son parcours !

60 Analyse de document

Socle D1 *Je comprends le sens des consignes.*
Socle D4 *Je sais prélever, organiser et traiter l'information utile.*

Doc. 1 La pyramide du Louvre

C'est en **1983** que le président de la République, François Mitterrand, décide de lancer la construction de la grande pyramide du Louvre. Construite au centre de la cour Napoléon du musée du Louvre à Paris, elle est l'œuvre de l'architecte sino-américain Ieoh Ming Pei. Elle a été inaugurée le **4 mars 1988** et ouverte au public le **1ᵉʳ avril 1989**.

C'est une pyramide régulière à base carrée de **35,42** m de côté et de **21,64** m de hauteur. Elle est constituée d'une structure d'acier de **95** tonnes et d'un châssis en aluminium de **105** tonnes. Sa structure est composée d'un maillage de **2 100** nœuds, de **6 000** barres, de **603** losanges et **70** triangles de verre dont le vitrage a une épaisseur de **21** mm.

Les proportions de la pyramide du Louvre sont très proches de celles de la pyramide de Khéops en Égypte (**146,58** m de hauteur à l'origine, en **2560** avant J.-C. ; **137** m aujourd'hui et **230,35** m de côté pour la base).

Autour de la grande pyramide du Louvre se trouvent trois répliques de **5** mètres de hauteur, servant à faire entrer la lumière dans le musée, et **une cinquième** pyramide, inversée, de **7** mètres de hauteur, constituée de **84** losanges et **28** triangles.

Questions ceinture jaune

1. En quelle année le public a-t-il pu visiter la pyramide du Louvre ?
2. Combien la structure métallique (acier et aluminium) pèse-t-elle ?
3. Combien peut-on compter de losanges sur la pyramide inversée ?
4. Combien d'arêtes comporte la grande pyramide du Louvre ?

Questions ceinture verte

1. Combien compte-t-on de polygones sur la structure de la grande pyramide ?
2. Combien d'arêtes peut-on compter sur l'ensemble des pyramides du musée du Louvre ?
3. Peut-on affirmer que les petites pyramides sont environ trois fois moins hautes que la grande pyramide du Louvre ?

Questions ceinture noire

1. Combien d'années séparent la construction de la pyramide de Khéops et l'inauguration de celle du Louvre ?
2. Quelle est la surface de la base de la grande pyramide du Louvre ?
3. Écrire les calculs permettant de vérifier que les proportions de cette pyramide sont les mêmes que celles de Khéops.

61 Écriture d'énoncé

Socle D1 *Je sais m'exprimer en utilisant la langue française à l'écrit.*

Dans chaque cas, écrire un énoncé comportant les éléments donnés et l'échanger avec son voisin.

Questions ceinture jaune
litres • 4 • volume
amis • 2

Questions ceinture verte
pavé droit • 5 cm
cube • 8 • bleu

Questions ceinture noire
dé • 4 • rouge • 2
faces • Zoé

62 Repérage dans l'espace

> Socle [D1] *Je produis et utilise des représentations d'objets tels que patrons ou figures géométriques.*

Mehdi réalise des assemblages de cubes tous identiques.
Un patron d'un cube est donné ci-contre.

Si tu veux, tu peux construire le cube !

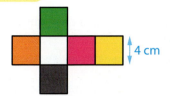

Questions ceinture jaune

Voici un assemblage réalisé par Mehdi :

• Dessiner la vue de derrière.

Questions ceinture verte

Voici un assemblage réalisé par Mehdi :

• Dessiner la vue de dessous.

Questions ceinture noire

Mehdi a réalisé un assemblage de trois cubes. Voici les vues de devant et de derrière :

Vue de devant   Vue de derrière

• Dessiner la vue de dessus. S'il y a plusieurs possibilités, les donner toutes.

63 Représentation d'une situation

> Socle [D1] *Je produis et utilise des représentations d'objets tels que maquettes, patrons ou figures géométriques.*

Juliana a réalisé la maquette du bâtiment de sa future entreprise et du terrain rectangulaire sur lequel il sera construit. Le bâtiment est un parallélépipède rectangle. Sur la maquette, sa largeur est égale à 4 cm et sa façade principale mesure 8 cm de long sur 2 cm de haut.

Questions ceinture jaune

1. Représenter en vraie grandeur la façade principale de la maquette de ce bâtiment.
2. Compléter la figure précédente en représentant la maquette de ce bâtiment en perspective cavalière.

Questions ceinture verte

Voici une représentation en perspective cavalière de la maquette du terrain et de son lampadaire [DE] :

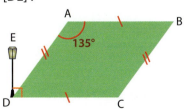

1. Reproduire la représentation de ce terrain ABCD, avec AB = 8 cm, AD = 9 cm, $\widehat{DAB}$ = 135° et DE = 1,5 cm.

2. Sachant que la façade postérieure du bâtiment est construite tout le long du bord Nord du terrain, et que la largeur du bâtiment mesure le tiers du bord Ouest, représenter sur ce terrain la maquette du bâtiment.

> **Vocabulaire**
> *Postérieur* : Qui est derrière, dans l'espace

Questions ceinture noire

1. Représenter le terrain et le bâtiment comme indiqué dans les « Questions ceinture verte ».
2. Une pièce cubique doit être construite à l'intérieur de l'angle Sud-Est du bâtiment.
Son volume est égal au huitième du volume total du bâtiment.
Compléter la représentation de ce projet de construction en dessinant cette pièce.

Chapitre 15 Espace et volume

Outils numériques et algorithmique

64 Briques de jus de pomme

Un producteur de jus de pomme contacte un fabriquant d'emballages pour commercialiser son jus. De nombreux modèles de briques de jus en forme de pavé droit sont proposés dans le catalogue : la plus grande mesurant 21 cm de haut, 14,5 cm de long et 11 cm de large. Tous les autres modèles sont obtenus en retranchant 0,5 cm à chacune des trois dimensions du modèle précédent.
Le producteur souhaite s'équiper du modèle le plus petit possible mais pouvant contenir au moins 33 cL. Pour faire son choix, il utilise un tableur et établit la feuille de calcul suivante.

	A	B	C	D
1	Largeur (en cm)	Longueur (en cm)	Hauteur (en cm)	Volume (en cm³)
2	11	14,5	21	3 349,5
3	10,5	14	20,5	3 013,5

1. Quelles formules faut-il inscrire dans les cellules A3, B3, C3, puis étendre vers le bas pour afficher les dimensions des autres modèles de briques de jus de pomme ?
2. Quelle formule faut-il inscrire dans la cellule D2, puis étendre vers le bas pour calculer le volume de chaque brique ?
3. Quelles sont les dimensions de la brique qui convient le mieux au producteur ?

65 La sorcière et le fantôme

1. **a.** Choisir l'arrière-plan nommé *xy-grid*.
   b. Écrire le script suivant et observer les déplacements du lutin.

   c. Compléter ce script pour que le lutin revienne ensuite à l'intersection des deux axes.
2. Modifier le lutin, l'arrière-plan et le script de façon à faire voler une sorcière dans le ciel et à répéter indéfiniment ses déplacements.
3. Ajouter un deuxième lutin (le fantôme, par exemple) et programmer ses déplacements pour qu'il démarre deux secondes après la sorcière et qu'il la poursuive.
4. Modifier le parcours de la sorcière et du fantôme de façon à ce qu'il ne comporte pas d'angle droit.

Boite à outils

Avec Scratch

- Pour répéter indéfiniment des instructions :

  répéter indéfiniment

- Pour attendre :

  attendre ○ secondes

Problèmes transversaux

Pour mieux cibler les compétences

Chercher	3 5 7 13	Raisonner	3 10 11 13
Modéliser	1 7 8 11	Calculer	4 5 6 8
Représenter	2 10 12 13	Communiquer	1 6 9 10

Jeu de fléchettes

Chaque joueur lance quatre fléchettes. Chaque fléchette plantée dans la cible rapporte le nombre de points indiqués par la couleur de la zone dans laquelle elle est plantée.

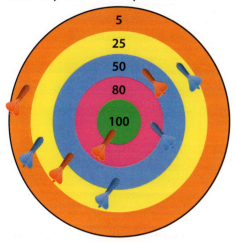

1. Luc a lancé les quatre fléchettes bleues et Marissa a lancé les quatre fléchettes rouges. Qui a gagné ?
2. Valentin arrive et il affirme : « Moi, j'ai fait 315 points avec quatre fléchettes hier ! »
Luc pense que ce n'est pas possible. A-t-il raison ?

Patron

La grand-mère de Mariati veut lui confectionner une jupe dont elle a dessiné une partie du patron.

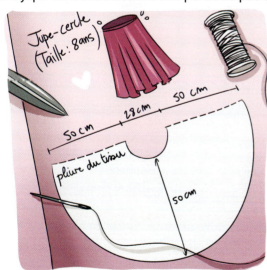

1. Quelle longueur de ceinture lui faut-il pour la taille ?

2. Mariati aimerait pouvoir habiller sa poupée avec le même style de jupe. La jupe de la poupée doit être dix fois plus petite que celle de Mariati. Dessiner le patron entier et en vraie grandeur de la jupe de la poupée.

Le trésor du donjon

Un trésor est caché dans ce donjon, derrière une des portes A, B, C, D ou E.

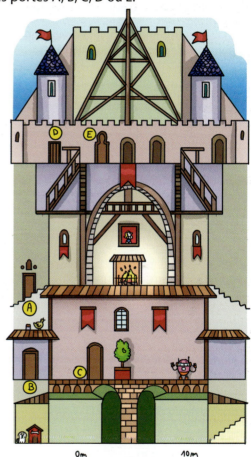

Chaque porte a un numéro :

Porte A	Porte B	Porte C	Porte D	Porte E
147	519	387	624	846

- Grâce aux indices suivants, trouver la porte derrière laquelle se trouve le trésor :
– Le numéro de cette porte n'est pas divisible par 4.
– La porte est située à plus de 11 mètres de la cheminée du deuxième étage.
– Le numéro de cette porte n'est pas un multiple de 9 mais est un multiple de 3.

Problèmes transversaux

4 Biberons

Le bébé de Mathieu vient de naitre et pèse 2,9 kg.

Doc. 1 Règle d'Appert

La règle d'Appert permet de calculer la ration journalière de lait, en mL, d'un enfant en fonction de sa masse (pour une masse inférieure à 6 kg) :
ration journalière (en mL)
= masse de l'enfant (en g) ÷ 10 + 250

Doc. 2 Reconstitution du lait

Pour la reconstitution du lait, il faut mélanger une mesurette de lait en poudre dans 30 mL d'eau.

Doc. 3 Nombre de biberons en fonction du poids

Masse (en kg)	Nombre de biberons par jour
Inférieure à 5 kg	6
Entre 5 et 8 kg	5
Supérieure à 8 kg	4

- Combien de mesurettes de lait en poudre Mathieu doit-il diluer dans chacun de ses biberons ?

5 Paris-Bordeaux

Ngoura, qui habite Paris, doit se rendre à Bordeaux pour des raisons professionnelles.
Il a effectué des recherches sur Internet et se décide à prendre le train plutôt que la voiture.

Doc. 1 Caractéristiques du véhicule

Carburant :
essence sans plomb 95 avec
10 % d'éthanol (SP95/E10)
Consommation :
4,7 L pour 100 km
Capacité du réservoir : 42 L

Doc. 2 Prix au litre du carburant en station-service

Sans plomb 98	Sans plomb 95	SP95/E10	Gasoil	GPL
1,366 €	1,328 €	1,296 €	1,148 €	0,669 €

Doc. 3 Trajet par autoroute

Durée	Distance	Péages
5 h 31 min	589,7 km	54,80 €

Doc. 4 Prix des billets de train

14h41	Paris Montparnasse 1 et 2	
18h32	Bordeaux Saint Jean	102,00 €
	direct TGV	
08h19	Bordeaux Saint Jean	
11h43	Paris Montparnasse 1 et 2	85,00 €
	direct TGV	

- Combien de temps et d'argent ce choix lui permet-il d'économiser sur l'ensemble du trajet aller-retour ?

6 Nouveau téléphone

Baptiste souhaite acquérir un nouveau téléphone avec un nouveau forfait et un engagement de 24 mois. Il a effectué des recherches sur Internet et hésite entre les trois offres suivantes.

Offre 1 Location sur 24 mois

0 € de versement initial, puis 19 € par mois pour la location du téléphone
Forfait de 32,99 € par mois avec appels illimités et 20 Go d'Internet mobile

Offre 2 Achat sur 24 mois

196,99 € de versement initial, puis 8 € par mois pour la location du téléphone
Forfait de 35,99 € par mois avec appels illimités et 20 Go d'Internet mobile

Offre 3 Achat comptant, engagement 24 mois

340 € pour l'achat du téléphone
Forfait de 35,99 € par mois avec appels illimités et 20 Go d'Internet mobile

1. Quelle offre peut-on conseiller à Baptiste ?
2. Baptiste choisit le forfait correspondant à l'offre la plus économique de la question **1.** mais résilie finalement son contrat au bout de 12 mois pour prendre un forfait sans engagement.

Problèmes transversaux

Extrait — Loi Chatel visant à protéger le consommateur lié à un contrat d'abonnement mobile

Le consommateur peut résilier son contrat mobile à compter de la fin du douzième mois d'abonnement à condition qu'il règle 25 % des mensualités dues jusqu'à la fin de l'engagement.

- À combien les frais de résiliation s'élèvent-ils ?

Housse pour tablette

Prise d'initiative

Maxence souhaite commander une housse pour sa tablette.

Doc. 1 Tablette de Maxence

Hauteur : 240 mm   Largeur : 169,5 mm
Épaisseur : 6,1 mm   Poids : 437 g

Doc. 2 Taille de l'écran

La taille des écrans est généralement exprimée en pouces.
Cette taille correspond à la mesure de la diagonale de l'écran.
1 pouce = 2,54 cm

Doc. 3 Modèles pour les housses de tablettes

Housse de tablette pour un écran 7 pouces
8 pouces
10 pouces
13 pouces

- Quel modèle Maxence devra-t-il choisir ?

8 Déménagement

Prise d'initiative

Estelle et Mehdi déménagent le mois prochain.

Doc. 1 Biens d'Estelle et Mehdi

Un four, un lave-linge, une gazinière, un réfrigérateur américain, une table, six chaises, deux fauteuils, une table basse, un lit 2 places, une armoire, dix cartons standards et trois cartons pour livres.

Doc. 2 Dimensions des cartons

Cartons standards :
50 cm × 40 cm × 35 cm
Cartons pour livres :
35 cm × 28 cm × 30 cm

Doc. 3 Estimation de l'encombrement des meubles les plus courants

Four : 0,20 m^3
Lave-linge, sèche-linge, lave-vaisselle, gazinière : 0,30 m^3
Réfrigérateur courant / réfrigérateur américain : 0,50 m^3 / 1,15 m^3
Table : 0,70 m^3
Chaise : 0,80 m^3
Fauteuil / canapé 2 places / canapé d'angle : 0,80 m^3 / 1,30 m^3 / 2,50 m^3
Table basse : 0,30 m^3
Meuble TV : 0,90 m^3
Bureau : 0,20 m^3
Armoire : 1,50 m^3
Table de chevet : 0,10 m^3
Lit 1 place / 2 places : 0,70 m^3 / 1,20 m^3

Doc. 4 Véhicules disponibles

Les dimensions données sont les dimensions utiles en mètres (longueur × largeur × hauteur).

Vito : 2,40 × 1,65 × 1,38
Master : 3,15 × 1,76 × 1,90
Sprinter : 4,20 × 1,73 × 1,84
Daily : 4,20 × 2,10 × 2,30

- Quel(s) modèle(s) de camion peuvent-ils louer ?

Problèmes transversaux

9 Agrandissement

M. Clemens habite dans un lotissement situé dans une commune dont le coefficient d'occupation des sols (COS) est égal à 0,4. Sa maison est située sur le lot n° 4. Il souhaite ajouter à sa maison une extension rectangulaire de 8,50 m sur 5,20 m.

Doc. 1 Définition du COS

Le COS détermine la surface constructible maximale sur un terrain. Il s'agit du quotient de la surface constructible d'un terrain par la surface du terrain.
Exemple : Un COS de 0,50 autorise une construction de 300 m² sur un terrain de 600 m².

Doc. 2 Article R 431-1 du code de l'urbanisme

Le recours à un architecte est obligatoire si la réalisation d'une extension conduit l'ensemble des surfaces de la construction à dépasser 150 m² de surface.

Doc. 3 Plan de la maison de M. Clemens

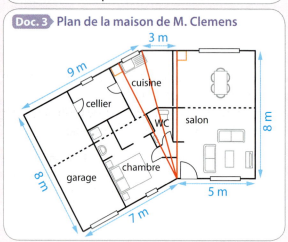

Doc. 4 Plan du lotissement

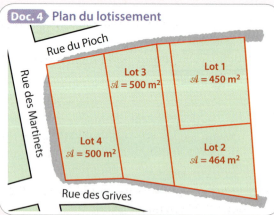

- M. Clemens aura-t-il le droit de faire construire son extension sur son terrain ?
  Si oui, cette construction nécessitera-t-elle l'intervention d'un architecte ?

10 Équilibre alimentaire

Doc. 1 Repas de Bastien, 15 ans et demi, le samedi

Petit déjeuner : 250 mL (soit 250 g) de lait entier et 50 g de céréales
Déjeuner : 50 g de poulet rôti et 300 g de spaghettis
Gouter : deux crèmes au chocolat
Diner : deux hamburgers et un éclair au chocolat

Doc. 2 Besoins énergétiques pour une journée

	10-14 ans	15-18 ans
Filles	2 200 kcal	2 300 kcal
Garçons	2 500 kcal	3 000 kcal

Doc. 3 Répartition conseillée des apports énergétiques sur la journée

Petit déjeuner	Déjeuner	Gouter	Diner
25 %	35 %	10 %	30 %

Doc. 4 Répartition entre glucides, lipides et protides pour une alimentation équilibrée

Glucides	55 %
Lipides	30 %
Protides	15 %

Doc. 5 Valeurs caloriques

	Énergie	Glucides	Lipides	Protides
Lait entier (pour 100 mL)	34 kcal	5 g	5 g	3,5 g
Céréales (pour 100 g)	409 kcal	80 g	12 g	9 g
Poulet rôti (pour 100 g)	205 kcal	0 g	10 g	29 g
Spaghettis (pour 100 g)	355 kcal	75 g	1 g	12 g
Crème au chocolat (pour une unité)	137 kcal	20 g	5 g	5 g
Hamburger (pour une unité)	510 kcal	60 g	26 g	10 g
Éclair au chocolat (pour une unité)	205 kcal	35 g	10 g	5 g

- Quels conseils pourrait-on donner à Bastien pour améliorer son alimentation ?

Problèmes transversaux

1 Sac de billes

Marc vient de fêter ses 11 ans en famille chez ses grands-parents. Son père en profite pour lui raconter son enfance et lui poser une énigme :

> Moi aussi, j'ai joué dans le jardin de cette maison quand j'avais ton âge. Moi aussi, j'ai grimpé au pommier qui est contre la clôture du voisin de gauche quand on regarde la rue. Je faisais la même taille que toi aujourd'hui et moi aussi, il me fallait 20 pas pour aller du pommier au puits. Durant un été, j'ai caché ma plus belle collection de billes dans ce jardin, à 12 pas de la clôture côté rue, et de façon à ce que mon trésor soit à égale distance du pommier et du puits. Peux-tu retrouver où je l'ai caché ?

Marc part plusieurs minutes dans le jardin et revient avec les informations suivantes :
– La distance entre le pommier et la clôture côté rue est de 18 pas.
– La distance entre le puits et la clôture côté rue est également de 18 pas.
– Le jardin est rectangulaire, la clôture est longue de 62 pas côté rue et de 54 pas côté voisins.

• Faire un plan du jardin et trouver l'emplacement précis du sac de billes.

2 La grande roue

Voici la page d'accueil d'un site de vendeur de manèges pour fêtes foraines, destiné aux villes qui souhaitent acheter une grande roue :

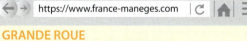

GRANDE ROUE

Vous cherchez à faire construire une grande roue dans votre parc ou vous souhaitez en louer une pour une fête dans votre commune ?

Que ce soit pour une roue fixe ou montable/démontable, nous travaillons avec un constructeur français capable de vous fournir la grande roue du diamètre de votre choix :
• 24 mètres   • 30 mètres
• 33 mètres   • 42 mètres
• 65 mètres

→ Je veux plus d'informations

Le vendeur reçoit la commande d'une grande roue de 24 mètres de diamètre comptant seize nacelles pouvant chacune accueillir quatre personnes.

1. a. Faire un schéma de cette grande roue en prenant pour échelle 1 centimètre pour 2 mètres.
b. Représenter sur ce schéma les points d'attache des 16 nacelles régulièrement espacées.
c. Combien de personnes pourront monter dans cette grande roue simultanément ?

2. Chaque nacelle doit être décorée.

a. Ci-dessous, on a représenté la moitié d'une nacelle, vue de face.

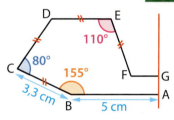

(DE) // (AB)
(FG) // (AB)

Reproduire ce schéma en plaçant le point A au centre de la feuille.

b. La figure ci-dessous indique le motif à réaliser sur la partie gauche de la nacelle.

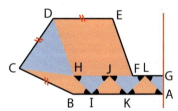

DEFH est un losange. Tous les angles noirs mesurent 45°.

Reproduire ce motif sur la partie gauche de la nacelle.

c. Compléter le schéma de la nacelle par la symétrie d'axe (GA).

13 Jouets en bois

Un fabricant de jouets en bois veut découper des planchettes rectangulaires de 7 cm de longueur et 3 cm de largeur.
Il dispose d'une planche rectangulaire de 19 cm de largeur et 24 cm de longueur.

• Quel est le nombre maximal de planchettes qu'il peut découper dans une planche ? Illustrer la réponse par une figure.

D'après Mathématiques sans frontières.

Corrigés des exercices

1 Nombres entiers

2 a. trois-millions-cinq-cent-quatre-vingt-mille-cinq-cent-un
b. cent-milliards-quatre-cent-cinquante-millions-cent-quatre-vingts

3 a. 680 023   b. 3 130 009

6 1. Maria doit payer 54 €.   2. On va lui rendre 46€.

9 Un ordre de grandeur du nombre d'habitants en Haute-Corse est 170 000.

10 Un ordre de grandeur de la superficie est de 30 millions d'hectares.

11 Un ordre de grandeur de la somme représentée par la vente des smartphones est de 5 milliards d'euros.

13 Elle sortira du cinéma à 16h10.

14 Elle s'est endormie à 20h56.

QCM
1 1. B 2. C **2** 3. C 4. A
3 5. A **4** 6. B

64 Elle a déjà parcouru 6 689 km depuis sa dernière vidange.
Il lui reste 23 311 km à parcourir avant la prochaine vidange.

70 1. Le deuxième étage est à 115 m.
2. On s'élève de 161 m entre le deuxième et le troisième étage.
3. L'antenne mesure 12 m.

2 Nombres décimaux

5 4 254 dixièmes

6 7 est le chiffre des centaines.   1 est le chiffre des dizaines.
4 est le chiffre des unités.   2 est le chiffre des dixièmes.
5 est le chiffre des centièmes.   6 est le chiffre des millièmes.
9 est le chiffre des dix-millièmes.

7 26,05   0,698

8 Partie entière 5 et partie décimale 0,07
Partie entière 32 et partie décimale 0,506
Partie entière 42 et partie décimale 0,7

11 1. L : 2,04   U : 2,07   T : 2,09   O : 2,1
2.
```
      P       L        U        T    O      N
  |---|-------|--------|--------|----|------|--->
  2                                       2,1
```
3. 2,02 ≈ 2   2,11 ≈ 2,1

14 a. 5,32 = 5,320   b. 26,2 > 24,8
c. 14,035 < 14,35   d. 15,1 > 15,09

15 183,6 > 28,7 > 18,7 > 18,36 > 18,07

QCM
1 1. C 2. B 3. C **2** 4. A 5. B **3** 6. C 7. A

66 Le tee-shirt coute environ 23,02 € et le pull 38,67 €.

73 1. Chine : 41,534 s   États-Unis : 41,786 s
Grande-Bretagne : 41,87 s   Pays-Bas : 42,608 s
2. En 1960 : précision au dixième de seconde
En 2014 : précision au millième de seconde
3. 41,9   42,6   41,8   41,5

3 Addition, soustraction et multiplication

3 2,56 + 3,07 + 3,78 = 9,41
Le total des sauts de Kévin est de 9,41 m.

4 2,2 + 0,75 = 2,95
3,1 − 2,95 = 0,15   Elle a utilisé 0,15 L de grenadine.

6 12 × 2,75 = 33   Elle va parcourir 33 km.

9 a. 52,4 + 3,7 × 4 + 2,7 × 2 = 52,4 + 14,8 + 5,4 = 72,6
b. (5,1 − 3,7) × 3 + 4,7 = 1,4 × 3 + 4,7 = 4,2 + 4,7 = 8,9

QCM
1 1. C 2. B **2** 3. B 4. A **3** 5. B 6. C

52 24 × 39,90 = 957,60   Loïc paie son téléviseur 957,60 €.

59 1. Elle aurait dû mettre des parenthèses pour effectuer d'abord le calcul 23,4 + 1.
2. (23,4 + 1) × 1,5 = 24,4 × 1,5 = 36,6   Elle chausse du 37.

4 Division

3 Elle mettra huit roses dans chaque bouquet, et il restera cinq roses.

4 Il faudra 18 chambres.

6 281 n'est pas divisible par 11.

7 564 est un multiple de 12.

8 87 n'est pas un diviseur de 13 578.

9 7 n'est pas un diviseur de 1 026 mais 3 est un diviseur de 1 026.

12 1. 7 812 est divisible par 4.   2. 7 812 est divisible par 9.

13 783   310   1 465   3 471   1 452 790

15 Chacun aura 41,78 €.

16 La longueur du côté est 0,375 m, soit 37,5 cm.

17 Un tour de stade a pour longueur 312,5 m.

QCM
1 1. B 2. C **2** 3. C 4. A
3 5. A 6. B **4** 7. B 8. C

60 La mensualité sera de 95,80 €.

69 Le quotient est 13 et le reste est 10.

5 Fractions

2 1. C'est la figure .
2. Figure ② : $\dfrac{3}{11}$ Figure ③ : $\dfrac{8}{24}$ ou $\dfrac{1}{3}$

5 120 ÷ 5 = 24   24 × 2 = 48   Le pantalon coute 48 €.

6 3,5 ÷ 10 = 0,35   0,35 × 9 = 3,15   En six mois, il a pris 3,15 kg.

9 1. $\dfrac{24}{15}$ 2. $\dfrac{8}{13}$

10 a. $\dfrac{21}{6}$ b. $\dfrac{23}{7}$ c. $\dfrac{7}{11}$

12 $\dfrac{4}{3} \approx 1,3$ $\dfrac{13}{6} \approx 2,2$

15
```
                 6/6    4/3              20/9
  |----------|----|----|------|----|------|---->
  0               1    12/9        2            3
```
$\dfrac{4}{3}$ et $\dfrac{12}{9}$ sont des fractions égales.

17 1. $\dfrac{36}{47}$ et $\dfrac{22}{25}$ sont comprises entre 0 et 1.
2. $5 < \dfrac{53}{9} < 6$ $8 < \dfrac{98}{11} < 9$ $4 < \dfrac{30}{7} < 5$

QCM
1 1. B 2. A **2** 3. B 4. B **3** 5. C 6. B **4** 7. C

57 500 ÷ 4 = 125   125 × 3 = 375
Il peut encore enregistrer 375 Go de données sur son disque dur.

71 aire grisée = aire du carré − aire des deux triangles blancs
= 36 − 24 = 12 cm²
$\dfrac{\text{aire grisée}}{\text{aire du carré}} = \dfrac{12}{36} = \dfrac{1}{3}$

Corrigés des exercices

6 Représentation et traitement de données

2 1. Le nombre total d'élèves en 6ᵉ B.
2. 11   3. 54

4 1. 150   2. 1 000   3. Oui.

7 1.
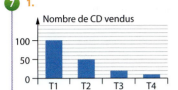
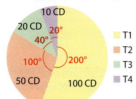

2.
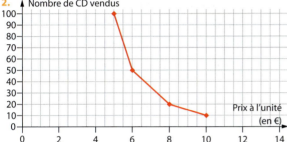

QCM
1 1. A   **2** 2. C   3. B

29 1. Amérique du Nord (5,2 % de la population mondiale et 27 % des richesses mondiales)
2. Afrique (12,6 % de la population mondiale mais seulement 2 % des richesses mondiales)
3. Les richesses sont inégalement réparties selon les régions du monde.

31 Asie : 4,44 milliards (six fois plus que l'Europe)
Amérique : 990 millions

7 Proportionnalité

3 Non. $1,61 \times 3 = 4,83$ et $4,83 \neq 3,20$

4 Non. $10 \times 2 = 20$ et $20 \neq 25$

5 Oui. $\dfrac{5}{4} = 1,25$ et $\dfrac{12,5}{10} = 1,25$

9 32 Go = 8×4 Go et 8×5 h = 40 h
Maria peut enregistrer 40 heures de vidéo.

10 En 2 min : 6 L   En 1 heure : 180 L   En 1 h 30 min : 270 L

11 $2,4 \times 4,30 = 10,32$ 2,4 kg de raisin blanc coutent 10,32 €.

12 20 km en 30 min   2 km en 3 min   18 km en 27 min

13 $11,50 \div 5 = 2,30$ et $2,30 \times 7 = 16,10$
Sept avocats coutent 16,10 €.

15 Rectangle dessiné : 8,6 cm sur 10 cm

17 Sa tante lui a donné 20 € (le quart de 80 €).

18 $250 \times \dfrac{30}{100} = 75$ donc il y a 75 g d'œufs dans ce paquet.

QCM
1 1. B   **2** 2. C   3. B   **3** 4. A   **4** 5. A

55 $115 \div 2,3 = 50$ et $50 \times 5,5 = 275$
La distance est approximativement de 275 km.

61 2 h 54 min = 120 min + 54 min = 174 min
$174 \div 0,58 \approx 300$ et 300 min = 5×60 min = 5 h
Lorsque sa batterie est entièrement chargée, Émeline dispose d'environ 5 heures.

8 Distance et cercle

2 1. LY = 3,4 cm   LS = 2,2 cm   YS = 5 cm
2.

4 1.
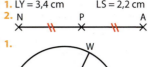

2. OW = 3,8 cm donc le point W appartient au cercle de centre O et de rayon 3,8 cm.

6
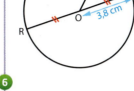

8
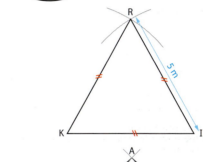

QCM
1 1. C   2. A   **2** 3. C   **3** 4. B   **4** 5. B

40 1. Il y a neuf petits triangles équilatéraux, trois moyens et un grand. Soit en tout 13 triangles équilatéraux.
2. Il y a 9 losanges.

48
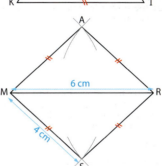

9 Longueur et périmètre

4 $\mathcal{P}_{\text{figure verte}} = 14$ unités $\mathcal{P}_{\text{figure rouge}} = 14$ unités
Donc $\mathcal{P}_{\text{figure verte}} = \mathcal{P}_{\text{figure rouge}}$

5 $\mathcal{P}_{\text{ABC}} > \mathcal{P}_{\text{DEFG}}$

6 1. 5 400 m • 4 300 m • 0,023 m • 0,57 m • 0,245 m
2. 8,7 cm • 457 cm • 51 000 cm • 83 000 cm • 245 cm

9 $\mathcal{P}_{\text{GHIJKLM}} = 11,74$ m $\mathcal{P}_{\text{PQRS}} = 180$ m

11 Longueur 1 ≈ 22 cm   Longueur 2 ≈ 25,1 m

Corrigés des exercices

QCM

1 1. B   2. C   **2** 3. A   4. C   **3** 5. B

46 1. $2 \times (2 + 2{,}5) \times \pi \approx 28{,}3$ m   2. Environ 12,6 m.

57 1. Longueur$_{fig.2} = 5{,}6 \times \pi + (5{,}6 \times \pi) \div 2 \approx 26{,}4$ cm
2. $\mathcal{P}_{carré} = 22{,}4$ cm donc $\mathcal{P}_{carré} <$ Longueur$_{fig.2}$

10 Droites

3 1.
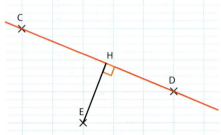

2. Le point E est à environ 1,7 cm de la droite (CD).

4
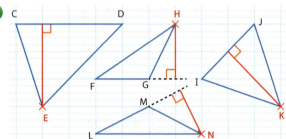

8
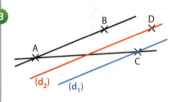

4. Les droites (d$_1$) et (d$_2$) sont parallèles à la droite (AB).
Donc d'après la propriété 1, (d$_1$) // (d$_2$).

12
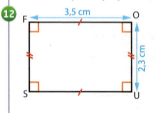

13
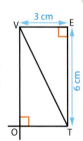

QCM

1 1. A   2. C   **2** 3. C   4. A   **3** 5. C   6. C

42 Œuvre 1 : 1 paire de parallèles
Œuvre 2 : 2 paires de parallèles et 1 paire de perpendiculaires
Œuvre 3 : 2 paires de perpendiculaires
Œuvre 4 : 2 paires de parallèles et 5 paires de perpendiculaires
Œuvre 5 : 4 paires de parallèles et 8 paires de perpendiculaires

48 1. Rue des Tyrans   2. Rue Rigord   3. Rue Grignan

11 Angles

3 $\widehat{PBQ}$ ou $\widehat{QBP}$ ou $\widehat{B}$ Côtés : [BP) et [BQ)
$\widehat{xEy}$ ou $\widehat{yEx}$ ou $\widehat{E}$ Côtés : [Ex) et [Ey)
$\widehat{RHS}$ ou $\widehat{SHR}$ ou $\widehat{H}$ Côtés : [HR) et [HS)
$\widehat{vKz}$ ou $\widehat{zKv}$ ou $\widehat{K}$ Côtés : [Kv) et [Kz)
$\widehat{TNU}$ ou $\widehat{UNT}$ ou $\widehat{N}$ Côtés : [NT) et [NU)

4 $\widehat{vKz} < \widehat{RHS} < \widehat{PBQ} < \widehat{xEy} < \widehat{TNU}$

7

①	②	③
obtus	aigu	obtus

8 $\widehat{BAC} = 24°$ $\widehat{DAC} = 148°$

10
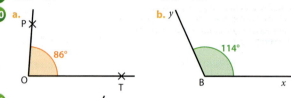

12
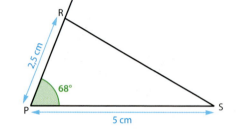

13
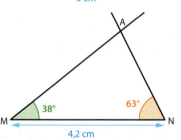

QCM

1 1. C   2. B   **2** 3. A   4. B   **3** 5. A   **4** 6. B

44 La distance entre la grange et le puits est d'environ 15 m.

50 2. La boule rouge est à 60 cm du point A.

12 Figures usuelles et aires

3 Figure ① : 13 unités d'aire 1 ou 6,5 unités d'aire 2
Figure ② : 19,5 unités d'aire 1 ou 9,75 unités d'aire 2

4 a. 125 dm^2 = 1 250 000 mm^2 b. 15,75 dam^2 = 0,001 575 km^2
c. 0,125 cm^2 = 12,5 mm^2

5 a. 12 a = 0,12 ha   b. 58,1 ha = 5 810 a
c. 59,4 ha = 594 000 m^2

8 $\mathcal{A} = 214{,}6$ cm^2 **9** $\mathcal{A} \approx 121$ dm^2

11 $\mathcal{A} \approx 7{,}5 + 1{,}57 \approx 9{,}07$ cm^2

QCM

1 1. A   2. C   **2** 3. C   4. C   **3** 5. B

47 Réponse c.

56 $\mathcal{A}_{surface\ bleue} = 3 \times 3 \times \pi - 2{,}5 \times 2{,}5 \times \pi \approx 8{,}64$ cm^2

13 Symétrie axiale

2 D et D' sont symétriques.   C et C' ne sont pas symétriques.
R et R' ne sont pas symétriques.   T et T' sont symétriques.

5
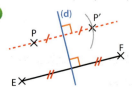

Corrigés des exercices

8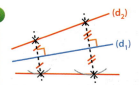

On peut aussi prolonger les deux droites jusqu'à ce qu'elles se coupent et construire seulement le symétrique d'un seul point de la droite (d₂) :

9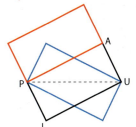

QCM
1 1. A **2** 2. B **3** 3. C **3** 4. A 5. B 6. C

35 Audrey arrivera à 19h50.
Elle sera donc à l'heure pour voir le début de sa série.

40 Je suis $\frac{22}{55}$.

14 Axes de symétrie d'une figure

2

4   **6**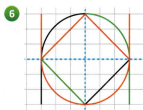

8 $\widehat{EFG} = \widehat{FEG} = \widehat{EGF} = 60°$

9 $\widehat{IJK} = 2 \times 45° = 90°$
IJK est un triangle rectangle isocèle en K.

11 EFGH est un losange donc ses diagonales se coupent en leur milieu.
On a donc : PE = 6 cm ÷ 2 = 3 cm

12 IJKL a quatre angles droits et quatre côtés de même longueur donc c'est un carré. Donc les diagonales de IJKL sont perpendiculaires, et se coupent en leur milieu. Donc IJN est un triangle rectangle isocèle en N.

QCM
1 1. C **2** 2. B **3** 3. C **4** 4. B 5. A

42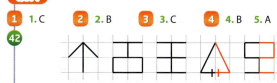

51 Il faut 252 m de grillage.

15 Espace et volume

2 1. Le solide 1 (prisme droit), le solide 2 (pavé droit) et le solide 4 (pyramide) sont des polyèdres.
Le solide 3 (cylindre) n'est pas un polyèdre.

2.

	Solide 1	Solide 2	Solide 4
Nombre de faces	8	6	4
Nombre de sommets	12	8	4
Nombre d'arêtes	18	12	6

4 1.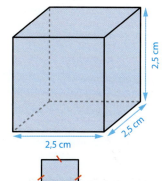

2.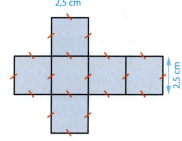

5 1. Les sommets sont I, J, K, L, M, N, O et P.
[IM], [LP], [KO] et [JN] sont des arêtes parallèles.
Les faces JKON et ILPM sont identiques.

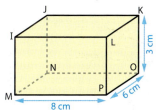

2.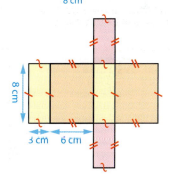

8 Vue du chat :    Vue du chien :

9 A (2 ; 5)   B (4 ; 1)   C (7 ; 4)

11 $\mathcal{V} = 4$ cm $\times$ 4 cm $\times$ 4 cm = 64 cm³ = 64 mL

QCM
1 1. A **2** 2. B **3** 3. A 4. B **4** 5. C 6. A

44 C'est la vue E.

49 1. 26 cubes   2. 91,125 cm³ (avec le mécanisme central)

Corrigés des exercices **303**

Crédits photographiques

Couverture © Traveller Martin* ; **6** © Mojang ; **12** © Telecran ; **16** © PHILIPPE LOPEZ/ Afp ; **17 g** © France 3 ; **17 m** © France 3 ; **17 d** © France 3 ; **19 g** © jagodka* ; **19 d** © Eric Isselee* ; **24 h** © irin-k* ; **24 m** © Nasa ; **24 b** © Anastasios71* ; **26 hg** © algre* ; **26 hd** © Nasa ; **26 bg** © testing* ; **26 bd** © timurockart* ; **27 hd** © pyarnaud_116* ; **27 md** © Andrey_Lobachev* ; **27 mg** © Jultud* ; **28 hg** © goodluz* ; **28 mg** © canadastock* ; **28 hd** © dundanim* ; **28 bg** © Compagnie Le Mat/ Gallimard ; **28 bd** © compagnie KAPO KOMICA ; **30** © Theatre du Rivage ; **34** © Whiteimages/Leemage ; **44 h** © Mediatoon ; **44 bg** © imanhakim* ; **44 bd** © BanaanSt* ; **45** © Kyodo News / Contributeur/Getty Images ; **46 (Chine)** © Paul Stringer* ; **46 (USA)** © Nelson Marques* ; **46 (Royaume-Uni)** © NEGOVURA* ; **46 (Pays-Bas)** © R.Rodenhausen* ; **48** © John MACDOUGALL / AFP ; **50** © Jerome Prevost/ TempSport/Corbis/VCG via Getty Images ; **52** © leemage.com ; **53** © LaQuartz Studio* ; **59 h** © Serg Shalimoff* ; **59 m** © bikemp* ; **59 bg** © Google Maps ; **59 bd** © Google Maps ; **60** © Anna Kucherova* ; **62 hg** © Cosmin Manci* ; **62 mg** © Oathz* ; **62 hd** © paul prescott* ; **62 bd** © Peter Zijlstra* ; **63** © Boris Horvat/ AFP ; **64 hg** © Luxens ; **64 mg (carottes)** © Shino Iwamura* ; **64 mg (cerises)** © Nattika* ; **64 mg (abricot)** © Valentyn Volkov* ; **64 mg (pêche)** © Nattika* ; **64 mg (salade)** © AkeSak* ; **64 mg (nectarine)** © Nattika* ; **64 mg (pdt)** © windu* ; **65 mg (fraise)** © Maks Narodenko* ; **66 mg (haricots)** © Hong Vo* ; **67 mg (aubergine)** © Danny Smythe* ; **68 mg (poire)** © topseller* ; **69 mg (tomate)** © margouillat photo* ; **64 bg** © soniaC* ; **64 md (goyave)** © Surbhi S* ; **64 md (poivrons)** © Artkot* ; **64 md (cassis)** © Maks Narodenko* ; **64 md (persil)** © Nataliia K* ; **64 md (chou)** © gualtiero boffi* ; **64 md (kiwis)** © Palokha Tetiana* ; **64 bd** © ArtemZ* ; **65 m** © Konstantinos Moraiti* ; **65 b** © Google Maps ; **66 h** © Christophe Lepetit/ onlyfrance.fr ; **66 b** © Elenarts* ; **68 g** © Diana Taliun* ; **68 m** © margouillat photo* ; **68 d** © margouillat photo* ; **69** © Science Museum/SSPL/ Cosmos ; **70** © ellisia* ; **71 h** © Maurice Savage / Alamy/Hemis ; **71 bg** © Geoportail IGN ; **71 bd** © Geoportail IGN ; **77** © Evgeny Karandaev* ; **80 g** © FRANCOIS MONIER / AFP ; **80 d** © SuperStock/Leemage/ Adagp, paris 2017 ; **81** © Jiri Vondrous* ; **82** © johannes86* ; **83** © Pannini ; **84** © UbjsP* ; **85 h** © Jacques PALUT* ; **85 b** © redfox331* ; **87** © André Held/ akg-images ; **89** © Shujaa_777* ; **96 h (Gabon)** © Globe Turner* ; **96 h (Madagascar)** © Loveshop* ; **96 h (Maurice)** © Passakorn Umpornmaha* ; **96 h (Nigéria)** © the_lazy_pigeon* ; **96 h (Niger)** © nortongo* ; **96 b** © cigdem* ; **97 hg (canette)** © Scanrail1* ; **97 hg (bouteille)** © Inna Ogando* ; **97 hg (Venise)** © Photomarine ; **97 md (palmier)** © jakkapan* ; **97 md (van)** © jakkapan* ; **97 md (lunettes)** © jakkapan* ; **97 md (ville)** © Samuel Borges Photography* ; **97 md (arbre)** © Ssokolov* ; **100 m** © s_oleg* ; **100 b** © hadescom* ; **100 bd** © Reduisonsnosdechets.fr ; **101 md** © FOTOimage Montreal ; **101 bd** © MIXA* ; **102 m (Allemagne)** © P-PETTY* ; **102 m (Bulgarie)** © Piotr Przyluski* ; **102 m (Autriche)** © Armita* ; **102 m (Colombie)** © Stakes* ; **102 b (personnages)** © ProStockStudio* ; **103 g** © RoJo Images* ; **103 hd (tasse)** © exopixel* ; **103 hd (c. à c.)** © Angyalosi Beata* ; **103 hd (c. à s.)** © Angyalosi Beata* ; **103 bd** © Westend61/Getty Images ; **104** © Rio 2016 ; **105 g** © S.Z.* ; **105 d** © Kletr* ; **106** © Dani Vincek* ; **107** © iStock / Getty Images Plus ; **107 m (Taj Mahal)** © RuthChoi* ; **107 m (Parthénon)** © Rich Lynch* ; **107 m (Sagrada Familia)** © Valery Egorov* ; **107 m (Einstein)** © akg / Science Photo Library ; **107 m (Picasso)** © Michel Sima/Rue des Archives ; **107 m (tour Eiffel)** © La Montgolfière* ; **107 m (Alhambra)** © S.Borisov* ; **107 m (Sidney)** © VanderWolf Images* ; **107 m (Confucius)** © Raffael/Leemage ; **107 m (Dar El Makhzen)** DR ; **107 m (Sphinx)** © Pius Lee* ; **107 m (Mandela)** © Suddeutsche Zeitung/Rue des Archives ; **114 g** © Sncf ; **114 d** © Sncf ; **115 h** © aodaodaodaod* ; **115 b (Allemagne)** © P-PETTY* ; **115 b (Italie)** © oxameel* ; **115 b (Espagne)** © Artgraphixel* ; **116** © minicel73* ; **118 g** © Nicolas TAVERNIER/REA ; **118 d** © Nolwenn Le Gouic/Icon Sport ; **119** © Tom Walker / Photographer's Choice/ Getty Images ; **120** © Rudmer Zwerver* ; **121 hg** © Thampitakkull Jakkree* ; **121 mg** © zelimirzarkovic* ; **121 hd** © Claude Gaspari/ Musée départemental Matisse, Le Cateau-Cambrésis/ ADAGP, paris 2017 ; **122 h** © Sekar B* ; **122 b** © M. Cornelius ; **123** © Lagui* ; **124 g** © Rose Carson* ; **124 d** © Betty Sederquist* ; **125 g** © Electa/Leemage ; **125 d** © Pauline Greefhorst* ; **126 h** © Chimpinski* ; **126 bg** © Africa Studio* ; **126 bm** © Maceofoto* ; **126 bd** © Hong Vo* ; **132 h** © IGN ; **132 b** © POWER AND SYRED/SPL/COSMOS ; **133** © Youproduction* ; **135 g (pile pièces)** © Palabra* ; **135 g (50 cents)** © Mpanchenko* ; **135 g (robinet)** © igorwheeler* ; **135 g (four)** © Shebeko* ; **135 hd** © JONATHAN PLEDGER* ; **135 md** © peerasak kamngoen* ; **135 bd** © Laura Lillo ; **136 g** © Airbus ; **136 d** © Africa Studio* ; **137 m** © supparsorm* ; **137 b** © Steve Collender* ; **138 hg** © Lesya Dolyuk* ; **138 bg** © leoks* ; **138 bd** © Quentin Garel ; **139 h** © Josef F. Stuefer/Getty Images ; **139 b** © Joseph Sohm* ; **140** © Hubert FANTHOMME/ PARISMATCH/SCOOP ; **141 g** © Viktor1* ; **141 m** © womue* ; **141 d** © Tanapat Phuengpak* ; **142 g** © M.studio* ; **142 d** © A_Lein* ; **143 g** © svariophoto* ; **143 m** © kostrez* ; **143 d** © margouillat photo* ; **145** © Luisa Ricciariani/Leemage ; **147 m** © Mikael Damkier* ; **147 b** © bigacis* ; **156** © ftrouillas* ; **157 g** © Afp ; **157 d (compas)** © Andrzej Tokarski* ; **157 d (corde)** © grynold* ; **157 d (règle)** © Aleksander Krsmanovic* ; **157 d (mètre)** © unclepodger* ; **157 d (pelle)** © Primastock* ; **158 h** © issumbosi* ; **158 m** © Nataliia Sydorova* ; **158 d** © Luisa Ricciariani/Leemage ; **159 g** © FFCO ; **160** © Google Maps ; **163 g** © Picsstock / Alam/ Hemis ; **163 m** © Picsstock / Alam/ Hemis ; **163 d** © GJ/Delft University of Technology ; **164 m** © Transport for London ; **164 b** © focus finder* ; **170 g** © Picsstock / Alam/ Hemis ; **170 d** © Picsstock / Alam/ Hemis ; **171** © Kryuchka Yaroslav* ; **172 g** © Gelpi/ Shutterstock ; **172 h** © ARTHUS-BERTRAND Yann / hemis.fr ; **172 m** © rcfotostock* ; **174** © Universal Images Group North America LLC / Alam/ Hemis ; **175** © Sergey Novikov/shutterstock ; **176** © Google Earth ; **177** © Collection privée ; **178** © Production Perig* ; **179** © akg-images ; **181** © Giancarlo Liguori* ; **182 hg** © akg-images ; **182 hd** © akg-images ; **182 m** © Delamaison ; **182 b** DR ; **183 m** © Google Earth ; **183 b** © Hallgerd* ; **192** © paperblog ; **194** © François Morellet/ ADAGP, Paris 2017 ; **195 g** © Ritu Manoj Jethani* ; **195 hd** © Google Maps ; **195 hm** © Ville de Marseille ; **196 b** © Miliboo ; **196 md** © Henryk Sadura* ; **197** © espace-ombrage ; **198 hg** © Philippe Guignard/ Air Images ; **198 mg** © Philippe Guignard/ Air Images ; **198 bg** DR ; **198 d** © Google Maps ; **201** © Collection privée ; **202** © Marion Robertou ; **203** © Anibal Trejo* ; **215 h** © twokim* ; **215 m** © by VCG/VCG via Getty Images ; **216 h** © Fifa ; **216 m** © Pentagone ; **216 b** © eyetronic* ; **217 h** © Thomas Pajot* ; **217 b** © andersphoto* ; **218** © Sergii Kovalov* ; **221** © S.Vannini/DeA/Leemage ; **223** © bluemarguerite.com ; **232 bg** © prophoto14* ; **232 md** © Irina Barilo* ; **232 bd** © photowind* ; **233 h** © Khwanchai* ; **233 mg** © Claude Coquilleau* ; **233 md** © David H.Seymour* ; **233 b** © Vladislav Gurfinkel* ; **234 b** © Rebeka SK* ; **234 h** © Liz Van Steenburgh* ; **235 h** © V33 ; **235 b** © Syntilor ; **236** © Rostislav Ageev* ; **239** © Markus Mainka* ; **250** © ADAGP, Paris 2017 ; **252** © LP2 Studio* ; **255** © Blend Images* ; **257** © Jose Ignacio Soto* ; **258 hg** DR ; **258 hm** © Rick salomon ; **258 hd** © YURY TARANIK* ; **258 bg** © froe_mic* ; **258 bm** © PILart* ; **258 bd** © Zimneva Natalia* ; **259** © Kotomiti Okuma* ; **264** © gabor2100* ; **268 hg** © Escher ; **268 mg** © ShutterDivision* ; **268 bg** © yurchello108* ; **268 bd** © Stéphane Compoint/ onlyfrance.fr ; **269** © Roman Khomlyak* ; **270** © collection particulière ; **270 d** © Akg Images ; **271 g** © Bridgeman Images/ Adagp, Paris 2017 ; **271 d** © Google Maps ; **276 hg** © Région Poitou-Charentes, Inventaire du patrimoine culturel ; **276 hm** © James Law Technosphere ; **276 hd** © Kazuyoshi Nomachi* ; **276 bg** DR ; **276 bm** © William O'Brien* ; **276 bd** © collection particulière ; **288 g** © Steve Collender* ; **288 m** © vpilkauskas* ; **288 d** © spyrakot* ; **289 h** © cynoclub* ; **289 m** © Popartic* ; **290 g** © François Lauginie* ; **290 d** © Mojang ; **292** © Jearu* ; **296 mg** © mmaja* ; **296 bg** © Robert Wilson* ; **296 md** © Daria Minaeva* ; **297 g (tablette)** © Oleg GawriloFF* ; **297 (eau)** © CK Foto* ; **297 d (carton)** © Ivonne Wierink* ; **297 d (lave-linge)** © Neamov* ; **297 d (fauteuil)** © Baloncici* ; **297 d (camionnette)** © art_zzz* ; **297 bd** © mokee81* ; **299 g** © Andrekart Photography* ; **299 d** DR

* Fotolia.com   * Shutterstock

© Scratch : p. 10 à 14, 32, 68, 86, 106, 144, 180, 200, 220, 238, 258, 274, 294
Scratch est développé par le groupe Lifelong Kindergarten auprès du MIT Media Lab.
Voir http://scratch.mit.edu

Les auteurs remercient les enseignants qui ont bien voulu contribuer à cet ouvrage, en particulier Marion Convert et Fabienne Savajol.

Édition : Stéphanie Mathé
Préparation de copie : Cécile Chavent
Fabrication : Miren Zapirain
Mise en page : Grafatom (Catherine Bonnevialle)
Schémas : Grafatom (Franck Gouvart)
Illustrations : Dafne Saporito
Recherches iconographiques : Booklage
Couverture : Anne-Danielle Naname
Maquette intérieure : Anne-Danielle Naname / Laurine Caucat

Achevé d'imprimer en Italie par L.E.G.O. S.p.A. Lavis - Dépôt légal : Juillet 2018 - Édition 04 - 58/8036/5

Index

A
Abscisse	38
Addition	18, 54
Agrandissement	132
Aigu (angle)	206
Aire	224, 244
Aire (formules)	226
Alignement	184, 244
Angle	204, 206, 208, 244, 260
Arc de cercle	148, 204
Arête	278, 280
Axe de symétrie	242, 260
Axe des abscisses	112
Axe des ordonnées	112

B
Base	150, 262
Bissectrice	260

C
Carré	168, 188, 226, 262, 278
Cercle	148, 168
Chiffre	18
Circonférence	168
Coefficient de proportionnalité	128, 132
Comparer (des nombres)	38
Convertir des unités	166
Critères de divisibilité	74
Cube	278, 280

D
Degré	206
Demi-droite	166, 204, 208
Demi-droite graduée	38, 94
Dénominateur	90, 92
Diagonale	150, 262
Diagramme circulaire	110, 112
Diagramme en barres	110, 112
Diagramme en bâtons	110, 112
Diamétralement opposés	148
Diamètre	148, 168
Différence	18
Disque	148, 226
Distance	148
Distance d'un point à une droite	184
Distance entre deux droites	186
Dividende	72
Diviseur	72
Divisible	72
Division décimale	74
Division euclidienne	72
Droit (angle)	184, 188, 206
Droite	184
Droites confondues	184, 186
Droites parallèles	186, 188
Droites perpendiculaires	184, 186
Droites sécantes	184
Durée	20

E
Échelle	132
Écriture décimale	36
Écriture fractionnaire	92
Encadrer un nombre	38
Encadrer une fraction	94
Équidistance	242
Évolution	110

F
Face	278, 280
Facteurs	18, 56
Fraction	90
Fraction décimale	36
Fraction partage	90
Fraction quotient	92

G
Graduation	206, 208
Grandeurs proportionnelles	112, 128, 132
Graphique cartésien	110, 112

H
Hauteur d'un triangle	184

L
Longueur d'un cercle	168
Losange	150, 262

M
Médiatrice	242, 260, 262
Milieu d'un segment	148
Multiple	72
Multiplication	18, 56

N
Nombre décimal	36
Nul (angle)	206
Numérateur	90, 92

O
Obtus (angle)	206
Ordre croissant / décroissant	38
Ordre de grandeur	20, 54

P
Parallélépipède rectangle	280
Parallélogramme	188
Part	90
Partie décimale	36
Partie entière	36
Passage par l'unité	130
Patron	280
Pavé droit	278, 280
Périmètre	166, 168, 224, 244
Perspective cavalière	278, 280
Plat (angle)	206
Point d'intersection	184, 204

Q
Polyèdre	278
Polygone	150, 166, 168, 278
Pourcentage (taux de)	132
Priorités de calcul	56
Prisme droit	278
Produit	18, 56
Proportionnalité	128
Pyramide	278
Quadrilatère	150, 188
Quatrième proportionnelle	130
Quotient	72, 92, 94

R
Rapporteur	206
Rayon	148, 168
Rectangle	168, 188, 226, 262, 278
Réduction	132
Répartition	110
Repérage dans le plan	282
Repérage dans l'espace	282
Reste	72

S
Somme	18, 54
Sommet	150, 204, 206, 278, 280
Soustraction	18, 54
Surface	224
Symétrie axiale	242, 244

T
Tableau	110
Tableau à une seule entrée / à double entrée	110, 112
Tableau de proportionnalité	112, 128, 130, 132
Termes	18, 54
Triangle équilatéral	150, 262, 278
Triangle isocèle	150, 262, 278
Triangle rectangle	188, 226

U
Unités d'aire	224
Unités de contenance	282
Unités de longueur	166
Unités de volume	282

V
Valeur approchée	38, 92
Volume	282
Vue d'un objet	282

Calculatrice TI

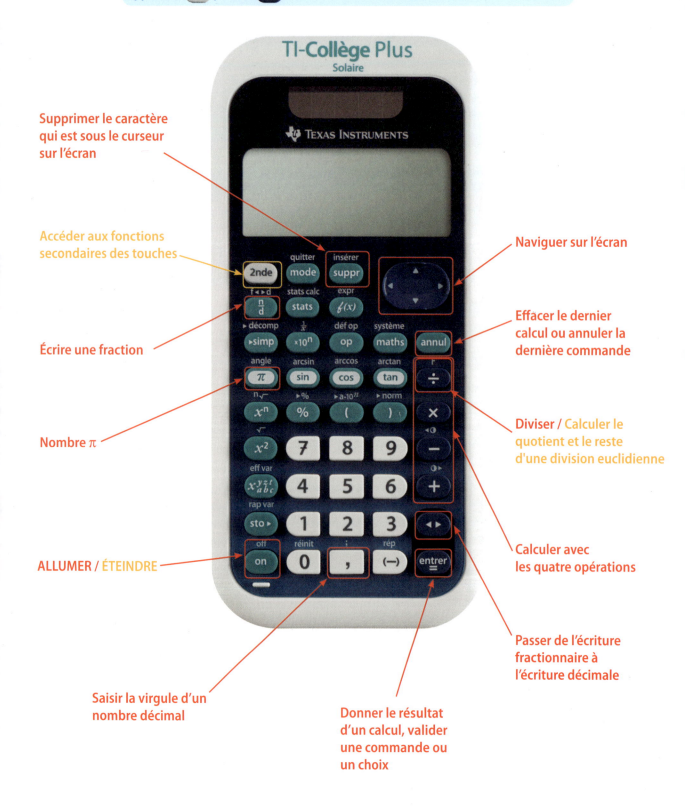